Sandrine Léopold

L'Écriture du regard dans la représentation de la passion amoureuse et du désir

Étude comparative d'œuvres choisies de Madame de Lafayette, Rousseau, Stendhal et Duras

PETER LANG

Oxford · Bern · Berlin · Bruxelles · Frankfurt am Main · New York · Wien

Bibliographic information published by Die Deutsche Bibliothek
Die Deutsche Bibliothek lists this publication in the Deutsche National-bibliogra-
fie; detailed bibliographic data is available on the Internet at
‹http://dnb.ddb.de›.

A catalogue record for this book is available from The British Library.

Library of Congress Cataloging-in-Publication Data:

Léopold, Sandrine, 1975-
  L'écriture du regard dans la représentation de la passion amoureuse et du
désir / Sandrine Leopold.
      p. cm. – (French studies of the eighteenth and nineteenth centuries ; v. 29)
  Includes bibliographical references and index.
  ISBN 978-3-03911-542-6 (alk. paper)
  1. French fiction–History and criticism. 2. Love in literature. 3. Vision in
literature. 4. La Fayette, Madame de (Marie-Madeleine Pioche de La Vergne),
1634-1693. Princesse de Clèves. 5. Rousseau, Jean-Jacques, 1712-1778.
Nouvelle Héloïse. 6. Stendhal, 1783-1842. Chartreuse de Parme. 7. Duras,
Marguerite. Ravissement de Lol V. Stein. I. Title. II. Series.
  PQ637.L68L46 2009
  843'.0093543–dc22

                                              2009000280

ISSN   1422-7320
ISBN   978-3-03911-542-6

© Peter Lang AG, European Academic Publishers, Bern 2009
Hochfeldstrasse 32, CH-3012 Bern, Switzerland
info@peterlang.com, www.peterlang.com, www.peterlang.net

Printed in Germany

L'Écriture du regard dans la représentation
de la passion amoureuse et du désir

FRENCH STUDIES

of the Eighteenth and Nineteenth Centuries

Edited by:
Professor Robin Howells, Department of French, Birkbeck College,
University of London; and Dr James Kearns, Department of French,
University of Exeter

PETER LANG

Oxford · Bern · Berlin · Bruxelles · Frankfurt am Main · New York · Wien

Table des matières

vi

Introduction

La psychanalyse depuis Freud a indubitablement modifié notre connaissance de l'amour. Malgré « ce qui y subsiste d'opaque, d'indémêlé, sinon d'inextricable »,[1] l'amour est une fois pour toutes de l'ordre du symptôme. La théorie psychanalytique offre donc un angle d'approche privilégié pour la compréhension du phénomène de la passion amoureuse. Notre intérêt portera notamment sur les relations existant entre la psychanalyse et les manifestations extrêmes de l'état amoureux qui apparaissent indissolublement associées à la problématique du regard dans les récits constituant notre corpus. C'est donc le sujet et son désir qui sont pris dans cette problématique du voir et qui posent ici la question du singulier voisinage que le regard entretient avec la lettre : son lien au désir, son rapport au réel, tant au niveau de la relation des personnages entre eux, que celle de la narration à la fiction sinon celle de l'écrivain à sa création.

J'ai précisément choisi d'examiner le thème du regard dans quatre romans d'amour représentant quatre siècles de littérature française, afin de mettre en évidence ce que ces romans ont en commun dans leur écriture du regard en tant que partie intégrante de l'amour et du désir, et démontrer ainsi la continuité du thème traité tout en testant la valeur de notre approche psychocritique à l'aune d'un champ historique inhabituellement vaste et varié. Cette dernière caractéristique est la plus novatrice par rapport aux ouvrages qui s'intéressent aussi au thème du regard en littérature d'un point de vue psychocritique dans la mesure où ces ouvrages procèdent à l'analyse d'une large variété de textes comme une série d'exemples isolés, à défaut de rendre explicite les parallèles existant entre les différentes œuvres étudiées. En revanche, notre choix de textes se prête à la fois à une étude individuelle et collective : ils possèdent suffisamment de traits communs pour justifier la comparaison bien que des

---

1   Christian David, *L'Etat amoureux*, Paris : Editions Payot & Rivages, 2002, p. 21.

divergences notables émergent aussi. D'ailleurs, il n'existe aucune étude consacrée à la question de l'intertextualité qui relie tous nos ouvrages peu importe le thème. De plus, l'originalité spécifique de mon approche psychocritique concernant la thématique du regard dans ces quatre textes en comparaison à d'autres approches critiques du même matériel, consiste à rendre pleinement justice aux racines inconscientes de tout ce qui se trame autour de l'acte de regarder. En fait, aborder ici la question du voyeurisme ou de la pulsion voyeuriste dans leur logique interne, se légitime du champ psychanalytique et de lui seul.

Certes, sous le registre de la passion amoureuse, de nombreux textes auraient pu trouver place dans cette analyse, mais c'est la logique même du regard, sa fonction première dans la représentation du désir et de l'amour qui préside à ce choix. En particulier, chaque texte inclut certaines scènes cruciales dans lesquelles le regard devient le thème central. Dans *La Princesse de Clèves* on trouve notamment la scène de premier échange des regards entre la princesse et Nemours, et la fameuse scène de Coulommiers où ce dernier se fait voyeur du désir de la princesse. Ce roman est en fait centré sur un dire d'amour interdit de telle sorte que le regard devient la façon principale de représenter le désir. Dans *La Nouvelle Héloïse*, qui est le roman par excellence des amants séparés, le thème du regard imaginaire revêt une importance particulière. Dans *La Chartreuse de Parme*, on trouve la communication visuelle qui s'établit en prison entre les amants, et la scène finale dans laquelle l'amour ne peut triompher qu'à condition que Clélia ne voit pas son amant. Enfin, *Le Ravissement* met en scène le désir de Lol de voir à nouveau la scène clé du bal de T. Beach à travers les fameuses scènes de voyeurisme de l'hôtel des Bois où se retrouve Jacques Hold, amant de Lol, et Tatiana, amie d'enfance de celle-ci. Notons que le genre du roman de Duras diffère du reste du corpus ce qui lui donne précisément une position unique ou un statut un peu à part dans cette analyse. La pertinence du corpus retenu tient non seulement au fait que tous les textes reprennent donc le même thème du regard, qui bien plus qu'un thème récurrent apparaît encore comme un élément constitutif de la structure textuelle, mais leur auteur respectif est aussi lecteur de ceux qui lui ont précédé auxquels chacun se rattache par une affinité particulière. Enfin, ces textes illustrent malgré tout des variations ou une évolution dans la manière de représenter voire de conceptualiser le regard ayant trait à l'expérience de la passion et du désir.

Bien que nos textes aient individuellement donné lieu à de nombreux ouvrages critiques, il n'y en a que très peu dévoués à la question du regard et aucun n'aborde plus précisément la thématique du regard amoureux en tant qu'objet d'étude central. Il semble donc approprié d'aborder ce sujet jusqu'à aujourd'hui négligé afin d'évaluer l'ensemble des connaissances dispersées et compilées dans les études précédentes tout en avançant la recherche dans ce domaine. En outre, ce qui peut sembler une anomalie dans ce corpus, *Le Ravissement* – que nous avons choisi d'étudier dans la mesure où l'auteur elle-même affirme que « toutes les femmes de [ses] livres, quel que soit leur âge, découlent de Lol V. Stein [...] »[2] –renforce justement son originalité et sa pertinence. Alors qu'une attention considérable en effet a été donnée aux rapports qu'entretiennent entre eux les différents ouvrages de Duras, et qu'un certain nombre d'études comparatives ont cherché à rapprocher l'œuvre de Duras de celle d'autres femmes écrivains, la plupart ses successeurs plutôt que ses prédécesseurs, il n'y a que peu de lectures de son travail en rapport avec le vaste ensemble de la littérature française qui l'a précédé. De plus, *Le Ravissement* permet, en quelque sorte, d'accompagner la logique du regard amoureux jusqu'à ses limites, jusqu'à cette œuvre-limite qu'est le roman de Marguerite Duras.

Nous nous en tiendrons dans cette étude au sens étroit de l'amour passion qui comprend trois composantes essentielles : il y a en effet absorption du moi par un objet unique s'accompagnant d'un minimum de réorganisation de la personnalité sous le contrôle de cette tendance dominante qui entraîne le sujet à la poursuite de l'objet désiré, auquel il voue un culte quasi mystique. Christian David note, par ailleurs, qu' « il n'est pas douteux que, pour Freud, l'état amoureux entre dans ce qu'il appelle 'l'amour véritable' ou 'l'amour proprement dit', par opposition à l'amour exclusivement sensuel – c'est-à-dire considéré comme se limitant au seul besoin de décharge de la tension du besoin sexuel – où l'on voit

---

2   Marguerite Duras, *La Vie matérielle*, Paris : Gallimard, 1987, p. 36.

souvent l'attrait de l'objet s'abolir dès la satisfaction obtenue. »[3] Par là, la question d'une distinction entre l'amour véritable ou non ne se présente pas comme un préalable déterminant dans la mesure où quelle que soit la réponse qu'elle reçoive, elle s'inscrit secondairement dans le cadre de la problématique du narcissisme. La question du narcissisme s'avère au centre de notre problématique. Elle rend compte, en effet, aussi bien des phénomènes de double, de la rencontre avec son double, que de la configuration amoureuse. L'amour, dans son acceptation courante, se fonde sur le narcissisme primitif du sujet ; « aimer », dit Lacan, « c'est essentiellement vouloir être aimé. »[4]

Par référence au mythe, le narcissisme se définit en psychanalyse comme l'amour porté à l'image de soi-même. Le narcissisme serait la captation amoureuse du sujet par cette image qui serait un « idéal du moi » dont l'origine est principalement narcissique. J. Laplanche et J. B. Pontalis notent dans leur *Vocabulaire de la psychanalyse* que « Freud y voit une formation nettement différenciée du moi qui permet de rendre compte notamment de la fascination amoureuse [...] cas où une personne étrangère est mise par le sujet à la place de son idéal du moi. »[5] En tant qu'instance différenciée, « l'idéal du moi constitue un modèle auquel le sujet cherche à se conformer. » En somme, Freud ne semble rien voir d'autre dans le narcissisme qu'une identification narcissique du sujet à l'objet mais cette séduction en miroir est trompeuse car elle cache fondamentalement la nostalgie de la fusion primitive. En effet, le motif de la régression narcissique et de la fusion avec la mère vont de pair car « le retour au moi de la libido d'objet, sa transformation en narcissisme, représente en quelque sorte le rétablissement d'un amour heureux, et inversement un amour réel heureux répond à l'état originaire où libido

---

3   Christian David, *L'Etat amoureux*, p. 17.
4   Jacques Lacan, *Le Séminaire, Livre XI, Les Quatre Concepts fondamentaux de la psychanalyse*, Paris : Seuil, 1973, p. 228.
5   J. Laplanche et J. B. Pontalis, *Vocabulaire de la psychanalyse*, Paris : PUF, 1998.

d'objet et libido du moi ne peuvent être distinguées l'une de l'autre »,[6] écrit Lacan en suivant les traces de son prédécesseur.

Toutefois, l'amour comporte selon Freud un appauvrissement narcissique au bénéfice de l'investissement de l'objet qui implique un processus d'idéalisation « par lequel celui-ci est agrandi et exalté psychiquement sans que sa nature soit changée. »[7] En même temps Freud a fait observer avant Lacan qu'être aimé exalte le narcissisme du sujet, c'est-à-dire son estime de lui-même. Ainsi, cette acceptation du concept de narcissisme rejoint le sens courant du terme qui se définit par l'admiration de sa propre personne, notamment à travers le regard, pris au sens figuré, que l'autre porte sur soi et la relation spéculaire, dans la mesure où l'amour se voit et que le regard exprime cet amour. L'amour, en effet, est l'implicite d'une relation à l'autre qui se manifeste de mille manières et particulièrement par le regard qui dit l'amour sans véritablement le dire comme tel. La question est : le regard amoureux transcende-t-il jamais cette capture narcissique ? « Pour Introduire le narcissisme » mais aussi « Psychologie des foules et analyse du moi » nous tiendront lieu de fil conducteur mais en confrontant ces textes de Freud à ceux de notre corpus pour interroger le regard à travers la question du dédoublement de l'image de soi et de la relation en miroir, et montrer dans quelle mesure les personnages tombent amoureux d'une version idéalisée d'eux-mêmes plutôt que de l'autre.

Le premier et le deuxième chapitre de cette étude seront organisés en fonction de la théorie freudienne qui divise le narcissisme[8] (secondaire) en deux points : l'idéal du moi donc et la tendance de la libido à refluer dans le moi, principalement engendrée dans nos textes par l'interposition de l'obstacle. Comme le note Christian David, « même si [le] désir rencontre, dans la disposition du sujet amoureux lui-même, des obstacles

---

6   Jacques Lacan, *Le Séminaire, Livre XI, Les Quatre Concepts fondamentaux de la psychanalyse*, pp. 103–4.

7   Sigmund Freud, « Pour Introduire le narcissisme » in *La Vie sexuelle*, Paris : PUF, 2002, p. 98.

8   J. Laplanche et J. B. Pontalis notent que « pour Freud, le narcissisme secondaire ne désigne pas seulement certains états extrêmes de régression, il est aussi une structure permanente du sujet. »

à sa réalisation, ce désir est toujours présent [...] quelque sublimé qu'il puisse paraître. »[9] Il s'agira donc d'explorer le rôle que joue le regard et ses différentes manifestations, par rapport à ce thème du désir clairement relié à une poétique de la distance qui fonde la relation au désir entre sexes opposés sur son impossibilité.

De plus, il semble difficile de nos jours de discuter du désir en littérature sans faire référence à Freud et Lacan dont la théorie s'impose comme la réécriture moderne de la théorie freudienne, et qui affirment que le rôle de la sexualité dépasse largement les fonctions du plaisir ou de la reproduction. Chacun rattache le désir à l'inconscient et c'est cette connexion qui présente un intérêt pour notre étude. « Le désir de l'homme, c'est le désir de l'Autre »,[10] écrit Lacan dans *Encore*. Le désir, au sens lacanien du terme, se distingue du besoin dans la mesure où il n'a pas d'objet ou plutôt son objet est perdu à jamais. La Chose est cet objet perdu, elle est le hors signifié, un vide autour duquel s'organise les frayages pulsionnels et les représentations. Elle se présente toujours comme voilée. Selon Lacan, la mère occupe la place de cette Chose, de das Ding dont le corrélatif est le désir incestueux :

> What we find in the incest law is located as such at the level of the unconscious in relation to das Ding, the Thing. The desire for the mother cannot be satisfied because it is the end, the terminal point, the abolition of the whole world of demand, which is the one that at its deepest level structures man's unconscious. It is to the extent that the function of the pleasure principle is to make man always search for what he has to find again, but which he will never attain, that one reaches the essence, namely, that sphere or relationship which is known as the law of the prohibition of incest.[11]

---

9   Christian David, *L'Etat amoureux*, pp. 17–18. Par sublimation l'auteur veut signifier l'inhibition de la pulsion sexuelle quant au but.

10 Jacques Lacan, *Le Séminaire, Livre XX, Encore*, Paris : Seuil, 1975, p. 12.

11 Jacques Lacan, *The Seminar, Book VII, The Ethics of Psychoanalysis*, London : Routledge, 1992, p. 68. Toutes les citations du texte original de Lacan : *L'Ethique de la psychanalyse*, n'étant pas disponible au moment de la rédaction de cet ouvrage, seront extraites de sa traduction en anglais.

Le désir est donc l'effet d'un manque et poursuite sans fin qui tourne autour du noyau de la persistance souterraine du rapport exclusif à la mère, le noyau initial de l'inconscient (refoulement originaire). Il ne sera fait référence à la théorie psychanalytique que dans la mesure où ces œuvres mettent sa pertinence à l'épreuve. Il ne s'agit pas de psychanalyse appliquée, mais c'est à partir de l'objet énigmatique et insaisissable qui s'en dégage que nous nous laisserons guider, afin d'examiner le rapport singulier entre le regard et son objet : réel et fantasmatique. Tel sera le propos de notre troisième chapitre qui s'inscrit dans la suite logique de nos chapitres précédents. En effet, il aura été question dans le second chapitre du désir mais tenu à distance de son objet réel ou détourné de sa fin bien qu'il ne soit jamais absent ou entièrement annulé. Aussi, pour bien situer la problématique du narcissisme et son enjeu, il faut considérer que « l'image spéculaire a bien sûr une face d'investissement, mais aussi une face de défense. [...] Disons simplement que l'investissement de l'Autre est, en somme, défendu par le moi idéal. »[12] Et ce danger fascinant qui indique la résurgence de complexes infantiles refoulés, est un fantasme obsédant, que ce soit à un niveau purement structural ou celui de la composante fantasmatique de l'œuvre elle-même, que l'on retrouve dans nos textes, lié à la structure narcissique. « Tous ces complexes », explique Camille Dumoulié dans son ouvrage sur les amours fantastiques, « se résument, au bout du compte, au complexe de castration, c'est-à-dire au désir interdit pour la mère par le risque de castration que le père peut, fantasmatiquement, faire subir à l'enfant. Etape de l'Œdipe qui met fin au stade du narcissisme primaire et au fantasme de fusion avec la mère. »[13]

Or, Paul-Laurent Assoun dans une étude sur la passion amoureuse note que « ce qui a imprimé à l'amour son précoce visage, ce qui le rend intelligible à la modernité, c'est sa promotion comme amour courtois. »[14] Lacan le suggère lorsqu'il rapproche, dans l'hommage qu'il rend

12 Jacques Lacan, *Le Séminaire, Livre VIII, Le Transfert*, Paris : Seuil, 2001, pp. 174–75.

13 Camille Dumoulié, *Cet Obscur Objet du désir, Essai sur les amours fantastiques*, Paris : L'Harmattan, 1995, p. 101.

14 Paul-Laurent Assoun, *Le Couple inconscient*, Paris : Economica, 1992, p. 6.

à Marguerite Duras, *Le Ravissement* de l'*Héptaméron* de Marguerite de Navarre. Notre question est celle de la survie, de l'insistance de la position courtoise de l'amour au-delà de sa disparition en tant qu'idéal. C'est ici une lignée « héréditaire » qui de *La Princesse de Clèves* au *Ravissement* donne forme à ce que Paul-Laurent Assoun propose d'appeler « amour post courtois » – néologisme rendu légitime par la logique d'écriture qu'il organise et qui pose pour principe fondamental l'inaccessibilité de l'objet féminin du désir. Le but étant de tenir la femme à distance afin de maintenir l'interdit constitutif du désir. C'est Lacan qui dans *Encore* revient sur l'impasse du désir que l'amour courtois révèle – ce à quoi il avait déjà fait plus amplement référence dans *L'Ethique de la psychanalyse* – en résumant son propos ainsi : « c'est une façon tout à fait raffinée de suppléer à l'absence de rapport sexuel, en feignant que c'est nous qui y mettons obstacle. [...] L'amour courtois, c'est pour l'homme, dont la Dame était entièrement, au sens le plus servile, la sujette, la seule façon de se tirer avec élégance de l'absence du rapport sexuel. »[15] C'est donc la composante fantasmatique de la structure courtoise dont nous trouvons comme la reprise dans nos récits qui se trouve questionnée ici. On peut dire aussi que cette reprise du modèle médiéval est structurée comme le fantasme. Précisons que le fantasme ou le scénario fantasmatique a trait à la réactivation d'un désir inconscient, notamment incestueux, et au risque de castration qu'il implique. En effet, Camille Dumoulié note que « les formations de l'inconscient n'ont d'autre finalité que l'expression d'un désir

---

15   Jacques Lacan, *Le Séminaire, Livre XX, Encore*, p. 89. Jean-Charles Huchet, auteur d'un ouvrage intitulé *L'Amour discourtois*, apporte peut-être plus de clarté aux propos de Lacan : « La fin'amors est un art de la mise à distance de la femme par les mots. Elle transforme l'acte sexuel en promesse intenable, triche avec une impossible union que la langue poétique assure mieux que le corps. A la haine du misogyne répond l'adulation extasiée, par le troubadour, d'une Dame idéale mais absente. Le troubadour comble la distance qui le sépare de sa Dame par un chant où le désir ne brûle plus que les mots. Il se préserve ainsi des impasses de la jouissance. Cet amour de la langue est 'discourtois' en ce qu'il révèle l'imposture qui gît au cœur de tout amour et 'discourt' d'un art du 'courtisement' qui prend acte de la différence sexuelle. » (Paris : Payot, 1987).

qui parvienne à se manifester de manière transgressive »[16] : autre signe de l'identité structurelle entre scénario fantasmatique et configuration amoureuse courtoise.

Ce renouveau de l'amour courtois se fonde ainsi sur un certain rapport du sujet à un être fuyant qui par là même se dérobe au regard dont l'interdit constitue un voile symbolique. C'est ainsi en se cachant que l'être aimé devient pur objet du regard puisque les personnages masculins vont tout entreprendre pour le rendre visible. Etant donné l'importance du regard ou plutôt ici de la pulsion scopique, c'est donc comme objet du regard que l'être aimé est mise en position d'objet du désir. Toutes nos œuvres reproduisent des scénarios fantasmatiques dans lesquels le regard est l'objet déterminant c'est-à-dire le maître du jeu en fonction duquel les personnages occupent des places assignées, mais dans ce contexte précis nous ferons uniquement référence à Madame de Lafayette, Rousseau et Stendhal. C'est donc l'inscription du motif du voile et ses différents modes de présence dans nos textes que nous examinerons aussi dans ce troisième chapitre et que nous confronterons à la définition qu'en donne Lacan dans *La Relation d'objet*. D'après cette définition, le voile donnerait à voir l'objet qu'il révèle en le cachant. Cet objet, c'est le phallus mais en aucun cas, il ne peut être pris à sa « valeur faciale »[17] parce qu'il est fondamentalement un signifiant, celui qui inscrit la castration pour le sujet – soit que pour lui la jouissance est forclose. Aussitôt, le voile intensifie en retour la schize entre l'œil et le regard démontrant leur hétérogénéité : « ce que je regarde n'est jamais ce que je veux voir »[18] écrit Lacan. En effet, Lacan dans le même séminaire affirme l'existence d'une schize entre l'œil et le regard qui ne sont pas réductibles l'un à l'autre. Est visible tout ce que l'œil voit en tant qu'organe de la vision, tout ce qui se trouve dans son champ. En revanche et contrairement aux définitions traditionnelles, le regard n'est pas une vision au sens strict du terme. En fait, le regard

---

16 Camille Dumoulié, *Cet Obscur Objet du désir*, p. 60.
17 Jacques Lacan, *Le Séminaire, Livre IV, La Relation d'objet*, Paris : Seuil, 1994, p. 194.
18 Jacques Lacan, *Le Séminaire, Livre XI, Les Quatre Concepts fondamentaux de la psychanalyse*, p. 95.

ne se voit pas, il est insaisissable dans la géométrie du visible, invisible. Il est ce manque émanant du dehors par lequel je suis regardé. En effet, Lacan via Merleau-Ponty[19] pose que le regard se situe toujours au dehors. Autrement dit, c'est du dehors que le sujet est regardé. Telle est la logique de la schize de l'œil et du regard : ce qui est montré au sujet, ce qui fait écran et attire son œil, en même temps, le regarde. C'est ce qui est caché, c'est-à-dire ce qui échappe à la vue qui fait donc surgir l'instance du regard. Le « je regarde » se renverse en un « je suis regardé ». Le regard est une supposition, une attribution à l'Autre. Cet Autre qui me regarde a rapport avec le désir du sujet – ce qui l'interroge parce que lié au manque constitutif de l'angoisse de castration. Ce désir est lié à un « je n'en veux rien savoir » de ce qui me regarde et il chiffre énigmatiquement la cause du désir sous l'appellation lacanienne d' « objet a ». Le regard est bien l'élément actif et premier du fantasme : le regard de l'Autre. Ainsi, nous essaierons de montrer, dans ce troisième chapitre, comment le destin du voyeurisme masculin peut conduire à l'impasse tout en mettant à nu ce que cache du réel, l'inscription du voile dans nos textes qui découle du rapport qui lie le fantasme ou la structure du fantasme à la représentation de la passion amoureuse : ce qui derrière tout écran, dans le réel, a à voir avec la Chose.

Qu'il s'agisse des textes de Madame de Lafayette et de Marguerite Duras ou bien de Rousseau et Stendhal, chacun met en scène la même structure du fantasme qui place l'homme et la femme aux deux pôles opposés du spectacle. Ainsi que le souligne John Berger, si la femme peut être sujet du discours visuel, son inscription à l'intérieur du texte reste, quoiqu'il en soit, subordonnée aux formes du regard masculin par négation de la féminité : « Men look at women. Women watch themselves being looked at. This determines not only most relations between men and women but also the reaction of women to themselves. The surveyor

---

19   Dans son ouvrage *Le Visible et l'invisible*, Maurice Merleau-Ponty s'intéresse à cette double question. Il avance l'idée de la chair visible du monde toujours doublée de l'invisible d'où émerge le point originel de la vision et cette émergence au cœur du visible est reprise par Lacan qui fait du regard l'un des concepts fondamentaux de la psychanalyse.

of woman in herself is male: the surveyed female. Thus she turns into an object – and most particularly into an object of vision : a sight. »[20] On peut alors légitimement se demander ce que révèle de l'homogénéité du désir masculin une construction textuelle qui s'inscrit dans un « system in which the function of the feminine is to represent male self-difference – in which male identity is restructured into its masculine and feminine dimensions through writing the self as feminine. »[21] Soit un système dans lequel la femme représente un objet illusoire du désir masculin, ce dont témoigne son inscription dans le registre de la passivité, être vue. Dans le registre de l'activité, voir c'est vouloir s'emparer de quelque chose de l'autre, dans celui de la passivité, être vu, c'est être, de la part de l'autre, l'objet d'une transgression. Dans l'un et l'autre cas l'objet convoité n'est en rien anodin. Cette fixation de la littérature sur le thème du regard qui change la femme en objet de contemplation, mystérieux pour le sexe opposé, relève d'une représentation instrumentalisée de celle-ci, révélant l'envers du désir masculin pour qui l'autre n'est qu'un prétexte à son propre narcissisme.

Naturellement, l'acte même d'écrire permet de distinguer deux modes d'identification chez l'écrivain femme. D'une part, l'identification au niveau de l'énonciation avec le regard du spectateur qui est le sujet du discours visuel, car la représentation du personnage masculin fonctionne dans *La Princesse de Clèves* et *Le Ravissement* comme médiatrice du regard. Et, d'autre part, on peut distinguer au niveau de l'énoncé, une identification avec le spectacle, l'objet du regard. Ce mode d'identification impliquant que les femmes soient astreintes à la version passive de la scopophilie ; l'exhibitionnisme, et astreintes aussi au narcissisme. Mais il faut ajouter que loin d'être de nature, ce narcissisme est, en fait, subordonné au régime normatif du regard dans le patriarcat. Activité et passivité correspondent clairement à une division sexuée du regard : l'objet de la vision étant traditionnellement féminin et le sujet masculin. Ainsi que le souligne

---

20 John Berger, *Ways of Seeing*, London: BBC and Penguin Books, 1972, p. 47.
21 Ann Callahan, « Mediation of Desire » in *Approaches to Teaching Lafayette's* The Princess of Clèves, New York : Modern Language Association of America, 1998, p. 172.

John Berger, le regard est habituellement lié aux notions de pouvoir et de contrôle, c'est pourquoi la femme est traditionnellement l'objet du regard masculin comme le montrent les quatre romans étudiés. Mais cette position est instable dans *Le Ravissement* : nous montrerons comment la structure du texte valorise la confusion entre sujet et objet du regard dans le but de subvertir la réification de la femme en tant qu'objet de la vision masculine. Il est vrai aussi que la représentation du voyeurisme féminin est en soi un renversement de l'ordre établi. Que révèle dès lors cette forme subversive du voyeurisme de Lol ? Et quelle différence émerge par rapport à la représentation du voyeurisme masculin ?

Par là même, *Le Ravissement* fait figure d'exception par rapport à la centralité du thème de la passion amoureuse dans les autres ouvrages de notre corpus concernant le personnage féminin. En effet, Lol, suite à l'abandon de l'objet d'amour, amorce une retraite complète de la libido qui trouve plus de satisfaction dans le moi que dans l'aventure de la libido d'objet, source d'autres satisfactions mais aussi de la menace d'abandon. Deux contrastes frappants, qui seront respectivement analysés dans le premier et le deuxième chapitre, émergent ainsi. D'une part, le désir de l'autre dans la relation amoureuse est remplacé par un désir qui ne paraît possible que s'il est inspiré par le désir de l'autre envers un tiers. Celle qui ne veut pas aimer n'est donc pas pourtant dépourvue de désir. Son désir est lié à celui de voir le spectacle de son amant faisant l'amour à une autre femme. Dans ce cas, quelle est la différence entre l'amour, au sens narcissique, et le désir ? Ou entre le regard et son objet dans l'amour-passion et le désir ? Evoquons seulement le fait que chez Madame de Lafayette, Rousseau et Stendhal, l'objet du désir est incarné dans l'être aimé ce qui est vrai aussi dans le cas de Jacques Hold, alors que chez Lol le désir est détaché de son objet visible. D'autre part, le regard amoureux cède par conséquent le pas à l'impossibilité d'une telle relation spéculaire, alors qu'il occupe une place importante dans nos autres romans classiques de l'amour-passion. Que révèle ainsi cette quasi absence de la réciprocité du regard amoureux dans *Le Ravissement* de même que la mise en scène du fantasme de Lol qui situe la relation dans un trio ?

En outre, l'assimilation de l'amour au [sa]voir défini comme possession est d'autant plus évidente dans *Le Ravissement* où le personnage-narrateur se livre à une enquête sur le mystère que représente l'objet (a) de son désir. Pour les besoins de son enquête le narrateur invente les chaînons qui manquent à l'histoire de Lol, invention qui s'appuie sur un dispositif voyeuriste au fondement de la narration. En même temps, la narration et sa figure n'échappent pas entièrement à une certaine déception du regard qui est le propre de la pulsion scopique selon laquelle on ne voit jamais ce que l'on voudrait voir. C'est ce qui nous amènera à étudier la narration en rapport avec la fonction lacanienne du voile comme écran venant s'interposer, par le recours à l'invention, entre le regard et le réel, donc qui cache et révèle à la fois le rien au-delà de l'objet du désir. L'appel au regard dans ce texte serait une confrontation incontournable au manque à voir, déjà présente à travers la passion qui régit la relation des personnages entre eux dans ce vacillement du sujet sous le coup du regard de l'Autre, celle de la narration à l'objet de la fiction ou encore celle de l'écrivain à sa création. Or, on sait que dans le fantasme, l'objet est précisément le regard. C'est cette même composante fantasmatique qu'interroge le regard face à toute œuvre d'art. Le regard est une trouée du visible questionnant la représentation alors même qu'il détermine le rapport à celle-ci. Cette défaillance du visible est peut-être ce que *Le Ravissement* met en scène tant dans le représenté que dans les modalités même de la représentation.

Ancré dans la passion, *Le Ravissement* pourrait donc se parcourir du visible à l'invisible : de cette présence du regard redoublée par celle du visible, à cette absence du regard recouvrant une absence de visible, marquée par le manque à voir. Cette fascination du visible et de l'invisible rend compte, d'une part, de la nécessité pour l'écrivain de poser des écrans, surface protectrice où l'imaginaire s'interpose au réel. D'autre part, de ce que la composante fantasmatique de l'imaginaire, et son objet par excellence, le regard lui-même, cache du réel. Ce parcours est en fait le même dans les autres ouvrages bien que par regard nous entendions exclusivement regard amoureux, souvent teinté de narcissisme, mais toujours synonyme de vision alors qu'il est voué à l'exil dans *Le Ravissement*. Peut-on dès lors parler d'une véritable progression dans la représentation sinon la signification du regard amoureux ? On peut aussi se demander en quoi le regard amoureux se distinguerait du regard en général.

Enfin, ce parcours de nos œuvres nous conduira, dans le dernier chapitre, à étudier de plus près ce dont il aura été question de manière implicite dans les chapitres précédents, à savoir la représentation du désir féminin non seulement à travers les différents points de vue de la narration, mais aussi à travers la prise de parole féminine succédant au voir sans parler. En effet, on assiste graduellement dans tous les ouvrages à un renversement de situation : du voir sans parler à la prise de parole féminine. Ce passage de l'un à l'autre dans le cadre de l'aveu d'amour relève aussi chez Rousseau et Stendhal de la problématique plus générale du langage et de ses défaillances. Cette problématique s'inscrira plutôt chez Mme de Lafayette dans le cadre d'une analyse de l'opposition entre discours non-verbal incarnant l'authenticité de l'être passionnel et la domestication sociale du discours verbal. *Le Ravissement* rend compte de cette défaillance du langage en trouvant sa forme d'expression dans un certain laconisme qui semble traverser le texte, le trouer de la présence en creux de ce qui ne peut se dire toujours associé à ce qui ne peut se voir. Nous montrerons comment cette rivalité du visible – impliquant une part d'invisible – et du dicible serait en outre liée à la question de la représentation du désir féminin. Si Lol finit de plus par pleinement investir la parole de cette mémoire du bal qui l'obsède, toujours associée au désir féminin, elle ne peut exprimer que l'insuffisance de cette mémoire trouée par le regard qui a ouvert une faille dans le visible lors du bal de T. Beach. Il semblerait ainsi que Marguerite Duras, tout comme Madame de Lafayette, ces deux femmes parmi nos quatre écrivains, interrogent les limites de la représentation verbale du désir féminin, à travers l'impossibilité de voir qui se trouve être la destinée du regard, notamment masculin dans *La Princesse de Clèves*. Dès lors, on ne sait si la disparition de l'être aimé derrière le voile et l'exil auquel est voué le regard du passionné ouvre sur des perspectives plus complexes et notamment pré-féministes chez Mme de Lafayette.

Pour en revenir à ce propos à la différence de la femme avec l'homme écrivain, on peut dire d'une façon générale que cette dernière, se place dans la position du sujet traditionnellement associé au masculin, en même temps qu'elle s'identifie avec la femme de la tradition, ce qui n'est pas sans conséquence sur le rapport que l'écrivain entretient avec ses personnages et peut-être celui du regard à la voix de la narration. Bien qu'une lecture structurale des textes de Madame de Lafayette et Duras soit donc légitime, elle serait pourtant trop réductrice en raison du sexe des auteurs. La question qui se pose est donc la suivante : qui nous raconte le regard, ses objets et son sujet ? C'est donc l'inscription du regard dans ses rapports à la voix qui nous intéressera aussi dans ce dernier chapitre en tant qu'elle dessine les relations propres aux personnages, celles de l'écrivain à la narration, ou encore celles à travers lesquelles s'esquisse le lien de l'écrivain à sa propre représentation, et à son activité créatrice.

CHAPITRE I

Séduction et narcissisme :
L'Autre comme miroir de soi

On connaît la légende la plus connue de Narcisse que raconte Ovide : cet adolescent hellène d'une si grande beauté que beaucoup de jeunes filles s'éprennent de lui, en particulier la nymphe Echo. Mais Narcisse demeure indifférent à l'amour jusqu'au jour où il rencontre sa propre image reflétée par le miroir de l'eau. Voici que dédaignant celle qui l'aime, il n'a d'amour que pour lui-même et se laisse mourir ainsi que l'avait prédit l'oracle que Tirésias avait énoncé à sa naissance : Narcisse ne vivra vieux que s'il ne se regarde pas. Faut-il voir dans ce refus de l'autre le témoignage d'une autosuffisance érotique sereine ? Paul-Laurent Assoun dans son ouvrage *Le Regard et la voix* où il étudie ce qu'il en est dans l'expérience freudienne, affirme que non : « Pour être devenu l'emblème du narcissisme, Narcisse ne doit pas être conçu… comme narcissique ! Il est bel et bien séduit – donc, il y a de l'autre […]. »[1] Ici, l'auteur emploie le terme narcissique au sens clinique de la perversion pour désigner ce que Freud décrit lui-même comme :

> le comportement par lequel un individu traite son propre corps de façon semblable à celle dont on traite d'ordinaire le corps d'un objet sexuel : il le contemple donc en y prenant un plaisir sexuel, le caresse, le cajole, jusqu'à ce qu'il parvienne par ces pratiques à la satisfaction complète. Développé à ce point, le narcissisme a la signification d'une perversion qui a absorbé la totalité de la vie sexuelle de la personne, et où nous devons par conséquent nous attendre à rencontrer les mêmes phénomènes que dans l'étude de toutes les perversions.[2]

---

1   Paul-Laurent Assoun, *Le Regard et la voix, Leçons de psychanalyse*, Paris : Economica, collection « Anthropos », 2001, p. 70.

2   Sigmund Freud, « Pour Introduire le narcissisme » in *La Vie sexuelle*, Paris : PUF, collection « Bibliothèque de psychanalyse », 2002, p. 81.

Plus récemment, André Green a mis l'accent sur la négativité interne
à cette conception freudienne d'une forme de « narcissisme primaire
absolu », c'est-à-dire anobjectal et lié à la pulsion de mort, et dont il
rappelle qu'il est l'une des deux directions dans laquelle se meut le narcissisme primaire.[3] Nous reviendrons, au cours de ce chapitre, à cette notion
de narcissisme comme perversion anobjectale qui, de toute évidence, ne
saurait être assimilée à tous les ouvrages de notre corpus en ce sens que le
thème fondamental de ces ouvrages relève de la passion amoureuse. Mais
qu'en sera-t-il alors de l'ouvrage de Marguerite Duras dont l'héroïne est
précisément victime d'un trouble affectif impliquant l'impossibilité d'un
attachement amoureux ?

Revenons pour l'heure à Green et à la seconde direction vers laquelle
se dirige le narcissisme primaire c'est-à-dire « le choix d'objet, choix de
l'Autre. Alter ego puis sans ego : alter. La différence était réduite à zéro
dans le double, encore que la différence, au vrai, ne disparaisse jamais. »[4]
C'est ce qui arrive, en effet, à Narcisse : il se trouve séduit par un autre
qu'il ne reconnaît pas comme identique à sa propre image. Tout d'abord,
on peut se demander en quoi la séduction implique le regard au plan
inconscient. Il convient de noter que la séduction prend d'abord effet
de produire sur le sujet un effet de captation : il suffit d'un regard pour
que le sujet tombe sous l'emprise amoureuse de l'objet qui fait soudai-
nement son apparition dans le champ du visible. Ce qui est alors en jeu
dans le « coup de foudre » est bien la rencontre de quelque chose qui
fait irruption du dehors et qui provoque la certitude – unilatérale ou
réciproque – de l'amour. Au premier regard donc, l'amoureux sait qu'il
aime et a l'impression d'avoir « trouvé », comme la solution à un problème. Selon Paul-Laurent Assoun qui s'appuie sur la métapsychologie

---

3   « Chez Freud, le narcissisme primaire désigne d'une façon générale le premier
     narcissisme, celui de l'enfant qui se prend lui-même comme objet d'amour avant
     de choisir des objets extérieurs. Un tel état correspondrait à la croyance de l'enfant
     à la toute-puissance de ses pensées. » (J. Laplanche et J. B. Pontalis, *Vocabulaire
     de la psychanalyse*, Paris : Quadrige, 1998, p. 264).
4   André Green, *Narcissisme de vie, narcissisme de mort*, Paris : Minuit, collection
     « Critique », 1983, p. 56.

freudienne pour porter quelque lumière sur cette turbulence du coup de foudre – dont on retrouvera les effets mis en scène dans nos ouvrages – la conviction qu'il y a dans ce regard qui adhère à l'objet aurait « valeur de révélation d'un désir en soi qui trouve en l'autre un point d'appel. »[5] Or ce moment est éminemment scopique. Autrement dit, le sujet séduit rencontre dans l'autre et par la prise du regard ce qui fait appel à son désir inconscient. « La vraie leçon en est ici que toute séduction par l'autre est aussi séduction par soi-même au moyen de l'autre : d'où l'effet de retour du regard dont séducteur et séduit sont les 'acteurs' passionnés, pris dans le même tableau »,[6] conclut Paul-Laurent Assoun. S'il semble surgir de nulle part, l'affect est donc porté par une pensée antérieure. La question étant de savoir quelle pensée est mise en acte et portée à l'expression dans cette forme fulgurante de l'amour ? En réponse à cette question, Assoun affirme que

> derrière la « scène aveugle » du « coup de foudre », agit cette espèce de scène originaire scopique dont elle est la perpétuation. Il suffirait alors de lire la séquence qui nous a mené, par réversion, de l'« illumination » à la perplexité primitive. En cela, l'amour révèle son véritable enjeu dramatique, celui du manque phallique et de la suppléance d'idéal auquel il pourvoit.[7]

Si l'on peut discuter de l'opposition établie par Freud entre « le choix d'objet par étayage » et le « choix d'objet narcissique », « très schématique et phallocentrique »[8] selon les termes d'André Green, en revanche l'existence du choix d'objet narcissique n'est pas douteuse en effet.

---

5 Paul-Laurent Assoun, *Le Regard et la voix*, p. 69.
6 Paul-Laurent Assoun, *Le Regard et la voix*, p. 71.
7 Paul-Laurent Assoun, *Le Regard et la voix*, p. 148.
8 André Green, *Narcissisme de vie, narcissisme de mort*, p. 50. Ce point de vue semble marquer la différence entre les analyses récentes et celles de Freud. Prudemment Louis Corman nuance cette opposition du « choix amoureux objectal » (par étayage) et du « choix narcissique », car « il y a souvent dans les choix les plus objectaux en apparence un élément important de narcissisme. » (*Narcissisme et frustration d'amour*, Bruxelles : Dessart et Mardaga, 1975, p. 64). Dans la même veine mais plus récemment encore, Jacques Ponnier écrit que « le choix d'objet par étayage » est « désigné comme narcissique, à côté du choix narcissique pro-

J. Laplanche et J. B. Pontalis explique qu' « il s'agit du choix d'un objet semblable à la personne propre du sujet. »[9] Mais ils soulignent que « ce qui sert de modèle pour le choix est une image ou un idéal. »[10] Ce qui explique les cas où le choix amoureux peut apparaître, de prime abord, comme très éloigné d'un choix narcissique du fait qu'il y a un très grand écart entre le sujet et l'objet qu'il se choisit, mais où, à l'analyse, il se révèle que le sujet, ayant projeté son narcissisme sur l'idéal de son moi, se lie à un partenaire qui incarne cet idéal. En effet, l'organisme aurait besoin, pour maintenir sa cohésion, de conserver une partie de ses investissements narcissiques, c'est ainsi qu'apparaît au cours du développement psychique normal, une formation idéale – un idéal du moi – qui permet à l'individu de maintenir de façon satisfaisante l'amour de soi-même malgré les pressions extérieures. Dans « Pour introduire le narcissisme », Freud écrit, en effet :

> C'est à ce moi idéal que s'adresse maintenant l'amour de soi dont jouissait dans l'enfance le moi réel. Il apparaît que le narcissisme est déplacé sur ce nouveau moi idéal qui se trouve, comme le moi infantile, en possession de toutes les perfections. Comme c'est chaque fois le cas dans le domaine de la libido, l'homme s'est ici montré incapable de renoncer à la satisfaction dont il a joui une fois. Il ne veut pas se passer de la perfection narcissique de son enfance ; s'il n'a pas pu la maintenir, car, pendant son développement, les réprimandes des autres l'ont troublé et son propre jugement s'est éveillé, il cherche à la regagner sous la nouvelle forme de l'idéal du moi. Ce qu'il projette devant lui comme son idéal est le substitut du narcissisme perdu de son enfance ; en ce temps-là, il était lui-même son propre idéal.[11]

C'est dans « Psychologie des foules et analyse du moi » que la fonction de l'idéal du moi est mise en rapport avec l'objet d'amour. Freud y voit une formation nettement différenciée du moi qui permet de rendre compte de la fascination amoureuse où « l'objet s'est mis à la place de

---

prement dit, si bien que *tous* les choix d'objet appartiennent à ce même genre » (*Narcissisme et séduction*, Paris : Economica, 2003, p. 31 ; l'auteur souligne).

9   J. Laplanche et J. B. Pontalis, *Vocabulaire de la psychanalyse*, p. 65.
10   J. Laplanche et J. B. Pontalis, *Vocabulaire de la psychanalyse*, p. 65.
11   Sigmund Freud, « Pour Introduire le narcissisme », p. 98.

l'idéal du moi »[12] du sujet. De fait, la notion d'idéal du moi se présente comme le reliquat de la mégalomanie narcissique infantile ne disparaissant pas entièrement sous la pression de la réalité, mais qui se trouve déplacée dans l'aveuglement de la passion amoureuse sur l'être aimé se substituant à l'idéal du moi. « Le mouvement qui fausse ici le jugement est celui de l'idéalisation » écrit Freud, reconnaissant de ce fait que « l'objet est traité comme le moi propre, donc que dans l'état amoureux une certaine quantité de libido narcissique déborde sur l'objet. »[13] Par rapport à cet objet unique à côté duquel nul autre objet ne compte, « le moi devient de moins en moins exigeant et prétentieux, l'objet de plus en plus magnifique et précieux ; il entre finalement en possession de la totalité de l'amour de soi du moi ; si bien que l'autosacrifice de celui-ci en devient une conséquence naturelle. »[14] Cette notion d'autosacrifice implique une certaine « docilité », une « soumission humble » envers l'objet aimé, pour reprendre les termes de Freud. Nous saisissons ainsi l'essence même du choix narcissique, qui réside en ce que l'objet n'est désirable que lorsqu'il coïncide avec l'image où le moi s'est précipité, et en fait, la libido ne porte donc que sur un simulacre. Par cette confusion du moi avec l'objet idéalisé, le sujet ne s'intéresse à l'objet de son choix que dans la mesure où c'est lui-même qu'il aime à travers l'autre, et en retour peut jouir d'être aimé par lui-même, par le truchement de l'idéal du moi et l'obtention de son amour. Le but étant de se faire aimer par l'autre car c'est par lui ou l'image perçue et reflétée par le regard de l'autre que le sujet tend à regagner l'amour et la perfection narcissique. En dernière analyse, « le narcissisme sert au sujet d'objet interne substitutif qui veille sur le Moi comme la mère veille sur l'enfant »[15] [...] « derrière lui se cache toujours l'ombre de l'objet invisible »[16] souligne André Green dans son ouvrage *Narcissisme de vie,*

12　Sigmund Freud, « Psychologie des foules et analyse du moi » in *Essais de psychanalyse*, Paris : Payot & Rivages, 2001, p. 198.

13　Sigmund Freud, « Psychologies des foules et analyse du moi », p. 197.

14　Sigmund Freud, « Psychologies des foules et analyse du moi », p. 198.

15　Green André, *Narcissisme de vie, narcissisme de mort*, Paris : Les Éditions de Minuit, 1976, p. 51.

16　Green André, *Narcissisme de vie, narcissisme de mort*, p. 35.

narcissisme de mort. Ainsi, ce que le sujet « trouve dans l'amour qu'il se
porte à lui-même » par l'intermédiaire de l'objet, c'est « une compensation à la perte d'amour fusionnel, expression de sa relation à un objet
consubstantiel » écrit André Green. Il poursuit : « Le narcissisme est
donc moins effet de liaison que de re-liaison. Souvent leurrante, se ber-
çant de l'illusion d'autosuffisance, le Moi faisant maintenant couple avec
lui-même, à travers son image. »[17] La fusion primitive et le narcissisme
primaire étant, en réalité, les deux revers d'une même médaille. En effet,
cette dernière notion correspond au stade de la dyade primitive mère-
enfant[18] où celui-ci a l'impression, encore que très confusément, que ses
désirs ont pouvoir de toute-puissance du fait qu'il ne rencontre de la part
du milieu aucune résistance, avant que ne survienne l'entrée en jeu des
frustrations qui lui feront prendre conscience de son individualité.

« Dans maintes formes de choix amoureux, il devient même évident », précise Freud, « que l'objet sert à remplacer un idéal du moi
propre, non atteint. On l'aime à cause des perfections auxquelles on a
aspiré pour le moi propre et qu'on voudrait maintenant se procurer par
ce détour pour satisfaire son narcissisme. »[19] Autrement dit, l'idéal du
moi connote aussi l'idée, en tant que substitut du narcissisme infantile,
de sa reconquête illusoire ; « l'autre venant se proposer au sujet comme
la perfection à laquelle [...] il devrait tenter de s'égaler. »[20] Dans son livre
Narcissisme et séduction où la notion de séduction narcissique est théorisée
métapsychologiquement puis illustrée cliniquement, Jacques Ponnier spé-
cifie que « les exigences que le sujet s'impose renvoient d'abord à [cette]
image à laquelle il voudrait s'égaler. »[21] En même temps, l'auteur met en

---

17   Green André, *Narcissisme de vie, narcissisme de mort*, p. 25.
18   « Aux toutes premières origines, à la phase orale primitive de l'individu, investis-
     sement d'objet et identification ne peuvent guère être distingués l'un de l'autre. »
     Sigmund Freud, « Le Moi et le ça » in *Essais de psychanalyse*, Paris : Payot &
     Rivages, 2001, p. 268.
19   Sigmund Freud, « Psychologies des foules et analyse du moi », p. 197.
20   Jacques Ponnier, *Narcissisme et séduction, pour une critique métapsychologique du
     concept d'idéalisation*, p. 11.
21   Jacques Ponnier, *Narcissisme et séduction*, p. 52.

lumière le lien d'héritage qui rattache le désir de fusion androgynique – pouvant dériver du désir de se hausser à la hauteur de l'autre – au « désir primitif de nier la distance qui me sépare de l'Autre idéal séducteur et fondateur »[22] (sous-entendu la mère), fantasme narcissique par excellence soutenant la théorie de l'idéal du moi. André Green confère à ce fantasme l'expression de « retraite vers l'unité »[23] qu'il définit ainsi : « il faudra alors que les investissements du Moi s'enrichissent d'un autre investissement adressé à un objet intégralement idéalisé avec lequel il fusionnera, à la manière dont il procédait avec l'objet primaire. »[24]

Il nous faut maintenant revenir à la légende de Narcisse pour soulever une autre question en remarquant que Narcisse finit tout de même par prendre conscience de son illusion. Il est vrai qu'alors il est au désespoir de ne pouvoir posséder l'objet de son désir, de ne pouvoir être différent de lui-même. Partant de la même constatation initiale que Paul-Laurent Assoun, Jacques Ponnier fait un pas de plus en suggérant que cette plainte de Narcisse « paraît bien laisser entendre que l'objet spéculaire n'est pas seulement voulu extérieur, mais qu'il n'est désirable que s'il est un Autre que le sujet. »[25] Puis il lie cet énigmatique désir d'altérité au sentiment d'accroissement de la valeur propre du sujet qu'apporte la possession de l'objet de son choix :

> Alors, le narcissisme, compris comme autosuffisance d'une cellule fermée, serait toujours déjà impossible, parce que le moi ne trouverait la valeur qui le soutient qu'indirectement, dans le regard d'un Autre séduisant en tant qu'Autre. Contradiction fondatrice : d'un côté je ne peux désirer admirer que moi-même, mais, d'un autre, l'altérité de l'objet et de sa perspective sont nécessaires à l'identité de mon moi [...].[26]

22   Jacques Ponnier, *Narcissisme et séduction*, p. 128.
23   André Green, *Narcissisme de vie, narcissisme de mort*, p. 22.
24   André Green, *Narcissisme de vie, narcissisme de mort*, p. 22.
25   Jacques Ponnier, *Narcissisme et séduction*, p. 8.
26   Jacques Ponnier, *Narcissisme et séduction*, p. 9.

Freud a bien fait observer que l'état amoureux exalte le narcissisme du sujet par la possession de l'objet dont il conquiert l'amour et l'estime. Son idéal traduit ainsi l'amour qu'il désire obtenir de la part des objets extérieurs pour la satisfaction narcissique que le fait d'être aimé permet d'apporter, en particulier le sentiment d'estime de soi qui apparaît comme expression de la grandeur du moi et dont dépend très intimement la libido narcissique. Etre aimé représente, en effet, selon Freud « le but et la satisfaction dans le choix d'objet narcissique »[27] dans la mesure où une part du sentiment d'estime de soi a son origine dans ce que l'expérience de la satisfaction de la libido d'objet confirme de notre toute puissance. Dans la vie amoureuse, nous dit Freud, « ne pas être aimé rabaisse le sentiment d'estime de soi, être aimé l'élève. »[28] Ainsi, la formation du sentiment d'estime de soi fait intervenir en grande partie l'objet dans sa relation d'amour au sujet. Qu'est-ce à dire sinon l'implication de l'être aimé en tant que regard posé sur le sujet – au sens figuré – et qui lui renvoie une image satisfaisante de lui-même ?

Partant donc du texte de Freud « Pour introduire le narcissisme », qui va du narcissisme comme perversion à l'idée de « sa place dans le développement régulier de l'être humain »,[29] ce chapitre se propose, en procédant à une analyse textuelle rapprochée de chaque ouvrage, de mettre en rapport notre thématique principale du regard en tant que partie intégrante à l'écriture de la passion amoureuse, aux réflexions qui surgissent à l'issue de notre introduction. Il est tout d'abord nécessaire de préciser que le regard pourra être pris dans son sens figuré ou littéral mais nous verrons que les deux sont étroitement liés sur le plan des contenus. Précisément, nous entendons par sens figuré la façon subjective dont on considère quelqu'un qui a pour corollaires, du point de vue de l'objet, l'image qu'il donne de lui-même ou les différents signes, ses actions par exemple, par lesquels il manifeste sa personnalité auprès d'autrui, et l'image, c'est-à-dire sa propre perception, que le sujet lui renvoie de lui-même. Dans son sens littéral, le regard amoureux ou l'expression des yeux de quelqu'un,

27   Sigmund Freud, « Pour Introduire le narcissisme », p. 102.
28   Sigmund Freud, « Pour Introduire le narcissisme », p. 102.
29   Sigmund Freud, « Pour Introduire le narcissisme », p. 81.

contribue à manifester les sentiments du sujet à l'égard de l'objet que ce dernier est souvent en mesure d'interpréter correctement. La fonction du regard sert ici à renforcer l'unité de la signification entre l'intérieur et l'extérieur car le regard dans nos ouvrages est rarement mensonger. L'on peut maintenant formuler nos réflexions dans un ordre logique. Tout d'abord, la notion de narcissisme est-elle un outil théorique *textuellement* approprié ? Si tel n'est pas le cas, il faudra essayer de comprendre à quoi nous sommes alors confrontés. En revanche, si tel est le cas, il restera à voir si l'on peut distinguer, à l'intérieur de notre corpus, la libido narcissique de celle qu'on dit d'objet, et ce qui fait exactement leur différence. Si dans la libido d'objet « c'est son propre moi qu'on aime [...] réalisé au niveau imaginaire »[30] ainsi que l'écrit Lacan, on peut se demander si le besoin d'altérité est celui de l'objet ou celui de l'idéal, et enfin s'il existe entre l'amour narcissique et l'amour d'autrui une différence essentielle.

A – *La Princesse de Clèves* : Se Dévisager pour s'envisager

L'histoire de la princesse de Clèves et de Nemours montre que l'origine de l'amour n'est pas accidentelle mais soigneusement et subtilement amenée par les affinités existant entre les personnages et qui semblent conditionner leur attirance mutuelle. Suivant la description du narrateur, il ne fait aucun doute que les personnages atteignent le degré le plus élevé de la perfection physique et incarnent, proprement à leur sexe respectif, les caractéristiques les plus attirantes, telles que la beauté donc, la grâce, le bon goût et ainsi de suite. D'un point de vue social, il apparaît aussi que Nemours et la princesse sont d'un rang plus ou moins comparable et qu'ils appartiennent à la même faction socio-politique.[31] Leurs affinités

---

30   Jacques Lacan, *Le Séminaire, Livre I, Les Ecrits techniques de Freud*, Paris : Seuil, 1975, p. 163.

31   En effet, Nemours est l'ami intime du vidame de Chartres, affilié au parti de la reine alors que la famille du prince de Clèves a d' « étroites liaisons » avec Diane

qui font de la princesse l'alter ego de Nemours et inversement, semblent en quelque sorte les prédestiner l'un à l'autre, et dès la première rencontre, ils se reconnaissent comme tels en tombant sous le coup de l'amour au premier regard. Notons que le « coup de foudre », dans *La Princesse de Clèves*, se distingue sensiblement du schéma traditionnel pour correspondre à une variante admise sous le nom de « mini coups de foudre » que Paul-Laurent Assoun définit ainsi : « l'amour au premier regard pouvant alors avoir de 'multiples commencements' qui scandent la 'cristallisation' amoureuse. »[32] Remarquons, en effet, l'importance de la vue soulignée par la répétition dans les premiers moments qui suivent la rencontre, et qui se révèle un élément de séduction fondamental, à prendre ici au sens passif du terme : « de sorte que, se voyant souvent, et se voyant l'un et l'autre ce qu'il y avait de plus parfait à la cour, il était difficile qu'ils ne se plussent infiniment. » (PDC : 49). Il est vrai qu'au dix-septième siècle, la notion de prédestination était très présente. Laurence Gregorio dans son ouvrage *Order in the Court* en témoigne : « The fact is that the notion of predestination of souls and events is very much a current one in the 1670s, and that it is very much in tune with the rationalistic philosophy of a fixed order of the universe, the ideology which carried the day in that century's thought. »[33] D'autre part, il a été remarqué dans l'introduction, ainsi que Green nous le rappelle ici, que « Freud noue le narcissisme au domaine du visible », qui est « littéralement scotomisé en faveur de la séduction de l'apparence, de la belle forme à la recherche de son double, qui ne sera jamais un complément mais un duplicata. »[34] Ainsi, chez Freud, l'idée d'une séduction narcissique se résumerait à celle d'une fascination par la figure du même apparaissant dans l'espace extérieur, et inclinant à se faire réciproque. Or, l'on a vu aussi en introduction que l'idéal du moi

---

de Poitiers, « ennemie du vidame », et l'on sait bien sûr que l'affection de la princesse ne va pas au prince de Clèves, avec lequel sa famille n'a aucune affinité, mais à Nemours.

32   Paul-Laurent Assoun, *Le Regard et la voix*, p. 141.

33   Laurence A. Gregorio, *Order in the Court, History and Society in* La Princesse de Clèves, Stanford : Anma Libri, 1986, p. 33.

34   André Green, *Narcissisme de vie, narcissisme de mort*, p. 34.

est ce qui permet de tisser des liens incontestables entre la séduction et la conception du narcissisme. L'interrogation que soulève ici l'introduction de la théorie psychanalytique est celle de la pertinence voire de la validité du concept de l'idéal du moi dans le contexte du récit de Madame de Lafayette. Pour ce faire, nous allons passer dans un premier temps, en suivant le développement romanesque, du concept de séduction « passive » à celui de séduction « active », au sens commun du terme,[35] sur lequel Freud fonde sa théorie de la séduction.[36]

En effet, l'action qui dès l'origine va caractériser Nemours est le projet de se faire aimer de la princesse : « Il est vrai aussi que, comme Nemours sentait pour elle une inclination violente, qui lui donnait cette douceur et cet enjouement qu'inspirent les premiers désirs de plaire, il était encore plus aimable qu'il n'avait accoutumé de l'être [...]. » (PDC : 49). Pour ce faire Nemours va se lancer dans une véritable entreprise de séduction qu'il poursuivra avec opiniâtreté tout au long du roman. Séduire pour Nemours c'est d'abord se placer sous le regard de l'être aimé, réduit à la fonction de regard en face de l'objet fascinant. Aussi Nemours ne manque pas une occasion de briller devant la princesse pour qui il suffit de voir le duc pour en tomber éperdument amoureuse. Vu de l'extérieur, en effet, la princesse constate la supériorité de Nemours dans le monde, ce qui la frappe c'est « une mine et une grâce [si] admirables » (PDC : 49), c'est la façon dont le duc joue à la paume et dont il court la bague. En observant de près les préparatifs qui occupent les princes et les seigneurs dont Nemours, avant le commencement du tournoi, on constate qu'il s'agit pour eux de miser sur la magnificence du paraître pour se constituer en objets de fascination au regard de l'être aimé : « Tous les princes et seigneurs ne furent plus occupés que du soin d'ordonner ce qui leur était nécessaire pour paraître avec éclat et pour mêler, quelque chose de galant qui eût rapport aux personnes qu'ils aimaient. » (PDC : 111). Cette notion de ce qui est visible est capitale dans le texte dans la mesure où l'accent

---

35　Action d'un sujet désirant à l'égard d'un objet.

36　« Scène réelle ou fantasmatique, où le sujet (généralement un enfant) subit passivement, de la part d'un autre (le plus souvent un adulte), des avances ou des manœuvres sexuelles. » (J. Laplanche et J. B. Pontalis, *Vocabulaire de la psychanalyse*, p. 436).

placé sur l'éclat extérieur reflète la mentalité de l'époque qui accordait une importance fondamentale aux apparences parfois au détriment de l'intégrité morale de l'individu. Dans sa thèse où Janine Anseaume-Kreiter étudie le problème du paraître dans l'œuvre de Madame de Lafayette et en particulier *La Princesse de Clèves*, celle-ci fait ressortir la coexistence de deux mondes ; celle du monde de la beauté extérieure et celle de la laideur du monde intime :

> Le monde social peut imposer une apparence ; il ne peut changer l'essence. L'individu peut se masquer ; il ne peut s'améliorer. Il devient évident qu'un compromis tacite est à la base du paraître ; le paraître est une représentation à laquelle la réalité ne peut correspondre. Mme de Lafayette démontre cette thèse dans *La Princesse de Clèves* en opposant la conduite d'individus qui tous acceptent le compromis, au comportement d'une héroïne qui s'efforce de le refuser.[37]

Par contraste, Nemours incarne le pur produit de cette société : c'est un être d'apparence qui aime le jeu, les tournois et les bals, bref les spectacles, qui fait fi de toute morale et se réjouit de ses conquêtes. En fait, l'avis que donne Nemours sur le bal résume globalement l'idée que la recherche du succès auprès des femmes est associée à une volonté de manifester sa gloire, dont la spécificité visuelle repose sur le paraître si l'on prend le terme « en un sens plus matériel, pour l'éclat, la splendeur que donnent la grandeur, la puissance etc. »[38] :

> Il n'y a qu'une occasion, Madame, lui dit ce prince, où M. de Nemours consente que sa maîtresse aille au bal, alors c'est que c'est lui qui le donne [...] que c'est toujours faire une grâce à un amant que d'aller prendre sa part à un plaisir qu'il donne ; que c'est aussi une chose agréable pour l'amant que sa maîtresse le *voie* le maître d'un lieu où est toute la cour et qu'elle le *voie* se bien acquitter d'en faire les honneurs. (PDC : 62/ Je souligne).

Inversement, le paraître avec éclat est sans doute un indice de grandeur qui se révèle pour séduire un atout majeur. Dans tous les cas, le rôle de

37 Janine Anseaume-Kreiter, *Le Problème du paraître dans l'œuvre de Mme de Lafayette*, Paris : Nizet, 1977, p. 25.
38 Gaston Cayrou, *Le Français classique*, Paris : Henri Didier, 1923, p. 441.

regard dévolu à l'être aimé sous-tend une conception très narcissique de l'amour car le duc se préoccupe avant tout de l'image de lui-même qu'il donne à l'autre et en attend qu'elle soit juge de sa grandeur. Or, on a déjà fait valoir en introduction que les « pulsions narcissiques » étaient inséparables d'autrui, de son regard qui juge ou séduit.

Aussi l'attitude de Nemours est-elle calculée pour séduire la princesse de Clèves et apprendre s'il en est aimé car cette entreprise de séduction ne saurait se suffire sans la possession de la conscience de l'être aimé dont découle la confirmation de sa valeur. Tout en acceptant ainsi de se placer sous le regard de l'être aimé, Nemours ne cessera pour autant d'en être le sujet qui ne voit dans l'autre que les signes souvent involontaires qui se rapportent à son amour pour lui et le renvoient sans cesse à lui-même : « Il s'en faisait aimer malgré elle, et il voyait dans toutes ses actions cette sorte de trouble et d'embarras que cause l'amour dans l'innocence de la première jeunesse. » (PDC : 108). Aussi ce qui rend Nemours tellement heureux quand il se cache et observe la princesse dans son pavillon, nous dit Madame de Lafayette, est de voir l'être aimé « tout occupée de choses qui avaient du rapport à lui et à la passion qu'elle lui cachait. » (PDC : 202). Même dans le cas où cela est possible, nous voyons ainsi que Nemours n'est jamais totalement absorbé par l'objet aimé. La passion chez lui est avant tout un regard tourné vers soi, elle est conscience réflexive, c'est-à-dire la conscience qu'il a de la conscience de l'autre à son sujet. Dans le monologue du duc sous les saules, ses interpellations pathétiques à la princesse absente dénotent d'un même égocentrisme étonnant : « Laissez-moi voir que vous m'aimez belle princesse, s'écriat-il, laissez-moi voir vos sentiments [...]. Regardez-moi du moins avec ces mêmes yeux dont je vous ai vue cette nuit regarder mon portrait ; pouvez-vous l'avoir regardé avec tant de douceur et m'avoir fui moi-même si cruellement ? » (PDC : 206). Encore une fois ce que Nemours veut voir dans le regard de la princesse – ici au sens littéral – ce sont les sentiments qu'elle a pour lui, c'est lui-même qu'il veut trouver au bout de ce regard qui a fonction de miroir où se reflète une image de soi comme étant vue par l'autre, évidemment narcissiquement satisfaisante parce que le duc peut y lire ce que l'être aimé pense de lui.

Retourné sur son propre reflet et impuissant à se fixer sur l'autre, son regard symbolise ainsi le caractère profondément narcissique de son amour qui rejoint essentiellement le projet de s'aimer par l'intermédiaire du regard de l'autre sur soi, aussi bien au sens métaphorique du terme : « Il trouva de la gloire à s'être fait aimer d'une femme si différente de toutes celles de son sexe. » (PDC : 158). L'on voit, semblerait-il en effet, que la valeur de son être même est attestée par la possession de l'être aimé qui incarne finalement le reflet d'une image très valorisante de Nemours, d'autant plus valorisante que la princesse est elle-même d'une valeur incontestable. Inversement à la situation précédente dont Nemours jouissait de manière triomphale, ce que ce dernier déplore le plus dans la perte de la réciprocité de son amour est bien l'image de sa propre grandeur qui lui est renvoyée par le relais du regard que l'être aimé, elle-même douée de toutes les perfections, porte sur lui et qui détermine le mérite de son être même : « Je perds par mon imprudence le bonheur et la *gloire*[39] d'être aimé de la plus aimable et de la plus estimable personne du monde. » (PDC : 181 ; je souligne). Le prince de Clèves aura, du reste, mis en garde sa femme contre Nemours, en qui il reconnaît un caractère de séducteur recherchant dans la conquête à combler son amour-propre, ici synonyme d'orgueil : « Vous sentirez le chagrin que trouvent les personnes raisonnables dans ses engagements, et vous connaîtrez la différence d'être aimé, comme je vous aimais, à l'être par des gens qui, en vous témoignant de l'amour, ne cherchent que l'honneur de vous séduire. » (PDC : 214). Ici, les propos du prince qui font écho à ceux de Nemours pouvant enfin parler ouvertement à la princesse à qui il avouera tout aussi significativement s'être « flatté » (PDC : 230) – à tort pense-t-il – qu'elle l'ait « distingué du reste des hommes » (PDC : 230), mettent une fois de plus en évidence que la possession de l'être aimé n'a d'intérêt qu'en tant que miroir réfléchissant une image très narcissique du sujet, au sens commun du terme.

---

39   Ce terme est ici à entendre en tant que synonyme de fierté, qui est l'un des deux sens les plus courants qu'on lui attribue à l'époque classique. Le deuxième sens étant la « considération, honneur... estime, réputation qui procède du mérite d'une personne. » (Gaston Cayrou, *Le Français classique*, p. 441). Mais nous allons y revenir bientôt.

Il semblerait donc qu'aimer chez le duc se confonde avec le projet narcissique de se faire aimer.

L'indifférence du duc aux scrupules et aux souffrances intimes de la princesse signe bien l'origine narcissique de son amour tenant pour rien le fait d'aimer et le confondant avec la satisfaction personnelle de se savoir aimé. Mais il convient de remarquer que sa passion n'est pas si aisée à satisfaire. Il est tout à la fois malheureux de ne pouvoir obtenir un aveu volontaire qui lui permettrait de jouir d'un bonheur complet :

> Quoi ! je serai aimé de la plus aimable personne du monde et je n'aurai cet excès d'amour que donnent les premières certitudes d'être aimé que pour mieux sentir la douleur d'être maltraité ! [...] Que craignez-vous ? Pourquoi mon amour vous est-il si redoutable ? Vous m'aimez, vous me le cachez inutilement ; vous-même m'en avez donné des marques involontaires. Je sais mon bonheur, laissez-m'en jouir, et cessez de me rendre malheureux. (PDC : 206).

Quand enfin il reçoit de la princesse de Clèves elle-même, le témoignage oral de ses sentiments, bien qu'il ne les connaisse que trop lui fait-elle remarquer, à son tour le duc de Nemours lui fera la remarque suivante : « quelle différence de le savoir par un effet du hasard ou de l'apprendre par vous-même, et de voir que vous voulez bien que je le sache ! » (PDC : 228). Ainsi, le duc de Nemours semble ne pouvoir se satisfaire d'une possession partielle, il lui faut parvenir à vaincre toutes les résistances de l'être aimé, qu'elle se donne entièrement à lui dans l'oubli de ce qu'elle se doit à elle-même ou à toutes autres exigences que l'amour. Le fond de son amour apparaît avant toute chose désir de conquête de la liberté de cet être idéal et par extension, la possession sexuelle même ne semble avoir d'importance, lorsqu'elle peut enfin être envisageable dans le mariage, que dans la mesure où elle permet de jouir d'un triomphe total et inconditionnel sur l'être aimé qui place son amant au-dessus de toute valeur, en tant que valeur la plus haute. Mais pour en revenir à notre point principal, à aucun moment Nemours semble-t-il en effet imaginer les tourments de conscience de la princesse : après l'accident de cheval du duc, son attitude modeste cède plutôt le pas à un air de triomphe qui ne peut se contenir : « M. de Nemours y vint peu de temps après, habillé magnifiquement et comme un homme qui ne se sentit pas de l'accident qui lui était arrivé. Il paraissait même plus gai que de coutume ; et la joie de ce qu'il croyait avoir vu lui donnait un air qui augmentait encore son agrément » (PDC : 114). De son côté la princesse ne sent que « l'affliction » (PDC : 114) d'avoir donné des marques de son attachement devant le monde. Il y a même un certain sadisme dans l'attitude de Nemours à vouloir prolonger les souffrances de la princesse, persuadée qu'il en aime une autre, pour le plaisir que cela lui donne de se voir aimé : « L'aigreur que M. de Nemours voyait dans l'esprit de Mme de Clèves lui donnait le plus sensible plaisir qu'il eût jamais eu et balançait son impatience de se justifier. » (PDC : 139). De même, il n'éprouve aucune compassion devant l'image de la princesse, « le visage couvert de larmes » (PDC : 153) et agenouillée aux pieds de son mari à qui elle vient de faire le pénible aveu de ses sentiments amoureux pour un autre. Au contraire, l'amour-propre, l'égoïsme, la cruauté du séducteur qui jouit d'un instant de triomphe percent aussitôt : « Il sentit pourtant un plaisir sensible de l'avoir réduite à cette extrémité. » (PDC : 158). C'est à la suite de cette scène « l'extrême tristesse » (PDC : 162) de la princesse qui rassure Nemours sur les sentiments qu'elle éprouve pour lui et lui apporte quelque réconfort. On retrouve la même inconsistance morale dans sa dernière entrevue avec la princesse : alors qu'elle lui reproche d'avoir été la cause indirecte de la mort de son mari, il élude la question et oppose aux scrupules moraux de l'héroïne le souci de son bonheur personnel : « quel fantôme de devoir opposez-vous à mon bonheur ? » (PDC : 229).

Cette inconsistance morale et ce manque de lucidité intellectuelle qui correspondent à son tempérament de mondain superficiel, semblent entrer en contradiction avec la passion dont il est si pénétré qu'il en devient l'incarnation à la fois fascinante et dangereuse. Mais la contradiction n'est qu'apparente : « dans l'optique de Madame de Lafayette, souligne très justement Roger Francillon, la passion n'est qu'une forme sublimée de l'amour-propre, aussi longtemps qu'elle n'est pas satisfaite. »[40] Au sens classique du terme, l'amour-propre « tient alors lieu du mot égo-

40   Roger Francillon, *L'Œuvre romanesque de Madame de Lafayette*, Paris : José Corti, collection « Rien de commun », 1973, p. 156.

ïsme »,[41] c'est-à-dire le fait de ne penser qu'à soi. Mais il peut dans *La Princesse de Clèves* prendre une connotation plus contemporaine soit le « sentiment très vif qu'une personne a de sa propre valeur », nous l'avons vu, et « dont elle veut garantir l'image aux yeux d'autrui »,[42] il nous reste encore à aborder la question. Ce terme s'apparente alors au concept classique de « gloire » dans ses deux sens principaux. Bien sûr, nous le savons maintenant, la conquête de l'idéal du moi apporte inévitablement des satisfactions d'amour-propre, mais il nous semble que dans le cas de Nemours, son amour se résume, en effet, à cela. C'est-à-dire que la passion qui domine chez le duc est celle de l'amour-propre, dans tous les sens du terme. Par conséquent, il nous paraît difficile de parler de narcissisme d'un point de vue psychanalytique dans la mesure où l'amour-propre, non seulement ne sous-tend pas la notion d'idéal du moi mais entre en contradiction partielle avec elle. On peut supposer, en effet, que l'amour narcissique serait, en pratique et non en théorie, moins « égoïste » dans un sens non moral, car il s'agit pour le sujet de jouir de s'aimer lui-même, par le truchement de l'idéal du moi qu'il aimera avec toute la tendresse qu'on imagine. Ce qui implique dans la relation concrète avec l'autre, qu'on l'aime davantage à travers soi, qu'on lui donne autant qu'on reçoit, aussi contradictoire que cela puisse paraître. D'autre part, loin d'engager le moi dans la quête infinie du moi idéal, en essayant de se hausser à la hauteur de l'autre – on en reconnaît les effets dans ce que Ponnier pose en termes d' « exigences que le sujet s'impose » afin de parvenir à ce but – la perfection de l'être aimé ne semble avoir d'autre fonction dans *La princesse de Clèves* que de permettre à Nemours d'apporter à son amour-propre entière satisfaction.[43]

En effet, Nemours ne semble compter l'être aimé qu'à titre d'objet à posséder – après quoi il ne lui resterait rien à prouver – et ce qui rend cette possession tellement désirable est qu'elle interfère en guise de faire-

---

41 Gaston Cayrou, *Le Français classique*, p. 32.
42 Dictionnaire Hachette encyclopédique, édition 2000, p. 70.
43 Si l'on ne retrouve aucunement, dans *La Princesse de Clèves*, cette notion d'éléva-
    tion grâce à l'idéal du moi, nous pourrons, en revanche, en constater les effets chez
    Rousseau en particulier, et développer cet aspect plus amplement.

valoir à ses propres yeux bien sûr, mais aussi permet de servir sa réputation. En voici une excellente illustration quand tout à son triomphe de
se savoir aimé de la princesse, dont découle le sentiment très vif de sa
propre valeur, Nemours ne peut se résoudre à le tenir caché et commet
l'imprudence de parler au vidame « en termes généraux de ses sentiments
particuliers et de conter ses propres aventures sous des noms empruntés »,
tout en exagérant dans cette conversation « le plaisir d'être amoureux
d'une personne digne d'être aimé. » (PDC : 158–59). Aussi nous dit la
narratrice, « le vidame soupçonne aisément que cette histoire regardait
ce prince » (PDC : 159), en jugeant par la chaleur et l'admiration dont
Nemours avait parlé. Roger Francillon dans son analyse de *La Princesse
de Clèves* se demande dans quelle mesure c'est son amour-propre qui l'a
poussé à agir ainsi et souligne que si Madame de Lafayette ne le dit pas
expressément Madame de Clèves aura raison de penser que le duc « a
été discret [...] tant qu'il a cru être malheureux ; mais une pensée d'un
bonheur, même incertain, a fini sa discrétion », et ajoute-t-elle : « Il n'a
pu s'imaginer qu'il était aimé sans vouloir qu'on le sût. » (PDC : 179).
A cet égard, Louise Horowitz souligne que « throughout all of Mme
de Lafayette's works – in her fiction as well as in the short biography of
Henriette d'Angleterre – there is a pervading atmosphere of male prowess
that exerts itself in the game of war or in the game of love. »[44] En effet, si
l'on observe de près la conduite de Nemours se réduisant à un amour de
la conquête, on constate qu'il existe un lien étroit entre amour et ambi-
tion sociale, ces deux passions apparemment contradictoires mais qui
sont en fait complémentaires dans la mesure où la recherche du succès
auprès des femmes est destinée à servir la cause de sa réputation. Sabine
Melchior-Bonnet dans son livre *Histoire du miroir*, où elle retrace les
étapes historiques de sa conquête, l'épopée de sa fabrication, de ses usages
et de son statut social, donne de la réputation la définition suivante : « La
réputation est une sorte d'écho, ou de reflet de miroir renvoyé par autrui
qui le confirme dans sa propre estime : elle naît de la vertu, de l'honneur,

---

44   Louise K. Horowitz, « Madame de Lafayette » in *Love and Language, A Study
     of the Classical French Moralist Writers*, Ohio : Colombus University Press, 1977,
     p. 56.

de la valeur, auxquels elle donne du lustre et, écrit B. Gracian, l'artifice y contribue car *ce qui ne se voit pas est comme s'il n'était pas.* »[45] L'artifice du miroir évoque la mentalité qui régnait à la cour de Louis XIV, dans les années 1660–1670 : elle « exprime de manière concrète la caractéristique essentielle d'une société aristocratique, dans laquelle le paraître, ce que Sartre nomme 'l'être-pour-autrui', est ce qui donne à l'individu sa valeur et où des notions, comme la gloire ou la réputation, jouent un rôle fondamental »,[46] nous rappelle Roger Francillon. Puisque la valeur qui lui est reconnue dépend du milieu social qui représente ainsi le miroir devant lequel le courtisan exhibe sa représentation, et également le groupe spectateur qui après l'avoir examinée rend son verdict, Nemours qui incarne l'un des produits les plus achevés de cette société du regard, aboutit à une forme de narcissisme du paraître, c'est-à-dire qu'il recherche dans l'œil d'autrui la reconnaissance de cette image favorable de lui-même qu'il donne à voir pour s'envisager ainsi sous la perspective des autres. Sabine Melchior-Bonnet l'exprime en ces termes : « tandis qu'en se constituant image dans le miroir de l'autre, il [l'individu] devient spectacle pour lui-même sous un regard extérieur : se voir et être vu, se connaître et être connu sont des actes solidaires. »[47]

Si une grande part d'orgueil et de vanité entre dans l'amour que le duc porte à la princesse de Clèves, cet être d'exception qui le conforte dans sa propre gloire, la morale que suit cette dernière repose aussi pour beaucoup sur l'orgueil. Janine Anseaume-Kreiter la définit de la manière suivante : « c'est la morale de celui qui se conçoit supérieur aux autres, et dont la vertu, guidée par la prudence, lutte contre ce qui risque d'abaisser le moi ainsi envisagé. »[48] La passion qui peut emprisonner l'être et détruire sa liberté est la force la plus redoutable menaçant l'individu dans cette voie que trace Madame de Chartres pour sa fille, supposée lui apporter le seul

45 Sabine Melchior-Bonnet, *Histoire du miroir*, Paris : Imago, collection « Pluriel », 1994, pp. 151–52.
46 Roger Francillon, *L'Œuvre romanesque de Madame de Lafayette*, p. 236.
47 S. Mechior-Bonnet, *Histoire du miroir*, p. 161.
48 Janine Anseaume-Kreiter, *Le Problème du paraître dans l'œuvre de Madame de Lafayette*, p. 171.

bonheur possible : pouvoir être ce qu'elle se veut et le paraître, et il faut donc la maîtriser.[49] Jean Starobinski explique à propos des personnages de Corneille que

> la maîtrise de soi est une activité qui suppose le dédoublement de l'être entre une puissance qui commande et une nature réduite à obéir, entre une autorité hégémonique (car nous devons parler ici le langage stoïcien) et des parties subordonnées. Cette force hégémonique n'est pas tout l'être ; pour qu'elle règne, il faut qu'elle réduise au silence d'autres forces, ou du moins qu'elle les cache aux regards du dehors. Ce qui fait la grandeur ostentatoire du héros est aussi ce qui l'engage à dissimuler l'appétit inférieur qu'il réfrène en lui-même.[50]

Ainsi en va-t-il de la princesse de Clèves lorsqu'elle découvre sa passion pour Nemours. Si elle ne parvient pas à être subjuguée, son souci est de la refouler consciemment au plus secret d'elle-même, pour n'en rien laisser paraître au dehors. Cette volonté de cacher sa faiblesse n'exclut pas pour autant l'être en faveur du paraître, puisqu'elle est employée à montrer ce qu'elle veut être par conviction sincère, dans un effort constamment renouvelé, de nier et de surmonter cette faiblesse, constamment présente ou possible. En elle, ainsi que l'exprime Jean Starobinski, « l'acte de faire voir et l'acte de cacher, l'aveu et la répression [qui] se confondent en un même geste. »[51] On comprend alors très clairement comment l'idée de la gloire, au même titre que les injonctions de la bienséance et du devoir, contraint la princesse à se dédoubler entre un dehors et un dedans, entre un moi secret et un moi offert à tous les regards. Dans la mesure, en effet, où Madame de Clèves craint de s'avilir par rapport à autrui, sa vertu a forcément un aspect social dont le mobile vise à sa propre glorification et Madame de Chartres ne manquera pas, il est vrai, de faire voir à sa fille « combien la vertu donnait d'éclat et d'élévation à une personne qui avait

---

49   « elle [Mme de Chartres] faisait souvent à sa fille des peintures de l'amour ; elle lui montrait ce qu'il a d'agréable pour la persuader plus aisément sur ce qu'elle lui en apprenait de dangereux [...]. » (PDC : 27).

50   Jean Starobinski, *L'Œil vivant*, Paris : Gallimard, collection « NRF », 1961, pp. 46–47.

51   Jean Starobinski, *L'Œil vivant*, p. 46.

de la beauté et de la naissance. » (PDC : 27). D'ailleurs, parmi les malheurs que la princesse évoque lorsqu'elle redoute que l'orgueil de Nemours ne fasse connaître sa passion à tout le monde, on compte celui de perdre le prestige que lui donne aux yeux du monde la réputation que par elle-même elle a conquise. Ainsi dit-elle : « Je serai bientôt regardé de tout le monde comme une personne qui a une folle et violente passion. » (PDC : 179). Le but immédiat de son aveu étant que son mari consente à ce qu'elle se sépare de la cour, derniers recours pour préserver sa réputation : « Je n'ai jamais donné nulle marque de faiblesse et je ne craindrais pas d'en laisser paraître si vous me laissiez la liberté de me retirer de la cour ou si j'avais encore Mme de Chartres pour aider à me conduire. » (PDC : 152).

Sa crainte de désavouer sa réputation par sa conduite ne représente pourtant pas nécessairement une prise de position en faveur de la sauve-garde des apparences. Mme de Clèves est consciente de sa faiblesse mais elle ne s'y arrête pas : en se donnant au prince de Clèves pour ce qu'elle est véritablement, elle se propose de racheter sa conduite par son action : « Quelque dangereux que soit le parti que je prends, je le prends avec joie pour me conserver digne d'être à vous. Je vous demande mille pardons si j'ai des sentiments qui vous déplaisent, du moins je ne vous déplairai jamais par mes actions. » (PDC : 152–53). Comme les héroïnes cornéliennes, Mme de Clèves, qui a été éduquée selon la morale aristocratique de la gloire, veut avant tout conserver l'estime de son entourage et pour cela la sienne propre, en se montrant digne de cette estime qui est le reflet d'un mérite fondé sur une vertu inégalable dont certes elle tire une immense fierté. Il suffit de songer à quel point l'idée de ne pas décevoir l'opinion que son mari a d'elle-même, lui donne du zèle dans sa détermination à surmonter la passion. La narratrice affirme, en effet, que M. de Clèves ne se trompe pas quand il pense qu'en laissant une entière liberté à sa femme, il se trouve davantage assuré encore de sa conduite, et dit-elle : « la confiance qu'il [lui] témoignait la fortifiait davantage contre M. de Nemours et lui faisait prendre des résolutions plus austères qu'aucune contrainte n'aurait pu faire. » (PDC : 162). Lorsque plus tard, le duc de Nemours se sert du prétexte de la présence de Mme de Mercoeur, sa sœur, dans sa maison proche de Coulommiers, pour justifier sa visite à la princesse de Clèves, celle-ci agit encore en fonction du regard – au sens

figuré du terme – que son mari pourrait porter sur ses actions et cette idée
stimule à nouveau sa volonté de ne rien laisser au hasard : « La crainte
que cette visite ne fût encore une confirmation des soupçons qu'avait
son mari ne contribua pas peu à la déterminer ; et pour éviter que M. de
Nemours ne demeurât seul avec elle, elle dit à Mme de Mercoeur qu'elle
l'allait conduire jusques au bord de la forêt, et elle ordonna que son car-
rosse la suivît. » (PDC : 209).

Il convient de remarquer toutefois que la princesse de Clèves manque
de sincérité envers elle-même dans la mesure où elle se laisse abuser par
l'illusion de sa propre gloire. La scène de l'aveu présente à l'œuvre un excellent exemple de la mauvaise foi de l'individu, au sens commun du terme,
de sa tendance à s'abuser et à abuser les autres. Loin d'être, en effet, un acte
d'humilité et de repentir alors même que la situation semble désespérée
et qu'elle a maintenant besoin du secours de son mari pour la préserver
de sa propre faiblesse, Mme de Clèves, imparfaite et faible comme ses
semblables, sujette comme eux à la tentation, continue à se considérer
différente et supérieure, et commence son aveu en vantant le mérite du
caractère irréprochable de sa conduite passée. C'est ainsi qu'elle prépare la
confession qui va suivre, ce qui a pour effet d'atténuer la vérité humiliante
d'une telle confession, en même temps que son évocation très brève et
abstraite qui est immédiatement suivie de la réaffirmation glorieuse de sa
vertu : « je vais vous faire un aveu que l'on n'a jamais fait à son mari ; mais
l'innocence de ma conduite et de mes intentions m'en donne la force. Il
est vrai que j'ai des raisons de m'éloigner de la cour et que je veux éviter les
périls où se trouvent quelquefois les personnes de mon âge. Je n'ai jamais
donné nulle marque de faiblesse […]. » (PDC : 152). Puis face à la curiosité que manifeste M. de Clèves, elle évite à nouveau, d'un refus énergique
de donner davantage d'explications,[52] l'humiliation d'évoquer tout ce qui
pourrait nuire à son image glorieuse[53] et vante le courage l'ayant conduite

---

52   « j'ai de la force pour taire ce que je crois ne pas devoir dire. » (PDC : 154–55).
53   « Epargnez-moi la peine, répliqua-t-elle, de vous redire des détails qui me font
     honte à moi-même de les avoir remarqués et qui ne m'ont que trop persuadée de
     ma faiblesse. » (PDC : 156).

à l'aveu,[54] transformant ainsi un acte qui a trait à la faiblesse humaine en un acte d'héroïsme inspiré d'un mobile qu'elle présente sous une apparence sublimée [se conserver digne de son mari]. Plus tard même, elle remarquera avec toute la mauvaise foi que donne un grand orgueil : « il n'y a pas dans le monde une aventure pareille à la mienne, il n'y a point une autre femme capable de la même chose. » (PDC : 175). La princesse, au comble même du désespoir, réussit donc à rendre édifiante l'image de sa gloire, comme on peut en juger par la réaction du témoin-miroir (son mari) dont l'estime et l'admiration renouvelées sinon redoublées, renforce la princesse dans le sentiment de sa propre illusion glorieuse : « Elle trouva même de la douceur à avoir donné ce témoignage de fidélité à un mari qui le méritait si bien, qui avait tant d'estime et tant d'amitié pour elle, et qui venait de lui en donner encore des marques pour la manière dont il avait reçu ce qu'elle lui avait avoué. » (PDC : 158).

La même duplicité de sa conscience se fait aussi complice de l'autre impératif passionnel qui anime son combat : l'amour. D'ailleurs, Mme de Lafayette met en évidence les conduites aveugles de son héroïne, c'est-à-dire typiquement passionnelles, en faisant alterner, dans la structure de son roman, les situations où la princesse paraît en société sous le regard d'autrui d'une part, et d'autre part les moments de lucidité retrouvées dans la solitude, quand la princesse constate, avec un retard fatal, la présence en elle d'une puissance sourde et dangereuse que toute sa vertu ne peut retenir. Quand Mme de Clèves est dans le monde en effet, tout ce qu'elle fait s'accomplit à son insu et dans une demi-conscience, mais dès qu'elle revient à la solitude, elle ouvre les yeux et se voit telle qu'elle a été, et de fait telle qu'elle est apparue à autrui. En particulier aux yeux intéressés de son amant ou de ses rivaux qui portent sur elle la perspicacité d'un regard qu'elle n'a pas encore et qui lisent avant elle le sens caché de ses actes qu'elle va découvrir en se retrouvant seule. Le sentiment qui la domine alors, c'est la douleur devant tous ces gestes spontanés qui furent autant d'aveux involontaires accomplis devant les autres, c'est-à-dire dans la cécité, nous

---

54 « L'aveu que je vous ai fait n'a pas été par faiblesse, et il faut plus de courage pour avouer cette vérité que pour entreprendre de la cacher. » (PDC : 155).

aurons l'occasion d'en donner de nombreux exemples par la suite, ou la stupeur et l'épouvante devant ce qui s'est passé en elle sans qu'elle en eût conscience. Il en va ainsi sitôt que la princesse demeure seule, à la suite de cet « après-dinée » passé à réécrire la lettre destinée au Vidame de Chartres tout en se laissant aller à sa joie d'être en compagnie de M. de Nemours : « Mme de Clèves demeura seule, et, sitôt, qu'elle ne fut plus soutenue par cette joie que donne la présence de ce que l'on aime, elle revint comme d'un songe ; elle regarda avec étonnement la prodigieuse différence de l'état où elle était le soir d'avec celui où elle se trouvait alors [...] elle ne se reconnaissait plus elle-même. » (PDC : 146–47).

Ce que révèle Michel Meyer dans son livre *Le Philosophe et les passions*, où est retracée l'histoire des conceptions philosophiques des passions, mérite attention, en ce qu'on y retrouve théorisé, le même trait propre à la passion chez la princesse de Clèves. En effet, Michel Meyer observe du point de vue du discours philosophique des classiques (Platon, Aristote, Augustin) que la passion est un paradoxe en soi, qui tient à ce qu'elle est à la fois réfléchissante et l'irréfléchi de la vie sensible. C'est-à-dire que la passion est un regard tourné vers soi qui permet de prendre conscience de ce que nous devons dépasser, en tout cas si la passion est synonyme de mal – ce qu'elle est au dix-septième siècle sous l'influence des philosophes classiques et contemporains (Descartes) – en même temps qu'elle aveugle. C'est en effet la même conscience qui connaît ce qu'il y a en elle et qui s'ignore, mais ce n'est pas contradictoire puisque ce savoir et cette ignorance ne se produisent pas au même moment. La passion qui est ici celle de l'amour, ne devient conscience de passion qu'une fois l'objet de la passion remis à distance car, aussi paradoxal et contradictoire que cela puisse paraître, une conscience au moment où elle est totalement absorbée par un objet qui lui plaît, est ignorante de ce qui se passe en elle-même. Cette conscience est prise dans l'objet et ce n'est qu'après coup qu'elle devient conscience de soi. « Dans ce retour sur soi que la conscience sensible et pathique effectue », écrit Michel Meyer, elle prend conscience d'elle-même en propre, par différence, par distance d'avec l'objet même qui l'absorbait sans qu'elle s'en rendît réellement compte. Logique de l'identité et de la différence, de la distance et de la difficulté à l'accroître (le mal) ou à le diminuer (le bien), le jeu de la passion devient ici celui du concupiscible et de l'irascible. La conscience d'objet qui se sait telle, mesure son identité dans la distance qui la sépare de ce qui l'immergeait tout entière, de façon irréfléchie.[55]

En effet, Mme de Clèves a connaissance de la passion comme un obstacle qu'il faut vaincre sans qu'il lui semble possible parfois de pouvoir s'interdire d'y céder. Michel Meyer souligne que la faiblesse de la volonté expliquerait dans le discours philosophique, l'inconscience et l'inconséquence, l'aveuglement en somme : « Par la faiblesse de la volonté, l'homme est au fait de la passion qui l'habite sans qu'il parvienne à la dépasser. Elle l'aveugle sans l'aveugler, car il la sait, sans arriver à la surmonter. Plus tard, Sartre appellera cela 'la mauvaise foi'. Par sa liberté, l'homme peut s'abandonner à sa passion, ou lutter contre elle. »[56] La princesse de Clèves prend le parti de la lutte contre sa passion et contre son propre aveuglement qui en est la conséquence aliénante.

Mais dans ces moments même de retour sur soi, l'on peut se demander jusqu'où va vraiment sa lucidité ? Certes, sa prise de conscience est réelle : elle se rend compte après coup qu'elle n'a pas été maîtresse d'elle-même en public ou même seule avec Nemours. Toutefois il est intéressant de noter dans ce dernier cas que la liste de reproches que s'adresse la princesse de Clèves se termine curieusement par celui « de paraître si peu digne d'estime aux yeux mêmes de son amant » qui, pense-t-elle,

voyait bien qu'elle connaissait son amour, qu'il voyait bien aussi que, malgré cette connaissance, elle ne l'en traitait pas plus mal en présence même de son mari, qu'au contraire elle ne l'avait jamais regardé si favorablement, qu'elle était cause que M. de Clèves l'avait envoyé quérir et qu'ils venaient de passer une après-dînée ensemble en particulier, elle trouvait qu'elle était d'intelligence avec M. de Nemours, qu'elle trompait le mari du monde qui méritait le moins d'être trompé [...]. (PDC : 147).

---

55 Michel Meyer, *Le Philosophe et les passions*, Paris : Librairie générale française, collection « Le Livre de poche », 1991, p. 115.
56 Michel Meyer, *Le Philosophe et les passions*, p. 215.

Cette préoccupation typiquement passionnelle, au sein même de la lucidité, n'est pas sans marquer les limites de sa prise de conscience. Remarquons en outre que la princesse ne s'inquiète pas tant d'apparaître indigne aux yeux de Nemours quand celui-ci peut juger, contrairement à la scène précédente, qu'elle ne donne des signes de sa passion qu'en dépit même de sa propre volonté, et non pas qu'elle se laisse aller sans contrainte. Dès lors, elle n'éprouve plus qu'un sentiment de douleur seulement. Cependant, il est tout aussi intéressant de noter cette fois, que se mêle, nous dit la narratrice, « quelque sorte de douceur » (PDC : 115), au comble même de la douleur d'avoir laissé paraître involontairement sa passion à M. de Nemours, comme cela arrive quand ce dernier est désarçonné de son cheval de bataille. De fait, le regard omniscient que porte la narratrice sur la nature exacte des sentiments qu'éprouve la princesse de Clèves, met en lumière une réalité plus obscure et contradictoire, dénonçant ainsi la mauvaise foi de l'héroïne. Sa mauvaise foi est d'autant plus flagrante qu'à partir du moment où la princesse doute pour la première fois de la sincérité du duc de Nemours, croyant être en possession d'une lettre galante appartenant à ce dernier, aucun malheur alors ne lui semble plus grand : « elle trouva que tous les maux qui lui pouvaient arriver, et toutes les extrémités où elle se pouvait porter, étaient moindres que d'avoir laissé voir à M. de Nemours qu'elle l'aimait et de connaître qu'il en aimait une autre. » (PDC : 120). Si la princesse éprouve donc des remords, c'est curieusement que Nemours connaisse son amour tout en sachant que lui-même ne le partage pas réellement.

Une grande part d'orgueil semble ainsi entrer dans l'amour que la princesse porte au duc si le fait d'être satisfaite de l'amour de celui-ci lui donne la force de supporter l'idée qu'il n'ignore pas être aimé d'elle. Cela implique, en effet, que la princesse, à l'instar du personnage de Clélia dans *La Chartreuse de Parme* comme nous le verrons, désire préserver une certaine image d'elle-même, c'est-à-dire ne pas apparaître comme tant d'autres femmes qui se sont laissées prendre au piège d'un séducteur ne pensant « à être aimé d'elle que par un sentiment d'orgueil et de vanité. » (PDC : 120). Madame de Lafayette écrit clairement que la princesse, « quelque douleur dont elle se trouvât accablée » et en particulier le malheur que Nemours connaisse l'amour qu'elle a pour lui, « sentait bien qu'elle aurait eu la force de les supporter si elle avait été satisfaite de M. de Nemours » (PDC : 179), qui a commis la grande imprudence de parler au vidame de Chartres de cette scène remarquable entre la princesse et son mari dont il a été témoin. On voit bien, en même temps, que sa plus grande déception dans le fond, est que le duc de Nemours ne soit pas digne de l'image qu'elle avait conçue de lui, autrement dit qu'il ne soit pas digne d'elle, qui par orgueil aussi semble s'être flattée de croire qu'elle avait le pouvoir de réussir là où toutes autres avaient échoué, en inspirant à Nemours des sentiments plus nobles que par le passé : « J'ai eu tort de croire qu'il y avait un homme capable de cacher ce qui flatte sa gloire. » (PDC : 179). Ainsi, l'on peut remarquer d'après toutes ces observations qu'au cours même de son combat, la princesse garde toujours à l'esprit cette image idéale d'elle-même qu'elle veut donner à l'être aimé, ce qui implique un désir inavoué de séduire en forçant l'admiration, ou du moins de ne jamais apparaître sous un jour qui puisse diminuer la passion et l'admiration de Nemours.

Dans son livre *Forme et signification*, Jean Rousset analyse brillamment la structure même du roman qui suggère selon lui, par cette alternance des scènes de société et des instants de solitude que la connaissance objective est avantagée aux dépens de la connaissance interne, apparaissant incertaine et confuse. « Sans doute », écrit-il :

> l'idée n'est-elle pas nouvelle que l'homme n'a de soi-même qu'une connaissance obscure. Depuis Montaigne, nombreux sont ceux au 17ème siècle qui l'affirment avec force : Pascal, Malebranche, Nicole, Racine, La Rochefoucauld... On ne se connaît pas d'une connaissance claire, nul ne peut atteindre son propre fond, Dieu seul connaît l'homme tel qu'il est en lui-même ; le regard objectif de Dieu est l'unique regard infailliblement clairvoyant. Transportant cette théologie dans le roman, Mme de Lafayette privilégie la connaissance externe et présente une héroïne traquée par des regards trop perspicaces, courant toujours après une impossible connaissance de soi, parlant et agissant dans un demi-somnambulisme coupé de réveils impuissants.[57]

---

[57] Jean Rousset, *Forme et signification, Essai sur les structures littéraires de Corneille à Claudel*, Paris : Corti, collection « Rien de commun », 1962, p. 23.

Ainsi la réflexion s'approfondit : en même temps que sur les connaissances aliénantes de la passion, elle porte sur les moyens de lutter contre l'aveuglement. Et il semblerait que la quête aboutisse à la fin du livre lorsque Mme de Clèves opte pour le repos. En effet, comme la passion est cause d'aliénation, le repos impliquerait, semble-t-il, la reconquête de l'identité perdue, la pleine maîtrise de soi, en un mot, la transparence à soi-même. Tout son passé se résume dans les quelques lignes du monologue intérieur de la princesse qui succède à la scène de la lettre du Vidame de Chartres : les alternances de sa présence en public et de sa retraite loin de la cour, alors que dans la solitude elle faisait le bilan de sa conduite, les résolutions prises après chaque examen, et les efforts toujours inefficaces pour les mener à bien :

> Mais quand je le pourrais être [satisfaite de la passion de M. de Nemours], disait-elle, qu'en veux-je faire ? Veux-je la souffrir ? Veux-je y répondre ? Veux-je m'engager dans une galanterie ? Veux-je manquer à M. de Clèves ? Veux-je me manquer à moi-même ? Et veux-je enfin m'exposer aux cruels repentirs et aux mortelles douleurs que donne l'amour ? Je suis vaincue et surmontée par une inclination qui m'entraîne malgré moi. Toutes mes résolutions sont inutiles ; je pensai hier tout ce que je pense aujourd'hui et je fais aujourd'hui tout le contraire de ce que je résolus hier. Il faut m'arracher de la présence de M. de Nemours ; il faut m'en aller à la campagne, quelque bizarre que puisse paraître mon voyage ; et si M. de Clèves s'opiniâtre à l'empêcher ou à en vouloir savoir les raisons, peut-être lui ferai-je le mal, et à moi-même aussi, de les lui apprendre. (PDC : 148).

Dans ce monologue se succède aussi toute une série de questions où se répète l'emploi des « veux-je » (7 fois en 4 lignes) qui est à la fois exaltation de sa volonté et exhortation à triompher de l'amour pour conserver sa propre estime et celle de son entourage, si étroitement liées l'une à l'autre, ce dont témoigne l'alliance des trois avant-dernières questions d'une part (Veux-je m'engager dans une galanterie ? Veux-je manquer à M. de Clèves ? Veux-je manquer à moi-même ?). Et d'autre part, l'aveu auquel la princesse s'arrête maintenant, qu'elle fera en effet, et qui sera accompagné des souffrances qu'elle prévoit pour elle-même et son mari.

Ainsi, la princesse retrace non seulement son passé mais l'avenir est en même temps anticipé, puisque cette dernière suivra le plan de conduite entrevu pendant ce monologue en avouant la vérité à son mari mais aussi en joignant à son refus final, annoncé par l'alliance des deux dernières questions cette fois, les raisons de son devoir dictées par le sentiment de son estime personnelle, à celles du respect de sa propre dignité et de son repos, mis en danger par toutes sortes d'extrémités dans lesquelles elle prévoit que sa passion pour Nemours pourrait la faire tomber. Ainsi, la princesse ne cesse de s'envisager en tant qu'objet du regard, de soi à soi ou par l'intermédiaire du regard extérieur. Pourtant son refus d'épouser Nemours ne nous paraît pas se réduire à une question d'amour-propre qui pourrait se formuler en ces termes : respecter le sentiment de sa propre valeur en suivant son propre code moral et ne pas risquer de voir compromettre son honneur au regard d'autrui. En même temps, n'oublions pas que son refus est motivé par le souci de son repos et que Mme de Clèves cherche ainsi à se défendre d'une déception affective déchirante par le retrait et la fuite dans la solitude. Mme de Clèves comprend combien, en effet, la passion de Nemours, désir de conquête : « je crois même que les obstacles ont fait votre constance » (PDC : 232), diffère de celle de son mari, véritable culte : « M. de Clèves était peut-être l'unique homme du monde capable de conserver de l'amour dans le mariage. » (PDC : 232). Ce qui est donc en jeu ici, est l'instinct de conservation dans un but de sauvegarde. Nous savons que l'idée de repos, « impliqu[ant] d'abord l'absence, ou du moins la ténuité discrète, le feutrage des passions »,[58] est fondamentale au dix-septième siècle en tant qu'élément essentiel au bonheur. La grande rupture se fait avec l'exaltation romantique de la passion comme vérité de l'existence. Nous pensons, toutefois, que la théorie psychanalytique mérite attention en ce qu'elle peut permettre de retrouver chez la princesse de Clèves un trait propre à tout temps, mais il sera plus pertinent d'y revenir dans le contexte du chapitre suivant, en faisant la comparaison avec le personnage de Julie dans *La Nouvelle Héloïse*.

Si l'on compare les amants, il semble que la princesse et Nemours sont au moins très semblables sur ce point que chacun couve sa réputation en

---

58 Robert Mauzi, *L'Idée du bonheur dans la littérature et la pensée françaises au 18ème siècle*, Paris : Albin Michel, 1994, p. 330. Confère sur ce thème du repos en particulier, la partie intitulée « L'immobilité de la vie heureuse », pp. 330–86.

veillant à préserver son image glorieuse aux yeux du monde, ou même à lui donner plus d'éclat. Nemours est parfaitement conscient que la conquête d'une personne telle que la princesse relève de l'exploit et que cet exploit ne doit pas passer inaperçu mais lustrer sa réputation. Aussi l'expression « choix d'objet narcissique » ne peut-être validée ici dans son sens freudien. Cela peut servir à indiquer seulement, que si la princesse incarne un idéal, cet idéal possède une fonction restreinte par rapport au concept psychanalytique et se réduit à l'idée que le mérite de la personne aimée élève celui de l'amant. Marie-Odile Sweetzer note, à ce propos, que « Jules Brody dans La Princesse de Clèves *and the Myth of Courtly Love*,[59] montre bien que le processus d'idéalisation de Nemours répond aux conventions du genre et de l'esprit romanesques et plus profondément aux besoins psychologiques de Madame de Clèves, mais qu'il est illusoire et ne change en rien la véritable nature du duc. Loin d'être une créature d'exception, selon le mythe courtois, il cherche, comme les hommes en général, la satisfaction égoïste de ses instincts. »[60] Satisfaction qui, nous venons de le dire, participe en outre de l'orgueil du duc. Lorsque la passion semble privée de tout élément idéal au sens de l'idéal du moi, comme dans le sensualisme brutal de Nemours, on pourrait par conséquent soutenir que le sujet est déterminé par une basse opinion de lui-même, donc une carence narcissique. En ce sens, l'on peut se demander s'il reste finalement quelque forme d'amour qui échappe totalement à tout élément narcissique.

En revanche, il est bien évident que la princesse se verrait déshonorée si sa passion était révélée au grand jour. Par comparaison aux femmes Lewis Seifert écrit « men would seem to have greater freedom to narrate their own sexual intrigues, and thus fabricate their public identities. [...] By contrast, women can only stand to suffer from public love

59   Jules Brody, « *La Princesse de Clèves* and the Myth of Courtly Love », *University of Toronto Quarterly*, 38, 1969, pp. 106–30

60   Marie-Odile Sweetzer, « *La Princesse de Clèves* et son unité », *PMLA*, 87, 1972, p. 491.

affairs. »[61] Dans tous les cas, Nemours et la princesse sont les objets du regard – et se perçoivent comme tels – d'une société où chacun s'observe très attentivement et secrètement, autant capable de renforcer un individu dans sa propre estime que de l'humilier. Aussi, les concepts de gloire et d'amour-propre sont intimement liés et si l'on peut parler de narcissisme à ce niveau, c'est uniquement au sens commun du terme[62] qui s'équivaut pratiquement aux deux autres bien que nos Narcisses aient besoin de passer par l'intermédiaire du regard des autres pour s'envisager eux-mêmes. Prisonniers de leur propre gloire, Nemours et la princesse, ne suivent-ils jamais une autre loi ? Pour autant cette loi ne sera jamais celle du paraître chez la princesse. Non seulement sa vertu l'empêche d'envisager une relation hors mariage, elle obéit ainsi aux valeurs morales dictées par la société de son temps, mais elle obéit, en même temps, à sa propre morale qui est de ne pas montrer une image d'elle s'opposant à une réalité cachée. Si la princesse n'accepte pas le compromis, il est vrai aussi qu'elle ne peut contrôler sa passion et qu'elle s'oublie elle-même, parfois jusqu'à exposer à tous les regards ses sentiments que l'expression de son regard, de son visage, traduisent spontanément.

En revanche, Nemours ne s'oublie jamais vraiment : la passion remplit ses pensées, guide ses actions qui, narcissiquement, n'ont en fait que lui pour objet. En d'autres termes, Nemours est avant tout un séducteur et jamais il ne perd de vue son objectif. La princesse le lui dira dans leur dernière conversation, en fait plus il se sent aimé, plus il se montre audacieux dans ses tentatives de séduction : « Vous en avez assez prouvé pour vous animer à vaincre, et mes actions involontaires, ou les choses que le hasard vous a apprises, vous ont donné assez d'espérances pour ne vous pas rebuter. » (PDC : 232). Contrairement aux déclarations[63] de

---

61   Lewis C. Seifert, « Masculinity in *La Princesse de Clèves* » in *Approaches to Teaching Lafayette's* The Princess of Clèves, New York : Modern Language Association of America, 1998, p. 62.

62   « Admiration plus ou moins exclusive de sa propre personne. » (Dictionnaire Hachette encyclopédique, édition 2000).

63   « Les femmes jugent d'ordinaire de la passion qu'on a pour elles, continua-t-il, par le soin qu'on prend de leur plaire et de les chercher ; mais ce n'est pas une

Nemours qui aime proposer une version idéale de son comportement, la discrétion du parfait amant est loin d'être observée. Il ne laisse en effet « échapper aucune occasion de voir Madame de Clèves » (PDC : 106) et va jusqu'à commettre des imprudences qui finissent par attirer l'attention sur lui : « Elle fût prête de lui [M. de Clèves] dire que le bruit était dans le monde que Nemours était amoureux d'elle. » (PDC : 98). Chaque fois que Nemours prend ses distances, il n'est non pas guidé par le respect mais par son intuition qui lui dicte la précaution de produire une image adéquate de lui-même au regard de la princesse, afin d'obtenir une réaction spécifique de sa part dans les moments de tension. Après avoir fait preuve par exemple d'indiscrétion en parlant au vidame de l'aveu qu'il a entendu la princesse confier à son mari :

> mais enfin il trouva qu'après la faute qu'il avait faite, et de l'humeur dont elle était, le mieux qu'il pût faire était de lui témoigner un profond respect par son affliction et par son silence, de lui faire voir même qu'il n'osait se présenter devant elle et d'attendre ce que le temps, le hasard et l'inclination qu'elle avait pour lui pourraient faire en sa faveur. (PDC : 181).

Nemours parviendra en effet à atténuer la froideur de l'être aimé, cela ayant été rendu possible par la projection de cette image irréprochable de lui-même qui submerge finalement la sensibilité de la princesse : « Il n'osa lui parler, quoique l'embarras de cette cérémonie lui en donnât plusieurs moyens, mais il lui fit *voir* tant de tristesse et une crainte si respectueuse de l'approcher qu'elle ne le trouva plus si coupable, quoiqu'il ne lui eût rien dit pour se justifier. » (PDC : 183 ; je souligne). En cela cette manœuvre de bonne conduite, l'image de lui-même qu'il désire projeter, devient un instrument insoupçonné de séduction.

De plus, la scène où la princesse de Clèves rencontre son amant dans un jardin hors des faubourgs de Paris, donne lieu à un malentendu tout à fait intéressant. En effet, celle-ci considère le prompt retrait du duc de

---

chose difficile pour peu qu'elles soient aimables ; ce qui est difficile, c'est de ne s'abandonner pas au plaisir de les suivre ; c'est de les éviter, par la peur de laisser paraître au public, et quasi à elles-mêmes, les sentiments que l'on a pour elles. » (PDC : 94).

Nemours comme un signe de respect pour sa douleur, ce qui la touche et lui fait apparaître la conduite de son amant en général de manière idéalisée : « Ce prince se présenta à son esprit aimable au-dessus de tout ce qui était au monde, l'aimant depuis si longtemps avec une passion pleine de respect et de fidélité, méprisant tout pour elle, respectant jusqu'à sa douleur, [...] enfin un homme digne d'être aimé par son seul attachement [...]. » (PDC : 221). En réalité, le duc de Nemours n'a tout simplement pas réalisé en l'occurrence qui était là, sans quoi, écrit Madame de Lafayette, « avec quelle ardeur serait-il retourné sur ses pas. » (PDC : 221). Ce malentendu met ainsi en lumière le décalage entre une vision somme toute très rousseauiste ou stendhalienne de l'amour – nous le verrons – puisque la princesse de Clèves est très sensible aux sacrifices de son amant qui sont en apparence la preuve de son dévouement infaillible, et la vérité beaucoup moins éclatante à laquelle se réduisent les véritables intentions de ce dernier. On ne peut douter que l'amour de la princesse de Clèves se nourrit d'un processus d'idéalisation qui partiellement l'aveugle d'un bout à l'autre du roman. Ce processus contribue à ennoblir à ses yeux l'amour de l'être aimé dont elle connaît pour commencer la réputation d'homme léger mais dont elle pense que le caractère a changé. Toutefois, il semble que la princesse soit plutôt dupe de sa propre fierté car elle croit manifestement être celle qui sera parvenue à inspirer à Nemours des sentiments plus élevés et généreux que par le passé. Malgré la passion que la princesse entretient pour le duc de Nemours, elle ne peut s'empêcher de réaliser progressivement que ce dernier est loin d'incarner l'idéal de l'amant parfait ce que confirme sa conviction que dans l'acquis du mariage, Nemours aspirera à d'autres conquêtes. C'est en partie la raison pour laquelle la princesse renonce à vivre sa propre histoire d'amour par amour d'elle-même, c'est-à-dire pour se protéger en se retirant loin de tout. On peut donc supposer que si la princesse ne s'oublie pas finalement pour vivre avec l'autre son amour, le retrait narcissique, du moins à l'origine, est ici moins symptomatique que légitime,[64] par opposition comme nous le verrons au personnage de Lol

---

64 « Le retrait narcissique, selon lui [Freud], n'est parfois pas un symptôme, mais une sauvegarde légitime. » (Jacques Ponnier, *Narcissisme et séduction*, p. 38).

chez Duras. Le processus d'idéalisation amoureuse est donc fortement compromis dans *La Princesse de Clèves*. Le voile se lève à demi et ce qu'il laisse entrevoir n'est autre que cette conception masculine d'un amour conquérant que présente le récit de Mme de Lafayette.

B – *La Nouvelle Héloïse* : Le Miroir de l'idéal du moi

Dans *La Nouvelle Héloïse*, Julie définit l'amour comme le produit d'un mécanisme d'idéalisation par lequel le sujet désirant tend à projeter sur l'objet aimé une image de la perfection telle que son désir la souhaite : « Oh ! que les illusions de l'amour sont aimables ! ses flatteries sont en un sens des vérités ; le jugement se tait, mais le cœur parle : l'amant qui loue en nous des perfections que nous n'avons pas les voit en effet telles qu'il les représente ; il ne ment point en disant des mensonges ; il flatte sans s'avilir, et on peut au moins l'estimer sans le croire » (NH : 83). L'intérêt que Rousseau a montré pour Pygmalion et Narcisse qui représenteraient l'amour de soi – le sculpteur étant amoureux de sa propre création comme Narcisse l'est de sa propre image – confirme cette conception essentiellement narcissique et projective de l'amour qui semble du reste inspirée de l'expérience personnelle de l'auteur. Dans ses *Confessions*, Rousseau reconnaît en effet que les perfections de Julie viennent prendre corps en Mme d'Houdetot qu'il aime à travers l'image de cet objet imaginaire : « J'étais ivre d'amour sans objet ; cette ivresse fascina mes yeux, cet objet se fixa sur elle ; je vis ma Julie en Mme d'Houdetot, mais revêtue de toutes les perfections dont je venais d'orner l'idole de mon cœur. »[65]

Cette illusion de la perfection fait naître une estime sans bornes dont l'amour se soutient et qui insuffle au cœur épris le désir de se montrer à son tour digne d'estime au regard de l'être aimé : « Ôtez l'idée de la per-

65   Jean-Jacques Rousseau, *Les Confessions*, Vol. II, Livre neuvième, Paris : Garnier, 1959, p. 292.

fection, vous ôtez l'enthousiasme, ôtez l'estime et l'amour n'est plus rien. »
(NH : 51). Les sacrifices qui l'en coûtent constituent la base inébranlable
d'un amour fondé sur le mérite de l'être aimé (il n'y a pas d'estime sans
mérite), et Saint-Preux finit toujours par se faire un point d'honneur de
s'y plier : « Mais vous ordonnez, il faut obéir. Dussé-je en mourir cent
fois, il faut être estimé de Julie » (NH : 77), cela jusqu'au sacrifice ultime
de l'amour. Julie est donc juge du mérite de son amant qui lui est reconnu
par l'estime dont celle-ci l'honore en retour : « Ma Julie ne décide-t-elle
pas seule de mon être et du rang que je veux avoir ? Que le reste de la
terre pense de moi comme il voudra, tout mon prix est dans ton estime. »
(NH : 67). Du regard de l'être aimé, au sens figuré du terme, dépend
ainsi le regard que Saint-Preux porte sur lui-même, et dans le miroir de
l'amour que Julie lui tend, se réfléchit l'image du propre mérite de celui-ci,
d'autant plus grand que l'être aimé rayonne de perfection. « L'idéal du
moi représente en effet un bon miroir dans lequel le moi – dans ses qualités ou ses propres failles – peut s'estimer et se mesurer »[66] affirme Pierre
Dessuant dans son ouvrage sur le narcissisme chez Freud. Les reproches
dont Saint-Preux est accablé pour se laisser aller au désespoir après avoir
été chassé sur ordre de Julie qui a choisi d'obéir à son père : « Oh Dieu !
Dans ce comble d'humiliation devais-je me voir réduite à rougir de mon
choix autant que de ma faiblesse ? » (NH : 147), illustrent parfaitement
le deuxième versant de cet effet de miroir dans la mesure où le jugement
de l'être aimé entraîne un sentiment de « honte » (NH : 151) aux propres
yeux de Saint-Preux, qui pour se rendre à nouveau digne d'être aimé de
Julie ne reculera plus désormais devant aucun sacrifice : « Je ne sais ni ne
veux savoir quel sort le ciel me réserve; quel qu'il puisse être, je veux me
rendre digne de celui dont j'ai joui. Cette immortelle image que je porte
en moi me servira d'égide, et rendra mon âme invulnérable aux coups de
la fortune. » (NH : 155). Ainsi une bonne ou une mauvaise estime de soi,
selon l'harmonie ou la tension qui règne entre le moi et l'idéal dépend
de l'image que l'être aimé nous renvoie de nous-mêmes. Julie qui lors du
retour de Saint-Preux de son aventure autour du monde, croit voir en

66   Pierre Dessuant, *Le Narcissisme*, Paris : PUF, 1994, p. 101.

lui la confiance d'un homme mûr qui, dit-elle, « tire de son propre cœur l'approbation, qu'il ne cherchait autrefois que dans mes regards » (NH : 319) décrit bien cette fonction que l'idéal du moi est supposé occuper. C'est en effet à travers l'image perçue et reflétée par l'autre, que Saint-Preux observe sans cesse son moi actuel et le mesure à l'idéal.

Tout au long du roman, la vocation de Saint-Preux consiste à s'élever grâce à l'amour jusqu'à la perfection de Julie qui incarne un idéal à atteindre, que Saint-Preux ne cesse en conséquence de vouloir imiter en subordonnant d'abord ses penchants naturels à cette volonté : « Non, je l'ose espérer, je ne suis point tombé dans un abaissement éternel. Je sens ranimer en moi ce feu pur et saint dont j'ai brûlé : l'exemple de tant de vertus ne sera point perdu pour celui qui en fut l'objet, qui les aime, les admire et veut les imiter sans cesse. » (NH : 154). Par la suite, le sacrifice ultime de l'amour sera pour l'amant de Julie la preuve unique et infaillible de son dévouement total. Il l'élève d'un bond à la hauteur de l'idéal de vertu qu'il respecte dans la femme aimée : « Comme jamais sentiments humains n'approchèrent de ceux que m'inspira votre adorable fille, il n'y eut jamais de sacrifice égal à celui que je viens faire à la plus respectable des mères; mais Julie m'a trop appris comment il faut immoler le bonheur au devoir; elle m'en a trop courageusement donné l'exemple, pour qu'au moins une fois je ne sache l'imiter. » (NH : 228). Cette idée console de tous les sacrifices, l'effort même qu'il en coûte de se rendre digne de la perfection de l'être aimé par la preuve de ses vertus est une manière éclatante de se prouver à soi-même sa propre grandeur. Claire a elle-même l'intuition de ce fond d'amour-propre qui se cache aussi dans le « véritable amour » quand elle écrit à Saint-Preux :

> Premièrement, je crois que le véritable amour a cet avantage aussi bien que la vertu, qu'il dédommage de tout ce qu'on lui sacrifie, et qu'on jouit en quelque sorte des privations qu'on s'impose par le sentiment même de ce qu'il en coûte, et du motif qui nous y porte. Vous vous témoignerez que Julie a été aimée de vous comme elle méritait de l'être, et vous l'en aimerez davantage, et vous en serez plus heureux. Cet amour-propre exquis qui sait payer toutes les vertus pénibles mêlera son charme à celui de l'amour. (NH : 235).

L'idéal du moi représenterait en quelque sorte un « modèle » (NH : 182) pour le sujet qui mesure désormais son moi par rapport à cet idéal. C'est précisément le terme qu'emploie Rousseau dans *Emile ou de l'éducation* : « Ce beau n'est point dans l'objet qu'on aime, il est l'ouvrage de nos erreurs. Eh ! qu'importe ? En sacrifie-t-on moins tous ses sentiments bas à ce modèle imaginaire ? En pénètre-t-on moins son cœur des vertus qu'on prête à ce qu'il chérit ? »[67] Pour Rousseau l'essence de l'amour repose sur un processus d'idéalisation, comparable à la « cristallisation »[68] stendhalienne, par lequel le sujet invente l'objet d'amour au gré de son désir et cette illusion suscite à son tour le désir de se hausser jusqu'à la perfection de l'objet adoré. Il semblerait en effet que pour Saint-Preux l'objet de la passion serve de prétexte à un acte d'embellissement, l'on dirait en termes freudiens qu'il y voit la possibilité d'accomplir l'idéal de son moi : « [...] prêt à braver la fortune, à souffrir ses revers, à se voir même privé de toi, et à faire des vertus que tu lui as inspirées le digne ornement de cette empreinte adorable qui ne s'effacera jamais de son âme. Julie, eh! Qu'aurais-je été sans toi ? » (NH : 161). Amoureux d'une version idéalisée de lui-même, Saint-Preux l'est au point d'imaginer que le monde un jour l'admirera pour ses vertus qui ont conquis l'amour de Julie : « Ah! Que ne puis-je étonner le monde de mes vertus, afin qu'on pût dire un jour en les admirant : 'Pouvait-il moins faire ? Il fut aimé de Julie !' » (NH : 155). Il est indéniable que Saint-Preux aime Julie d'autant plus qu'elle lui impose de sacrifices auxquels il finit toujours par se soumettre, non sans un certain contentement. Le devoir de s'éloigner d'elle représente le premier sacrifice qu'il doit accomplir :

---

67 Jean-Jacques Rousseau, *Emile ou de l'éducation*, Livre cinquième, Paris : Garnier, 1959, p. 495.
68 Stendhal parlera un langage analogue à celui de Rousseau, il établira à son tour que l'idée de la perfection, suscitée par l'imagination, est le mobile profond de l'amour et le prétexte de la cristallisation : « Dans l'amour-passion ce sont les réalités qui s'empressent de se modeler sur les désirs. » (*De l'Amour*, Paris : Garnier, 1959, p. 31). Ce qu'il appelle cristallisation étant cette « fièvre d'imagination », laquelle « fait voir toutes les perfections et tout tourner à perfection dans l'objet qui fait effet sur la matrice. » (*Vie de Henri Brulard*, Vol. II, Paris : Le Divan, 1927, p. 89).

> Dites, quelle est donc cette mortelle unique dont le moindre empire est dans sa
> beauté, et qui, semblable aux puissances éternelles, se fait également adorer et par
> les biens et par les maux qu'elle fait ? Hélas! Elle m'a tout ravi, la cruelle, et je l'en
> aime davantage. Plus elle me rend malheureux, plus je la trouve parfaite. Il semble
> que tous les tourments qu'elle me cause soient pour elle un nouveau mérite auprès
> de moi. (NH : 154).

Puis vient le temps de devoir renoncer à Julie définitivement au moment
de son mariage avec M. de Wolmar : « Cet effort de courage qui vous
ramène à toute votre vertu ne vous rend que plus semblable à vous-même.
Non, non, quelque supplice que j'éprouve à le sentir et le dire, jamais vous
ne fûtes mieux ma Julie qu'au moment que vous renoncez à moi. Hélas!
C'est en vous perdant que je vous ai retrouvée. » (NH : 269–70).

Julie porte aussi sur l'amour de Saint-Preux le même éclairage. Elle sait
bien qu'il ne lui appartient pas de déroger à l'image de vertu parfaite que
Saint-Preux a conçu d'elle sans quoi l'amour de celui-ci n'y résisterait pas.
Elle le lui rappelle chaque fois que Saint-Preux connaît quelques faibles-
ses. D'abord pour justifier sa décision de demander à son amant de partir
quand la perspective d'un mariage entre eux n'est plus envisageable :

> Je t'ai donc chassé, comme tu l'oses dire ! Mais pour qui l'ai-je fait, amant sans
> délicatesse ? Ingrat ! C'est pour un cœur bien plus honnête qu'il ne croit l'être, et
> qui mourrait mille fois plutôt que de me voir avilie. Dis-moi, que deviendras-tu
> quand je serai livrée à l'opprobre ? Espères-tu pouvoir supporter le spectacle de mon
> déshonneur ? Viens, cruel, si tu le crois, viens recevoir le sacrifice de ma réputation
> avec autant de courage que je puis te l'offrir. (NH : 148).

Puis pour réfuter la solution de l'adultère qu'envisage Saint-Preux à la suite
de son mariage avec M. de Wolmar, Julie reprend les propres arguments
de son amant :

> J'ai dans la mémoire un passage d'un auteur que vous ne récuserez pas : « L'amour,
> dit-il, est privé de son plus grand charme quand l'honnêteté l'abandonne. Pour en
> sentir tout le prix, il faut que le cœur s'y complaise, et qu'il nous élève en élevant
> l'objet aimé. Otez l'idée de la perfection, vous ôtez l'enthousiasme; ôtez l'estime,
> et l'amour n'est plus rien. Comment une femme honorera-t-elle un homme qu'elle
> doit mépriser ? Comment pourra-t-il honorer lui-même celle qui n'a pas craint de
> s'abandonner à un vil corrupteur ? Ainsi bientôt ils se mépriseront mutuellement.

L'amour, ce sentiment céleste, ne sera plus pour eux qu'un honteux commerce. Ils auront perdu l'honneur et n'auront point trouvé la félicité. » Voilà notre leçon, mon ami; c'est vous qui l'avez dictée. (NH : 267–68).

Si Julie modèle ses actions sur les attentes de Saint-Preux dont elle ne veut pas se montrer indigne non plus, c'est ainsi en partie pour les mêmes raisons qui animent son amant. De la même manière que Saint-Preux trouve dans l'estime d'un être aussi parfait que Julie la véritable compensation de tous ses sacrifices, Julie désire en effet que son amant puisse toujours faire honneur à ses mérites en l'aimant comme elle doit l'être. C'est pourquoi tout comme Saint-Preux, Julie se montre aussi exigeante envers elle-même, qu'envers son amant : « elle ne se respecte pas moins pour vous que pour elle-même. » (NH : 126), écrit Claire à Saint-Preux. C'est à sa propre gloire qu'elle le doit en quelque sorte dans la mesure où les mérites de Saint-Preux dont il donne la preuve par la grandeur de son amour qu'il exalte jusqu'à son point le plus haut par tant d'actes d'héroïsme, la renvoie infailliblement à l'image de son propre mérite. Comment interpréter sinon qu'après sa « faute », Julie cherche à recouvrer le sentiment de son estime personnelle dans les mérites de Saint-Preux si ce n'est par « amour-propre » (NH : 320) pour reprendre son propre terme : « Combien de fois je me flattai que ta force animerait ma langueur, que ton mérite effacerait ma faute, que tes vertus relèveraient mon âme abattue ! » (NH : 147). De même, elle ne peut tolérer que la faiblesse morale de Saint-Preux la déshonore à ses propres yeux en rendant sa « faute » d'autant plus inexcusable :

> Rappelle donc ta fermeté, sache supporter l'infortune, et sois homme. Sois encore, si j'ose le dire, l'amant que Julie a choisi. Ah ! Si je ne suis plus digne d'animer ton courage, souviens-toi du moins de ce que je fus un jour; mérite que pour toi j'aie cessé de l'être; ne me déshonore pas deux fois. J'espère, toute avilie, toute confuse que je suis, j'ose espérer que mon souvenir n'inspire point des sentiments si bas, que mon image règne encore avec plus de gloire dans un cœur que je pus enflammer, et que je n'aurai point à me reprocher, avec ma faiblesse, la lâcheté qui l'a causée. (NH : 149).

Ici, il est tout à fait significatif que Julie se désigne à la troisième personne, projetant ainsi une image idéale d'elle-même ; de cette manière elle marque la distance qui la sépare de ce qu'elle fut, par rapport à ce qu'elle est devenue, tout en rappelant à Saint-Preux cette image du passé qu'il doit respecter, d'autant plus que l'amour est le seul responsable pour avoir terni son éclat.

Globalement, le contenu du message que Julie transmet à son amant est celui-ci : tu ne peux m'estimer comme je le mérite sans m'aimer comme je le dois, c'est-à-dire que les sacrifices à l'amour pour l'amant doivent être dédiés à la gloire des mérites de l'être aimé : « N'ai-je pas assez vécu pour mon bonheur ? C'est maintenant pour sa [Julie] gloire que je dois vivre. » (NH : 155). Ces sacrifices sont en même temps la preuve infaillible des mérites de Saint-Preux qui justifient la faute de Julie par le fait que son amant n'est pas indigne de l'amour qu'elle lui porte et des sacrifices qu'elle a fait en son nom, mais aussi par le fait qu'en retour, l'amour d'un être aussi parfait ne peut qu'attester de sa propre valeur : « Sois tout mon être, à présent que je ne suis plus rien : le seul honneur qui me reste est tout en toi ; et, tant que tu seras digne de respect, je ne serai pas tout à fait méprisable. » (NH : 64). Julie qui se dit « fière d'un mérite si digne de son cœur » (NH : 220), tire indéniablement un certain orgueil des vertus de Saint-Preux qui rendent hommage à son propre mérite ne faisant qu'augmenter avec les vertus que son amant possède et qui l'élèvent à ses propres yeux : « Eh Dieu ! Des prétentions avec ce qu'aime ! N'est-ce pas plutôt dans l'objet aimé qu'on les doit placer, et n'est-on pas glorieux soi-même de tout le mérite qu'il a de plus que nous ? » (NH : 169). Ainsi Julie qui a perdu son estime d'elle-même la transfère désormais toute entière dans la grandeur de Saint-Preux, qui lui permet de dissimuler à ses propres yeux ce qu'elle considère comme une dégradation personnelle, tout en détournant vers celui qu'elle aime un regard d'autant plus subjugué :

> Depuis que je n'ose plus porter mes regards sur moi-même, je les porte avec plus de plaisir sur celui que j'aime. Je te rends tout ce que tu m'ôtes de ma propre estime, et tu ne m'en deviens que plus cher en me forçant à me haïr. L'amour, cet amour fatal qui me perd te donne un nouveau prix : tu t'élèves quand je me dégrade ; ton âme semble avoir profité de tout l'avilissement de la mienne. Sois donc désormais mon unique espoir ; c'est à toi de justifier, s'il se peut, ma faute ; couvre-la de l'honnêteté de tes sentiments ; que ton mérite efface ma honte ; rends excusable, à force de vertus, la perte de celle que je me coûtes. (NH : 64).

Freud a bien décrit cet état de dessaisissement libidinal à l'origine du processus d'idéalisation au cours duquel l'objet semble attirer à lui toute la libido du sujet, lui laissant un moi sacrifié et appauvri. « L'objet a pour ainsi dire absorbé le moi »,[69] écrit-il. Le dévouement absolu à l'objet aimé doué de toutes les perfections et donc chargé de donner corps à l'idéal du moi du sujet désirant, produit ainsi la fervente acceptation de la perte de soi chez Julie : « Milord, daignez le croire, s'il n'était qu'un homme ordinaire, Julie n'eût point péri. » (NH : 146). Saint-Preux pour qui l'être aimé représente, nous l'avons déjà indiqué, un modèle de perfection qu'il désire imiter, ne peut se situer que bien en dessous d'elle. Pour décrire en effet la position respective des amants l'un par rapport à l'autre, Rousseau utilise significativement l'image d'un ver de terre amoureux d'une étoile : « O pureté que je respecte en murmurant, que ne puis-je ou vous rabaisser ou m'élever jusqu'à vous ! Mais non, je ramperai toujours sur la terre, et vous verrai toujours briller dans les cieux. » (NH : 25–26).

Freud ajoute à ce propos que « celui qui aime a, pour ainsi dire, payé amende d'une partie de son narcissisme, et il ne peut en obtenir le remplacement qu'en étant aimé. »[70] Il est aisément concevable en effet que le sentiment d'estime de soi s'enrichisse dans sa relation d'amour au sujet, en partie parce que l'objet est aimé pour ses perfections réelles ou chimériques mais toujours existant réellement aux yeux du sujet amoureux. Ainsi les amants sont un miroir l'un pour l'autre qui offre au regard une image de soi nimbée d'admiration, réfléchissant d'autant plus les mérites infinis de l'être aimé qu'ils lui sont révélés à travers l'amour d'un sujet digne de toutes les perfections : « Jamais nos cœurs ne se parlent, jamais nos yeux ne se rencontrent, sans offrir à tous deux un objet d'honneur et de gloire qui nous élève conjointement; et la perfection de chacun de nous importera toujours à l'autre. » (NH : 522). Christian David, qui dans son livre *L'Etat amoureux*, parle du sentiment amoureux en analyste inspiré des travaux de Freud sur le sujet, certes reconnaît que l'idéal du moi narcissique anime pour une large part l'amoureux qui voit se refléter sa propre gloire dans

---

69   Sigmund Freud, « Psychologie des foules et analyse du moi », p. 198.
70   Sigmund Freud, « Pour Introduire le narcissisme », p. 102.

le miroir de l'être aimé. Mais, explique-t-il, ces « miroirs jumeaux » ne sont pas seulement des miroirs qui réfléchissent à l'instar de l'amoureux dans *Le Fou d'Elsa* de Louis Aragon :

> Ce malheureux comparable aux miroirs
> Qui peuvent réfléchir mais ne peuvent pas voir[71]

Ce sont aussi des miroirs qui voient :

> Le flambeau de l'un devient ainsi le flambeau de l'autre, l'idéalisation croisée contribue à la mutation amoureuse. Loin de momifier elle anime, loin de détacher elle unit. Donc la notion, au reste très précieuse, de la substitution de l'objet aimé à l'idéal du moi lors de la réalisation de l'investissement amoureux, avec sa fréquente soudaineté, ne semble pas rendre compte exhaustivement de ce qui se produit dans ce processus complexe et troublant d'idéalisation croisée. L'intense élaboration imaginative des amoureux s'entremêle avec l'intense communication effective dont ils jouissent parallèlement et sur divers plans, jusqu'à leur faire dire comme certains : « Nous sommes l'un pour l'autre un théâtre suffisant. »[72]

L'explication de Christian David est tout à fait éclairante mais nous comprenons aussi différemment le sens de ces miroirs qui voient. Ce qu'ils voient dans l'autre, c'est encore le reflet de l'être qu'ils chérissent, c'est-à-dire l'autre en tant que réalité subjective et non pas seulement en tant qu'image de soi devenue autre : « j'avais toujours vu ses beaux yeux animés du feu qu'elle m'inspirait; ses traits chéris n'offraient à mes regards que des garants de mon bonheur, son amour et le mien se mêlaient tellement avec sa figure, que je ne pouvais les en séparer. » (NH : 313). Ici, le regard et le visage de Julie s'animent indistinctement de l'amour qu'elle inspire à Saint-Preux, mais aussi de l'amour qu'elle a pour lui, et du point de vue de celui-ci par lequel le lecteur regarde Julie, son bonheur semble participer tout aussi indistinctement de se voir aimé de Julie mais encore de voir en l'être aimé l'image de l'amour qu'il éprouve de la même manière pour elle. Il semblerait donc que toutes les satisfactions qu'apportent l'amour

---

71   Louis Aragon, *Le Fou d'Elsa*, Paris : Gallimard, 1963, p. 73.
72   Christian David, *L'Etat amoureux*, p. 265.

ne soient pas uniquement d'ordre narcissique puisque le bonheur tient aussi au fait d'aimer et non pas, comme dans le cas de Nemours, à celui d'être aimé uniquement. Autrement dit, le bonheur est réellement dans le partage et l'échange des sentiments, ce qui est vrai aussi chez les personnages de Stendhal comme nous le verrons.

Si chacun des amants prend ainsi pour l'autre la place de l'idéal de son moi dont il ne faut jamais déchoir – le sujet désirant doit toujours se montrer digne d'estime au regard de l'être aimé – et qui ne supporte pas de voir son image souillée – le sujet désirant ne tolère pas non plus que l'être aimé descende de son piédestal – par ailleurs, une différence essentielle se fait sentir entre Julie et son amant. Jamais Saint-Preux ne sert à Julie de modèle à suivre au même titre qu'elle qui lui indique toujours la voie. Cela se vérifie tout au long du roman par opposition aux affirmations précédentes de Julie qui croyait que Saint-Preux pouvait après son tour du monde se suffire à lui-même sans dépendre du regard approbateur de celle-ci. En effet, Saint-Preux est toujours aussi soumis à elle qu'auparavant : « O vous qui fîtes toujours mon sort, ne cessez point d'en être l'arbitre; pesez mes réflexions, prononcez : quoi que vous ordonniez de moi, je me soumets; je serai digne au moins que vous ne cessiez pas de me conduire. Dussé-je ne plus vous revoir, vous me serez toujours présente, vous présiderez toujours à mes actions [...]. » (NH : 522). Ce en quoi Julie voit la persistance d'une forme d'amour blâmable : « j'ai peur qu'en vous piquant de tenir des engagements dont tout vous dispense, et qui n'intéressent plus personne, que vous ne fassiez une fausse vertu de je ne sais quelle vaine constance plus à blâmer qu'à louer, et désormais tout à fait déplacée. » (NH : 526). Il y a là en effet quelque chose de consolant pour Saint-Preux à vivre en quelque sorte sous le regard de celle qui lui est chère, cela fait qu'une part d'elle-même est toujours présente à ses côtés. Mais surtout il n'y a qu'un pas entre s'inspirer de quelqu'un comme modèle et cette « émulation de vertu » (NH : 111) dont parle Milord Edouard dans la première partie, qui implique une forme de dépendance au regard d'autrui dont le sujet amoureux veut se montrer digne. Milord Edouard reprochera d'ailleurs explicitement à Saint-Preux de n'aimer la vertu qu'à travers l'image de Julie et de n'avoir été aussi vertueux que par amour pour cette dernière :

Vos passions dont vous fûtes longtemps l'esclave, vous ont laissé vertueux. Voilà toute votre gloire ; elle est grande, sans doute, mais soyez-en moins fier. Votre force même est l'ouvrage de votre faiblesse. Savez-vous ce qui vous a fait aimer toujours la vertu ? Elle a pris à vos yeux la figure de cette femme adorable qui la représente si bien, et il serait difficile qu'une si chère image vous en laissât perdre le goût. Mais ne l'aimerez-vous jamais pour elle seule, et n'irez-vous point au bien par vos propres forces, comme Julie a fait par les siennes ? Enthousiaste oisif de ses vertus, vous bornerez-vous sans cesse à les admirer sans les imiter jamais ? (NH : 396).

En effet, Julie puise au contraire en elle-même ses propres forces et n'a été amené à triompher de sa passion qu'en l'éprouvant à son tour. Rousseau pensait effectivement que la connaissance de la faute peut seule entraîner une authentique progression morale, et en cette occasion prête sa voix à M. de Wolmar :

Il n'y a que des âmes de feu qui sachent combattre et vaincre ; tous les grands efforts, toutes les actions sublimes sont leur ouvrage : la froide raison n'a jamais rien fait d'illustre, et l'on ne triomphe des passions qu'en les opposant l'une à l'autre. Quand celle de la vertu vient à s'élever, elle domine seule et tient tout en équilibre. Voilà comment se forme le vrai sage, qui n'est pas plus qu'un autre à l'abri des passions, mais qui seul sait les vaincre par elles-mêmes, comme un pilote fait route par les mauvais vents. (NH : 370).

Il est vrai que Rousseau lui-même semble se représenter Julie, dont il écrit dans ses *Confessions* qu'il « raffolait comme un autre Pygmalion »,[73] comme le produit de la projection de ses propres désirs créateurs sur un être de fiction. Pour Rousseau, Julie incarne, en effet, un modèle de perfection dans sa forme la plus pure, lui inspirant des sentiments réels mais sans objet concret ce que l'auteur se plaît à expliquer :

Je me figurai l'amour, l'amitié, les deux idoles de mon cœur, sous les plus ravissantes images. Je me plus à les orner de tous les charmes du sexe que j'avais toujours adoré. [...] Epris de mes deux charmants modèles, je m'identifiais avec l'amant et l'ami le plus qu'il m'était possible ; mais je le fis aimable et jeune, lui donnant au surplus les vertus et les défauts que je me sentais.[74]

73   Jean-Jacques Rousseau, *Les Confessions*, p. 287.
74   Jean-Jacques Rousseau, *Les Confessions*, p. 278.

C'est pourquoi il semblerait tout à fait logique de constater un décalage entre les amants. Julie représenterait davantage l'idéal à atteindre pour Saint-Preux que l'inverse, dans la mesure où Rousseau s'identifie à ce dernier. Chez cet auteur, s'abaisser devant l'idéal devient donc un élément essentiel de l'amour.

Cependant, il ne serait pas exact d'enfermer l'idéal dans un rôle de simple modèle à atteindre. Celui-ci reste dans la pensée de Freud le substitut du narcissisme infantile perdu, et connote l'idée de sa reconquête illusoire à travers le fantasme de fusion androgynique avec l'objet idéalisé dans la mesure où ce processus contribue à la formation du Moi idéale du sujet. C'est bien en effet « l'accomplissement narcissique qui est recherché, dans la fusion avec l'idéal dont on veut nier l'altérité première »,[75] affirme Jacques Ponnier. Et, c'est bien aussi « la séduction narcissique, instaurant un hiatus entre moi et idéal, [qui] suscite le fantasme compensatoire de l'identité absolue avec le modèle. »[76] En effet, en s'élevant grâce à l'amour jusqu'à la perfection de Julie, l'écart entre le moi et l'idéal du moi s'abolit, il y a fusion de deux êtres en un seul : « Mais moi dont le cœur frémit au seul projet de vous imiter [...]. Pourquoi compter des différences que l'amour fît disparaître ? Il m'élevait, il m'égalait à vous, sa flamme me soutenait; nos cœurs s'étaient confondus; tous leurs sentiments nous étaient communs, et les miens partageaient la grandeur des vôtres. » (NH : 270). Ainsi leur deux cœurs se confondent, ils partagent aussi la même âme pour ne former en somme que les deux moitiés d'un seul être : « Viens, ô mon âme ! Dans les bras de ton ami réunir les deux moitiés de notre être. » (NH : 56). Julie aspire tout autant à la fusion que Saint-Preux : « Nos âmes trop bien confondues ne sauraient plus se séparer; et nous ne pouvons plus vivre éloignés l'un de l'autre, que comme deux parties d'un même tout. » (NH : 148). Son sentiment d'union à l'être aimé est si fort que celle-ci en arrive à croire que les pensées comme les sensations de l'un peuvent être ressenties par l'autre comme si elles émanaient de sa propre personne: « Nous n'aurons plus que les mêmes plaisirs et les

---

75   Jacques Ponnier, *Narcissisme et séduction*, p. 213.
76   Jacques Ponnier, *Narcissisme et séduction*, p. 210.

mêmes peines; et comme ces aimants dont vous me parliez, qui ont, dit-on, les mêmes mouvements en différents lieux, nous sentirions les mêmes choses aux deux extrémités du monde. » (NH : 27).

Mais quelle différence de cet état désirant qui pousse les amants à la fusion androgyne, avant le mariage, à l'amour modéré et raisonnable entre deux nouveaux amis qui permet à chacun d'eux de préserver le sentiment de soi et de la diversité de l'autre. Ils ne sont plus un, mais « frères » (NH : 526), proches mais distincts l'un de l'autre[77] :

> Les sens, libres de cette passion terrible, se joignent au doux sentiment de l'amitié. Devient-elle amour pour cela ? Julie, ah ! Quelle différence ! Où est l'enthousiasme ? Où est l'idolâtrie ? Où sont ces divins égarements de la raison, plus brillants, plus sublimes, plus forts, meilleurs cent fois que la raison même ? Un feu passager m'embrase, un délire d'un moment me saisit, me trouble, et me quitte. Je retrouve entre elle et moi deux amis qui s'aiment tendrement et qui se le disent. Mais deux amants s'aiment-ils l'un l'autre ? Non; vous et moi sont des mots proscrits de leur langue : ils ne sont plus deux, ils sont un. (NH : 514).

Plus que jamais pourtant les motifs allégués pour assurer la vraisemblance de la séparation définitive et l'élever à une portée morale, se confondent avec les exigences plus obscures de l'idéal du moi dont l'image idéalisée aux yeux du sujet par les élans de son imagination doit être préservée de toute dégradation à la fois morale et temporelle : « Tel est, mon ami le sacrifice héroïque auquel nous sommes tous deux appelés. L'amour qui nous unissait eût fait le charme de notre vie. Il survéquit à l'espérance; il brava le temps et l'éloignement; il supporta toutes les épreuves. Un sentiment si parfait ne devait point périr de lui-même; il était digne de n'être immolé qu'à la vertu. » (NH : 267). « Pour nous aimer toujours, [poursuit Julie], il faut renoncer l'un à l'autre » (NH : 268) ; l'amour ne pouvant survivre au dégoût d'une longue possession que la nature adultère de leurs liens ne servirait qu'à précipiter et à amplifier :

---

77   « Non, mon ami, vous ne m'appartiendrez jamais de trop près; ce n'est pas même assez que soyez mon cousin; ah ! Je voudrais que vous fussiez mon frère. » (NH : 526).

> Voyez donc à quoi nous mèneraient aujourd'hui de coupables feux nourris aux dépens des plus doux transports qui ravissent l'âme ! L'horreur du vice qui nous est si naturelle à tous deux s'étendrait bientôt sur le complice de nos fautes; nous nous haïrions pour nous être trop aimés, et l'amour s'éteindrait dans les remords. Ne vaut-il pas mieux épurer un sentiment si cher pour le rendre durable ? (NH : 268).

Le mariage de Julie peut être aussi bien interprété comme un sacrifice obscurément désiré par Saint-Preux. La perte sensible de Julie sera en effet un gain pour son amant, puisqu'il trouve au comble du désespoir un dédommagement qui l'apaise bien au-delà de toute félicité imaginable : « Non, non; les feux dont j'ai brûlé m'ont purifié; je n'ai plus rien d'un homme ordinaire. Après ce que je fus, si je pouvais être vil un moment, j'irai me cacher au bout du monde, et ne me croirais jamais assez loin de vous. » (NH : 516). L'amour dans sa réalisation parfaite n'obtient finalement de consécration qu'en dépassant l'objet aimé et en se servant de lui comme d'un tremplin pour accéder à une vie vertueuse :

> Devant qui rougirions-nous autant d'avilir un si grand sacrifice ? Après avoir rompu de tels liens, ne devons-nous pas à leur mémoire de ne rien faire d'indigne du motif qui nous les fit rompre ? Oui, c'est une fidélité que je veux vous garder toujours de vous prendre à témoin de toutes les actions de ma vie, et de vous dire, à chaque sentiment qui m'anime : « voilà ce que je vous ai préféré ! » Ah ! Mon ami, je sais rendre honneur à ce que mon cœur a si bien senti. Je puis être faible devant toute la terre, mais je réponds de moi devant vous. C'est dans cette délicatesse qui survit toujours au véritable amour, plutôt que dans les subtiles distinctions de M. de Wolmar, qu'il faut chercher la raison de cette élévation d'âme et de cette force intérieure que nous éprouvons l'un près de l'autre, et que je crois sentir comme vous. Cette explication du moins est plus naturelle, plus honorable à nos cœurs que la sienne, et vaut mieux pour s'encourager à bien faire; ce qui suffit pour la préférer. (NH : 524).

Outre la réalisation des aspirations héroïques cependant, que recèle un sacrifice aussi inhumain afin de se rendre digne de l'idéal que le sujet honore en l'être aimé, au regard de ce dernier qui renvoie finalement à la propre image du sujet dont il est toujours pris à témoin, « s'il est vrai », écrira Claire, « comme Julie et vous me l'avez tant dit, que l'amour soit le plus délicieux sentiment qui puisse entrer dans le cœur humain, tout

ce qui le prolonge et le fixe, même au prix de mille douleurs, est encore
un bien. » (NH : 235). Conçue afin d'offrir une modeste consolation à
l'amant désespéré, cette lettre de Claire à Saint-Preux est moins un paradoxe comme l'admet Jean-Louis Bellenot « que le dévoilement pleinement
lucide par Rousseau du mécanisme de la passion » : « Rousseau a très
bien senti et mis à nu le revers, le nerf obscur de cette mystique passionnelle qui à travers ses malheurs et ses épreuves cherche autant l'occasion
héroïque de les surmonter que le seul aliment susceptible d'entretenir la
tension d'un sentiment qui veut être constamment exalté. »[78] Nous y
reviendrons dans le chapitre suivant.

C – *La Chartreuse de Parme* : L'Amour du regard

Si dans *La Princesse de Clèves*, nous avons pu observer que la « cristallisation » amoureuse était l'effet de la répétition de « fragments perceptifs »
comme si quelque chose s'éveillait puis s'intensifiait avant de prendre pour
de bon, dans *La Chartreuse de Parme*, les personnages se connaissent déjà
avant leur deuxième rencontre qui donnera lieu à un « coup de foudre »
mutuel. Certes, il suffit d'un regard, dès la première fois, pour que chacun
soit saisi, sur le mode de la sidération, par l'apparition de l'autre, qui, de
tomber justement sous son regard, cristallise le sentiment amoureux :

> Il sourit, elle rougit profondément ; ils restèrent un instant à se regarder après
> que la jeune fille se fût dégagée de ses bras. « Ce serait une charmante compagne
> de prison », se dit Fabrice : « quelle pensée profonde sous ce front ! elle saurait
> aimer. » [...] Elle regardait avec étonnement ce jeune héros dont les yeux sem-
> blaient respirer encore tout le feu de l'action. Pour lui, il était un peu interdit de
> la beauté si singulière de cette jeune fille de douze ans, et ses regards la faisaient
> rougir. (CP : 101–3).

---

78   Jean-Louis Bellenot, « Les Formes de l'amour dans *La Nouvelle Héloïse* », *Annales
     Jean-Jacques Rousseau*, 55, 1953, p. 184.

Pourtant ce « mini coup de foudre » n'est que passager, chacun suivra séparément le cours de sa vie, sans que Stendhal ne fasse plus aucune allusion à cette première rencontre, jusqu'à ce que les personnages se retrouvent à nouveau. Alors le même phénomène spéculaire se reproduit laissant Clélia « tellement interdite » (CP : 287) et « pensive », qu'elle ne songe pas même à retirer sa tête de la portière, et déclenchant chez Fabrice un séisme instantané : « il était ravi de la céleste beauté de Clélia, et son œil trahissait toute sa surprise. » (CP : 287). Cette rencontre en deux temps correspond parfaitement à une autre des variantes du « coup de foudre » dont Assoun fait mention dans son ouvrage : « De plus, peut faire l'objet d'un tel investissement foudroyant non seulement qui entre pour la première fois dans le champ visuel, mais aussi qui, déjà 'connu', se trouve tout à coup (re)découvert. »[79]

En même temps, il apparaît clairement que la fascination amoureuse résulte en partie de l'identification du sujet à l'être aimé. En effet, Clélia qui se caractérise par un profond dédain pour tout ce qui est vulgaire, est surtout fascinée dès le premier regard porté sur Fabrice, par sa noblesse de caractère qui, pense-t-elle, le distingue « au milieu de ces êtres grossiers » (CP : 287) alors qu'il fait preuve d'un courage héroïque en pareille situation. Puis dans un élan passionné, Clélia se souviendra de cette rencontre et ce qui suscite encore une fois son admiration en particulier est l'image « du sourire avec lequel [Fabrice] regardait les gendarmes » (CP : 353), « sourire de mépris » (CP : 287) précise Stendhal, pour la vulgaire noirceur de l'âme de ceux qui l'entourent. De même, Fabrice est frappé surtout au premier regard de l' « expression de mélancolie » et de « pensée profonde » (CP : 287) qui anime la physionomie expressive de Clélia, tellement apparentée à ce même manque intérieur s'accompagnant d'une certaine disposition à la rêverie, qui le définit au moment de la rencontre. Quand il se retrouve ensuite seul dans sa cellule, Fabrice pense tout d'abord au plaisir que doit éprouver Clélia de vivre dans cette solitude aérienne, plaisir qu'il conçoit parfaitement tant il se caractérise aussi par le même manque extérieur cette fois, et ce de plus en plus, c'est-

---

79   Paul-Laurent Assoun, *Le Regard et la voix*, p. 141.

à-dire l'absence et non l'impossibilité d'intérêt pour quoi que ce soit :
« on est ici à mille lieues au-dessus des petitesses et des méchancetés qui
nous occupent là-bas » (CP : 334), pense-t-il en effet. En cela surtout,
Clélia diffère de Gina, souligne Stendhal qui ne s'attarde sans doute pas
par hasard sur la comparaison puisqu'elle permet de mettre en évidence
la singularité des amants par rapport au reste du monde dont la préférence penche en faveur de Gina en raison de cette différence même qui
les sépare, alors que précisément Fabrice s'oppose à l'opinion générale :
« Quand on comparait sa beauté à celle de la duchesse, c'était surtout cet
air de n'être émue par rien, cette façon d'être comme au-dessus de toutes
choses, qui faisaient pencher la balance en faveur de sa rivale. » (CP : 289).
Ainsi, Fabrice et Clélia s'éprennent d'une image d'eux-mêmes inversée et
complémentaire – un pur reflet de miroir, à l'instar de nos amants dans
La Nouvelle Héloïse qui voient en face d'eux un objet identique à eux-
mêmes. « J'ose me flatter quelque fois que le ciel a mis une conformité
secrète entre nos affections, ainsi qu'entre nos goûts et nos âges » (NH :
10), écrit Saint-Preux, et Julie de répondre en écho : « mon cœur fut à
vous dès la première vue. [...] et j'aimai dans vous moins ce que j'y voyais
que ce que je croyais sentir en moi-même. » (NH : 250). Pour Julie, elle
et son amant « sont les seuls de leur espèce » (NH : 90). La jouissance
vient de là, affirme Roland Barthes dans le texte *Fragments d'un discours
amoureux*, qui entre profondément en résonance avec le discours freudien : « Je dois ressembler à qui j'aime. Je postule (et c'est cela qui me fait
jouir) une conformité d'essence entre l'autre et moi. »[80]

Ce processus revêt cependant toutes les apparences d'une relation
objectale et entraîne une autre réalité psychologique : la méfiance que
Fabrice avait toujours éprouvée en rencontrant des étrangers est immédiatement vaincue et la confiance instaurée auprès de cet être qui en tous
points lui ressemble. Ce qu'il prenait autrefois pour jugement critique ou
moqueur apparaît intérêt et pour indiscrétion sympathie. Le contraste est
d'autant plus frappant que Fabrice est, sans l'ombre d'un doute, touché

---

80   Roland Barthes, *Fragments d'un discours amoureux*, Paris : Seuil, 1977, p. 152.

par la compassion qu'il a pu lire dans le regard de Clélia, alors que celle-ci n'est pas même sûre de l'image qu'elle a pu lui donner d'elle-même :

> Il m'aura trouvée bien ridicule ! Puis tout à coup elle ajouta : Non pas seulement ridicule ; il aura cru voir en moi une âme basse, il aura pensé que je ne répondais pas à son salut parce qu'il est prisonnier et moi fille du gouverneur. [...] Quel contraste entre sa physionomie si noble et mon procédé ! Quelle noblesse ! quelle sérénité ! Comme il avait l'air d'un héros entouré de ses vils ennemis ! (CP : 288).

Mais déjà on peut déceler dans les pensées qui préoccupent Clélia, la mise en marche du processus d'idéalisation qui se fait à ses dépens. Quelques temps après, Fabrice pense encore à la bienveillance du regard de cette belle inconnue ou presque, resté attaché sur lui pendant longtemps et qui s'oppose à l'hostilité passée d'autrui, incarné ici par le personnage de Barbone, qui souvent, parce qu'autrui ne reconnaît pas en Fabrice un caractère semblable au sien, et la plupart du temps la réciproque est vraie aussi, le regarde d'un mauvais œil. Tel est le cas des hussards livrant bataille à Waterloo qui regardent tous Fabrice avec insistance : « Il regarda les hussards ; à l'exception d'un seul, tous avaient des moustaches jaunes. Si Fabrice regardait les hussards de l'escorte, tous le regardaient aussi » (CP : 64), ou des soldats d'un autre corps d'infanterie qui tout aussi choqués que les hussards de trouver Fabrice « fort différent d'eux-mêmes » (CP : 77) le regardent à leur tour d'un « air méchant » (CP : 76), sans compter ce jeune genevois qui croise le chemin de Fabrice dans un café de Genève et croit voir un fou :

> Avant de sortir de Genève, il se prit de querelle dans un des tristes cafés du pays, avec un jeune homme qui le regardait, disait-il, d'une façon singulière. Rien de plus vrai, le jeune Genevois flegmatique, raisonnable et ne songeant qu'à l'argent, le croyait fou ; Fabrice en entrant avait jeté des regards furibonds de tous les côtés, puis renversé sur son pantalon la tasse de café qu'on lui servait. (CP : 97).

Dès le début le regard des autres revêt en effet pour le jeune homme le caractère d'une agression intolérable pour la raison qu'il réduit le sujet Fabrice à l'état d'objet, et souligne de fait violemment le sujet comme irrémédiablement étranger à lui-même, prisonnier d'un regard qui le fonde et interrompt la vision en miroir de lui-même, souvent en conflit

avec le regard d'autrui toujours supposé malveillant et qui prive de tout
naturel, c'est-à-dire de la liberté d'agir sans se soucier constamment de
l'image que le sujet donne de lui-même. Dans la première partie, il est vrai
que Fabrice est obsédé par la manière dont on le perçoit. En particulier,
le poids du regard des hussards pèse atrocement sur lui au point qu'il se
sent obligé d'acheter leur bienveillance, tant il a besoin de gagner leur
estime, en régalant d'une bouteille de vin toute l'escorte qu'il accompagne :
« Tous les yeux le regardèrent avec bienveillance. Ces regards ôtèrent un
poids de cent livres de dessus le cœur de Fabrice : c'était un de ces cœurs
de fabrique trop fine qui ont besoin de l'amitié de ce qui les entoure. »
(CP : 66). Ainsi Fabrice ne peut supporter d'être méprisé ou mal jugé, et
en conséquence cherche toujours à projeter une image de lui qui serait
la preuve de sa valeur aux yeux d'autrui : « Tous tirent leurs sabres à la
fois et tombent sur Fabrice ; il se crut mort ; mais il songea à la surprise
du maréchal des logis, et ne voulut pas être méprisé de nouveau. » (CP :
87). Souvent Fabrice agit donc en fonction du regard de l'autre dont il
cherche à recevoir l'assurance d'une qualité d'être dont il n'est pas encore
assez certain pour en jouir sans intermédiaires et sans miroirs : « Puis,
comme Fabrice se sentait très faible, le maréchal des logis lui apporta une
écuelle de vin chaud et fit un peu la conversation avec lui. Quelques com-
pliments inclus dans cette conversation mirent notre héros au troisième
ciel. » (CP : 91). La fin de la première partie s'achève encore par une
parodie des dangers de l'exposition au regard d'autrui lorsque Fabrice, qui
s'est mis en tête de séduire La Fausta, subit la vengeance de son amant en
titre, le Comte M***, qui le punit par l'humiliation d'être exposé de façon
grotesque au regard de tous les habitants de Parme. Subitement Fabrice
voit se jeter sur lui des hommes qui l'enferment dans une « chaise à porteurs et peinte d'une façon bizarre : c'était une de ces chaises grotesques
dont les masques se servent pendant le carnaval. » (CP : 253). Alors, c'est
l'ostentatoire procession à travers Parme, escortée par cinquante porteurs
de flambeaux, mais Fabrice s'évade enfin et crie à Ludovic, chargé de sa
protection : « Tue ! tue tout ce qui porte des torches ! » (CP : 254).

Ces quelques exemples d'une sensibilité oculaire exacerbée, nous donnent vue sur l'aspect proprement social du regard. En effet, le sentiment
social tient au regard – par la honte ou le prestige – qui procède d'une

double appartenance du sujet au qu'en verra-t-on et au qu'en dira-t-on. Ceci nous renvoie au regard social dans *La Princesse de Clèves* où les personnages sont exposés au regard de l'autre qu'ils craignent autant qu'ils le souhaitent. Mais nous y voyons là un effet de culture : l'art du courtisan dans un univers où tout le monde se regarde. En revanche, l'action persécutrice du regard de l'autre chez Stendhal est une obsession qui suscite un sentiment d'angoisse symptomatique. Ce n'est pas un hasard si Freud allègue la « peur du mauvais œil » comme « l'une des formes de superstitions les plus étrangement inquiétantes et les plus répandues. »[81] La source à laquelle puise cette appréhension que l'autre ne pose sur moi quelque « mauvais regard » n'a jamais été méconnue selon Freud : « Quiconque possède quelque chose d'à la fois précieux et fragile, redoute l'envie des autres en projetant sur eux l'envie qu'il aurait éprouvée dans la situation inverse. »[82] Le regard joue ici un rôle essentiel dans la mesure où c'est par lui que se trahissent de telles émotions, « même quand on leur refuse l'expression verbale », et que l'on suppose que « cette intention secrète de nuire » « dispose également du pouvoir de se manifester. »[83] Autrement dit, il est des regards si éloquents qu'on les croit animés du pouvoir de réaliser ses désirs. L'analyse de Paul-Laurent Assoun nous permet d'apporter quelques lumières sur ce que révèle la croyance au « mauvais œil » à savoir que « là où je regarde il y a virtuellement de l'Autre et que, même, je ne jouis de *mon* bien qu'en tant qu'autre [par un mécanisme projectif], c'est-à-dire en me plaçant au champ optique de l'Autre. »[84] Ce que j'ai, l'autre peut toujours me l'enlever, me le ravir du regard. C'est ce « mauvais regard » qui menace mes objets depuis l' « arrière-monde ». Le « mauvais œil » manifeste ainsi cette prise de tout objet du monde désiré dans la ligne de mire de l'Autre qui seul a droit de regard sur mes désirs inconscients car refoulés. L'œil de l'Autre semble donc avoir préemption sur tout objet – et spécialement les plus précieux – de ma jouissance, ce

81   Sigmund Freud, *L'Inquiétante Etrangeté et autres essais*, Paris : Gallimard, 2004, p. 244.
82   Sigmund Freud, *L'Inquiétante Etrangeté et autres essais*, p. 244.
83   Sigmund Freud, *L'Inquiétante Etrangeté et autres essais*, p. 244.
84   Paul-Laurent Assoun, *Le Regard et la voix*, p. 130.

qui fait du « propriétaire », un « superstitieux ». Le « mauvais œil »
révèle plus encore selon Assoun : « que je suis moi-même regardé par
l'objet même que je désire,[85] ce qui fait la précarité de ma *propriété*. »[86] Ce
qui signifie, « si la théorie psychanalytique a raison quand elle affirme que
tout affect [...] est transformé par le refoulement en angoisse »,[87] que ce
n'est qu'en conjurant la jouissance de l'Autre par la projection sur l'autre
de sa propre envie – du point de vue de l'inconscient – que le sujet peut
avoir jouissance de l'objet uniquement donc sur le mode de l'envie qui se
retourne contre lui. C'est somme toute « dans l'œil de l'autre que je vois
revenir mon regard sur l'objet. »[88] Nous touchons par là à ce que Freud
nomme « l'angoisse sociale » dans la mesure où, écrit Assoun, « c'est
le même surmoi qui agit dans l'angoisse oedipienne névrotique et dans
sa version sociale » : « notre conscience n'est pas le juge inflexible dont
parlent les moralistes c'est, en son origine, de *l'angoisse sociale*, soit le produit du *reproche* de la communauté envers le sujet[89] [...]. Telles sont donc
les voix qui créent le sentiment social, me rappelant qu'on barre sur moi
les gens avec (qui je vis) et *l'opinion publique*. »[90]

D'autre part, Max Milner dans son ouvrage intitulé *On Est prié de
fermer les yeux* où est consacré une partie aux romans de Stendhal, admet
que Georges Blin, spécialiste reconnu de l'auteur « a brillamment montré
que cette dialectique du 'voir /être vu' appelait pour ainsi dire par avance
l'imposition d'une grille de lecture sartrienne, tant le regard que Stendhal
redoute et sollicite à la fois paraît chargé d'un rôle de délimitation,
d'objectivation factice, qui ne laisse à autrui que la charge d'entériner
une apparence, dont le sujet s'efforce de garder l'entière disponibilité. »[91]

85   Entendons un registre pulsionnel qui touche au désir de l'Autre.
86   Paul-Laurent Assoun, *Le Regard et la voix*, p. 130.
87   Sigmund Freud, *L'Inquiétante Etrangeté et autres essais*, p. 245.
88   Paul-Laurent Assoun, *Le Regard et la voix*, p. 130.
89   D'abord de la « critique des parents », par la suite de la critique de « toutes les
      autres personnes du milieu ambiant. » (Sigmund Freud, « Pour Introduire le
      narcissisme », p. 100).
90   Paul-Laurent Assoun, *Le Regard et la voix*, p. 130.
91   Max Milner, « Stendhal » in *On Est prié de fermer les yeux*, Paris : Gallimard,
      collection « Connaissance de l'inconscient », 1991, p. 144.

Il est vrai qu'en succédant à Freud, Lacan fera de nombreuses fois référence à la version que donne Sartre d'une phénoménologie du regard et d'autrui à laquelle il rend un hommage appuyé dans *Le Séminaire, Livre I* : « Je ne peux pas ici ne pas me référer à l'auteur qui a décrit ce jeu de la façon la plus magistrale – je fais allusion à Jean-Paul Sartre, et à la phénoménologie de l'appréhension d'autrui dans la seconde partie de *L'Etre et le néant* [...] Toute la phénoménologie de la honte, de la pudeur, du prestige, de la peur particulière engendrée par le regard, est là admirablement décrite. »[92] En effet, ce qui enthousiasme alors Lacan n'est pas sans rapport avec les idées que nous venons de développer plus haut, en particulier l'idée essentielle que « l'objet humain » est un « objet qui me regarde. » Le regard ne se situe pas simplement au niveau des yeux mais est aussi bien la fenêtre derrière laquelle nous supposons qu'il nous guette.[93] Nous admettons que le regard d'autrui joue effectivement le rôle que Georges Blin lui assigne dans son analyse, sans nul doute très influencée par la théorie sartrienne dont elle se réclame. Omniprésent, en effet, le regard impressionne et même fait peur lorsque c'est le personnage social regardé qui est en jeu.

De plus, il nous semble que son analyse en sa dialectique d'amour et d'objet, ce dernier occupant le rôle d' « alter ego », fait étrangement écho aux origines inconscientes du choix d'objet narcissique :

> Une telle approche d'autrui, il est clair qu'elle n'installe pas le rapport interhumain autrement que suivant le système alternant des regards. *L'alter ego* dans ce régime est celui duquel je ne veux qu'être vu, que je ne veux que voir, ne veux voir que pour me voir par ses yeux, de son point de vue. Il n'est plus, dans cet office de public, de truchement, mon *prochain*, mais mon *voisin*, ne représente que l'être auquel je

---

92 Jacques Lacan, *Le Séminaire, Livre I, Les Ecrits techniques de Freud*, pp. 240–41.
93 « Je peux me sentir regardé par quelqu'un dont je ne vois même pas les yeux, et même pas l'apparence. Il suffit que quelque chose me signifie qu'autrui peut-être là. Cette fenêtre, s'il fait un peu obscur, et si j'ai des raisons de penser qu'il y a quelqu'un derrière, est d'ores et déjà un regard. A partir du moment où ce regard existe, je suis déjà quelque chose d'autre, en ce que je me sens moi-même devenir un objet pour le regard d'autrui. » (Jacques Lacan, *Le Séminaire, Livre I*, p. 240).

remets casuellement, dans les limites de l'*ici-maintenant*, la tâche de proclamer « ma possibilité permanente » d'être intercepté, qualifié.[94]

Or, on a vu que chez Freud, le caractère narcissique du choix d'objet réside en ce que la possession de celui-ci peut apporter d'accroissement au sentiment de sa propre valeur ; il ne s'agit donc pas de donner uniquement, mais aussi de recevoir, et de recevoir quelque chose d'un autre soi-même. Sans doute étant aimé, Fabrice dont l'anxieuse estime de lui-même était appréhensive du conflit qui oppose ce que l'on est pour soi et ce que l'on devient pour autrui, a cessé de se sentir en danger devant l'autre, ce qui l'autorise enfin à faire tomber les défenses ridicules de la peur d'être jugé et le convertit au « voir et être vu », alors que dans la première partie du roman, Fabrice s'efforce toujours de « voir sans être vu » [IX], comme l'atteste l'épisode du clocher de l'Abbé Blanès. Fabrice s'y était, en effet, réfugié pour fuir les gendarmes, et se réjouissait de pouvoir secrètement observer du haut de ce clocher et à l'aide « d'une grande lunette astronomique », le monde d'en bas, en particulier, « des femmes superbes » (CP : 187) qu'il avait connu à l'âge de onze et douze ans.

Nous essaierons de montrer cependant que dans l'univers de l'amour stendhalien, le regard de l'autre n'est pas toujours le simple miroir où se réfléchit le sujet et même en plus beau, magnifié par le regard de l'amour, et que la qualité du miroir et sa capacité d'établir une relation vraie compte davantage que l'image qui s'y dessine. Fabrice aurait eu la possibilité, il est vrai, de s'abandonner avec complaisance auprès de Gina, au plaisir tout à fait personnel de se voir à travers le filtre de son regard si débordant d'admiration[95] envers cet être adoré qu'elle renvoie à Fabrice une image de lui-même métamorphosé en héros. Fabrice aime celle qui lui offre son aide, celle qui le soulage de tous ses maux, cette personne sublime dont l'affection le valorise et le grandit : « [cette tante] qui [l]'aime avec une sorte d'enthousiasme » (CP : 176) étonnant même aux yeux de ce dernier. La duchesse produit sur le jeune homme un effet magique : en sa présence

---

94   Georges Blin, *Stendhal et les Problèmes de la personnalité*, Vol. I, Paris : José Corti, 1958, p. 76.
95   « La Duchesse le regardait avec admiration [...]. » (CP : 203).

il éprouve ce qu'elle-même ressent, c'est-à-dire qu'il est plus qu'il ne paraît à ses propres yeux : « mon amitié pour elle est ma vie, et d'ailleurs, sans elle que suis-je ? » (CP : 240). Si Fabrice admet ne pouvoir vivre sans l'amitié de Gina, il reste néanmoins en quête d'une relation d'amour plus profonde et réciproque. On voit par là, que l'amour véritable pour Fabrice ne signifie pas d'être amoureux uniquement d'une image idéalisée de lui-même qu'il se plairait à contempler dans le regard subjugué de l'autre. Le regard de l'amoureux est, en revanche, quête d'une réponse à la question de savoir si l'être aimé éprouve les mêmes sentiments. Les amants sont toujours obsédés par cette question dont la réponse, c'est le plus souvent, et avant tout autre langage, le regard de l'autre qui la donne : révélation qui rend possible la fusion amoureuse par la transparence du regard donc, lorsqu'il révèle l'authenticité d'un sentiment. Nous en voyons l'exemple quand Fabrice, de sa cellule, surprend Clélia qui ne se sait pas observée, et, dit Stendhal, « pouvait voir parfaitement son émotion » (CP : 344) : « ce moment fut le plus beau de la vie de Fabrice sans aucune comparaison. » (CP : 344). Quand Clélia après son mariage avec le marquis de Crescenzi, revoit Fabrice en l'occasion de la célébration du jour de naissance de la princesse de Parme, et oublie, nous dit Stendhal, « dans son désir de deviner ce qui se passait dans le cœur de Fabrice » (CP : 502), ce qu'elle doit à son vœu, pour « fix[er] les yeux sur [son amant] » (CP : 502), lui-même livré au bonheur de pouvoir la contempler.

Du fait que le regard désirant se fixe sur l'amour que lui renvoie l'être aimé, on pourrait être tenté de conclure au narcissisme des amants. Ce ne serait pas comprendre que dans l'échange des regards, le plaisir de voir, loin de correspondre à la recherche d'une image flatteuse de soi-même, repose avant tout sur le bonheur d'un amour partagé, ou ainsi que l'exprime Max Milner, « vérifie la somme de bonheur que deux êtres sont susceptibles de se donner l'un à l'autre. »[96] La réciprocité de l'amour est en effet le sommet vers lequel tend l'amour passion. Stendhal la compare à « une sorte d'écho qui sans rien exprimer bien distinctement, semblait

---

96   Max Milner, « Stendhal » in *On Est prié de fermer les yeux*, p. 156.

parler d'amitié parfaite et de sympathie sans bornes. »[97] Même si dans *La Chartreuse* les amants ne se le disent pas toujours en effet, leurs yeux semblent convenir qu'ils sont à l'unisson, et le plus grand plaisir de l'échange des regards dérive de cette parfaite transparence d'une communion que les amants jusque là n'étaient jamais parvenus à instaurer avec un autre être. L'on trouve un de ces moments de parfaite réciprocité quand Clélia aperçoit de sa volière Fabrice, qu'elle ne sait pas avoir été à nouveau enfermé à la tour Farnèse, et que le romancier traduit pour son lecteur le message des yeux de celle-ci qui émeut son amant jusqu'aux larmes :

> Clélia regarda Fabrice, et malgré elle ce regard peignit en entier la passion qui la mettait au désespoir. Croyez-vous, semblait-elle dire à Fabrice, que je trouverai le bonheur dans ce palais somptueux qu'on prépare pour moi ? Mon père me répète à satiété que vous êtes aussi pauvre que nous ; mais, grand Dieu ! avec quel bonheur je partagerai cette pauvreté ! [...] elle vit des larmes dans ses yeux ; mais ces larmes étaient l'effet de l'extrême bonheur ; il voyait que l'absence ne l'avait point fait oublier. (CP : 469–70).

La réciprocité des regards comme mise à nu, don à travers quoi s'éprouve l'amour, atteint son point culminant, quand les amants s'abandonnent tout entiers à la contemplation de l'autre, état qui simule au plus proche la fusion : on est pour ainsi dire transporté hors de soi-même, de ses propres limites spatiales et temporelles, en même temps que l'on se laisse ravir, absorber au plus profond de la prunelle de l'être aimé : « Les deux jeunes gens restèrent quelque temps comme *enchantés* dans la vue l'un de l'autre. » (CP : 470 ; je souligne). Lorsqu' ainsi la peur du regard de l'autre s'estompe, « le rapprochement va jusqu'à la fusion spéculaire, d'abord joyeuse, puis extatique et mortifère ».[98] Pour Jacques Ponnier « l'amour est [ainsi] une fusion qui abolit enfin la distance qui fonde le regard »,[99] par le regard lui-même, offrant la possibilité d'un basculement de l'être dans l'indistinction du lien. La possibilité d'une telle fusion ou même d'une

---

97 Citation Hans Boll Johansen extraite de son livre *Stendhal et le roman, Essai sur la structure du roman stendhalien*, Aran : Éditions du Grand chêne, 1979, p. 104.

98 Jacques Ponnier, *Narcissisme et séduction*, p. 188.

99 Jacques Ponnier, *Narcissisme et séduction*, p. 188.

telle réciprocité n'est pas offerte chez Mme de Lafayette ou Rousseau, mais nous en trouverons l'explication dans le chapitre suivant.

Mais cet idéal fusionnel ne retombe-t-il pas finalement dans un narcissisme total et désespéré ? Contestant toute séparation, il établit en effet une sorte d'identité entre le sujet et la notion d'idéal de son moi, se substituant à l'objet aimé lors de la réalisation de l'investissement amoureux. D'ailleurs, Fabrice est identifié par l'auteur à l'être aimé lorsqu'il écrit que ce dernier « développait un caractère tout à fait semblable à celui de sa maîtresse » (CP : 493). Fabrice devient donc identique à l'être aimé et vice versa. S'exprimant avec précaution mais faisant écho à la théorie freudienne de l'idéal du moi qui dans la passion amoureuse entraîne l'identification des amants l'un à l'autre dans leur moi – « procédé actif qui remplace une identité partielle ou une ressemblance latente par une identité totale »[100] – Jose Ortega y Gasset, dans son analyse de l'amour chez Stendhal, admet volontiers l'idée suivante : « inherent in all love is a desire to unite with another being who appears endowed with a certain perfection. It is, then a movement of our souls towards something which in some way, is outstanding, better than average, superior. »[101] Il y a à la fois, dirait-on, projection réciproque de l'idéal du moi propre sur l'objet – autrement dit investissement narcissique déplacé, narcissisme momentanément vécu par procuration – et poussée hors de soi, « mort du moi », en s'abandonnant tout entier dans la contemplation extatique de l'autre [« Elle a un regard qui me ravit en extase »[102]] pour entrer dans un état de fusion intime par le regard dans lequel la séparation entre le moi et l'objet est abolie. Christian David, que nous avons déjà introduit dans notre partie sur *La Nouvelle Héloïse*, met en évidence cette contradiction inhérente à l'état amoureux « d'être à la fois projection réciproque de soi et de l'idéal du moi propre sur l'objet […] et affinité effective des vécus,

---

100   J. Laplanche et J. B. Pontalis, *Vocabulaire de la psychanalyse*, p. 187.

101   Jose Ortega y Gasset, « Love in Stendhal » in *On Love : Aspects of a Single Theme*, London : Victor Gollancz, 1959, p. 38.

102   CP : 499. Fabrice s'exprime ainsi à l'occasion de la célébration du jour de naissance de la princesse de Parme, lorsque les amants ne peuvent résister au désir de contempler l'être aimé.

due à la contagion amoureuse comme à une certaine identité du désir, dans la mesure où ce désir est désir de perdre l'identité, de telle sorte que la fusion érotique avec l'objet soit réalisable. »[103]

Il nous semble utile ici d'ouvrir la parenthèse pour souligner à quel point Stendhal peut être éloigné de la logique sartrienne qui réduit le sujet à cette alternative des extrêmes, être regardé ou regarder : « Un regard ne peut se regarder : dès que je regarde vers le regard, il s'évanouit, je ne vois plus que des yeux »[104] écrit-il dans *L'Etre le néant*. C'est précisément sur ce point que Lacan engage le fer avec Sartre :

> En tant que je suis sous le regard, écrit Sartre, je ne vois plus l'œil qui me regarde, et si je vois l'œil, c'est alors le regard qui disparaît. Est-ce une analyse phénoménologique juste ? Non. Il n'est pas vrai que, quand je suis sous le regard, quand je demande un regard, quand je l'obtiens, je ne le vois point comme regard. [...] Le regard se voit [...] Ce regard que je rencontre – c'est à repérer dans le texte même de Sartre – est, non point un regard vu, mais un regard par moi imaginé au champ de l'Autre.[105]

Entendons ce que nous avons déjà évoqué précédemment : le regard est ce qui, « caché derrière le monde », regarde depuis toujours – depuis la « Création » – le sujet, et « c'est toujours l'Autre qui *a* le regard, qui le détient de l'autre côté du monde », mais « le sujet est de toute façon condamné à expérimenter l'absence de l'Autre. »[106] Il tient en effet à l'être d'un désir qui touche au désir à l'Autre. Cependant, nous voulons brièvement aborder ici, le problème du regard stendhalien sous l'angle, non pas de la psychanalyse, mais de la psychologie la plus concrète, en abondant dans le sens de Suzanne Lilar qui a pour enjeu une réfutation de la version sartrienne du regard d'autrui, supposant qu'un regard ne peut se regarder et méconnaissant ainsi le phénomène de fusion ou d'échange des regards dans l'amour, dont nous avons vu des exemples :

103   Christian David, *L'Etat amoureux*, p. 139.
104   Jean-Paul Sartre, *L'Etre et le néant*, Paris : Gallimard, 1943, p. 448.
105   Jacques Lacan, *Le Séminaire, Livre XI, Les Quatre Concepts fondamentaux de la psychanalyse*, Paris : Seuil, 1973, p. 79.
106   Paul-Laurent Assoun, *Le Regard et la voix*, p. 97.

En contradiction flagrante avec d'innombrables descriptions amoureuses de regards qui s'entrepénètrent, se mêlent, se fondent[107] au lieu de se provoquer et de se détruire, Sartre affirme péremptoirement qu' « un regard ne peut se regarder ». Un regard regardé s'évanouit, il n'en reste plus que des yeux. Au même instant le regardé devient un *possédé* qui reconnaît l'autorité de celui qui regarde.[108]

Toutefois rares sont ces moments, dans *La Chartreuse de Parme*, où une parfaite réciprocité permet que s'instaure, de regard à regard, l'inépuisable dialogue des âmes, dans cet oubli de soi qu'entraîne l'adhésion entière et irréfléchie à l'autre. Freud a toujours insisté sur la pérennité du narcissisme primaire en rapport avec la formation de l'idéal du moi lors de l'investissement amoureux, organisation qui en effet est seulement amenée à disparaître, dit-il, « dans la plénitude des états amoureux », c'est alors que « la majeure partie de la libido se trouve transférée à l'objet et que ce dernier prend, dans une certaine mesure, la place du moi. »[109] Il est vrai qu'en dehors de ces moments privilégiés, beaucoup plus souvent, les personnages se soucient de l'image d'eux-mêmes qu'ils donnent à voir à l'être aimé et dont ils cherchent à garder l'entière disponibilité, tant l'amour chez Stendhal, tout comme chez Rousseau, ne cherche pas ailleurs que dans l'estime de l'être aimé dont dépend la propre estime du sujet, son ressort et son aliment. C'est au point que, écrit Georges Blin dont nous suivons la démonstration : « sans balancer, ses héros immoleront leur bonheur à la crainte d'adultérer l'image emphatique d'eux-mêmes qu'ils présumeront avoir persuadée à l'être honoré. »[110] Sa rencontre avec Clélia amène en effet Fabrice à faire preuve d'une délicatesse qu'il n'avait jamais montré jusqu' alors, dans la crainte de pouvoir déplaire à celle qu'il aime dont seul le jugement compte désormais :

107 Plus loin l'auteur fait aussi référence au phénomène de « continuité des regards » en citant Ellrodt à propos de l'extase de Donne (*Les Poètes métaphysiques anglais*, Paris : Corti, 1960, t. I, p. 85) : « cette trame solide tissée des regards entrecroisés qu'échangent les amants. »

108 Suzanne Lilar, *A Propos de Sartre et de l'amour*, Paris : Grasset, 1967, p. 141.

109 Sigmund Freud, *Abrégé de psychanalyse*, Paris : PUF, collection « Bibliothèque de Psychanalyse », 2004, p. 10.

110 Georges Blin, *Stendhal et les Problèmes de la personnalité*, p. 57.

La première pensée de Fabrice, collé contre les barreaux de fer de sa fenêtre, fut de se livrer à l'enfantillage de frapper un peu avec la main sur ces barreaux, ce qui produirait un petit bruit ; puis la seule idée de ce manque de délicatesse lui fit horreur. Je mériterais que pendant huit jours elle envoyât soigner ses oiseaux par sa femme de chambre. Cette idée délicate ne lui fût point venue à Naples ou à Novare. (CP : 338).

En se montrant trop audacieux, Fabrice risquerait d'apparaître à Clélia comme un séducteur sans scrupule, c'est-à-dire irrémédiablement indigne de son amour : « Fabrice eût obtenu l'aveu de tout ce qu'elle sentait pour lui ; mais il manquait d'audace, il avait une trop mortelle crainte d'offenser Clélia, elle pouvait le punir d'une peine trop sévère. » (CP : 353). Fabrice est si amoureux que cette idée – ou qu'il cherche à entendre ce qu'elle n'est pas autorisée à lui dire, ce dont nous venons de montrer un exemple, ou qu'il ne réponde pas à ses attentes – le plonge dans une crainte telle qu'il se montre à la fois respectueux et disposé à lui obéir comme cela arrive quand Clélia lui ordonne de s'enfuir de prison : « vous allez me donner votre parole d'honneur d'obéir à la duchesse, et de tenter de fuir le jour qu'elle vous l'ordonnera et de la façon qu'elle vous l'indiquera, ou demain matin je me réfugie dans un couvent, et je vous jure ici que de la vie je ne vous adresserai la parole. » (CP : 381). De ce scrupule cornélien, poursuit Georges Blin,

il suffira ici de retenir qu'il est animé, dans l'appel qu'il adresse à l'élu, par une insatiable instance d'attestation. « Elle est juge de votre mérite »,[111] aussi vous la faut-elle elle-même d'un mérite ne supportant pas la contestation. Vous l'aimez comme désignant l'Unique, entendez que vous saluez en elle le seul arbitre propre à vous cautionner. C'est là, en effet, tout ce dont vous la suppliez : vous ne rêvez d'être aimé que pour vous faire certifier que vous êtes en totalité aimable, aimable au point que là où vous la laissez libre, elle, elle n'est pas libre de ne pas vous aimer. Votre être, que vous plaigniez de n'être que de fait, il suffit qu'il limite l'idéal de la femme qui délimite votre idéal, pour que, se commuant en valeur, il vous semble enfin mis en sécurité. Vous ne sauriez plus parfaitement accéder aux caractères de

---

111   Stendhal, *De l'Amour*, p. 55.

l'objectivité qu'en devenant ainsi l'absolu de celle à qui vous-même vous reconnaissez la suprême objectivité : celle d'un absolu.[112]

Nous admettons, encore une fois, que dans le cas où la relation amoureuse est en jeu, l'être aimé joue effectivement le rôle que Georges Blin lui attribue, c'est-à-dire celui de miroir, ce point de jonction, écrit S. Melchior-Bonnet, « où le visage visible saisit son visage invisible dans la réversibilité du regard de l'amour. »[113] Autrement dit l'amour serait une sorte de reflet de miroir renvoyé par autrui qui confirme le sujet, auquel il donne du lustre, dans sa propre estime. Cependant, il nous semble que cette analyse, ne rend pas suffisamment compte du mouvement croisé de la relation qui implique que chacun des amants cherche dans l'amour que lui porte l'être aimé, dont il faut se montrer digne pour le conquérir vraiment, la validation de son estime personnelle. En effet, c'est encore bien l'image de soi-même qu'on donne à l'autre qui est en jeu quand Clélia, qui doit incarner l'image même de la perfection, cherche à trop bien contrôler sa conduite. Montrer ses sentiments à un homme pour lequel elle éprouve une attirance, c'est pour une femme une faute impardonnable, non point tant parce qu'elle déroge ainsi au code de bonne conduite mais parce qu'elle risque d'apparaître comme une conquête facile, c'est-à-dire tout aussi indigne de son amour. Clélia qui sait Fabrice libertin de réputation, mais qu'elle idolâtre malgré cela, passe en effet outre ce qu'elle se doit à ses propres yeux en cédant à la menace de son père d'être envoyée au couvent si elle n'épouse pas le marquis de Crescenzi, pour ne pas être privée du bonheur de *voir* son amant, à la condition qu'elle ne lui en laisse *rien voir*, en raison de cette inconstance même qu'elle lui suppose, qui permettrait à Fabrice de la compter parmi l'une de ses conquêtes, ce qu'elle se refuse d'apparaître aux yeux de celui-ci : « Ce fut précisément le lendemain de ce jour où Clélia avait fait de si grands sacrifices au jeune prisonnier qu'elle aimait d'une passion si vive : ce fut le lendemain de ce jour où, voyant tous ses défauts, elle lui avait sacrifié sa vie, que Fabrice fut désespéré de sa froideur. » (CP : 353). Quand Fabrice de même parvient

112 Georges Blin, *Stendhal et les Problèmes de la personnalité*, pp. 57–58.
113 S. Melchior-Bonnet, *Histoire du miroir*, p. 133.

enfin à ménager un rendez-vous avec Clélia dans la chapelle de marbre noir et que celle-ci se trouve acculée à dissiper les soupçons de son amant au sujet du mariage par une confession complète, cette idée apparaît de nouveau à l'évidence :

> Je n'eus point le courage de quitter la forteresse et je suis une fille perdue ; je me suis attachée à un homme léger : je sais quelle a été sa conduite à Naples ; et quelle raison aurais-je de croire qu'il aura changé de caractère ? [...] Mais dès qu'il sera dans une grande ville, entouré de nouveau des séductions de la société, il sera de nouveau ce qu'il a toujours été, un homme du monde adonné aux dissipations, à la galanterie, et sa pauvre compagne de prison finira ses jours dans un couvent, oubliée de cet être léger, et avec le mortel regret de lui avoir fait un aveu. (CP : 375).

La crainte de s'être passionnément éprise d'un homme léger joue un rôle si important que l'on peut se demander si Clélia, dont la volonté est de ne plus s'autoriser à revoir Fabrice avant même son évasion : « Ce serait un crime pour moi de le regarder encore lorsqu'il sera hors de cette citadelle, et son inconstance naturelle m'en épargnera la tentation ; car, que suis-je pour lui ? » (CP : 352), ne sait sans doute pas qu'elle fait ce qui est attendu d'elle. Ne serait-ce que parce qu'elle doit s'assurer avant tout que l'amour de Fabrice est ancré en lui de manière profonde et durable ? Autrement dit, cette épreuve destinée à éprouver le mérite de Fabrice – dont Clélia s'enorgueillit à l'instar de Julie dans *La Nouvelle Héloïse*[114] – offre réciproquement la garantie aux amants que l'être aimé est parfaitement digne de l'amour de l'autre. En prêchant en effet à l'église de la visitation, voisine du palais Crescenzi, sur la pitié qu'une âme généreuse doit avoir pour les tourments mortels d'un être qui en est digne, Fabrice projette comme la plus infaillible des armes, l'image de son propre mérite aux yeux de Clélia qui représente le témoin idéal, dans l'espoir que la qualité de la prestation soit récompensée. Ainsi, tout est orchestré de manière très théâtrale – Fabrice a même composé une « sorte de prière tendre et

---

114   Clélia qui est en train d'assister à un Opéra a la surprise de constater que tous les spectateurs, pressés d'aller écouter Fabrice dont ils admirent tant le talent d'orateur, désertent la salle jusqu'au dernier, et se dit alors : « Je n'avais pas fait un mauvais choix. » (CP : 516).

passionnée » pour l'utiliser « si jamais la présence de la marquise venait le mettre hors d'état de trouver un mot » (CP : 513) – pour que Clélia puisse reconnaître le mérite de son amant ayant traversé tant de souffrances par amour. Aussi la sensibilité de Clélia est totalement submergée par la pitié en voyant Fabrice physiquement dévasté par la souffrance causée par ces quatorze mois de séparation : « Fabrice parut dans la chaire ; il était si maigre, si pâle, si tellement consumé, que les yeux de Clélia se remplirent de larmes à l'instant » (CP : 527), et dit Stendhal, « à peine eut-elle entendu les dix premières lignes de la prière lu par Fabrice, qu'elle regarda comme un crime atroce d'avoir pu passer quatorze mois sans le voir. » (CP : 528).

Ainsi, les très rares exceptions sont les moments où s'établit un échange par le regard dans un complet désintéressement de l'image que les amants ont à préserver d'eux-mêmes. Mais ces moments sont par essence fugitifs et la principale vertu de l'ombre est sans doute d'en prolonger les effets au-delà du visible – ce que nous verrons dans le chapitre suivant – dans une sorte de remise de la pulsion scopique qui manifeste le symbole d'une complète déprise de soi dans un geste d'aveugle ouverture. C'est en effet dans l'absence de tout regard que les amants retrouvent toutes les sensations liées à cette relation, le sens de la vue étant relayé par le sens du toucher, et que l'être aimé retrouve une totalité, une unité. Toucher l'amour sans le voir, souligne Max Milner, « c'est s'interdire de l'enfermer dans une image qui ne serait que la projection de son propre désir, et demeurer en communication avec la source dont cette image ne saurait être que le reflet. »[115]

---

115 Max Milner, « Stendhal » in *On Est prié de fermer les yeux*, p. 60.

D – *Le Ravissement de Lol V. Stein* :
Fantasme voyeuriste et perversion narcissique

A l'origine de la « maladie » de Lol, de son comportement obsessionnel et pervers[116] dans la mesure où *Le Ravissement* met en scène le fantasme de cette dernière qui consiste à se faire voyeuse d'une scène sexuelle, se trouve un événement qui s'est produit par hasard. Cet événement est celui du bal de T. Beach qui est marqué par la passion soudaine qui ravit Michael Richardson, le fiancé de Lol, et Anne-Marie Stretter, venue assister au bal accompagnée de sa fille. Tout au long de la nuit les amants dansent éblouis. Passionnément amoureuse de son fiancé, Lol qui de son côté est étrangement fascinée par la scène, n'a pas la réaction qu'il serait plausible d'attendre : la douleur ne l'atteint pas. Et suivant le scénario de Hold, confirmé par Tatiana,[117] le désir de Lol était de pouvoir retarder le départ des amants, qu'à jamais elle reste unie à eux : « Et cela recommence : les fenêtres fermées, scellées, le bal muré dans sa lumière nocturne les aurait contenus tous les trois et eux seuls. Lol en est sûre : ensemble ils auraient été sauvés de la venue d'un autre jour, d'un autre, au moins. Que se serait-il passé ? Lol ne va pas plus loin dans l'inconnu sur lequel ouvre cet instant. » (LVS : 47). Ainsi arrachée à la vision de cette scène porteuse d'une révélation extatique qui n'a pu être menée à son terme, l'illusion de son identité se dématérialise. Après le bal, il ne reste d'elle qu'une forme vidée de sa substance mais qui reste avec la sensation d'un « manque » (LVS: 23), à la poursuite d'un « ailleurs » (LVS : 44), c'est-à-dire un désir qui dérive sans but, et dont l'assouvissement pourrait combler ce manque : « On aurait dit [...] qu'elle était devenue un désert dans lequel une faculté nomade l'avait lancée dans la poursuite interminable de quoi ? On ne savait pas. Elle ne répondait pas. » (LVS : 24). Pour Tatiana, ce traumatisme n'a fait que pleinement révéler ce qui caractérisait déjà son amie

---

116 Déviation par rapport à la sexualité dite normale d'un individu.

117 « Lol avait crié sans discontinuer des choses sensées : il n'était pas tard, l'heure d'été trompait. Elle avait supplié Michael Richardson de la croire. » (LVS : 22).

depuis toujours : une sorte d'infini intérieur qui échappe à toute pensée, à tous sens,[118] vécu dans l'attente d'un état futur où Lol deviendrait elle-même à part entière : « Au collège, dit-elle, il manquait quelque chose à Lol, déjà elle était étrangement incomplète, elle avait vécu sa jeunesse comme dans une sollicitation de ce qu'elle serait mais qu'elle n'arrivait pas à devenir. » (LVS : 80). Le fait est que dix ans plus tard, Lol demeure hantée par cet événement dont elle a été le témoin visuel et qu'elle recrée successivement, continuellement dans son esprit, jusqu'à la mise en scène d'une scène similaire dans laquelle sont impliqués d'autres personnages en tant qu'acteurs, et qui se donne chaque fois comme la répétition de cette scène initiale du bal de T. Beach.

Dans ce qu'il a d'obsessionnel, le comportement de Lol peut s'expliquer en termes psychopoétiques[119] car il est bien évident que la psychanalyse s'est trouvée confrontée dès l'origine à des phénomènes de répétition que Freud a regroupés sous le terme de « compulsion de répétition », et qui désigne d'une façon générale d'après la définition qu'en donne J. Laplanche et J. B. Pontalis, « le refoulé [qui] cherche à 'faire retour' dans le présent sous formes de rêves, de symptômes, de mise en acte [...]. »[120] Au sens propre, le refoulé est le produit d'une opération de refoulement par laquelle le sujet cherche à repousser ou à maintenir dans l'inconscient des représentations (pensées, images, souvenirs) dont le caractère traumatique tient au fait que ces représentations sont liées à un désir interdit. Il correspond donc à une zone de non-représentation au sein même du psychisme constitutive et participative du fonctionnement inconscient.

118   « bien qu'une part d'elle-même eût été toujours en allée loin de vous et de l'instant. Où ? Dans le rêve adolescent ? Non, répond Tatiana, non, on aurait dit dans rien encore, justement, rien. » (LVS : 13).

119   Mieke Bal, « Introduction : Delimiting Psychopoetics », *Poetics*, 13, June 1984, p. 284. Dans sa discussion au sujet de la « psychopoétique », Bal déclare que « the goal of such interpretations is not to confirm the psychoanalytic content of the materiel, but to make explicit in what ways the presumed subject exposes itself as existing through various psychoanalytically theorized problems. »

120   J. Laplanche et J. B. Pontalis, *Vocabulaire de la psychanalyse*, p. 86.

Favorisé par la survenue du bal,[121] ce qui a été refoulé dans un premier temps, tend à nouveau à faire irruption dans la conscience mais n'ayant pas laissé de traces mnémoniques produit ce que Suzanne Ferrières-Pestureau décrit comme une « expérience proche de l'hallucinatoire en faisant resurgir ce qui étant resté forclos du symbolique échappe à l'épreuve de la réalité. »[122] Ce mouvement régressif amorce un retour vers la perception de la Chose sous la forme d'un fantasme obsessionnel, au sens premier du terme freudien,[123] où se rejoue la visualisation imaginaire de la scène du ravissement face au Rien, et qui sera secondairement mis en scène dans la réalité. En effet, le texte nous dit que Lol erre sans but dans les rues de S. Tahla, continuellement obsédée par le souvenir du bal dont le sens confus et dissous se heurte pour Lol au mystère : « Elle ne dispose d'aucun souvenir même imaginaire, elle n'a aucune idée sur cet inconnu. »[124] (LVS : 48). En tant que tel, le bal relève ici d'un savoir

121   Freud a indiqué que certaines conditions dont la « survenue d'événements actuels » peuvent en évoquant le matériel refoulé conditionner son retour. (J. Laplanche et J. B. Pontalis, « Retour du refoulé » in *Vocabulaire de la psychanalyse*, p. 425).

122   Suzanne Ferrières-Pestureau, *Une Etude psychanalytique de la figure du ravissement dans l'œuvre de Marguerite Duras, Naissance d'une œuvre, origine d'un style*, Paris : L'Harmattan, 1997, p. 64.

123   Le terme de fantasme a, en effet en psychanalyse, un emploi qui décrit très justement l'expérience de Lol : ce que Freud désigne sous ce nom, ce sont d'abord des « rêves diurnes » ou « scénarios, même s'ils s'énoncent en une seule phrase, de scènes organisées, susceptibles d'être dramatisées sous une forme le plus souvent visuelle », où le sujet est toujours présent – s'il peut paraître exclu, il figure en fait comme observateur – « et qui figurent, de façon plus ou moins déformée par les processus défensifs, l'accomplissement d'un désir et, en dernier ressort, d'un désir inconscient. » (J. Laplanche et J. B. Pontalis, *Vocabulaire de la psychanalyse*, p. 152 et p. 156).

124   « Je ne peux plus me passer de vous dans mon souvenir de T. Beach. » (LVS : 167). Si Jacques essaie de se souvenir à la place de Lol, on voit ici que cette dernière se souvient aussi à travers lui. Cela montre, d'une part, qu'il est impossible de disqualifier à priori le discours de Jacques, même si le texte incite sans aucun doute le lecteur, il sera démontré comment et pourquoi, à observer un regard critique vis à vis de la représentation masculine. Position que nous adoptons tout au long de notre analyse, sans rejeter toutefois la totalité du discours narratif quand Lol ou même l'auteur permet de corroborer les dires de Jacques comme ici. D'autre part, cela

inconscient, « système où Freud situe la 'vraie' mémoire, celle qui n'est pas au fond toute traduisible ou transposable. »[125] Selon Hold, c'est précisément cet « inconnu » qui fait l'objet du désir de Lol, une quête apparemment impossible puisque le « mot » qui aurait pu le définir est « innommable » (LVS : 48). En ce sens, le bal fonctionne de la même manière que ce que Lacan nomme un « signifiant » dans la chaîne infinie de la signification, où un signifiant est toujours représenté par un autre, ce qui révèle l'intuition de la faille au fondement du langage et du sujet. De fait, le bal semble remplacer l'identité de Lol par une autre : une non-identité, une absence, de la même manière que Lol devient une absence quand le corps d'Anne-Marie-Stretter est lentement dénudé dans son fantasme. Ainsi, il semblerait que Lol disparaisse à mesure qu'elle cherche à se rapprocher d'une « mémoire » qui la fonde en tant que sujet de l'inconscient, mais qui lui échappe. Dans *La Vie matérielle*, Marguerite Duras décrit, avec circonspection, son héroïne comme étant prise dans un « certain oubli d'elle-même ».[126] Le tour de force durassien étant de prendre appui sur cette perte, autrement dit, cette « mémoire sans image de l'inconscient. »[127] En effet, Lol revit le moment du bal encore et encore, espérant « voir » ce qui se serait passé si l'arrivée du jour n'était pas survenue ainsi que le départ des amants qui s'ensuit, mais elle échoue à capturer cet inconnu.

Le ravissement de Lol s'élabore ainsi à partir d'une catastrophe spéculaire qui fait trou en rejetant à l'extérieur de la conscience un trop plein de traces que le sujet va tenter de réactiver par un dispositif spéculaire, où de son poste d'observatrice, Lol regarde une scène sexuelle qui ouvre

---

permet de mettre en évidence le fait que Lol peut être construite à la fois comme objet ou sujet de son propre fantasme, de fait c'est elle qui organise les principaux événements de l'histoire, et comme objet ou sujet du fantasme de l'autre. Après avoir adopté ce dernier point de vue dans le chapitre trois, il sera intéressant de démêler, dans le dernier chapitre, le rapport que le texte entretient entre les deux, d'un point de vue structurel et thématique.

125 Michel David, *Marguerite Duras : Une Ecriture de la jouissance*, Paris : Desclée de Brouwer, 1996, p. 242.

126 Marguerite Duras, *La Vie matérielle*, Paris : Gallimard, 1987, p. 36.

127 Michel David, *Marguerite Duras : Une Ecriture de la jouissance*, p. 242.

sur un manque à voir. En effet, le fantasme de Lol ne se réalise jamais totalement puisque le moment de son apogée reste suspendu au regard du sujet, immobilisé sur un instant figé pour toujours. De même, dans la « mise en acte » du fantasme, la scène visuelle est recréée, mais la vision complète n'est jamais atteinte par Lol ou le lecteur ainsi que le confirme cette dernière[128] – c'est un « spectacle inexistant, invisible » (LVS : 63) – une scène qui reste à voir. Ainsi, le fantasme précède sa mise en acte mais chaque fois est représenté le cas d'un désir toujours différé, par défi-nition irreprésentable. L'instance du voir confond de ce fait l'image de la scène du désir avec la métaphore d'une perte originaire. Autrement dit, le point de ravissement est atteint par un mouvement de renonciation à tout vouloir en première personne pour accueillir un autre vouloir, un vouloir narcissique – intimement lié à la quête du moi en tant qu'Autre à l'intérieur de soi, de l'Autre en tant que même – qui récuse la loi de l'objet et tend vers le retour à une tendance fondamentale de l'être à demeurer dans son être. La métaphore la plus courante du narcissisme étant le miroir qui reçoit et reflète le moi : le miroir, on le sait, est nécessaire à la connaissance de soi. Il restera au Moi à payer le prix pour atteindre cette impossible jouissance d'une identité de soi à soi. Tout se passe comme si Narcisse, séduit par le miroir tendu, se trouvait piégé, obligé de contem-pler, là où il attendait son image, un curieux objet de désir qui est indiqué comme un « rien » dans lequel le regard se perd : « Il devait y avoir une heure que nous étions là tous les trois, qu'elle nous avait vus tour à tour apparaître dans l'encadrement de la fenêtre, ce miroir qui ne reflétait rien et devant lequel elle devait délicieusement ressentir l'éviction souhaitée de sa personne. » (LVS : 124). Ce rien dès lors se donne comme le point d'éviction du sujet dans le miroir qui ne peut être utilisé comme miroir identifiant[129] dans la mesure où à la place où le sujet se cherche, il ren-

128 Confère citation chapitre quatre, p. 253.
129 Au sens lacanien du terme : Lacan souligne l'idée de la satisfaction potentielle que le sujet narcissique recherche de par « la référence à son image spéculaire », dans une tentative d'utiliser cette image de soi pour compléter une identité inadéquate. (Jacques Lacan, *Les Quatre Concepts fondamentaux de la psychanalyse, Le Séminaire, Livre XI*, p. 74).

contre un vide, et que ce vide ne peut être qu'un lieu déserté par l'Autre, lieu vertigineux de la projection d'une perte dramatique de soi, qui fait voler en éclat l'image narcissique du sujet. De cet instant où la pensée sur le point de se fixer vacille dans le rien, le sujet fait l'expérience terrible et délicieuse d'une jouissance dans la dissolution.

Dans cette expérience de dépossession s'amorce un renversement du procès voir-être vu car c'est au moment où le sujet essaie de regarder de trop près l'objet de son désir que s'ouvre une coupure entre ce qu'il voit et ce « rien » par quoi il se trouve regardé et dépossédé à son tours : métaphore de la dérobade du regard de l'Autre emportant dans son retrait l'image de soi. Le ravissement figure ainsi l'éviction du sujet face à la disparition de l'Autre comme miroir, il correspond à une « position » mélancolique où le sujet mime sa propre disparition. C'est parce que le scénario fantasmatique procède de la même démarche masochiste par laquelle le sujet trouve si heureusement à symboliser son propre « anéantissement » (50), que cet objet insaisissable du désir, exhibé sur la scène d'un dispositif voyeuriste imaginaire, se confond avec l'être lui-même dans l'illusion d'une identification symbolique. Comme Freud l'avait déjà vu à partir de l'étude du deuil et de la mélancolie, et comme Lacan le reconnaît dans sa propre définition du fantasme reformulée ici par Camille Dumoulié, « le sujet s'annule, disparaît ('se barre') en s'identifiant à l'objet qui est la cause du désir. »[130] « Il s'agit de cet objet privilégié [...] dont la pulsion fait le tour [...] l'objet a »,[131] dit Lacan. Objet partiel dont le sujet est depuis toujours séparé, comme de lui-même. Dès lors, c'est l'objet qui occupe dans le fantasme la position du sujet, autrement dit le Moi s'identifie à l'objet désiré et perdu. Il existe en effet un lien de parenté qui unit la théorie freudienne de l'identification narcissique, dans le cas de la mélancolie, à la conception lacanienne du fantasme dont le mécanisme structurant se résume dans l'identification du sujet à l' « objet a ». C'est en ce sens que notre analyse se distingue en partie de celles qui l'ont précédée, notamment *Soleil Noir* de Julia Kristeva ou l'*Etude psychanalytique de la figure*

---

130   Camille Dumoulié, *Cet Obscur Objet du désir, Essai sur les amours fantastiques*.
       Paris : L'Harmattan, 1995, p. 74.
131   Jacques Lacan, *Le Séminaire, Livre XI*, p 232.

du ravissement de Suzanne Ferrières-Pestureau parce que nous voulons rendre pleinement justice à ce concept d'identification du sujet à l'objet qui représente la composante essentielle du fantasme dit scopique ; concept se situant dans le prolongement direct de la théorie freudienne sur le sujet de la mélancolie.

Il faut dire que l'élaboration de ces productions de l'inconscient (le scénario fantasmatique et sa mise en acte) dont il convient de rappeler la fonction première, telle que la décrivent J. Laplanche et J. B. Pontalis, liée à « la mise en scène du désir, mise en scène où l'interdit est toujours présent dans la position même du désir »,[132] se donne comme la répétition du traumatisme qui a déjà eu lieu, par conséquent elle est l'expression d'un deuil qui reste à faire mais dont l'objet est inconscient. Ainsi que nous le rappelle Elizabeth Lyon : « The fantasy originates in the continually repeated moments of separation [...]. [It] is the 'mise en scène' of the subject in relation to loss – to the experience of separation and to an impossible desire for a lost object. »[133] Le point de vue d'Elizabeth Lyon qui relève de l'une des deux interprétations principales du texte de Marguerite Duras, est relativisé par cette seconde interprétation à laquelle nous venons de faire référence et dont Raynalle Udris, pour ne citer qu'elle, est partisane. Aussi ecrit-elle : « Lol's fantasy is not strictly to do with loss of the love object, but rather with the emergence of a new epistemology based on fusion beyond the realm of subjectivity. »[134] Nous croyons cependant que la dimension éthique contenue dans cette « nouvelle épistémologie » ne s'affirmera que plus tard dans les textes durassiens, où les personnages deviennent les symboles d'un amour à la fois général et indifférencié. Mais elle n'est pas encore développée chez Lol V. Stein. Comme le précisera plus tard Marguerite Duras : « Lol n'évolue qu'en

---

132   J. Laplanche et J. B. Pontalis, *Vocabulaire de la psychanalyse*, p. 156.
133   Elizabeth Lyon, « The Cinema of Lol V. Stein » in *Feminism and Film Theory*, London : BFI and Routledge, 1988, p. 261.
134   Raynalle Udris, *Welcome Unreason, A study of « Madness » in the Novels of Marguerite Duras*, Amsterdam : Rodopi, 1993, p. 190.

elle-même, c'est tout. »[135] De fait, en progression inverse d'une situation de deuil, Lol glisse d'un état mélancolique à un processus de perversion mélancolique, en rapport au sens freudien du terme « to an object-loss which is withdrawn from consciousness, in contradiction to mourning, in which there is nothing about the loss that is unconscious »,[136] et par lequel le deuil se transforme en pathologie narcissique. Freud suggère, en effet, que la transformation d'une activité sexuelle en une activité sublimée, à l'œuvre dans la pathologie du deuil, nécessite pour que soit possible la désexualisation,[137] le retrait de la libido sur le moi, ce qui implique ainsi que le processus de perversion mélancolique devient une pré-condition au narcissisme du sujet. Freud décrit cette connexion entre la mélancolie et le narcissisme dans *Mourning and Melancholia* de la manière suivante :

> Melancholia, therefore, borrows some of its features from mourning, and the others from the process of regression from narcissistic object-choice to narcissism. It is on the one hand, like mourning, a reaction to the real loss of a loved object; but over and above this, it is marked by a determinant which is absent in normal mourning or which, if it is present, transforms the latter into pathological mourning.[138]

Il faut ici rappeler ce qui en psychanalyse est une évidence : « les narcissiques sont des sujets blessés – en fait carencés[139] du point de vue

---

135 « Interviews avec Marguerite Duras et Gabriel Cousin », *French Review*, 44, 1971, p. 657.
136 Sigmund Freud, « Mourning and Melancholia » in *The Complete Psychological Works of Sigmund Freud*, Vol. XIV, London : The Hogarth Press, 1957, p. 245.
137 Dans la définition que J. Laplanche et J. B. Pontalis donnent de la libido est écrit : « Si elle [la libido] peut être 'désexualisée', notamment dans les investissements narcissiques, c'est toujours secondairement et par une renonciation au but spécifiquement sexuel. » (*Vocabulaire de la psychanalyse*, p. 224).
138 Sigmund Freud, *Mourning and Melancholia*, p. 250.
139 La différence entre carence et frustration est que « la carence est le manque d'un élément indispensable à la vie, tandis que la frustration est le manque d'un élément que l'enfant escomptait. Ainsi, il y a carence maternelle quand la mère est absente, ou morte, ou qu'elle néglige les soins les plus élémentaires. » (Louis Corman, *Narcissisme et frustration d'amour*, p. 33). André Green traite aussi des conséquences psychiques, en termes de régression narcissique, de la dépression maternelle, la mère

du narcissisme. »[140] Quelquefois les frustrations dont ils portent encore
les blessures à vif dépassent ce qu'ils étaient capables de supporter. « Quel
objet leur reste-t-ils à aimer, sinon eux-mêmes ? »[141] Mais la rétraction
du soi représente l'ultime défense lorsque la « frustration l'y [le moi]
contraindra, les autres défenses se révélant inefficaces. »[142] L'on voit que
la progression de Lol, après l'abandon de Richardson qui semble faire
écho à un autre niveau de la réalité, mène le moi vers le retrait narcissique. En effet, Lol présente ce trait particulier d'une narcissique par la
transformation de son désir sexuel en une activité sublimée sous la forme
d'un fantasme obsessionnel qui perverti, subverti, suspend sa sexualité,[143]
simultanément remplacée par un fragment de désir fixé sur le moment
de la perception de la perte. Ainsi désinvestie de tout désir sexuel, Lol
tend à nier la réalité pour s'extraire dans l'au-delà d'un imaginaire fantasmatique entièrement déployé. Du reste, il est tout à fait explicite que les
personnages dans *Le Ravissement* ne sont que des jouets, placés entre les
mains de Lol, dont elle dispose comme elle veut pour mettre en scène
son fantasme sans tenir compte réellement de leurs sentiments : « Lol
est dans son bonheur, notre tristesse qui le porte me paraît négligeable »
(LVS : 162), dit le narrateur qui se trouve avec Tatiana à l'hôtel des Bois
et sait que Lol les observe de son champ de seigle. En parvenant ainsi à
un « investissement unitaire », « le narcissisme offre donc l'occasion
d'une mimésis du désir par la solution qui permet d'éviter que le décen-
trement oblige à investir l'objet détenteur des conditions d'accession
au centre. Le Moi a acquis une certaine indépendance en transférant le
désir de l'Autre sur le désir de l'Un. »[144] En même temps, la recherche

---

étant « pour ainsi dire morte psychiquement aux yeux de l'enfant. » (*Narcissisme
de vie, narcissisme de mort*, p 222). Ce constat nous permet de tirer une analogie
apparente avec Marguerite Duras qui, selon son témoignage, a toujours souffert
des « absences » de sa mère causées par la dépression.

140   André Green, *Narcissisme de vie, narcissisme de mort*, p. 17.
141   André Green, *Narcissisme de vie, narcissisme de mort*, p. 17.
142   André Green, *Narcissisme de vie, narcissisme de mort*, p. 36.
143   « Corps de Lol V. Stein, si lointain, et pourtant indissolublement marié à lui-même,
      solitaire. » (LVS : 171).
144   André Green, *Narcissisme de vie, narcissisme de mort*, p. 22.

de la toute-puissance qui va de pair avec l'autosuffisance s'effectue par le recours à l'imaginaire qui peut remplacer plus ou moins complètement la vie réelle, avec cet avantage apparent que ses insuffisances se trouvent compensées par « la réalisation hallucinatoire du désir, comme illusion réparatrice du manque de l'objet. »[145]

A cet égard, la conception essentielle qui ressort de l'ouvrage *Mourning and Melancholia* nous paraît particulièrement intéressante. En effet, Freud semble voir dans le mécanisme de perversion mélancolique, consécutif à un refus du deuil, un substitut du choix de l'objet abandonné, en trouvant refuge au sein d'une « identification de l'ego avec cet objet. »[146] Substitution qui implique la « régression d'un type de choix d'objet au narcissisme originel »[147] du sujet, d'où la terminologie utilisée par Freud : « identification narcissique » à l'objet. Dans une telle perspective le narcissisme n'est pas un état d'où serait absente toute relation intersubjective mais bien l'intériorisation d'une relation. Une telle analogie avec le roman de Marguerite Duras est utile à l'analyse du personnage de Lol V. Stein. Elle permet de mettre en évidence, au sein même du fantasme, le processus de défense auquel il donne prise – notamment le « narcissisme du moi [qui] est un narcissisme secondaire, retiré aux objets »[148] par lequel le sujet s'identifie lui-même à l'objet d'amour[149] – mais qui permet en fait l'accomplissement d'un désir refoulé sous forme de compromis qui relève d'un conflit entre le désir inconscient et l'interdit apposé sur lui. Ce qui résulte en une jouissance paradoxale où la douleur, liée à la répétition de l'expérience de la perte, se mêle à la joie : « Mais ce qu'elle croit, c'est qu'elle devait y [cet inconnu] pénétrer, que c'était ce qu'il lui fallait faire,

---

145   André Green, *Narcissisme de vie, narcissisme de mort*, p. 21.
146   Sigmund Freud, *Mourning and Melancholia*, p. 249. (Ma traduction).
147   Sigmund Freud, *Mourning and Melancholia*, p. 249. (Ma traduction).
148   J. Laplanche et J. B. Pontalis, *Vocabulaire de la psychanalyse*, p. 262.
149   Voici ce que J. Laplanche et J. B. Pontalis écrivent à propos du fantasme : « Dans la mesure où le désir est ainsi articulé [mise en scène d'un désir interdit] ; il donne prise aux processus de défense les plus primitifs tels que le retournement sur la personne propre », désigné comme « le retour de la libido à partir d'un objet extérieur sur le moi », encore appelé narcissisme secondaire. (*Vocabulaire de la psychanalyse*, p. 156 et 408).

que ç'aurait été pour toujours, pour sa tête et pour son corps, leur plus grande douleur et leur plus grande joie confondues [...]. » (LVS : 48). Quelque illusion le sujet souhaite entretenir à ce sujet, en trouvant un certain plaisir à exister dans la solitude, celui-ci s'accompagne aussi d'une forme d'état dépressif ou, pour employer l'expression de Green, de « mort psychique »[150] qui caractérise si bien Lol dans *Le Ravissement*, au point d'être absente à elle-même, dépourvue de sa propre personne.

Nous avons ainsi identifié l'obsession de Lol à la volonté inconsciente d'oublier une « Autre » scène à caractère sexuel. Pour éviter la remémoration brutale de cette scène sexuelle, Lol invente des fantasmes construits sur le sol du souvenir qu'elle veut écarter, réussissant ainsi à tempérer la tension c'est-à-dire à sublimer le souvenir. Aussi ces fantasmes intermédiaires ont-ils pour mission d'épurer, de sublimer et de présenter au moi une version plus acceptable de l'événement sexuel refoulé. Entendons-nous : ce qui est sublimé c'est le souvenir sexuel, le fantasme étant, lui, à la fois le moyen qui permet cette sublimation et le produit final de cette sublimation. Nous avons ainsi abordé le fantasme de Lol compris non seulement comme une défense psychique contre le retour d'un souvenir insupportable mais aussi comme l'un des quatre modes de défense employés par le moi contre les excès de la pulsion. Rappelons que la pulsion ne réussit jamais à prendre la voie de la décharge directe et totale, parce que le moi, de crainte d'être débordé, lui oppose une action défensive. Le flux pulsionnel peut subir la forme d'opposition suivante : le moi détache le flux pulsionnel de l'objet sexuel extérieur sur lequel il s'était porté et le retourne sur lui-même. La formation psychique caractéristique de ce destin de la pulsion dans lequel la pulsion retourne sur le moi propre est le fantasme. Il faut reconnaître dans le fantasme produit par retour de la pulsion sur le moi, l'expression d'une forme d'insatisfaction ou de satisfaction partielle par une identification du moi avec l'objet perdu, cause du désir. Dans la mélancolie ou le refus du deuil, l'investissement de l'objet revient sur le moi, « l'ombre de l'objet retombe sur le moi » dit Freud. L'identification du moi à l'image totale de l'objet représente

---

150   André Green, *Narcissisme de vie, narcissisme de mort*, p. 59.

une régression à un mode archaïque d'identification dans lequel le moi se trouve dans un rapport d'incorporation à l'objet. La déception du regard aurait donc à voir avec la métaphore d'une perte originaire. Mais il s'agit aussi de reconnaître dans l'instance du voir confondant l'image de la scène du désir avec la métaphore d'un miroir qui ne reflète rien, ou confondant comme dans le scénario fantasmatique l'image de la scène du désir avec la disparition du sujet, l'identification du moi avec l'image d'un objet désiré et perdu dont le deuil reste à faire.

Conclusion

Il apparaît à l'issue de cette analyse que les personnages dans les quatre textes sont tous différemment amoureux d'une version idéalisée d'eux-mêmes plutôt que de l'autre. Par nature, la passion du duc de Nemours se rapproche de l' « amour-vanité » dont parle Stendhal, fondé exclusivement sur l'amour-propre du sujet qui ne cherche à obtenir de la part des objets extérieurs qu'une satisfaction très narcissique qu'apporte le fait d'être aimé d'un être si parfait. Si l'objet aimé délimite un certain idéal, cet idéal dans *La Princesse de Clèves* ne vaut pas tant en effet à titre de modèle[151] mais ne sert qu'à augmenter par le fait d'en être aimé et par la possession de cet objet, la gloire personnelle et sociale de l'amant – les deux sont interdépendants – le renvoyant à l'image de sa propre valeur. Bien sûr l'amour-propre du sujet désirant est à la base même du « véritable » amour rousseauiste ou stendhalien qui insuffle le désir fondamental de s'élever au-dessus de soi-même en renonçant à son propre bonheur pour se rendre digne de l'estime de l'être aimé – par opposition au statut de séducteur attiré par la gloire qui caractérise Nemours. Nous avons pu mettre en évidence – notamment dans *La Nouvelle Héloïse* – la fonction de dépendance du sujet au regard de l'être aimé faisant office de miroir

---

151   En référence à la fonction principale que Freud donne à l'idéal du Moi.

réfléchissant sa grandeur dans la mesure où l'objet de la passion permet aussi au sujet d'accomplir un certain idéal de soi qui lui donne en retour le sentiment de mériter sa propre estime. Autrement dit, mériter l'estime de l'être aimé, c'est-à-dire se montrer digne d'être aimé, devient en quelque sorte l'équivalent du fait de mériter sa propre estime. « Etre à nouveau, comme dans l'enfance, et également en ce qui concerne les tendances sexuelles, son propre idéal », écrit Freud, « voilà le bonheur que veut atteindre l'homme. »[152]

Si l'on compare la princesse de Clèves à l'héroïne de *La Nouvelle Héloïse*, on constate que le principe de gloire qu'incarne cette dernière ne tient pas tant chez elle à une qualité qui doit être visible de l'extérieur. Julie se soucie en effet assez peu d'entraîner avec elle l'estime publique. Bien loin d'être dans tous les cas purement personnelle et gratuite, l'idée de gloire est aussi mise en relation avec les raisons du cœur. En revanche, la princesse de Clèves s'inquiète d'apparaître « comme les autres femmes » c'est-à-dire prise au piège de la passion, tout en étant consciente de sa propre valeur ou qu'elle parvienne à s'en convaincre elle-même puisqu'elle pense avec l'orgueil que donne une grande naïveté, être « si éloignée de leur ressembler. » (PDC : 179). Michel Crouzet affirme en conclusion de son ouvrage *Nature et société chez Stendhal* que « l'opinion désigne [...] la vie en dehors de soi, cette ombre de nous-mêmes dans la conscience des autres à laquelle nous tenons plus qu'à nous-mêmes. »[153] En effet, la princesse de Clèves accorde énormément d'importance au regard que l'extérieur porte sur elle tant elle tient à sa réputation de « personne où l'on ne pouvait atteindre » (PDC : 44–45) qui, certes, repose sur la sincérité de ses convictions morales. C'est d'abord le principal obstacle à la passion : il s'agit de ne pas compromettre sa réputation ni de se déprécier à ses propres yeux. Quand bien même la société ne représenterait plus un obstacle, la préoccupation constante de veiller à conserver intacte cette image d'être d'exception qu'elle incarne, incite en partie la princesse à renoncer à sa passion pour le duc afin de se garantir des conséquences

---

152 Sigmund Freud, « Pour Introduire le narcissisme », 104.
153 Michel Crouzet, *Nature et société chez Stendhal*, Lille : Presses universitaires de Lille, 1985, p. 157.

humiliantes de la jalousie. De la même façon, en faisant retour sur elle-même suite à l'épisode de la lettre du Vidame qui constitue l'exception plutôt que la règle, la princesse semble insinuer qu'elle aurait préféré sacrifier son plaisir de voir Nemours dans le tête à tête plutôt que de risquer d'altérer le respect qu'elle souhaite inspirer. Pour anticiper sur le chapitre suivant, on peut aussi argumenter qu'en se prêtant au sacrifice de renoncer à vivre sa passion à la mort du mari, la princesse espère figer aux yeux de Nemours cet idéal de perfection qu'elle personnifie aussi longtemps que possible. Par conséquent, il apparaît que la princesse de Clèves ne tient à rien autant qu'à cette vision idéalisée d'elle-même.

Remarquons que la notion d'une gloire intime fondée sur une fidélité absolue à une certaine idée de soi-même perdure chez Julie qui en ce sens est comparable à la princesse de Clèves. Clélia possède aussi une haute idée d'elle-même mais elle triche dans la mesure où elle prend une grande liberté par rapport au respect de ses valeurs morales comme le montre son interprétation littérale du vœu fait à la Madone. Le regard social n'est toutefois pas absent dans *La Nouvelle Héloïse* ou *La Chartreuse de Parme* dans la mesure où la moralité de Julie ou Clélia est certainement influencée par sa relation avec autrui, au-delà du cercle amoureux qu'elles forment avec l'être aimé. Mais on peut généralement dire que les personnages de Rousseau et Stendhal sont beaucoup moins dépendants, par principe, du regard des autres. Surtout chez Stendhal dont l'évolution de son jeune héros énonce l'évasion des liens sociaux et un retour à la spontanéité du moi en se libérant progressivement du regard des autres qui emprisonnent son être dans la cellule d'une opinion souvent hostile.

Seul l'amour chez cet auteur, à condition d'être aimé sans restriction, permet de se révéler de manière authentique et passionnée, si bien qu'une certaine continuité peut s'établir entre soi et autrui. En amour, le regard d'autrui n'est plus une source d'angoisse en effet, puisque son affection tendre et magnanime suffit à valoriser l'être aimé et à accroître son estime de soi. Tel est donc le jeune héros dans *La Chartreuse de Parme*, une fois conjuré le trouble-fête social : amoureux de voir et ravi sous le regard. Cela ne signifie pas que la relation amoureuse se réduit chez Stendhal à la contemplation réciproque d'une image narcissiquement satisfaisante du sujet lui-même, descriptible à travers le regard subjugué de l'être aimé.

En revanche, le désir de s'oublier dans une joie partagée pour communiquer réellement et créer une parfaite complicité, représente la quête de l'amour véritable qui unit les amants, bien que l'amour se soumette aux mêmes exigences de l'idéal du Moi que chez Rousseau en particulier, qui oblige à faire des retours sur soi pour se préoccuper de l'image que le sujet donne à l'être aimé de soi-même.

Par ailleurs, Stendhal affirme la fidélité de ses personnages à leur nature passionnée tandis que pour Mme de Lafayette et Rousseau, le devoir de renoncer à la passion répond à un appel intérieur vers le dépassement de soi au nom de soi, et coïncide avec le pur devenir-soi et avec la spontanéité de l'être. Ainsi, entre Mme de Lafayette et Rousseau d'une part, et Stendhal d'autre part, la raison s'affirme par opposition à la folie du moins tel que l'entend Shoshana Felman :

> Cette conjugaison de passion et de rêve, ces sursauts insensés du désir, de la sensibilité et de l'imagination, cette pathétique course folle n'est autre que « la chasse au bonheur. » [...] Bonheur *transcendant*, – que les « fous » recherchent cependant ici-bas : non pas dans le confort, mais dans une suprême volupté de l'âme, dans l'ivresse de vie que procure l'intensité des sensations.[154]

En dernière analyse, la folie c'est en effet la folie d'amour, la capacité d'aimer aux antipodes d'une raison censée en outre conserver la paix de l'âme. La paix : voilà cette autre source dont on attend une portion du bonheur. Mais de manière ironique, cette démarche qui devrait permettre aux personnages féminins de *La princesse de Clèves* et de *La Nouvelle Héloïse* d' « être » authentiquement, entraîne l'abnégation de leur humanité et aboutit à la négation de l'humanisme. Malheureusement on s'aperçoit que le roman mène toujours à l'impasse. De fait, la problématique de *La Nouvelle Héloïse* se situe au carrefour de la dialectique du roman de Mme de Lafayette et de Stendhal. L'une écartelée entre les deux pôles exclusifs du personnel et du social, et qui pose la question suivante : comment passer de la nature du moi définie comme passions à la notion d'intégration

---

154 Shoshana Felman, *La Folie dans l'œuvre romanesque de Stendhal*, Paris : José Corti, 1971, pp. 72–73.

possible dans la société ? La problématique stendhalienne ne se situe pas exactement au plan du social et du personnel, le choix est déjà fait, mais répercute cette fois la question suivante : comment concilier l'expérience d'une temporalité inéluctable avec l'aspiration à l'amour absolu et à un absolu d'amour ? Thème que nous aborderons dans le chapitre suivant.

Il y a donc dans tous les ouvrages un élément important de narcissisme faisant intervenir le moi dans sa relation avec l'image idéale qui lui fait face et qu'il se représente dans autrui comme miroir. Cependant, la différence entre l'amour narcissique au sens freudien du terme tel que nous l'avons rencontré dans nos ouvrages – à l'exception du cas spécifique de *La Princesse de Clèves* – et le narcissisme de Lol est principalement une différence d'identification. En effet, l'amour et c'est sa dimension narcissique, est un leurre dans lequel l'être aimé ne devient un être idéal pour qui l'on sacrifie tout intérêt personnel, que dans la mesure où il incarne l'idéal du Moi du sujet. Autrement dit, le sujet s'éprend de l'image de l'être aimé mais cette image dissimule la cause par quoi le sujet s'identifie à son propre désir. Ladite identification a lieu seulement entre deux instances inconscientes, mais elle représente le soutien et de l'identification spéculaire immédiate (coup de foudre), et de l'identification psychologique à l'image de son semblable. Les personnages voient en l'autre le reflet d'eux-mêmes et poussent le « délire » dialectique de la jouissance du Même, propre au narcissisme, jusqu'à la fusion androgynique qui dissimule fondamentalement la nostalgie de la fusion primitive.

Tantôt l'amour est donc « vécu comme concurrentiel du narcissisme, comme si la libido risquait de s'appauvrir par la fuite des investissements d'objet, tantôt – et c'est sans doute le cas le plus fréquent – elle n'a de sens que pour autant qu'elle nourrit le narcissisme du sujet. »[155] La satisfaction d'être aimé qui élève le sentiment de l'estime personnelle du sujet contribue évidemment à cet effet. L'être aimé est ainsi celui qui permet de renvoyer une image, autrement dit une représentation abstraite du sujet, narcissiquement satisfaisante en fonction du regard, au sens figuré de la manière de considérer quelqu'un, qu'il porte sur l'image que le sujet produit de lui-même pour obtenir son amour, et qui cette fois correspond à un ensemble de signes, et en particulier la dévotion, par lesquels le sujet manifeste avantageusement ses qualités au regard de l'être aimé. Patricia Webbink dans son ouvrage *The Power of the Eyes*, affirme que toutes personnes « sighted or not, are perceived through the eyes of others – one's identity is thus taken in by others' eyes and we can see ourselves reflected in them (literally and figuratively). The process of 'seeing' and 'being seen' reveal our identity to ourselves and to others. »[156] Ainsi, le sujet ne voit théoriquement pas en l'autre une personne dans sa pleine réalité, que l'on doit accepter si l'on veut avoir avec elle des rapports authentiques de sujet à sujet, mais le simple reflet de lui-même. Et, par là, ce n'est pas l'autre qu'il aime, mais soi-même à travers l'autre, ce dont Green semble convenir : « le moi fusionnant avec un objet qui est beaucoup plus une émanation de lui-même qu'un être distinct reconnu dans son altérité. »[157] Toutefois, cela n'est pas non plus contradictoire avec l'obtention de grandes satisfactions tirées de l'objet qui ne sont pas uniquement d'ordre narcissique dans la mesure où l'amour chez Rousseau et surtout chez Stendhal est d'abord celui d'un bonheur partagé qui implique autant le fait d'aimer que celui d'être aimé. Par conséquent, l'existence d'un amour authentique dépourvu de tout contenu narcissique n'est peut-être qu'un mythe mais il est indubitable que l'amour de soi contient en puissance l'amour d'autrui car, en réalité, le moi et autrui n'ont pas une existence indépendante. Ils se constituent l'un et l'autre par leur relation réciproque, en parfaite simultanéité.

---

156 Patricia Webbink, *The Power of the Eyes*, New York : Springer publishing company, 1986, p. 152. On peut toutefois établir un rapport structurel entre le regard au plan figuré et littéral, à savoir l'expression des yeux de l'être aimé qui manifeste ses sentiments que le sujet est souvent en mesure d'interpréter correctement. En effet, il s'avère, comme nous pourrons le constater dans les chapitres suivants et plus spécifiquement dans le chapitre trois en ce qui concerne les personnages masculins, que le voir revêt une importance capitale dans la mesure où les personnages ne peuvent se passer facilement de voir physiquement l'être aimé, tant ils cherchent à être rassurés sur le désir de celui-ci à leur égard.

157 Green André, *Narcissisme de vie, narcissisme de mort*, 21.

Avec *Le Ravissement* nous plongeons dans un autre univers : fini l'amour fondé sur le choix d'un être idéalisé qui puisse remplir le rôle de double narcissique permettant l'euphorique réconciliation du sujet avec son idéal du Moi. Dans le cas du *Ravissement*, le passage de l'identification primaire (Moi-idéal[158]) à l'identification secondaire (idéal du Moi) est rendu problématique puisque le sujet s'identifie à l'objet en se maintenant dans un état de dépendance spéculaire, à la fois dangereuse et magique, à l'égard d'un tel Moi-idéal. Le danger mortel du miroir provient en effet du risque d'engloutir le regard narcissique, alors que dans les autres ouvrages l'être aimé a pour fonction de voiler le vide du miroir. Ainsi, il s'agit moins dans *Le Ravissement* d'être vu pour se voir constitué par le regard d'autrui, que de se voir emportée dans le flux d'une vision troublée vers un état de ravissement où la douleur se mêle à la jouissance.

---

158   J. Laplanche et J. B. Pontalis donne la définition suivante du « Moi-idéal » : « Formation intra-psychique que certains auteurs la différenciant de l'idéal du moi, définissent comme un idéal de toute-puissance narcissique forgé sur le modèle du narcissisme infantile. » Puis ils citent D. Lagache qui a souligné l'intérêt qu'il y avait à distinguer le pôle d'identifications représenté par le moi idéal de celui qui est constitué par l'idéal du moi : « Le Moi idéal conçu comme un idéal narcissique de toute-puissance ne se réduit pas à l'union du Moi avec le Ça, mais comporte une identification primaire à un autre être, investi de la toute-puissance, c'est-à-dire à la mère. » (D. Lagache, « La Psychanalyse et la structure de la personnalité » in *La Psychanalyse*, Paris : PUF, 1958, p. 43).

CHAPITRE II

Le Regard s'articule suivant la dialectique interne de la passion

Par la rencontre de l'être aimé, il est vrai que les personnages sortent en partie du narcissisme pour découvrir l'amour, par opposition à Lol dans *Le Ravissement*. Résumer les choses ainsi n'est pas faux mais peut-être trop schématique si l'on considère que chaque ouvrage traite, en réalité, d'un désir, dans le sens de la libido, qui ne peut être simplement satisfait. Soulignons à cet égard ce qui depuis l'époque classique au moins fut consacré par la littérature, et en particulier les romans de notre corpus : la passion comme principe conjuguant le désir et son impossible. C'est parce que *Le Ravissement* se donne pour objet d'écriture l'histoire d'une passion qui se sublime au point de vivre de son absence, et de fait qui ne peut être et n'aura jamais été, que Marguerite Duras rejoint, en effet, ses prédécesseurs. Chez Madame de Lafayette, comme chez Duras, aimer ne peut se dire qu'avec des mots qui tout en formulant le désir témoignent de la lucidité du refus de passer à la concrétisation du rapport amoureux. Ici, il s'agit encore d'une histoire d'amour qu'on ne peut vivre qu'en la perdant sans qu'elle ne puisse jamais se réaliser pleinement. Mais quelle forme d'amour Lol peut-elle encore éprouver lorsqu'elle déclare à Jacques : « Je ne vous aime pas cependant je vous aime, vous me comprenez. » (LVS : 169).

Notre approche consiste dans ce chapitre à analyser textuellement comment les différentes manifestations du regard offrent des stratégies alternatives par rapport à une telle situation où la passion mène à l'impasse du désir d'après son modèle traditionnel dans le monde occidental tel que l'a décrit Denis de Rougemont dans *L'Amour et l'occident* : « Tristan et Iseut ne s'aiment pas ; ils l'ont dit et tout le confirme. Ce qu'ils aiment, c'est l'amour, c'est le fait d'aimer. Et ils agissent comme s'ils avaient compris que tout ce qui s'oppose à l'amour le garantit pour l'exalter à l'infini dans l'instant de l'obstacle absolu, qui est la mort. »[1] On trouve ainsi dans la passion amoureuse quelque chose qui s'apparente au désir d'être plus fort que le désir et qui vise à susciter des obstacles pour ce faire. Déjà, chez Platon, il faut le noter, l'éros présentait cette composante supra sensible d'élévation du désir. Plus fondamentalement, cette tradition qui donne à l'obstacle une importance capitale, exprime le fait obscur et inavouable que la passion est liée à un objet qui lui est inadéquat et incommensurable, comme le dit Denis de Rougemont : « La dialectique d'Eros [c'est le Désir total] introduit dans la vie quelque chose de tout étranger aux rythmes de l'attrait sexuel : un désir qui ne retombe plus, que plus rien ne peut satisfaire, qui repousse même et fuit la tentation de s'accomplir dans notre monde, parce qu'il ne veut embrasser que le Tout. C'est le dépassement infini, l'ascension de l'homme vers son Dieu. Et ce mouvement est sans retour. »[2]

Par ailleurs, écoutons-le encore : « Passion veut dire souffrance, chose subie, prépondérance du destin sur la personne libre et responsable. Aimer l'amour plus que l'objet de l'amour, aimer la passion pour elle-même, de *l'amabam amare* d'Augustin jusqu'au romantisme moderne, c'est aimer la souffrance. »[3] « La tragédie du désir ven[ant] de ce que l'on désire à la fois le désir et son objet, c'est-à-dire à la fois l'absence et la présence de l'objet »,[4] commente Tzvetan Todorov dans une étude sur Benjamin Constant. De fait, la passion se dirige à la fois dans deux directions opposées : l'amour sensuel et la sublimation du désir sur un mode où l'être aimé est tenu à distance. Cette idée préfigure la conception freudienne du narcissisme qui envisage une dialectique permanente entre la libido investie dans l'objet et la libido investie dans le moi, c'est-à-dire une tendance générale du désir à se replier sur lui-même. Nous sommes, en effet, confrontés semble-t-il ici, à une forme de narcissisme déplacé dans

---

1   Denis de Rougemont, *L'Amour et l'occident*, Paris : Plon, 10/18, 1972, p. 43.
2   Denis de Rougemont, *L'Amour et l'occident*, p. 62.
3   Denis de Rougemont, *L'Amour et l'occident*, p. 53.
4   Citation extraite de l'ouvrage de Christine Blot-Labarrère, *Marguerite Duras*, Paris : Seuil, 1992, p. 108.

la mesure où le moi, écartelé entre ces deux termes opposés, ne se délivre jamais tout à fait du narcissisme de son désir – le fait d'aimer l'amour plus que son objet – en choisissant l'autre pour découvrir le bonheur dans le couple.

Suivant cette logique de la passion qui suppose l'éloignement ou l'inventant au besoin, il importe, tout d'abord, de déterminer le rôle que joue, dans sa relation au désir, le regard direct sur l'être aimé, par quoi nous entendons implicitement la mise en présence l'un de l'autre des personnages passionnés, par opposition au regard indirect ou unilatéral, par quoi nous entendons inversement leur séparation.

A – Regard direct sur l'être aimé

I – *La Princesse de Clèves : Le Regard coupable*

La Princesse de Clèves est l'histoire d'une passion à laquelle Madame de Lafayette a choisi d'opposer la rigueur morale de l'héroïne qui dresse un mur de silence entre elle et Nemours, d'autant plus infranchissable que l'histoire se déroule dans le milieu fermé de la cour qui leur interdit de jamais faire un pas pour se rapprocher ou pour échanger une parole vraie. Séparés et dans le silence, une rencontre est-elle possible entre les amants qui ne relève pas de l'imaginaire ? La faculté de voir est capable de la créer telle, une forme d'intimité dans la distance. D'abord, le regard est la substance même qui fait naître l'amour et dont chaque instant il se fortifie. Rappelons qu'à l'époque de la Renaissance néo-platonicienne, le regard est un des facteurs physiologiques directement impliqué dans la propagation de la passion. Le cœur, explique Kurt Weinberg « [is a] furnace whence heated animal spirits rise to the eyes, windows of

the soul, thence to overflow and capture the object of concupiscence. »[5]
Durant toute la première période de leur amour, c'est par le regard que va
se construire le lien unissant Madame de Clèves et le duc de Nemours. En
allant jusqu'à écrire que même dans le cas où il parle, Madame de Clèves
« voit » Nemours surpasser tous les autres, Madame de Lafayette ne
semble-t-elle pas affirmer l'importance du regard en tant que puissance
de rapprochement malgré la séparation et son indépendance absolue qui
s'impose en dehors de la volonté appartenant à la personne qui le porte ?
Ce n'est d'ailleurs pas un hasard si dans la scène du bal organisé en l'honneur des fiançailles du roi de France, la première rencontre des amants
qui portent l'un vers l'autre des regards d'admiration mutuelle, impose la
légitimité du regard à exister seul dans l'oubli de soi, tandis que tous ceux
qui appartiennent à la société du bal sont relégués, en tant que témoins,
aux frontières de cet espace hors du temps :

> pendant qu'elle cherchait des yeux quelqu'un qu'elle avait dessein de prendre […].
> Elle se tourna et vit un homme qu'elle crut d'abord ne pouvoir être que M. de
> Nemours, qui passait par-dessus quelques sièges pour arriver où l'on dansait. Ce
> prince était fait d'une sorte qu'il était difficile de ne pas être surpris de le voir quand
> on ne l'avait jamais vu, surtout ce soir-là, où le soin qu'il avait pris de se parer aug-
> mentait encore l'air brillant qui était dans sa personne ; mais il était difficile aussi
> de voir Madame de Clèves pour la première fois sans avoir un grand étonnement.
> (PDC : 46–47).

Dans cette citation, l'utilisation du passé simple « vit » indiquant une
action brève et soudaine donne à l'expérience visuelle une certaine violence
qui suggère le saisissement de la princesse de Clèves, ici sujet du regard par
opposition à la scène chez le joaillier où le regard appartient strictement
au prince de Clèves sans véritable réciprocité : « Mlle de Chartres ne put
s'empêcher de rougir en voyant l'étonnement qu'elle lui avait donné. Elle
se remit néanmoins, sans témoigner d'autre attention aux actions de ce
prince que celle que la civilité lui devait donner pour un homme tel qu'il
paraissait. M. de Clèves la regardait avec admiration […]. Il voyait bien

5   Kurt Weinberg, « The Lady and the Unicorn » in *The Princess of Clèves*, London :
     Norton Critical Edition, 1994, p. 205.

par son air [...] et il la regardait toujours avec étonnement. Il s'aperçut que ses regards l'embarrassait [...]. » (PDC : 28). Ici, le participe présent « voyant » qui est suivi du complément d'objet direct « étonnement » tandis que dans la scène du bal le verbe « voir » est suivi du complément d'objet direct « un homme » implique déjà que se noue l'enjeu passionnel du bouleversement intérieur de Mlle de Chartres, car dans le cas du prince, ce n'est pas l'irruption de l'homme en soi dans l'existence de Mlle de Chartres qui est mis en valeur, mais simplement l'effet produit par le regard unilatéral du prince. Le déséquilibre du regard qui est donc rétabli au moment de la rencontre entre Nemours et la princesse donne à ces personnages leur seul instant réel d'union intime réalisé par le regard – appuyée par l'insistance stylistique sur le verbe « voir » – encore innocent dans lequel aucun autre désir contradictoire ne vient contrarier ces quelques minutes de bonheur.

Puisque la rencontre ne peut se placer dans la réalité du discours et des gestes, elle s'effectue donc par le regard qui a le pouvoir de transcender les barrières interpersonnelles au sein d'un groupe sans briser la loi du secret, représentant ainsi un moyen de rapprocher les personnages sur le plan intime tout en maintenant la distance. En insistant tout particulièrement sur la fréquence du voir de l'héroïne, Madame de Lafayette ne semble-t-elle pas affirmer que la princesse croit possible de se poser en spectatrice et de se refuser à être participante ? : « Les jours suivants, elle le vit chez la reine dauphine, elle le vit jouer à la paume avec le roi, elle le vit courir la bague, elle l'entendit parler ; mais elle le vit toujours surpasser de si loin tous les autres et se rendre tellement maître de la conversation dans tous les lieux où il était, par l'air de sa personne et par l'agrément de son esprit, qu'il fit, en peu de temps, une grande impression dans son cœur. » (PDC : 49). Mais si de l'âme, le regard possède la pureté, n'a-t-il pas du corps, une inclination à la sensualité ? Seule l'innocence de la princesse sur ses sentiments qu'elle ne s'avoue pas encore à elle-même garantit, pendant toute cette première période de son amour, l'innocent plaisir du voir qui peut encore exister sans le coupable désir de posséder, mais la culpabilité naît, en effet, avec la prise de conscience des sentiments passionnés de l'héroïne, lui révélant toute l'étendue de son désir qui va bien au-delà du pur plaisir de regarder et implique un désir de possession de l'autre : « Elle ne pouvait s'empêcher d'être troublée de sa vue, et d'avoir pourtant du plaisir à le voir ; mais quand elle ne le voyait plus et qu'elle pensait que ce charme qu'elle trouvait dans sa vue était le commencement des passions, il s'en fallait peu qu'elle ne crût le haïr par la douleur que lui donnait cette pensée. » (PDC : 69). Quand l'absence de l'objet brise la toute puissance ensorcelante du regard perçu comme une aliénation de l'intellect au plaisir des sens, la princesse reprend le droit de contrôle sur ses pensées et ses actions. C'est par cette résolution de « s'empêcher de le voir » (PDC : 72) que se termine la première partie, afin de se défendre contre le danger inhérent à ses propres perceptions et manifestations sensuelles qu'il faut annexer à une volonté vertueuse.

Désormais, ce que chaque rencontre doit présenter sera une tension tragique qui oppose le silence à la signification du regard, malgré la volonté de l'émetteur, puissance de communication intime qui comble psychologiquement la distance : « elle ne le voyait plus qu'avec un trouble dont il s'apercevait aisément. » (PDC : 100). La scène dans la lice, lorsque survient l'accident de Nemours, témoigne encore de cette faculté expressive du regard qui occulte d'ailleurs la place de tout autre symbole des émotions des personnages, et accomplit ainsi par l'échange des regards un moment d'union privilégiée alors que la princesse ne peut dissimuler les marques de son inquiétude profonde qui révèlent son attachement au bien-être de Nemours : « Le coup que ce prince s'était donné lui causa un si grand éblouissement qu'il demeura quelque temps la tête penchée sur ceux qui le soutenait. Quand il la releva, il vit d'abord Madame de Clèves ; il connut sur son visage la pitié qu'elle avait de lui et il la regarda d'une sorte qui put lui faire juger combien il en était touché. » (PDC : 112). Ce qui est à souligner dans ces scènes intermédiaires, c'est l'extrême indépendance du regard qui révèle la réalité irréductible de ces rencontres inachevées, rendant possible et, en effet, encourageant une forme d'amour qui tisse l'obstacle au cœur même de sa fabrique. Mais cette situation est symbolique, elle est l'image même de l'intimité qui n'est possible que dans la distance puisque la séparation est en même temps rapprochement accompli par le regard. Aussi la narration de l'épisode du tournoi s'effectue en des termes montrant l'importance du regard qui transcende les barrières de la communication pour créer un lien exclusif entre les amants par le biais de la couleur jaune de l'écharpe qu'a adopté Nemours, tenant lieu de substitut à la parole interdite, car le jaune s'avère être la couleur que Madame de Clèves, étant blonde, regrette de ne pouvoir porter.

Témoin du vol de son portrait par Nemours, les regards des deux amants qui se croisent, en scellant la complicité de Madame de Clèves qui reste fascinée et muette devant ce rapt symbolique de sa personne, montrent bien qu'au dessous de toutes ces scènes de rencontres inachevées, existe dans son esprit, que Madame de Lafayette exploite peut-être à un niveau inconscient, une rencontre idéale et incorporelle, symbolisée en l'occurrence par l'infidélité imaginaire de Madame de Clèves qui se dit « bien aise » d'accorder à Nemours la faveur de laisser son portrait en sa possession, prise de possession qui se substitue à la réalité d'une fusion impossible : « M. de Nemours se tourna à ces paroles ; il rencontra les yeux de Mme de Clèves, qui étaient encore attachés sur lui, et il pensa qu'il n'était pas impossible qu'elle eût vu ce qu'il venait de faire. » (PDC : 107). Complice, elle acceptera de l'être encore une fois quand la fameuse lettre égarée par le vidame de Chartres qui doit être réécrite par ceux qui l'ont lu, Mme de Clèves et le duc de Nemours, lui sert en quelque sorte d'alibi pour céder au plaisir de voir son amant : « La présence de son mari et les intérêts du vidame de Chartres la rassuraient en quelque sorte sur ses scrupules. Elle ne sentait que le plaisir de voir M. de Nemours, elle en avait une joie pure et sans mélange qu'elle n'avait jamais sentie [...]. » (PDC : 144–45). Ainsi les deux amants détournent les intérêts du vidame à leur propre profit en pensant davantage au plaisir de faire durer de si « agréables moments » qu'au temps qui les presse et à la nécessité de prendre au sérieux la tâche qu'ils ont à accomplir. Finalement, la lettre est si mal imitée que la reine dauphine ne peut être trompée sur l'identité de son possesseur. Puisque Madame de Clèves est complice du jeu de Nemours dans un monde innocent où ses rigoureux principes, si pénibles à mettre en action, ne sont plus nécessaires sans pour cela avoir été mis en échec, ne semble-t-elle pas désigner le type de rencontre idéale qui repose sur la volupté d'un plaisir de voir, ici associé à un moment d'intimité platonique, de communion sur le plan des âmes, renvoyant à un lieu de fusion qui suppose en même temps la distance ? La deuxième et dernière entrevue des amants où la parole sert pour la première fois de corroboration à l'union accomplie par la puissance du regard, n'est rendue possible que par la décision inexorable de ne jamais céder au duc de Nemours, qui rend à la princesse, regardant son amant « avec des yeux pleins de douceur et de charmes » (PDC : 225), l'innocence initiale de son regard exprimant enfin l'émotion de l'amour volontairement car le bonheur de ces regards acceptés et rendus peut désormais s'épancher sans le coupable désir de posséder. Cette vraie rencontre est donc la plus imparfaite de toute puisqu'elle ne peut que réunir les amants sans les unir. Ainsi, Madame de Lafayette ayant voulu construire son roman sur le thème du refus de la satisfaction du désir qui s'inscrit intégralement dans l'exigence morale de l'héroïne, fait vivre pleinement le regard des amoureux séparés comme l'histoire d'une rencontre sans contact, car malgré l'interdiction communicative, la princesse dira son amour et en recevra les marques de réciprocité de la part de Nemours.

Le voir instaure ainsi une certaine complicité entre les personnages, ce que Madame de Clèves se reproche tout en s'y accommodant très bien quelques fois, comme nous avons pu le constater dans le chapitre précédent. Sa volonté est claire pourtant, celle d'enfermer l'amour à l'intérieur d'elle-même, mais parfois cette même volonté faiblit et la princesse trouve un certain plaisir dans l'intimité d'un lien établi par le regard qui permet l'échange amoureux tout en préservant une distance qui sauve de la faute. Toutefois, le regard immédiat par rapport à la représentation picturale de l'être aimé que nous étudierons dans la seconde partie de ce chapitre, n'est pas complètement innocent chez Madame de Lafayette. En effet, le désir de voir l'être aimé hante aussi bien la princesse que Nemours, mais est chez elle comme une tentation interdite et difficilement maîtrisable, chargée de culpabilité et d'angoisse dans la mesure où voir l'être aimé suscite des envies érotiques que la princesse ose difficilement admettre, en même temps que la frustration de ses désirs.

II – Le Regard amoureux dans La Nouvelle Héloïse : Oscillation permanente entre plaisir innocent et frustration

Dès les premiers instants de l'amour, le regard est un moyen de communication intime bien que contraint. Les silences se chargent d'une affectivité qui se donne à voir, malgré la volonté des personnages, et renvoie sans équivoque au cœur : « Je vis, je sentis que j'étais aimée, et que je devais l'être : la bouche était muette, le regard était contraint, mais le cœur se faisait entendre. Nous éprouvâmes bientôt entre nous ce je ne sais quoi qui rend le silence éloquent, qui fait parler des yeux baissés, qui donne une timidité téméraire, qui montre les désirs par la crainte, et dit tout ce qu'il n'ose exprimer. » (NH : 250). Mais à la suite de la déclaration d'amour de Saint-Preux par lettre, Julie qui perçoit la passion comme une action coupable, est maintenant obligée de détruire cette force de communication amoureuse en raison de l'immoralité que ce lien représente, en essayant par une « froideur affectée » (NH : 251) de maintenir Saint-Preux à distance. La culpabilité de Julie pèse désormais sur ses yeux qui restent « fixés en terre » (NH : 13) par opposition au « feu » (NH : 13) qui les animait et qui laissait voir sa passion dont le secret préservait encore l'innocence. Rassurée toutefois sur les intentions de Saint-Preux qui affirme vouloir se contenter du bonheur pur vécu dans l'union de leurs âmes, Julie admet sa passion et accepte de se livrer toute entière à cet idéal platonique qu'elle reconnaît comme l'expression des belles âmes : « Les charmes de l'union des cœurs se joignent pour nous à ceux de l'innocence : nulle crainte, nulle honte ne trouble notre félicité ; au sein des vrais plaisirs de l'amour, nous pouvons parler de la vertu sans rougir. » (NH : 24).

Mais très vite l'écart se creuse entre les amants. Pour Saint-Preux, la présence de Julie à ses côtés est source de frustrations, il peut la voir mais est incapable d'y goûter un plaisir pur, d'y trouver de quoi satisfaire sa passion : « détournez de moi ces yeux si doux qui me donnent la mort ; dérobez aux miens vos traits, votre air, vos bras, vos mains, vos blonds cheveux, vos gestes ; trompez l'avide imprudence de mes regards [...]. » (NH : 10). La portée de son regard se charge ici de connotations profondément érotiques – le regard s'attardant sur chaque partie du corps de Julie comme une sorte de toucher dans la distance – voire sexuelles puisque la

puissance d'appétition qui se concentre dans la vue, est hautement signi-
ficative du désir de possession de l'objet : « Faut-il qu'incessamment mes
yeux dévorent des charmes dont jamais ma bouche n'ose approcher ? »
(NH : 22). Ainsi, le personnage de Rousseau se trouve saisi à l'intérieur
du paradoxe tragique contenu dans le pouvoir des yeux, c'est-à-dire que
le voir ouvre tout l'espace au désir mais atteste en même temps d'une
impuissance d'atteindre. Toutefois, il n'en est pas de même pour Julie qui
semble apprécier tout le charme de cette forme de proximité sans contact :
« non, sans vous la nature n'est plus rien pour moi ; mais son empire est
dans vos yeux, et c'est là qu'elle est invincible. Il n'en est pas ainsi de vous,
céleste Julie ; vous vous contentez de charmer nos sens, et n'êtes point
en guerre avec les vôtres. » (NH : 25). L'acte de voir est ici directement
lié à la domination totale du désir. En même temps, Saint-Preux semble
élever à un niveau spirituel la nature sensuelle de la passion en situant
son pouvoir dans le regard de Julie qui est symboliquement une fenêtre
ouverte sur son âme. A cela font écho deux passages qui se trouvent dans
les lettres I et V envoyées à Julie : « Non, belle Julie ; vos attraits avaient
ébloui mes yeux, jamais ils n'eussent égaré mon cœur sans l'attrait plus
puissant qui les anime. » (NH : 10). Et : « Eh ! si j'adore les charmes de
ta personne, n'est-ce pas surtout pour l'empreinte de cette âme sans tache
qui l'anime, et dont tous tes traits portent la divine enseigne ? » (NH :
17). Inversement, la fascination exercée par le regard dans l'ouvrage de
Madame de Lafayette, s'arrête principalement à l'apparence extérieure
des personnages, ce qui semble indiquer le caractère plus superficiel et
instable de l'amour des personnages. Par ailleurs, il est tout à fait significatif que le voir se rattache chez Saint-Preux au plaisir des sens, alors qu'il
est davantage utilisé chez Julie pour exprimer un processus intellectuel :
« Je ne sais si nous pourrons jamais nous accorder sur la manière de voir
[de penser] comme sur celle de sentir [...]. » (NH : 28).

Mais sommes-nous effectivement face à deux manières de concevoir l'amour si radicalement différentes que le voir est investi par deux
fonctions qui se contredisent, soit la vertu de l'innocence opposée aux
sensations qu'il excite ? Les exemples sont pourtant nombreux où l'on
voit le désir, chez Saint-Preux, renoncer à être autre chose qu'un regard
immobile sur la personne aimée : « Cent fois mes yeux furent témoins de

ses combats et de sa victoire ; les siens étincelaient du feu de ses désirs, il s'élançait vers moi dans l'impétuosité d'un transport aveugle, il s'arrêtait tout à coup ; une barrière insurmontable semblait m'avoir entourée, et jamais son amour impétueux, mais honnête, ne l'eût franchie. » (NH : 59). L'énergie désirante s'arrête en cours de route pour se dépenser toute entière dans l'acte de voir sans se prolonger dans la conquête réelle de l'être aimé. Après l'épisode du bosquet – où Julie donne un baiser brûlant à Saint-Preux – qui aura pour conséquence de rompre l'équilibre atteint entre la chair et l'esprit, Saint-Preux déplore lui-même la perte de cette première période de l'amour qui est associée à un temps de bonheur et d'innocence : « j'avais couvert mes regards d'un voile, et mis une entrave à mon cœur, mes désirs n'osaient plus s'échapper qu'à demi ; j'étais aussi content que je pouvais l'être. » (NH : 34). L'avidité du regard fait place à la chasteté symbolique du voile qui marque l'entrave au désir, la séparation infranchissable d'avec son objet. Le regard, certes, ne peut échapper à l'objet qui le fascine mais il reste un regard sans projet, sans avenir. Dans une lettre où Saint-Preux se plaint de la frustration douloureuse de son désir, Julie perçoit que cette peine est à moitié feinte et que son amant n'est pas si tourmenté de son état : « Quoi que vous puissiez dire, votre cœur est plus content du mien qu'il ne feint de l'être : ingrat, vous savez trop qu'il n'aura jamais tort avec vous ! Votre lettre même vous dément par son style enjoué, et vous n'auriez pas tant d'esprit si vous étiez moins tranquille. » (NH : 23). L'intuition de Julie s'avère exact alors que Saint-Preux confirme dans les pages suivantes : « Au contraire, l'amour véritable est un feu dévorant qui porte son ardeur dans les autres sentiments, et les anime d'une vigueur nouvelle. » (NH : 31–32). Ainsi, Saint-Preux souffre et jouit à la fois de l'inassouvissement de son désir qui au lieu d'aboutir à la possession de l'être convoité puisque Saint-Preux se l'interdit, s'enchante de son innocence même.

Mais la séparation qui s'impose, après l'épisode du bosquet, ne souligne-t-elle pas la puissance d'un regard corrompu qui a pris le pas sur l'intellect et ses jugements, et qu'en conséquence il faut désarmer ? Julie étant en danger de mort, l'absence ne fait cependant que réaffirmer le lien vital de la vue qui comble la distance en même temps que son illusion puisque le lien de cause à effet directement établi entre le voir et la perte de l'innocence virginale, semble corroborer le danger inhérent à tout regard qui ne peut exister sans le coupable désir de posséder : « Je vous vis, je fus guéris, et je péris. » (NH : 252). Que Julie recouvre sa force vitale en voyant Saint-Preux à nouveau tandis que la princesse de Clèves puisait inversement de nouvelles ressources dans la séparation, posant ainsi la vue comme facteur de risque, dans les deux cas le regard apparaît paradoxal, à la fois tout puissant et sans pouvoir de se satisfaire à lui-même. Pourtant la signification du regard au sujet de l'héroïne de Rousseau est toujours en décalage par rapport à cette définition puisque, explique-t-elle, c'est en voyant la tension devenue douloureuse du désir de Saint-Preux, que seule la pitié pour ses souffrances lui a commandé de céder au devoir imposé par la compassion : « Peut-être l'amour seul m'aurait épargné ; ô ma cousine ! C'est la pitié qui me perdit. » (NH : 59). L'on serait tenté ici dire que la princesse de Clèves qui voit pourtant les souffrances de Nemours mais dont l'attitude reste inébranlable ne sait pas aimer comme Julie qui s'oublie par amour d'un autre qu'elle, mais il faut rappeler que cette dernière estime son amant d'une manière qu'il est impossible de comparer.

Son mépris d'elle-même la conduit à vouloir racheter ce qu'elle considère rétrospectivement comme une faute, par la pureté des sentiments qui l'unit à Saint-Preux et réciproquement. De ce moment le regard acquiert une importance d'autant plus fondamentale. Toutes les occasions de se voir sont attendues avec impatience, le séjour de Julie chez sa cousine sert d'occasion inespérée pour les amants de se voir tous les jours,[6] le dîner en compagnie de Milord Edouard ou encore le mariage de Fanchon. Se retrouver ensemble en société n'est pas même satisfaisant, Julie déplore de devoir physiquement contrôler l'expression de ses émotions : « Quel tourment de se voir et de se contraindre ! [...] Comment contenir le geste et les yeux quand le cœur vole ? [...] Reprenons, reprenons cette vie solitaire et paisible dont je t'ai tiré si mal à propos. » (NH : 65). Pur par sa forme en tant qu'il accomplit une sorte de proximité sans contact

---

6   « Tout bien considéré, je pense que nous pourrons, sans indiscrétion nous voir presque tous les jours ; savoir, chez ma cousine de deux jours l'un, et l'autre à la promenade. » (NH : 72).

corporel, le regard représente ici l'union avec tous les charmes de la réalité et les illusions de la sécurité. En allant jusqu'à affirmer que regarder Julie en spectateur offre des délices qui surpassent la volupté des sens, Saint-Preux n'élève-t-il pas le regard à la pureté d'un amour spirituel ? :

> Quelle soirée inconcevable ! Que de délices inconnues tu fis éprouver à mon cœur ! O tristesse enchanteresse ! O langueur d'une âme attendrie ! Combien vous surpassez les turbulents plaisirs et la gaieté folâtre, et la joie emportée, et tous les transports qu'une ardeur sans mesure offre aux désirs effrénés des amants ! Paisible et pure jouissance qui n'a rien d'égal dans la volupté des sens, jamais, jamais ton pénétrant souvenir ne s'effacera de mon cœur. [...] Ta robe, ton ajustement, tes gants, ton éventail, ton ouvrage, tout ce qui frappait autour de toi mes regards enchantait mon cœur, et toi seule faisais tout l'enchantement. (NH : 73–74).

Le regard de Julie, siège de la nature sensuelle de la passion qui emportait Saint-Preux dans des transports de plus en plus violents fait place à une vertu purificatrice qui suffit à transposer les désirs impétueux de son amant tout entiers dans l'innocence d'une union dont le seul plaisir des sens passe par le regard : « Un seul de tes regards eût contenu ma bouche et purifié mon cœur. L'amour eût couvert mes désirs emportés des charmes de ta modestie ; il l'eût vaincue sans l'outrager ; et, dans la douce union de nos âmes, leur seul délire eût produit les erreurs des sens. » (NH : 92).

Mais le recul prolongé du plaisir sensuel finit par irriter le désir qui ne trouve pas d'issue pour s'exprimer et amène Julie à trouver en lui le courage de goûter à l'ivresse de l'union dans sa totalité : « Nous devions nous y ménager une entrevue [...]. Loin de rebuter mon courage, tant d'obstacles l'ont irrité ; je ne sais quelle force m'anime, mais je me sens une hardiesse que je n'eus jamais ; et, si tu l'oses partager, ce soir, ce soir même peut acquitter mes promesses, et payer d'une seule fois toutes les dettes de l'amour. » (NH : 95). Ainsi, ce que l'auteur semble dénoncer, mais comme malgré lui, ce sont les illusions de la vue en tant que lien sublimant l'impasse à laquelle mène le désir. Constat d'échec donc d'un regard purifié de tout désir de possession dans cette première partie qui se termine très rapidement par le départ de Saint-Preux avec Milord Edouard pour Paris. Par comparaison avec *La Princesse de Clèves*, le langage des yeux apparaît donc plus positif parce qu'il exprime un échange pur de sentiments, plus acceptable au dix-huitième siècle qu'au dix-septième. La signification du regard a donc changé par rapport à *La Princesse de Clèves*, il ne s'agit plus d'en détruire les manifestations coupables ; au contraire le regard constitue un symbole de perfection de l'union amoureuse dans toute sa pureté, uniquement concevable chez Madame de Lafayette, comme nous le verrons dans la seconde partie de ce chapitre, dans la séparation d'avec l'être aimé. Toutefois, il est aussi associé, comme dans *La Princesse de Clèves*, à la frustration du désir que Rousseau explore peut-être plus franchement que Madame de Lafayette, et qui renvoie à l'impossible réconciliation des contraires que sont le désir et la possession de l'être aimé.

III – La Chartreuse de Parme : L'Intimité de l'échange visuel

De même que dans les autres romans, la conversation des yeux naît des exigences de l'obstacle à la communication, toujours présent à la naissance de l'amour. Techniquement parlant, cet artifice devient nécessaire lorsque Fabrice se trouve enfermé dans la Tour Farnèse ne pouvant communiquer avec Clélia qu'à une distance de plus de vingt cinq pieds grâce à un petit morceau d'abat-jour que le prisonnier a scié. Le premier effet de l'amour est bien de contourner les barrières et d'établir entre ces deux êtres une communication spontanée par le regard dont la fonction essentielle est de permettre un rapprochement réel grâce à la reconnaissance et à l'expression des émotions. Fabrice, en effet, ne désire qu'une chose qui puisse le rendre heureux : pouvoir obtenir de Clélia qu'elle accepte de s'engager dans l'échange visuel perçu comme preuve de son intérêt pour lui : « Si je parviens seulement à la voir, je suis heureux … Non pas, se dit-il ; il faut aussi qu'elle voit que je la vois. » (CP : 339). Mais commence alors un duel visuel confrontant l'audace de Fabrice à la pudeur de l'être aimé qui laisse pourtant échapper des signes involontaires lourds de signification : « Sur ce salut, la jeune fille resta immobile et baissa les yeux ; puis Fabrice les lui vit relever fort lentement ; et évidemment, en faisant effort sur elle-même, elle salua le prisonnier avec le mouvement le plus grave et le plus distant, mais elle ne put imposer silence à ses yeux : sans qu'elle le sût probablement, ils exprimèrent un instant la pitié la plus vive. »

(CP : 338). Et le refus même de ce premier regard révèle davantage encore que ne pourrait le faire la retenue pudique de Clélia, car s'interdire de jeter les yeux sur l'autre, cela revient à reconnaître implicitement tout le prix qu'on attache à sa présence. Stendhal ne décrit-il pas comme « le plus beau de la vie de Fabrice » (CP : 344) le moment où Clélia, après la pose du panneau supposé masquer la vue à Fabrice, comprend qu'il l'observait également et prend la fuite.

A l'issue de la défaite de Clélia dans ce duel visuel, la jeune fille consent à utiliser le regard pour communiquer ouvertement et peu à peu la distance s'abolit entre les deux êtres, créant selon la terminologie de Stendhal, une « intimité parfaite » (CP : 369) faite d'échanges implicites qui véhiculent l'amour. Le caractère le plus souvent imprécis de cette forme d'échange illustré par le choix du terme « intimité », qui signifie que le sentiment ainsi échangé demeure vague, souligne de manière évidente l'importance de l'acte de communication en soi qui est plus significatif même que son contenu dont il est fort peu question : « elle passa une heure et demi à la volière, regarda tous ses signes, et souvent lui répondit, au moins par l'expression de l'intérêt le plus vif et le plus sincère [...]. » (CP : 344). Le lecteur ne peut que présumer qu'il s'agit du contact établi par le regard qui est significatif, c'est-à-dire que c'est la fonction phatique de cette forme non verbale de langage qui est importante. Ce moyen d'échange qui est à la fois une victoire sur les barrières imposées à la communication et la substance même de leur affection, met en évidence le regard en tant que métaphore du désir puisqu'il se nourrit d'une séparation insurmontable, symbolisant ainsi une sorte d'amour qui est à la fois présence et absence. L'expression « faire l'amour » (CP : 373) dans l'enceinte même de la prison pour signifier l'intimité amoureuse établie entre les amants corrobore parfaitement l'illusion d'une proximité parfaite sans contact. Cette forme d'intimité dans la distance est d'ailleurs comparée positivement à la possibilité de côtoyer Clélia en société sans pour autant connaître la liberté que leur offre le regard d'être aussi proche l'un de l'autre : « Une ou deux fois par mois, peut-être, le hasard les placerait dans les mêmes salons ; mais, même alors, quelle sorte de conversation pourrait-il avoir avec elle ? Comment retrouver cette intimité parfaite dont chaque jour maintenant il jouissait pendant plusieurs heures ? » (CP : 369).

La vue de l'être aimé, ou plutôt le voir et être vu, symbole de rapprochement réel, parce qu'il suffit au bonheur du sujet, révèle la psychologie de l'amour qui s'attache au souhait d'une intimité parfaite, ne se déparant pas de l'innocence conférée par l'inaccessible. Fabrice dit ne jamais avoir été aussi heureux que lorsque dans sa cellule il peut être avec Clélia mais sans contact et jouir de leur contemplation mutuelle : « la vie me serait désormais insupportable si je ne pouvais vous dire tout ce que je pense... non, pas précisément tout ce que je pense, vous y mettez bon ordre ; mais enfin, malgré votre méchanceté, vivre sans vous voir tous les jours serait pour moi un bien autre supplice que cette prison ! de la vie je ne fus aussi heureux !... N'est-il pas plaisant de voir que le bonheur m'attendait en prison ? » (CP : 359). En répétant de manière obsessionnelle la possibilité très probable de ne plus revoir Fabrice, Clélia ne fait-elle pas passer au lecteur le caractère fondamental de l'échange des regards dont dépend le bonheur des amants : « Quoi ! Je ne le verrais plus ! s'était-elle dit tout en pleurant. C'est en vain que sa raison avait ajouté : Je ne le verrais plus, cet être qui fera mon malheur de toutes les façons, je ne verrais plus cet amant de la duchesse, je ne verrais plus cet homme léger qui a eu dix maîtresses connues à Naples, et les a toutes trahies ; je ne verrais plus ce jeune ambitieux [...]. » (CP : 352). Aussi, ce ne peut être innocemment que tout l'être des amants se réduit l'un pour l'autre à leur regard qui est le vase communiquant où l'amour se répond en écho. Ainsi, Clélia fait le sacrifice d'accepter le mariage avec le marquis pour ne pas être envoyée au couvent mais dit-elle « demain, à midi, je reverrai tes yeux. » (CP : 353). Et Fabrice en pensant à l'éventualité de sa fuite imagine devoir venir rôder autour de la forteresse pour « tâcher d'épier un regard ! » (CP : 380). Par delà même la distance qui le sépare de Clélia, Fabrice parvient donc à la joindre, il parvient non seulement à se faire entendre mais encore à faire parler l'autre, il appelle et obtient une réponse. Le regard devient ainsi le symbole d'une intimité typiquement stendhalienne qui correspond à une forme d'amour la plus haute dérivant sa force de son impossible logique qui renvoie simultanément à un lieu de fusion en même temps qu'à un lieu de séparation.

Pourtant cette parfaite reconnaissance ne manque pas d'être le plus souvent entachée par l'incertitude liée à des interprétations erronées de part et d'autre parce que la passion qui anime les deux jeunes gens brouille leur capacité à analyser la subtilité de ces signaux éloignés de manière rationnelle, ils ne sont ainsi jamais convaincus d'être aimés : « La pauvre fille s'armait de sévérité, mourant de crainte de se trahir, et il semblait à Fabrice que chaque jour il était moins bien avec elle. » (CP : 353). Le positif et le négatif s'opposent continuellement, l'abîme de la frustration menace toujours de porter atteinte à l'espérance la plus profonde. C'est cette alternance entre l'espoir et la crainte qui caractérise la seconde cristallisation et assure à l'amour passion sa durée. Il est essentiel que l'espoir d'un amour payé de retour ne soit jamais pleinement garanti. Stendhal explique lui-même dans *De l'Amour* que le sentiment pour durer a besoin de sentir la crainte d'être contrarié : « Toujours un petit doute à calmer, voilà ce qui fait la soif de tous les instants, voilà ce qui fait la vie de l'amour heureux. Comme la crainte ne l'abandonne jamais, ses plaisirs ne peuvent jamais ennuyer. Le caractère de ce bonheur, c'est l'extrême sérieux. »[7] La pudeur féminine entretient cette alternance entre doute et espoir car le refus féminin de se dévoiler cache un oui possible et c'est à Fabrice d'en apercevoir les signes contradictoires qui échappent souvent des mouvements les plus involontaires. Stendhal accorde cette authenticité à l'œil car le langage des yeux a ceci de particulier qu'il ne peut mentir. Il reflète fidèlement comme un miroir les émotions qui pénètrent l'âme de Clélia :

> Sur un seul sujet elle ne faisait jamais de réponse, et même dans les grandes occasions, prenait la fuite, et quelque fois disparaissait pour une journée entière ; c'était lorsque les signes de Fabrice indiquaient des sentiments dont il était trop difficile de ne pas comprendre l'aveu : elle était inexorable sur ce point. Ainsi, quoique étroitement resserré dans une assez petite cage, Fabrice avait une vie fort occupée ; elle était employée toute entière à chercher la solution à ce problème si important : M'aime-t-elle ? Le résultat de milliers d'observations sans cesse renouvelées, mais aussi sans cesse mises en doute, était ceci : Tous ses gestes volontaires disent non, mais ce qui est involontaire dans le mouvement de ses yeux semble avouer qu'elle prend de l'amitié pour moi. (CP : 346).

---

7   Stendhal, *De l'Amour*, p. 101.

La pudeur qui occupe une place majeure dans *La Chartreuse de Parme* montre que le désir ne s'apparente pas au désir de possession mais s'attache plutôt à maintenir l'imagination du personnage masculin en activité, à mi-chemin entre le doute et l'interprétation positive des signes, imaginant ce que pourrait être le oui. Ces images qui suffisent à combler de joie l'amant confirment que ce n'est pas la gratification des sens qui compte mais le désir et la tension intérieure. Ainsi la non proximité, loin d'empêcher la communication des deux âmes, la favorise jusqu'à un certain point, mais souligne en même temps une tendance de la libido à refluer dans le moi puisque l'amour peut s'épanouir en dépit de l'absence de l'être aimé, dont la réalité est supplantée par le spectre d'un désir sans aboutissement ou d'un objet fantasmatique. A cet égard, nous développerons la comparaison avec *La Princesse de Clèves* et *La Nouvelle Héloïse* dans la seconde partie de ce chapitre.

IV – Le Ravissement de Lol V. Stein : L'Impossible échange visuel

Malgré l'importance accordée au regard dans *Le Ravissement* on ne trouve quasiment aucun échange visuel entre Jacques Hold et Lol. Seul dans la scène de rencontre le regard se fait réciproquement le véhicule du désir et permet de créer une complicité souterraine entre les personnages malgré la présence de Tatiana et de son mari : « Avant que cela arrive l'homme que Lol cherche se trouve tout à coup dans le plein feu de son regard. Lol, la tête sur l'épaule de Tatiana, le voit : il a légèrement chancelé, il a détourné les yeux. Elle ne s'est pas trompée. » (LVS : 73). Cette complicité est mise en évidence par l'attitude de Lol qui « cherche des yeux » (LVS : 86) Jacques Hold afin de trouver de l'aide auprès de lui lorsque la suite recherchée des événements se voit potentiellement menacée, ainsi que par l'intuition très perspicace de Hold quant à la présence de Lol chez Tatiana : « J'étais le seul à savoir, à cause de ce regard immense, famélique qu'elle avait eu pour moi en embrassant Tatiana, qu'il y avait une raison précise à sa présence ici. » (LVS : 78). Malgré l'aspect prémédité de cette scène, c'est-à-dire l'intention froidement calculée par Lol de provoquer le désir de Jacques, la matière commune à toutes les histoires d'amour n'est pas absente de la relation de Jacques et Lol, et son regard révèle la réciprocité du coup de foudre suivant le schéma traditionnel de la passion : « Je voulais revoir ses yeux sur moi : je dis : – Pourquoi ne pas y retourner cet été-ci ? Elle me regarda comme je le désirais. Ce regard qui lui échappa détourna le cours de sa pensée. Elle répondit au hasard [...]. » (LVS : 83). Pour un instant Lol ne contrôle pas l'expression de son regard et s'en trouve déstabilisée au point de perdre le cours de ses pensées à l'image de n'importe laquelle des héroïnes de Madame de Lafayette, Rousseau ou Stendhal.

En effet, le regard reflète traditionnellement l'âme et l'identité des personnages mais dans le cas de Lol, il ne révèle le plus souvent aucune profondeur psychologique, symbolisant de fait une forme d'identité en creux, une éviction souhaitée de sa personne : « Ses yeux sont veloutés comme seuls les yeux sombres le sont, or les siens sont d'eau morte et de vase mêlées, rien n'y passe en ce moment qu'une douceur ensommeillée. » (LVS : 83). Ses yeux sont opaques comme dans l'exemple précédent ou transparents (« une transparence me regarde » ; LVS : 155), c'est-à-dire à termes insondables ou alors illuminés d'une lumière qui en aveuglant les rend impénétrables de la même manière : « elle est mêlée à une lumière verte qui divague et s'accroche partout dans des myriades de petits éclatements aveuglants, s'accroche à ses yeux qui rient, de loin, et viennent à ma rencontre, leur minerai de chair brille, brille, à découvert. » (LVS : 165). Quoiqu'il en soit, la profondeur de Lol n'est pas sondable, elle est rendue visible mais cette visibilité se borne à ne rien montrer. Non plus arrêté par l'épaisseur du Moi, le regard est du même coup délivré du besoin de voir comme désir amoureux, manifeste soit par des paupières closes ou des regards lavés de subjectivité : « Ses yeux sont morts et quand ils se sont rouverts j'ai eu sur moi aussi son premier regard d'évanouie. Elle gémit faiblement. Le regard est sorti de sa plongée et s'est posé sur moi, triste et nul. » (LVS : 173). Quand Jacques Hold se trouve sous le regard de Lol, on dirait que cette dernière le regarde presque sans le voir jusqu'à effacement de l'objet du regard lui-même, et ce faisant dénonce les illusions du sentiment pour mettre à nu le mécanisme du désir corrélatif d'une aspiration que rien ne saurait combler : « La transparence m'a traversé, je la vois encore, buée maintenant, elle est allée vers autre chose de plus vague, sans fin, elle ira vers autre chose que je ne connaîtrai jamais, sans fin. » (LVS : 155). Pure fixité regardante, Lol transcende les barrières de l'individu pour ouvrir le regard sur un désir infini, regard qui devient la trajectoire du désir à l'état pur. Ainsi l'expérience visuelle, contrairement à ce qu'on trouve dans les autres ouvrages étudiés, ne représente pas une forme d'intimité dans la distance, c'est-à-dire une sorte d'exclusion hors du monde extérieur ; loin d'enfermer le désir de voir dans des liens sentimentaux, il s'inscrit au contraire dans une dynamique plus large qui dépasse le désir de l'être aimé, sa quête étant le symbole de l'absolu du désir. L'effacement identitaire de Lol ne semble donc important que dans la mesure où cela libère l'individu de son ego et permet un glissement des termes du désir, du particulier au général : « Elle me suit des yeux comme un inconnu [...]. » (LVS : 187). L'origine de cet amour suspendu dans sa propre négation semble donc résulter d'une vision à la fois intemporelle et indifférenciée du désir.

C'est du moins l'analyse que l'on est tenté de faire, mais on ne peut la pousser jusqu'au bout : détaché de tout, Lol est quand même retenue par Hold dans la sphère de l'individuel comme en témoigne cet extrait du roman : « Des larmes ont rempli ses yeux. Elle réprime une souffrance très grande dans laquelle elle ne sombre pas, qu'elle maintient au contraire, de toutes ses forces, au bord de son expression culminante qui serait celle du bonheur. » (LVS : 132). Ainsi se manifeste son incapacité à abandonner totalement le vécu et l'expression des émotions. Amoureuse de Jacques Hold, Lol éprouve l'ardeur du désir : « Par son visage et seulement par lui, alors que je la touche avec ma main ouverte de façon de plus en plus pressée et brutale, elle éprouve le plaisir de l'amour. Je ne me suis pas trompé. Je la regardais de si près. La chaleur entière de sa respiration m'a brûlé la bouche. » (LVS : 173). Et en même temps elle perçoit une contradiction entre ce sentiment et un ordre plus important : « Je ne vous aime pas cependant je vous aime » (LVS : 169), déclare-t-elle. Quand Lol dit encore à Jacques « Vous pourriez tout aussi bien aimer Tatiana [...], ce serait pareil pour ... » (LVS : 139), elle est au bord d'une équivalence, confirmée dans les dernières pages où Lol et Tatiana deviennent des doubles : « il n'y a plus eu de différence entre elle et Tatiana » (LVS : 189) car Lol pressent que la circulation impersonnelle de la passion importe plus que la personne qui en est l'objet. Le concept de non préférence se trouve donc à la racine de ce nouvel ordre du désir qui ne peut se concevoir autrement qu'une alternative au mensonge passionnel, renvoyant de toute façon à l'inconsistance de l'objet de valeur qui masque la profondeur réelle du désir.

Par ailleurs, la quête qui oriente le récit de Jacques ne se borne pas à être celle de l'élucidation du mystère de Lol, mais son récit met aussi en œuvre l'influence que Lol exerce sur lui. D'abord Jacques est fasciné par le mystère de Lol et plus particulièrement son regard auquel celui de Jacques « s'accroche » (LVS : 114). A plusieurs reprises il affirme pouvoir renoncer à tout autre mode de connaissance, de jouissance que le regard, exprimant ainsi l'illusion d'une prise de possession physique ou même de la parole, qui s'avéreraient de toute façon insuffisants à posséder Lol toute entière : « A la voir je pense que cela sera peut-être suffisant pour moi, cela, de la voir et que la chose se ferait ainsi, qu'il sera inutile d'aller plus avant dans les gestes, dans ce qu'on se dira. » (LVS : 107). Jacques se trouve ainsi réduit à la contemplation médusée de cet objet rayonnant dont le mystère à son tour l'interroge : « Encore une fois je crois que je pourrai m'arrêter là, m'en tenir là, l'avoir sous les yeux, simplement. Sa vue seule m'effondre. Elle ne réclame aucune parole et elle pourrait supporter un silence indéfini. » (LVS : 130). Mais Jacques se détache progressivement du besoin de voir comme désir de possession, c'est-à-dire un désir de voir qui cherche à satisfaire absolument la demande du regard. A force de se tenir avec amour et patience devant le mystère de Lol, Jacques Hold n'est plus seulement regard sur Lol, mais regard de Lol essayant de voir le geste capital qui l'aurait transformée : « Lol regardait. Derrière elle j'essayais d'accorder de si près mon regard au sien que j'ai commencé à me souvenir, à chaque seconde davantage, de son souvenir. » (LVS : 180). Jacques découvre ainsi le regard en tant que dessaisissement de soi qui se fait passage à autrui puisque avoir le regard de Lol sur les choses signifie être parvenu à s'oublier complètement. Graduellement Jacques devient donc capable de se tenir à distance de lui-même, de ses émotions, non qu'il n'en ait pas, mais il ne permet pas à la douleur par exemple, tout comme Lol auparavant, d'occuper le devant de la scène au point de lui cacher le reste du spectacle : « La douleur disparaît. Je le lui dis. Elle se tait. C'est fini, vraiment.

Elle peut tout me dire sur Michael Richardson, sur tout ce qu'elle veut. »
(LVS : 190). Déjà dans les scènes de l'hôtel des Bois, en imaginant ce que
Lol voit de ce corps qu'il montre, Jacques regarde son propre corps comme
s'il en était détaché, comme s'il s'agissait de voir en ce corps un autre que
lui-même, ce qu'indique du reste l'utilisation de la troisième personne
du singulier. Dépossédé de lui-même sous l'influence de Lol au contact
de laquelle il découvre l'inconsistance de son individualité : « Qui avait
remarqué l'inconsistance de la croyance en cette personne ainsi nommée
sinon elle [...]. Pour la première fois mon nom prononcé ne nomme pas.
[...] Notre dépeuplement grandit. » (LVS : 112–13), ne serait-ce même
qu'en la regardant (« Sa vue seule m'effondre » ; LVS : 130), Jacques voit
ainsi la singularité de leur aventure se noyer dans l'universel : « D'autres
déroulements auraient pu se produire, d'autres révolutions, entre d'autres
gens à notre place, avec d'autres noms, d'autres durées auraient pu avoir
lieu, plus longues ou plus courtes, d'autres histoires d'oublis, de chute
verticale dans l'oubli, d'accès foudroyants à d'autres mémoires, d'autres
nuits longues, d'amour sans fin, que sais-je ? Ça ne m'intéresse pas, c'est
Lol qui a raison. » (LVS : 184). Un changement s'est, en effet, opéré sous
l'influence de Lol en réponse à la question que Jacques se posait en la
rencontrant : « Mais qu'est-ce que j'ignore de moi-même à ce point et
qu'elle me met en demeure de connaître ? » (LVS : 105).[8]

Peut-on ainsi encore parler pour conclure de regard amoureux dans *Le
Ravissement* ou simplement de regard, différemment lié à la problématique
du désir impossible, dans la mesure où l'expérience visuelle, contrairement aux autres ouvrages, tend à creuser la distance entres les protagonistes plutôt qu'à fonctionner comme moyen de rapprochement réel ?
En effet, il n'y a pas de véritable échange, réciprocité ou rencontre entre

---

8   A ce propos, j'entre en désaccord avec l'argument féministe de Susan Cohen (*Women
     and Discourse in the Fiction of Marguerite Duras, Love, Legends, Language*, Amherst :
     University of Massachusetts Press, 1993) et de Trista Selous (The *Other Woman ;
     Feminism and Femininity in the work of Marguerite Duras*, New Haven and London :
     Yale University Press, 1988) qui nient la transformation progressive de Jacques en
     occultant, semble-t-il, certaines indications du texte, pour détourner son person-
     nage dans la position de sujet du discours enquêtant sur l'objet de son désir.

Lol et Jacques qui se heurte au « non-regard » de Lol posé sur lui, c'est-à-dire à la fois un regard difficile à capter et qui ne révèle qu'une certaine forme d'indifférence amoureuse : « Soudain elle avance son visage vers moi sans regard, sans expression [...]. » (LVS : 144). Ainsi, la fonction du regard a évolué depuis Madame de Lafayette, Rousseau ou Stendhal pour qui aimer dans le sens traditionnel de la passion c'est voir, alors que Marguerite Duras nous apprend qu'aimer c'est au contraire être aveugle à l'objet du désir, c'est se projeter au-delà de sa visibilité vers une dimension invisible, regard donc sans objet défini qui semble révéler l'aspect illusoire et restrictif de l'objet réel de la passion et mettre en évidence le côté plus obscur du désir. Par conséquent, la transition décisive dans *Le Ravissement*, qui est sans doute le livre le plus radical qu'ait écrit Duras sur une forme d'amour passion s'inscrivant en marge du modèle traditionnel, est dans le rapport du désir à son objet dont il est totalement dépossédé : il s'ouvre alors sur un vide vertigineux auquel le désir s'assimile. En effet, avec la dissolution recherchée du sujet dans l'effondrement de soi que produit la situation soudaine où le sujet se trouve dépossédé de toute existence aux yeux de la personne aimée, apparaît l'étalement du désir, c'est-à-dire sa durée, sa plénitude, sa non-territorialité. Ainsi la forme de sensibilité à laquelle Lol atteint dépasse les frontières d'un amour personnalisé pour ne retenir que l'absurdité d'un amour sans objet défini, qui se trouve au cœur de la thématique d'aliénation du sujet à son propre désir, que nous étudierons dans la seconde partie de ce chapitre.

B – *La Princesse de Clèves* : La Ruse du désir

I – *Projection du désir sur la représentation picturale de l'être aimé*

Puisque dans *La Princesse de Clèves* même les regards sont capables de vaincre la vertu, le seul recours pour se sauver est de se soustraire totalement aux regards et au plaisir de voir. Madame de Clèves s'isole donc dans la solitude de la campagne à Coulommiers. Parmi d'autres critiques, Eric

Van der Schueren dont nous partageons l'opinion, voit dans la retraite à Coulommiers « moins une fuite de la cour qu'une fuite vers le désir – ne plus vouloir voir dans l'impromptu déstabilisant le duc de Nemours pour mieux fixer l'objet qui fait jouir dans sa recomposition stabilisée par le fantasme. »[9] Si la princesse, en effet, ne peut réaliser son désir dans la réalité, elle entend se distancier de cette réalité tout en se représentant la réalisation du désir dans l'imaginaire. Ainsi, seule à Coulommiers, la princesse décide de se faire apporter de grands tableaux peignant, entre autres actions historiques, le siège de Metz où figure le portrait de Nemours dont la privation totale de la vue lui cause une peine cruelle. Apparemment le voir amoureux ne peut être source de danger tant qu'il existe dans la solitude de l'espace privé qui est aussi le lieu du non savoir de l'être aimé. Pensant n'être vue de personne, la princesse peut donc s'abandonner librement à la contemplation de l'être aimé : « Après qu'elle eut achevé son ouvrage avec une grâce et une douceur qui répandaient sur son visage les sentiments qu'elle avait dans le cœur, elle prit un flambeau et s'en alla, proche d'une grande table, vis-à-vis du tableau du siège de Metz, où était le portrait de M. de Nemours ; elle s'assit et se mit à regarder ce portrait avec une attention et une rêverie que la passion seule peut donner. » (PDC : 202). Les propriétés physiologiques présumées du regard au dix-septième siècle sont ici symbolisées par le flambeau que porte Madame de Clèves afin d'illuminer le portrait de son amant, autrement dit le flambeau représente le symbole physiologique du feu que la passion a allumé dans le cœur de la princesse et qui paralyse sa volonté et son intellect.

L'héroïne de Madame de Lafayette s'adonne, en effet, à la jouissance délicieuse de l'abandon de soi en se laissant emporter par la fascination de la représentation. Le regard symbolisant ici la ferveur d'un

---

9   Eric Van der Schueren, « Le Portrait dans *La Princesse de Clèves*. Lectures pascaliennes », *Littérature*, 40, 1999, p. 118. Nancy Miller est exactement du même avis et le pose en termes quasiment similaires : « [h]er retreat to Coulommiers [...] must be thought of not as a flight from sensuality but as a movement into it. » (« Emphasis Added : Plots and Plausibility in Women's Fictions » in *An Inimitable Example : The Case for* The Princess de Clèves, Washington DC : The Catholic Union of American People, 1992, p. 30).

fantasme échappant à tout contrôle est stimulé par la représentation
« fort ressemblant[e] » (PDC : 198) de l'objet, en tant que substitut permettant la réconciliation de la satisfaction du désir et du repos de l'âme.
A cet égard, Marie-Thérèse Hipp note très justement : « Dans le plaisir
que la princesse éprouve à la contemplation de ce tableau, se réconcilient
plaisir et innocence : le portrait de l'être désiré a les propriétés du corps ;
il est transparente enveloppe. »[10] Cependant, le portrait représente bien
moins qu'il ne nie : alors que la princesse le regarde de manière extatique, elle ne peut être qu'effrayée à l'idée d'être confrontée à la vue de
l'objet véritable de son désir. Cela veut dire que Nemours, lui-même, en
tant que personne est exclu. Il peut seulement se regarder en train d'être
aimé sans jamais faire partie du tableau que lui-même observe. Comme
le dit si bien Christine Roulston : « Ou [la princesse] peut regarder sa
représentation, ou il peut la regarder, mais ils ne peuvent jamais *se* regarder. »[11] Pour avoir lieu, la rencontre doit se placer sur le plan imaginaire,
entre vivants et présences fantomatiques, puisque toutes les passions sont
ouvertement exprimées sans que le regard directement posé sur celui ou
celle qu'on aime ait à intervenir. Et aussitôt que Nemours s'avance prêt
à substituer la réalité du modèle au portrait sur la toile, la magie de cet
équilibre précaire entre illusion et réalité s'effondre, et la princesse s'enfuit
croyant le reconnaître.

On dirait que la princesse préfère à l'original sa représentation idéalisée[12] dans laquelle elle peut investir son propre désir, à la réalité concrète

---

10   Marie-Thérèse Hipp, « Fonctions des portraits dans *La Princesse de Clèves* »,
     p. 99.
11   Christine Roulston, « La Déception du regard dans *La Princesse de Clèves* »,
     Dalhousie French Studies, 32, 1995, p. 30. (L'auteur souligne).
12   Nathalie Grande suggère, en effet, que le tableau représente une idéalisation de
     Nemours, qui semble préférable à la réalité du personnage : « A l'homme réel qui
     la désire et l'épie, elle préfère l'image du chevalier merveilleux, dépositaire de toutes
     les valeurs héroïques que la vie de cour ne connaît plus. Et, c'est sans doute pour
     conserver intacte cette idole, cette pure image, qu'elle renonce à prendre en consi-
     dération l'homme concret. » (*Stratégies de romancières : De* Clélie *à* La Princesse
     de Clèves, Paris : Champion, 1999, pp. 107–8).

de la relation la sublimation très platonique[13] du désir dans l'imaginaire, que l'on peut voir à l'œuvre dans cette scène. Alors que l'attachement excessif du duc à la réalité, ses espoirs continus de pouvoir satisfaire sa passion, encore une fois déçus, le rendent incompétent dans le domaine de l'imaginaire, pour sa part, la princesse obtient, en effet, une certaine satisfaction solitaire à travers la médiation du portrait. Ainsi séparée de l'être aimé, l'union physique semble être substituée à la décence brûlante du regard dans la contemplation médusée d'un simulacre de l'objet du désir, plaçant le regard en tant que symbole d'une relation sublimée au cœur même de la passion. La douceur d'aimer s'apparente ainsi pour l'héroïne à une réaction mentale paradoxalement exacerbée par ses facultés sensibles, alors même que l'image de Nemours, ainsi que d'autres objets[14] ayant rapport à lui, tiennent lieu de support concret du désir pour rendre l'illusion de la rencontre plus réelle encore. Le voir signifie donc que cette séparation est cependant devenue union, il est l'union sans formes corporelles. De fait, contempler l'autre et ne pas consommer l'acte sexuel sont une seule et même chose : la saisie visuelle devient condition aussi

13 Laurence A. Gregorio nous fournit une bonne définition de l'amour platonique : « Now the term 'Platonic love' is commonly understood in our day as an idealized union of souls which bypasses the sensual, and it was even more commonly and literally understood in the seventeenth century : the literary tradition of the Baroque narrative, inspired as it was by the Neoplatonism of the Renaissance [...] had made of Platonic love a positive virtue in the pastoral romances which enjoyed great popularity all over Europe in the sixteenth and seventeenth centuries. The code itself is, of course, lifted directly from Plato. » (« Ideals and Ideas : Platonism in *La Princesse de Clèves* », *Neophilologus*, 88, 2004, p. 50).

14 Nous faisons référence ici aux rubans que la princesse enroule autour d'une canne ayant appartenue à Nemours, et qui sont de même couleur que celles que ce dernier portait lors du tournoi. Au-delà du symbolisme purement freudien que Michel Butor (« Sur *La Princesse de Clèves* » in *Répertoire*, Paris : Minuit, 1960) attribue à la signification de la canne de Nemours, l'étude de Kurt Weinberg est intéressante car elle s'attache à décoder le symbolisme de cette scène aux résonances profondément érotiques, en fonction d'une grille de lecture qui se donne pour outils d'analyse des références qui selon lui auraient été facilement sous-entendues pour un lecteur du dix-septième siècle. Confère « The Lady and the Unicorn » in *The Princess of Clèves, Marie-Madeleine de Lafayette*.

bien que source même du désir pour l'héroïne qui jouit fétichiquement d'un artifice devenu inoffensif. Ce qui est troublant ici est le fait que le sujet désirant, réduit à observer l'objet désiré en privé, devient en soi la forme désirée du désir, en ce sens que le propre de l'amour est de trouver son aboutissement dans l'acte de regarder. « Même son amour pour Nemours », écrit Nathalie Grande dans son étude sur les romancières du seizième et du dix-septième siècles, « au lieu de la porter vers l'autre, vers l'altérité, ne fait que la ramener à elle plus sûrement et plus intimement chaque fois. »[15] C'est de même ce qu'entend André Colombat qui voit dans le comportement de la princesse une « façon perverse [de] jouir [...] à l'intérieur même de la représentation classique. »[16] Bien qu'effectivement on soit confronté à une déviation par rapport à la sexualité dite « normale » d'un individu, nous répugnons à employer le terme de perversion dans son sens clinique en tout cas. N'oublions pas, en effet, que les amants dans *La Princesse de Clèves* sont d'une espèce totalement différente, contrairement aux personnages dans *La Nouvelle Héloïse* ou *La Chartreuse de Parme*. Roland Racevskis souligne d'ailleurs très bien cette différence qui rend en grande partie légitime le comportement de la princesse : « While Nemours's disappointments stem from being faced with signs that refuse access to their referent, Mme de Clèves, faced with a male sexual presence that threatens her integrity, distances this reality by continually representing it to herself. »[17]

Nous admettons cependant qu'en se conformant à cette image idéale que la princesse a d'elle-même, cette dernière fige le couple dans la suspension permanente du désir sensuel, ce qui lui permet à elle de rester une idole, c'est-à-dire au sens strict du terme une image adorée mais rien qu'une image même si elle se laisse adorer. Les murs derrière lesquels la

15   Nathalie Grande, *Stratégies de romancières*, p. 102.
16   André Colombat, « *La Princesse de Clèves* et l'Épouvantable Vérité du désir », *Papers on French Seventeenth-Century Literature*, 17, 1990, p. 518.
17   Roland Racevskis, « Solitary Pleasures : Creative Avoidance of Court and Convent in *La Princesse de Clèves* », *The French Review*, 70, 1996, p. 30.

princesse se renferme, d'abord à Coulommiers puis à Paris,[18] et plus tard dans sa maison religieuse, deviennent un espace dans lequel, pendant son absence, le duc peut projeter sa propre image idéale de la princesse et ses sentiments idéalisés pour elle. Il est vrai que la princesse n'accorde pas une grande foi en la passion de manière générale et encore moins en celle de Nemours puisque cette dernière croit que le point culminant de la passion sera inévitablement suivi d'une diminution de l'amour qui ouvrira presque certainement sur le chemin de la trahison et de l'abandon : « Vous avez déjà eu plusieurs passions, vous en auriez encore ; je ne ferais plus votre bonheur ; je vous verrai pour une autre comme vous auriez été pour moi. » (PDC : 232). En vertu de quoi, Harriet Allentuch donne une interprétation tout à fait éclairante du refus final de la princesse qui implique selon elle « a criticism of the social order in which the relations between the sexes [...] inspire so much mistrust and bring so little fulfillment. »[19] La princesse ne choisira donc pas le plaisir à court terme parce qu'elle désire se soustraire à la « douleur mortelle » (PDC : 232) qu'elle prévoit sur le long terme. « This residual, self-protective selfishness esteems the mysteries of love more than it rejects them »,[20] écrit le critique Roger Shattuck. Cela signifie, semble-t-il, que l'amour de la princesse pour l'absolu – la perfection d'un amour inaltérable – l'amène à refuser ce qu'elle sait être un compromis, si les hommes sont déloyaux et tricheurs et si la passion est destinée à l'échec. De manière évidente, la princesse désire, en effet, préserver par son refus l'amour de la possession afin de le rendre éternel. Et si la facture de l'amour du duc est faite de matériaux périssables, avant de disparaître pourtant, sa passion aura été prolongée « des années entières » (PDC : 242). Nathalie Grande tire, à ce propos, une analogie très intéressante entre le roman de Madame de Lafayette et la légende médiévale de *Tristan et Iseult* :

18   « quittant la cour, dont il faisait les délices, pour aller regarder les murailles qui la renfermaient. » (PDC : 221).

19   Harriet Ray Allentuch, « The Will to Refuse in *The Princesse of Clèves* », *University of Toronto Quarterly*, 44, 1975, p. 196.

20   Roger Shattuck, « The Pleasures of Abstinence », *The New York Review of Books*, 43, 1996, p. 29.

L'instant du refus, où se cristallise son combat intérieur, a en effet pour première conséquence de sublimer les désirs, métamorphosant ainsi ce qui aurait pu devenir une banale histoire d'amour en destin inouï et tragique. En se rendant inaccessible, la princesse s'assure de la pérennité de la dévotion amoureuse de Nemours. Le rapprochement avec le mythe de *Tristan et Iseult* s'impose, car là aussi c'est dans la séparation et l'obstacle que les amants trouvent la perfection amoureuse.[21]

Cette analogie est intéressante en ce sens qu'elle incite à déborder le cadre social du dix-septième siècle, pour donner vue sur les origines profondément mythiques de la passion suivant le modèle occidental tel que Denis de Rougemont l'a décrit dans *L'Amour et l'occident*, où il accorde, nous l'avons dit en introduction, une importance fondamentale à la notion d'obstacle sur laquelle nous reviendrons pour conclure en transition avec le chapitre suivant.

En attendant, il est temps de revenir sur cet instinct de survie dont nous venons de faire mention plus haut, et surtout dans le chapitre précédent. En langage psychanalytique, on parle de « pulsions d'auto conservation » « à situer d'emblée du côté du principe de réalité »,[22] « au point qu'elles deviennent les agents de la réalité et s'opposent aux pulsions sexuelles. »[23] Quand des difficultés se dressent qui pourraient mettre en danger l'équilibre psychique par la satisfaction des pulsions, il advient ainsi que le moi provoque, par peur des pulsions, une rupture des relations affectives et un retrait narcissique. On dit aussi que le sujet retire sa libido des objets, source de déception, de menaces et d'incertitudes et la ramène dans le moi. André Green fait remarquer très justement que « le risque d'abandon ou de rejet par l'objet signe moins la perte d'amour que la perte de valeur et la faillite du besoin de reconnaissance par l'autre. »[24] On voit ainsi que cette rupture se produit pour éviter l'angoisse d'un état de souffrance psychologique, lorsque le maintien d'un contact avec autrui, qui n'apporte plus au sujet aucun réconfort, risquerait d'accentuer un sentiment de dévalorisation. Pis encore que cela, André Green souligne que

---

21   Nathalie Grande, *Stratégies de romancières*, p. 108.
22   J. Laplanche et J. B. Pontalis, *Vocabulaire de la psychanalyse*, p. 370.
23   J. Laplanche et J. B. Pontalis, *Vocabulaire de la psychanalyse*, p. 369.
24   André Green, *Narcissisme de vie, narcissisme de mort*, p. 42.

« les souffrances narcissiques sont accrues au-delà de l'échec par l'insatisfaction du désir dans la mesure où celle-ci marque la dépendance du sujet
à l'objet pour satisfaire les pulsions – plus précisément, pour obtenir le
silence des désirs que seul l'objet peut satisfaire. »[25] Cela permet de mieux
comprendre les satisfactions narcissiques que permet d'apporter le retour
en arrière de la libido : le moi se délivrant de sa dépendance à l'égard d'un
objet aléatoire, « comme à ses réponses toujours défaillantes au regard des
espérances qu'il est supposé accomplir »,[26] trouve en lui-même sa propre
satisfaction, se donne l'illusion de sa toute-puissance. Comme le dit excel-
lemment André Green : « En fait, sans nier les satisfactions objectales
liées à la position de maîtrise, ce qui compte dans une telle situation, c'est
autant d'assurer un pouvoir que de prendre la place de celui qui l'exerce
afin de l'empêcher de pouvoir l'exercer sur soi, c'est-à-dire s'affranchir de
sa tutelle. »[27] De nombreux critiques ont en effet perçu reposant au cœur
de la décision de la princesse, la résultante d'un conflit opposant l'amour
à une poussée intérieure vers la liberté individuelle, même si ce conflit est
plutôt situé à un niveau social. Harriet Allentuch, en particulier, souligne
l'idée qu'un « emotional engagement will endanger all hope for self-
definition and self-control (the dreaded 'perte de la maîtrise de soi'). »[28]
D'autres se sont ainsi empressés de conclure, tels que Elena Pulcini, au
« narcissisme » de la princesse : « Convaincue que la passion meurt iné-
luctablement avec le temps, la princesse refuse de s'exposer à un 'malheur'
dont elle souffrirait immanquablement. Ainsi apparaît le narcissisme du
sujet amoureux conçu comme une extrême défense de soi, et, par conséquent, comme quelque chose d'opposé à la générosité. »[29] Si le retrait
narcissique marque inévitablement qu'il est impossible d'effectuer l'oubli
de soi *avec* l'autre, l'on peut supposer pourtant qu'il traduit, plus encore
que l'amour de soi, le refus de la déception d'amour ou l'impossibilité

25   André Green, *Narcissisme de vie, narcissisme de mort*, p. 42.
26   André Green, *Narcissisme de vie, narcissisme de mort*, p. 46.
27   André Green, *Narcissisme de vie, narcissisme de mort*, p. 43.
28   Harriet Allentuch, « The Will to Refuse in *The Princesse de Clèves* », p. 190.
29   Elena Pulcini, *Amour-Passion et amour conjugal. Rousseau et l'origine d'un conflit
     moderne*, p. 32.

d'une relation affective. Cette recherche de la toute-puissance laisse de ce fait voir son envers : l'insécurité, l'impuissance et la négation par le refuge dans l'illusion défensive.[30]

Du reste, les « pulsions d'auto-conservation », celles-ci commandant le retrait de l'intérêt libidinal, sont aussi à classer, pour Freud, dans la catégorie des « pulsions de vie » dont elles représentent un cas particulier et qui tendent à maintenir l'unité et l'existence de l'individu. Elles s'opposent aux « pulsions de mort » qui « tendent à la réduction complète des tensions », c'est-à-dire « à ramener l'être vivant au repos absolu de l'anorganique. »[31] D'un côté donc, une tendance à « garder constant le niveau de tension », à ranger du côté des pulsions de vie, et de l'autre, « la réduction des tensions à zéro »,[32] à ranger du côté des pulsions de mort. Or, il semble que la régression finit par mener la princesse aussi loin : vers le zéro de l'illusion[33] du non investissement puisqu'elle s'accompagne progressivement de ce qu'on peut nommer sa mort psychique, c'est-à-dire l'extinction de tout désir, l'anéantissement de son individualité qui se fond dans une indifférence profonde, un détachement de tout, puis de sa mort tout court. Voici transposé le dernier message que la princesse fait parvenir à Nemours :

> elle voulait bien qu'il sût, qu'ayant trouvé que son devoir et son repos s'opposaient au penchant qu'elle avait d'être à lui, les autres choses du monde lui avaient paru si indifférentes qu'elle y avait renoncé pour jamais ; qu'elle ne pensait plus qu'à celles de l'autre vie et qu'il ne lui restait aucun sentiment que le désir de le voir dans les mêmes dispositions où elle était. (PDC : 242).

---

30 Dans le chapitre quatre, en effet, nous affirmerons dans la lignée de critiques tels que Roland Racevskis, que le retrait permanent de la princesse dans sa maison des Pyrénées et au couvent n'est pas incompatible avec le recours à l'imaginaire. En fait, nous avons déjà étudié dans le chapitre précédent au sujet de Lol V. Stein, le rapport qui lie en psychanalyse le retrait de la libido dans le moi à la vie fantasmatique du sujet en tant que solution compensatoire. L'un ne va pas sans l'autre.

31 J. Laplanche et J. B. Pontalis, *Vocabulaire de la psychanalyse*, pp. 371–76.

32 J. Laplanche et J. B. Pontalis, *Vocabulaire de la psychanalyse*, p. 377.

33 Mais « c'est le zéro qui devient objet d'investissement », précise Green dans *Narcissisme de vie, narcissisme de mort*, p. 36.

Ainsi, le dernier aperçu que l'on a de la princesse est celui d'un être indépendant et autonome dont dépend Nemours sans que celle-ci ne soit porteuse à son égard du moindre désir. Les buts sont donc inversés : la destruction de l'objet dans un but de sauvegarde conduit à l'auto destruction, à l'apaisement même du mourir.[34]

II – *La Violence du regard*

Nemours est forcé de se tenir en posture de spectateur indiscret tout au long du roman puisque Madame de Clèves se refuse à toute entrevue. Quand il la regarde, c'est toujours sans que la princesse ne le sache ni ne le voie en commençant par la contemplation de son portrait que Nemours a dérobé. Parce que le duc ne peut posséder la princesse, il reporte son désir sur la possession du portrait qui sert de substitut : « Il y avait longtemps que M. de Nemours souhaitait d'avoir le portrait de Mme de Clèves. Lorsqu'il vit celui qui était à M. de Clèves, il ne put résister à l'envie de le dérober à un mari qu'il croyait tendrement aimé [...]. » (PDC : 106). Du fait que le portrait appartienne au mari de la princesse, le duc ne peut résister à l'envie de s'approprier le bien de son rival qui en est le véritable propriétaire, du portrait et de la princesse. Celle-ci est ici réduite à une fonction d'objet que l'on doit posséder de force, le portrait par ailleurs représentant en soi la réification de l'être qu'il dépeint. Les sous-entendus sexuels agressifs de la scène sont à peine voilés, cette prise de possession forcée correspond clairement à un viol

---

34   Notons qu'André Green fait valoir pourtant que « l'idée de successivité dans une telle organisation est non pertinente ; c'est celle de la simultanéité qui prévaut et qui doit nous amener à penser la coexistence de la destruction de l'objet (fondateur du narcissisme et narcissiquement investi) et de la destruction du Moi qui aspire à retrouver l'indifférence. Est-ce pour retrouver un *bien-être* ? Ou pour fuir un mal-être ? Ici encore, la coexistence des deux mouvements 'fuite de', 'aspiration à', est donnée simultanément. Cette in-différence passionnément recherchée est, bien entendu, intolérance à l'indifférence des autres [...]. » (*Narcissisme de vie, narcissisme de mort*, p. 53).

symbolique. Le portrait en main, c'est à peine si le duc peut contenir sa joie en public et s'éclipse très rapidement pour s'enfermer dans sa chambre et se réjouir de son succès sans se soucier de la situation embarrassante dans laquelle il vient de plonger la princesse, témoin de la scène : « M. de Nemours alla se renfermer chez lui, ne pouvant soutenir en public la joie d'avoir un portrait de Mme de Clèves. » (PDC : 107). En même temps, le portrait n'est précisément, dans le langage de Louis Marin, que « le moi comme pure représentation du moi »,[35] et non pas le moi réel et encore moins le corps. Le portrait peut bien être ravi, en fait la princesse ne fait rien pour en empêcher son ravissement. Après tout, tout ce que Nemours a le droit de posséder est assez dérisoire par comparaison à ce qui lui est refusé : c'est un portrait volé ou un regard volé comme dans la scène à Coulommiers.

Suite à la scène de l'aveu à laquelle Nemours assiste en tiers inconnu – nous y reviendrons – et maintenant au courant des sentiments de celle qu'il aime, il est venu depuis Chambord dans le but de forcer la rencontre à se produire : « M. de Nemours, qui connaissait assez le lieu pour entendre ce qu'en disait Mme de Martigues, pensa qu'il n'était pas impossible qu'il y pût voir Mme de Clèves sans être vu que d'elle. » (PDC : 199). Sitôt que Nemours se fut introduit dans le jardin de la princesse,

> il n'eut pas de peine à démêler où était Mme de Clèves. Il vit beaucoup de lumières dans le cabinet [...] il s'en approcha avec un trouble et une émotion qu'il est aisé de se représenter [...] il vit qu'elle était seule ; mais il la vit d'une si admirable beauté qu'à peine fut-il maître du transport que lui donna cette vue. Il faisait chaud, et elle n'avait rien, sur sa tête et sur sa gorge, que ses cheveux confusément rattachés. Elle était sur un lit de repos, avec une table devant elle, où il y avait plusieurs corbeilles pleines de rubans ; elle en choisit quelques uns, et M. de Nemours remarqua que c'étaient les mêmes couleurs qu'il avait portait au tournoi. Il vit qu'elle en faisait des nœuds à une canne des Indes, fort extraordinaire, qu'il avait porté quelques temps et qu'il avait donné à sa sœur, à qui Mme de Clèves l'avait prise sans faire semblant de la reconnaître pour avoir été à M. de Nemours. Après qu'elle eut achevé son ouvrage avec une grâce et une douceur qui répandaient sur son visage les sentiments qu'elle avait dans le cœur, elle prit un flambeau et s'en alla, proche

---

35   Louis Marin, *Pascal et Port Royal*, Paris : PUF, 1997, p. 272.

d'une grande table, vis-à-vis du tableau du siège de Metz, où était le portrait de
M. de Nemours ; elle s'assit et se mit à regarder ce portrait avec une attention et
une rêverie que la passion seule peut donner. (PDC : 201–2).

On a souvent souligné le caractère féerique de cette scène où la princesse
exerce une séduction troublante sur son amant qui de loin l'observe avec
fascination. Là, langoureusement étendue sur son lit de repos, les cheveux
décoiffés et dans un état de semi nudité, elle célèbre une sorte de rituel si
évidemment dévoué au culte de son amant. Parti pour forcer la princesse
à le voir, Nemours est pourtant arrêté dans son élan par la vision d'un tel
spectacle, et trouve même « qu'il y avait eu de la folie, non pas à venir voir
Mme de Clèves sans être vu, mais à penser de s'en faire voir. » (PDC :
203). Devenu voyeur, il jouit d'un spectacle auquel il n'a pas droit et c'est
ce qui le rend d'autant plus fascinant :

> Voir au milieu de la nuit, dans le plus beau lieu du monde, une personne qu'il
> adorait, la voir sans qu'elle sût qu'il la voyait, et la voir tout occupée de choses qui
> avaient du rapport à lui et à la passion qu'elle lui cachait, c'est ce qui n'a jamais été
> goûté ni imaginé par nul autre amant. Ce prince était aussi tellement hors de lui-
> même qu'il demeurait immobile à regarder Mme de Clèves, sans songer que les
> moments lui étaient précieux. (PDC : 202).

L'émotion intense que provoque la vision de cette scène est vécue comme
source d'un plaisir positif qui rattache la fonction essentielle du plaisir
visuel à une notion de violence et de pouvoir. Le regard de Nemours est de
manière flagrante objectifiant : il viole l'intimité de la princesse et prend
possession d'un savoir sans le consentement de celle-ci. La puissance du
voyeur tient, en effet, à ce qu'il voit sans être vu si bien qu'il jouit pleinement de son regard. Ainsi, tapi dans l'ombre, il surveille sa victime, sans
que celle-ci puisse même tenter de se défendre, pour essayer de surprendre
sur le fait et dans leur authenticité la plus absolue les attitudes de l'être
aimé qui témoignent de ses sentiments. Dans la description sartrienne
du « complexe d'Actéon », ce dernier viole Diana en la regardant, et la
somme de ce qu'il voit constitue sa connaissance de celle-ci et sa posses-

sion – « La vue est jouissance, voir c'est *déflorer* »,[36] écrit Sartre liant ainsi le voyeurisme masculin et sa relation à la jouissance à un sens sexuel sinon de violence sexuelle.

Mais on le sait, la princesse se livre aussi au plaisir du voir sans être vu par l'intermédiaire du portrait de Nemours. Toutefois, chaque regard tout en exprimant le désir, possède une relation différente au plaisir. Par antithèse au regard masculin, le regard féminin constitue la source d'un plaisir inoffensif [37] qui tient par nature à la réconciliation du désir et de l'innocence. La condition en est l'exclusion même de Nemours qui se trouve emprisonné derrière la vitrine de son propre voyeurisme, lui permettant seulement de se voir comme l'objet des fantasmes adultères qui hantent l'esprit de Mme de Clèves. Qu'il apparaisse et aussitôt tout est fini. Si Nemours désire de tout son être la possession de Mme de Clèves, en réalité les seules fois où il se sait aimé, il le sait précisément parce qu'il est absent. « La destinée de Nemours », écrit Jean Rousset, « c'est d'être partout ce témoin qui voit ce qui se dérobe à ses regards, alors que la destinée de la Princesse semble être de ne pouvoir se soustraire à cette inquisition qu'elle fuit sans cesse et retrouve dans tous les lieux où elle cherche refuge. »[38] Suivant cette logique, la princesse serait l'infortunée

36   Jean-Paul Sartre, *L'Etre et le néant*, p. 666.
37   Peggy Trzebiatowski propose un commentaire très pertinent par rapport aux différences qui caractérisent les deux portraits en dehors du fait que l'un est volé et l'autre non. D'une part, « The portrait of the princess is private and individualistic, and it was painted for her husband. She is introspective and acts accordingly. In contrast, the duke's portrait is public, and Nemours is painted as part of a group. » D'autre part, la princesse contemple, pendant que le duc est lui-même en train de l'espionner, un portrait qui « depicts Nemours at the battle of Metz in his capacity as a warrior. » Il est entendu par là que le regard féminin, « does not violate [Nemours's] privacy ; the princess gazes at a representation of his public persona, in a private space. » Par contraste, l'espionnage auquel se livre Nemours démontre un lien tenace entre l'homme et sa profession telle qu'elle est dépeinte dans le portrait. « In love », écrit Peggy Trzebiatowski, « the duke is above all a soldier », il en possède en effet l'aggressivité et l'habileté. (« The Hunt is On : The Duc de Nemours, Aggression and Rejection », *PFSCL XXV*, 49, 1998, p. 588).
38   Jean Rousset, *Forme et signification, essai sur les structures littéraires de Corneille à Claudel*, p. 26.

victime d'une invasion oculaire à laquelle elle n'a aucun moyen d'échapper. Cependant, de telles interprétations, on peut citer plus récemment la critique de Marianne Hirsch,[39] tout en identifiant très bien la violence attachée à la caractérisation du regard masculin, manque de reconnaître son impuissance, sur laquelle nous reviendrons dans le chapitre quatre, c'est-à-dire la dynamique du regard masculin dans toute son ambiguïté. Indépendamment de cette opposition sexuée de la fonction du plaisir visuel qui illustre la mentalité de Nemours renvoyant à une opposition en termes de sujet et d'objet, indépendamment de cela donc, il est vrai que cette situation est en même temps symbolique. Elle est l'image même de l'amour impossible ou plutôt de l'amour qui n'est possible que dans l'absence. « Cette nuit chaste et brûlante, c'est leur nuit nuptiale » écrit Jean Rousset, « Jamais ils ne seront plus proches, et pourtant on ne saurait être plus séparé : Madame de Clèves s'épanche devant un portrait, M. de Nemours la contemple à travers une fenêtre. S'il s'approchait, tout serait rompu. Chez Madame de Lafayette, la communication ne se fait qu'à distance et par voies indirectes. Tout contact réel est tenu pour impossible. »[40] Le regard fonctionne dans tous les cas, en tant que symbole de deux rencontres dont chacune est purement abstraite et unilatérale.

39   « Looks are weapons of intrusion and violation. Nemours himself participates in this activity to the point of voyeurism. He steals Mme de Clèves' portrait, spies on her in her country retreat, on one occasion overhearing her most intimate conversation with her husband, on another watching the most privte revelations of her soul. Later he rents a room with a view of her garden and spends his days watching her. » (Marianne Hirsch, « A Mother's Discourse : Incorporation and Repetition in *La Princesse de Clèves* », *Yale French Studies*, 62, 1982, p. 80).
40   Jean Rousset, *Forme et signification*, p. 27.

C – Regard imaginaire dans *La Nouvelle Héloïse*

I – La Médiation du portrait

Dans *La Nouvelle Héloïse*, après avoir rejeté avec mépris le mariage des amants qu'avait osé proposer Milord Edouard au père de Julie, celle-ci croit devoir éloigner Saint-Preux afin de s'arracher au continuel danger de sa présence et respecter l'ordre de son père. La séparation est « amère » (NH : 156) mais Julie trouve des vertus consolatrices à être éloignée de celui qu'elle aime :

> Oui, mon ami, nous serons unis malgré notre éloignement ; nous serons heureux en dépit du sort. C'est l'union des cœurs qui fait leur véritable félicité ; leur attraction ne connaît point la loi des distances, et les nôtres se toucheraient aux deux bouts du monde. Je trouve comme toi que les amants ont mille moyens d'adoucir le sentiment de l'absence et de se rapprocher en un moment : quelquefois même on se voit plus souvent encore que quand on se voyait tous les jours ; car sitôt qu'un des deux est seul, à l'instant tous deux sont ensemble. Si tu goûtes ce plaisir tous les soirs, je le goûte cent fois le jour : je vis plus solitaire, je suis environnée de tes vestiges, et je ne saurais fixer les yeux sur les objets qui m'entourent sans te voir tout autour de moi. (NH : 167).

Il est ici évident que l'amour chez Julie ne s'attache pas à la présence du corps, ce qui importe est que l'amour subsiste dans les âmes par delà les obstacles de la distance. Rousseau introduit par le fait une dichotomie entre désir sexuel et la spiritualité de l'amour, parallèle à la disjonction du réel et de l'imaginaire. En effet, tout ce qui a un rapport à l'autre en fait surgir son image aussi concrètement que sa présence réelle. Ainsi, privé de l'objet d'amour l'imagination restaure la présence de l'être aimé qui passe au rang d'image. C'est en ce sens que nous pouvons parler de regard imaginaire qui constitue un « moyen » de compenser l'absence, ce qui signifie que la séparation est cependant devenue rencontre au sein d'un univers intérieur, qui s'accomplit dans l'union platonique des cœurs et non par la rencontre des corps. On peut ainsi s'interroger sur le fait que Julie semble aimer Saint-Preux non pas tant pour sa présence que pour son absence dans la mesure où l'effigie intérieure de l'être aimé remplace dans sa conception de l'amour la réalité de l'objet.

A la suite du passage précédent, Julie reproche d'ailleurs à Saint-Preux de ne pouvoir se contenter d'une forme d'amour purement platonique et redoute la charge sensuelle de son imagination qui lui fait mépriser la solitude et irrite dangereusement ses sens : « Je redoute ces emportements trompeurs, d'autant plus dangereux que l'imagination qui les excite n'a point de bornes, et je crains que tu n'outrages ta Julie à force de l'aimer. Ah ! tu ne sens pas, non, ton cœur peu délicat ne sent pas combien l'amour s'offense d'un vain hommage, tu ne songes ni que ta vie est à moi, ni qu'on court souvent à la mort en croyant servir la nature. Homme sensuel, ne sauras-tu jamais aimer ? » (NH : 167). Alors que Julie reproche à Saint-Preux la persistance de ses désirs sensuels, en même temps, elle en attise le feu de manière tout à fait paradoxale en lui envoyant son portrait dont la fonction principale est de « communiquer à l'un l'impression des baisers de l'autre, à plus de cents lieues de là » (NH : 167), autrement dit de créer l'illusion de la présence réelle de l'être aimé. Tout en se méfiant ainsi des écarts de l'imagination, Julie ne cessera de voir en elle une faculté consolatrice, pour son amant mais aussi pour elle, qui compense du désir sacrifié et de la privation. Pour Saint-Preux, la réception du paquet dont il ignore encore le contenu, est identique à la réception de l'autre et provoque le même trouble et la même agitation :

> A peine l'ai-je eu dans les mains, que, sans payer le port, sans m'en informer, sans rien dire à personne, je suis sorti comme un étourdi ; et, ne voyant le moment de rentrer chez moi, j'enfilai avec tant de précipitation des rues que je ne connaissais point, qu'au bout d'une demi-heure, cherchant la rue de Tournon où je loge, je me suis trouvé dans le Marais, à l'autre extrémité de Paris. J'ai été obligé de prendre un fiacre pour revenir plus promptement [...]. (NH : 199–200).

L'attouchement que Saint-Preux lui prodigue en attendant d'arriver chez lui pour l'ouvrir et la manière dont d'une « main tremblante » il le déshabille avant que n'apparaisse devant ses yeux la représentation picturale du corps de l'autre, donne à la scène une connotation profondément sexuelle :

> je m'efforçais de palper à travers les enveloppes ce qu'il pouvait contenir ; et l'on
> eût dit qu'il me brûlait les mains à voir les mouvements continuels qu'il faisait de
> l'une à l'autre. [...] j'ai senti palpiter mon cœur à chaque papier que j'ôtais et je me
> suis bientôt trouvé tellement oppressé que j'ai été forcé de respirer un moment sur
> la dernière enveloppe... Julie !... ô ma Julie ! le voile est déchiré... je te vois... je vois
> tes divins attraits ! Ma bouche et mon cœur leur rendent le premier hommage,
> mes genoux fléchissent... (NH : 200).

En tant que représentation de l'être aimé, le portrait devient son substitut et Saint-Preux croit « en le voyant, revoir encore [sa bien aimée] » :
« quels torrents de flammes mes avides regards puisent dans cet objet
inattendu ! ô comme il ranime au fond de mon cœur tous les mouvements
impétueux que ta présence faisait naître ! [...] Ne sens-tu pas tes yeux, tes
joues, ta bouche, ton sein, pressés, comprimés, accablés de mes ardents
baisers ? Ne te sens-tu pas embraser toute entière du feu de mes lèvres
brûlantes ? » (NH : 201). Purement fictive est ici la réalisation du désir
amoureux par la médiation du portrait, maintenant à distance le rapport
sexuel, mais aboutissant, en même temps, à un plaisir sensuel.

L'imagination de Julie la jette à son tour dans de violents transports
érotiques : « Cent fois le jour, quand je suis seule, un tressaillement me
saisit comme si je te sentais près de moi. Je m'imagine que tu tiens mon
portrait, et je suis si folle que je crois sentir l'impression de tes caresses que
tu lui fais et des baisers que tu lui donnes ; ma bouche croit les recevoir,
mon tendre cœur croit les goûter. » (NH : 208). Cette scène d'amour
voulue par Julie n'est rendue possible que par un circuit détourné qui
correspond au transfert du désir sur un fétiche se substituant à son propre
corps. Ainsi ces deux données parallèles et opposées que sont le désir et son
impossibilité d'être réalisé, convoquent un espace dans lequel l'imaginaire
et l'érotique se replient l'un sur l'autre. Espace qui autorise finalement la
satisfaction fictive du désir avec pour partenaire, non pas l'être aimé mais
son double imaginaire et qui devient le garant paradoxal de la sublimation du désir. Encore une fois nous sommes confrontés dans *La Nouvelle
Héloïse* à un mélange de sensualité et d'idéal platonique grâce au concours
de l'imagination qui déplace le désir sur la présence fictive de l'être aimé
durant son absence. Ce qui constitue l'enjeu même de l'amour repose donc
sur la satisfaction imaginaire du désir, jusqu'à exiger l'absence de l'autre

pour brûler plutôt que sa présence : « O douces illusions ! ô chimères ! dernières ressources des malheureux ! ah ! s'il se peut, tenez-nous lieu de réalité. » (NH : 208). L'illusion qui procède de l'activité compensatrice de l'imagination est un concept clé chez Rousseau qui l'emporte toujours sur le réel dans la mesure où la possession de l'être aimé coïncide avec la menace du déclin de l'amour. Ecoutons ce qu'Elena Pulcini dit à cet égard : « [Rousseau] nie le désir et son objet, d'une part pour ne pas s'exposer à la déception et à l'inquiétude résultant de sa capacité de se reproduire à l'infini, mais aussi pour pouvoir en préserver justement le caractère inachevé et de manque qu'il constitue dans la sphère autonome et protégée de l'imaginaire. »[41] Autrement dit, le refoulement du désir et son refuge dans l'imaginaire sont en réalité les deux revers d'une même médaille qui vise à préserver l'amour de la déchéance.

Notons que le roman en entier est une tentative de sublimation du désir. Dès le début, on trouve chez Julie une volonté d'épurer la passion du désir pour être transformée en amour tendre et vertueux. Mais son renoncement a aussi un sens plus profond :

> On doit compter qu'on cessera de s'adorer tôt ou tard ; alors l'idole qu'on servait détruite, on se voit réciproquement tels qu'on est. On cherche avec étonnement l'objet qu'on aima ; ne le trouvant plus, on se dépite contre celui qui reste, et souvent l'imagination le défigure autant qu'elle l'avait paré. Il y a peu de gens dit La Rochefoucauld, qui ne soient honteux de s'être aimés, quand ils ne s'aiment plus. Combien alors il est à craindre que l'ennui ne succède à des sentiments trop vifs ; que leur déclin, sans s'arrêter à l'indifférence, ne passe jusqu'au dégoût ; qu'on ne se trouve enfin tout à fait rassasiés l'un de l'autre ; et que, pour s'être trop aimés amants, on n'en vienne à se haïr époux ! (NH : 275).

Ainsi que le remarque très finement Elena Pulcini : « Au bout du compte, Julie, à l'inverse de la princesse, craint plus le bonheur dû à la réalisation de l'amour que la souffrance causée par sa fin et par l'abandon de l'autre, puisque le bonheur finirait par se transformer pour les amants en indif-

---

41   Elena Pulcini, *Amour-passion et amour conjugal, Rousseau et l'origine d'un conflit moderne*, p. 197.

férence, en ennui, en dégoût. »[42] Cela ne veut pas dire pour autant que Julie ne partage la même conception négative de la passion que la princesse de Clèves, perçue comme une source de malheur et de perte de soi pour un moi qui découvre son propre désarroi devant le monde pulsionnel intérieur. En renonçant à Saint-Preux pour se marier, Julie est tout autant guidée, en effet, par des préoccupations auto conservatrices et par la volonté de sublimer la passion pour passer au plan d'un ordre éthique et social supérieur par sa capacité de ne pas s'isoler du domaine collectif et moral, à l'inverse de la passion,[43] que par le besoin plus profond de maintenir son amour dans une sphère idéale où rien ne vienne l'altérer. « Ne vaut-il pas mieux épurer un sentiment si cher pour le rendre durable ? Ne vaut-il pas mieux en conserver au moins ce qui peut s'accorder avec l'innocence ? N'est-ce pas conserver tout ce qu'il eut de plus charmant ? Oui, mon bon et digne ami, pour nous aimer toujours il faut renoncer l'un à l'autre. Oublions tout le reste, et soyez l'amant de mon âme. Cette idée est si douce qu'elle console de tout » (NH : 268), écrivait Julie à Saint-Preux en l'exhortant à l'épuration de la passion pour conjurer la fatalité de la possession. En refusant de satisfaire le désir, Julie a ainsi voulu éviter le risque de l'ennui, mais elle échoue dans sa tentative de sublimation du désir parce qu'au lieu de le dépasser, elle a seulement tenté de l'étouffer jusqu'au moment où le refoulement du désir le fait ressortir malgré tout et détruit l'illusion d'un bonheur apparemment parfait. Privé de tout investissement extérieur, ce mouvement de retrait narcissique de la libido finit par produire une atmosphère délétère dont la seule issue est la mort, qui offre la certitude d'être enfin unie à Saint-Preux pour l'éternité : « La

---

42   Elena Pulcini, *Amour-passion et amour-conjugal, Rousseau et l'origine d'un conflit moderne*, p. 104.

43   « L'amour est accompagné d'une inquiétude continuelle de jalousie et de privation, peu convenable au mariage, qui est un état de jouissance et paix. On ne s'épouse point pour penser uniquement l'un à l'autre, mais pour remplir conjointement les devoirs de la vie civile, gouverner prudemment la maison, bien élever ses enfants. Les amants ne voient jamais qu'eux, ne s'occupent incessamment que d'eux, et la seule chose qu'ils sachent faire est de s'aimer. Ce n'est pas assez pour des époux, qui ont tant d'autres soins à remplir. » (NH : 274–75).

vertu qui nous sépara sur la terre nous unira dans le séjour éternel. »
(NH : 566). L'idée d'immortalité de l'amour n'est donc pas étrangère à
une certaine dimension religieuse bien qu'équivoque.

II – *Projection du désir sur l'image de l'être aimé*

A défaut de pouvoir satisfaire son désir avec sa bien aimée, Saint-Preux
le réalise dans l'espace immatériel de l'imaginaire avec son image[44] selon
l'expression qu'il utilise : « Si j'ose former des vœux extrêmes, ce n'est
plus qu'en votre absence ; mes désirs, n'osant aller jusqu'à vous, s'adres-
sent à votre image, et c'est sur elle que je me venge du respect que je suis
contraint de vous porter. » (NH : 26).

1 – Voyeurisme imaginaire

Exilé à Sion, la douleur de la séparation physique est de même secourue
par la puissance créatrice de l'imagination qui aboutit à la satisfaction du
désir amoureux dirigé vers l'image de Julie :

> C'est ainsi que j'ai trouvé le secret d'éluder votre rigueur et de vous voir sans vous
> désobéir. Oui, cruelle, quoi que vous ayez su faire, vous n'avez pu me séparer de
> vous tout entier. Je n'ai traîné dans mon exil que la moindre partie de moi-même :
> tout ce qu'il y a de vivant en moi demeure auprès de vous sans cesse. Il erre impu-
> nément sur vos yeux, sur vos lèvres, sur votre sein, sur tous vos charmes ; il pénètre
> partout comme une vapeur subtile, et je suis plus heureux en dépit de vous que je
> ne fus jamais de votre gré. (NH : 38).

Par rapport à cette forme de voyeurisme imaginaire qui investit Saint-
Preux du pouvoir d'enfreindre l'interdit féminin, on voit bien que la
notion d'agressivité et de violence est ici toujours très pertinente, comme
elle l'était avec Nemours. D'ailleurs, Julie ne se dit-elle pas « outragée »
et « offensée » par les plaisirs solitaires et sensuels auxquels se livre son

---

44   Nous avons vu plus tôt que l'image de Julie pouvait prendre la consistance du
     portrait.

amant, avec ce que ces termes connotent de l'idée de violence sexuelle. En outre, banni de la présence de l'être aimé, Saint-Preux cache mal le charme évident de l'abandon à l'aventure imaginaire qui aboutit à l'extase heureuse en perdant de vue tout objet : « Je ne suis point à plaindre dans la solitude, où je puis m'occuper de vous et me transporter aux lieux où vous êtes. » (NH : 38). Ce goût pour la solitude fait éclater l'évidence de l'auto suffisance du désir capable de s'assouvir dans l'intimité du moi. Aussi sommes-nous frappés dans la lettre suivante par la complaisance avec laquelle Saint-Preux se console de l'absence qu'il est censé regretter : « Je ne sais quelle idée consolante et douce tempère en moi l'amertume de votre éloignement, en songeant qu'il s'est fait par votre ordre. » (NH : 39).

Puis, rappelé dans un endroit où Saint-Preux sera plus proche de son amante, il se livre plus directement à la dérive du voyeur mais la distance étant trop grande pour que Saint-Preux voit grand-chose, il s'aperçoit finalement que son « imagination donnait le change à [ses] yeux fatigués. » (NH : 54). Il ne parviendra seulement qu'à « contempler » la demeure qui renferme Julie à l'aide d'un télescope et encore une fois l'imagination vient compenser la distance, combler le vide et réaliser l'irréalisable :

> Parmi les rochers de cette côte, j'ai trouvé, dans un abri solitaire, une petite espla-nade d'où l'on découvre à plein la ville heureuse où vous habitez. [...] J'ai pris tant de goût pour ce lieu sauvage que j'y porte même de l'encre et du papier ; et j'y écris maintenant cette lettre sur un quartier que les glaces ont détaché du rocher voisin. C'est là, ma Julie, que ton malheureux amant achève de jouir des derniers plaisirs qu'il goûtera peut-être en ce monde. C'est de là qu'à travers les airs et les murs il ose en secret pénétrer jusque dans ta chambre. Tes traits charmants le frappent encore ; tes regards tendres raniment son cœur mourant ; il entend le son de ta douce voix ; il ose chercher encore en tes bras ce délire qu'il éprouva dans le bosquet. Vain fan-tôme d'une âme agitée qui s'égare dans ses désirs ! (NH : 54).

Se dessine ici nettement une oscillation entre l'abandon à l'imaginaire et une réaction contre cet abandon, une obéissance docile à Julie et sa dénonciation, le charme du désir et sa douleur. L'illusion de la satisfac-tion du désir l'emporte mais ce n'est que momentanément : Saint-Preux finit par se rendre compte qu'il rêve tout éveillé. A ce propos, il n'est pas anodin que Saint-Preux apporte toujours dans ce lieu, de l'encre et du papier. L'écriture est en effet ce qui permet de prolonger les délires de l'imagination et de tromper la fièvre du désir. Voici ce que Saint-Preux écrit dans une autre lettre : « Il est vrai, chère amie, tu es trop belle, et tu fus trop tendre pour mon faible cœur ; il ne peut oublier ni ta beauté ni tes caresses ; tes charmes triomphent de l'absence, ils me poursuivent partout, ils me font craindre la solitude ; et c'est le comble de ma misère de n'oser m'occuper toujours de toi. Ils seront donc unis malgré les obstacles, ou plutôt ils le sont au moment que j'écris ! » (NH : 173). La fameuse lettre où Saint-Preux pénètre dans le cabinet de Julie en attendant son arrivée, illustre très bien ce mécanisme par lequel la jouissance imaginaire subit un détournement vers l'écriture, en laissant le désir continuer de s'abuser lui-même : « je te vois, je te sens partout, je te respire avec l'air que tu as respiré ; tu pénètres toute ma substance : que ton séjour est brûlant et douloureux pour moi ! Il est terrible à mon impatience. O viens, vole, ou je suis perdu. Quel bonheur d'avoir trouvé de l'encre et du papier ! J'exprime ce que je sens pour en tempérer l'excès ; je donne le change à mes transports en les décrivant. » (NH : 97). Julie absente devient ainsi prétexte à l'écriture qui sera la nouvelle forme de jouissance. May Spangler dans son article *Un Portrait dans un coin de robe* l'exprime ainsi : « La jouissance de Saint-Preux [...] est une jouissance narcissique qui se sert de la femme sur le mode de l'absence comme support de l'imaginaire qui produira l'écriture. »[45]

Aussi dix ans après, Saint-Preux perçoit comme perte ce qui n'était pas encore possession : « Ah ! sur les rochers de Meillerie, au milieu de l'hiver et des glaces, d'affreux abîmes devant les yeux, quel être au monde jouissait d'un sort comparable au mien ?... et je pleurais ! et je me trouvais à plaindre ! et la tristesse osait approcher de moi !... que ferai-je donc aujourd'hui que j'ai tout possédé, tout perdu ?... J'ai bien mérité ma misère, puisque j'ai si peu senti mon bonheur. » (NH : 466). Saint-Preux affirme ici que tant que le point de posséder l'objet du désir n'est pas atteint, tant que le sujet peut vivre dans un intervalle d'espoir, il peut être heureux.

---

45   May Spangler, « Un Portrait dans un coin de robe », *Littérature*, 42, 2000, p. 83.

Car durant cet intervalle l'action combinée de l'imagination et du désir façonne une image de l'autre et du bonheur que sa possession pourrait apporter : « Voici le séjour où ta chère image faisait mon bonheur, et préparait celui qu'il reçut enfin de toi-même. » (NH : 390). L'on voit que quand la « possession », l'arrêt sur le temps du bonheur sont évoqués, ce ne peut être que sur le mode du rêve, de l'inconstance. Quand plus tard encore, Saint-Preux accompagné de Julie revient au même endroit où il évoque avec passion son ancien amour et qu'il faut partir, il écrira : « Je partis avec elle en gémissant, mais sans lui répondre, et je quittai pour jamais ce triste réduit comme j'aurais quitté Julie elle-même. » (NH : 390). Ici, l'équivalence du lieu avec Julie, montre bien que tout le charme de la passion réside dans l'absence de l'être aimé dont l'image sert de substitut qui permet la réalisation du désir sur le plan imaginaire. Cet état se suffit à lui-même, un état qui est en fait la véritable jouissance : « Faut-il me retrouver avec toi dans les mêmes lieux, et regretter le temps que j'y passais à gémir de ton absence ?... » (NH : 390).

2 – Personnification de la lettre

Tout ce qui vient de l'autre, vêtements,[46] portrait, lettres en sont l'image, le substitut qui offrent un compromis entre l'affirmation de l'absence et son déni et qui permettent de satisfaire de manière purement fictive la passion. « La lettre », écrit Arbi Dhifaoui, « créée son scripteur, le rend

---

46   C'est ce qui est décrit dans la scène du cabinet : « Toutes les parties de ton habille-ment éparses présentent à mon ardente imagination celles de toi-même qu'elle recèlent [...]. » (NH : 97). Ici, le corps de Julie est absent mais son image, l'image d'un autre corps est évoqué par le spectacle de tous les accessoires – un chapeau, un fichu, un déshabillé, des mules – qui habillent son corps réel, en épousent les moindres contours comme son corset : « ce corps si délié qui touche et embrasse... quelle taille enchanteresse !... au-devant deux légers contours... O spectacle de volupté !... la baleine a cédé à la force de l'impression... Empreintes délicieuses, que je vous baise mille fois ! » (NH : 97). Spectacle donc qui est aussi promesse de nudité et qui amène un des moments les plus érotiques du texte.

présent et sensible malgré son absence. »[47] Pour Saint-Preux, les lettres
de sa bien aimée se métamorphosent, en effet, en personnification de
celle-ci : « chaque phrase » fait voir à l'amant « le doux regard de [ses]
yeux » et « chaque mot » fait entendre sa « voix charmante » (NH :
173). Et Saint-Preux n'avoue-t-il pas à Julie : « J'ai reçu ta lettre avec les
mêmes transports que m'aurait causés ta présence ; et, dans l'emportement
de ma joie, un vain papier me tenait lieu de toi. » (NH : 170). Il semble
donc que la lettre se confonde avec l'être aimé, et que cette confusion
amène Saint-Preux à déplacer sur le corps de la lettre ses manifestations
de tendresse, répondant à un désir intense qui le mène droit au fantasme :
« Ne sois donc pas surprise si tes lettres, qui te peignent si bien, font
quelquefois sur ton idolâtre amant le même effet que ta présence. En les
relisant je perds la raison, ma tête s'égare dans un délire continuel, un
feu dévorant me consume, mon sang s'allume et pétille, une fureur me
fait tressaillir. Je crois te voir, te toucher, te presser contre mon sein... »
(NH : 173). Dans le roman, la demande du désir ne peut être satisfaite que
par « voie postale » pour reprendre le terme de Dhifaoui. Écoutons-le
encore : « La lettre n'est pas tout à fait l'Autre, elle est l'autre de l'Autre,
un autre palpable, plus proche que l'autre éloigné. Cet autre-ombre est
capable de faire ce dont l'Autre-corps est incapable. »[48]

Ajoutons que Saint-Preux finit par user les lettres de Julie à force de
les manipuler : « Quoiqu'il n'y en ait pas une que je ne sache par cœur, et
bien par cœur, tu peux m'en croire, j'aime pourtant à les relire sans cesse,
ne fût-ce que pour revoir les traits de cette main chérie qui seule peut
faire mon bonheur. » (NH : 162). Si les lettres s'abîment, c'est parce que
Saint-Preux veut revoir sans cesse « les traits de cette main chérie » qui
figurent l'empreinte ou la représentation matérielle de la femme aimée
transférée sur le papier. Aussi décide-t-il de rassembler le corpus des lettres ou le corps de Julie dans un livre blanc afin de préserver l'original.
Conscient de l'impossibilité de posséder sa bien aimée, Saint-Preux se

---

47   Arbi Dhifaoui, « L'Epistolaire et/ou la violence dans *La Nouvelle Héloïse* »,
     Etudes littéraires françaises, 66, 1998, p. 362.
48   Arbi Dhifaoui, « L'Epistolaire et/ou la violence dans *La Nouvelle Héloïse* »,
     p. 361.

retrouve dès lors en possession d'un double de Julie qui « ne [le] quittera de [ses] jours, [...] le consolera de [ses] maux ; [...] l'édifiera dans tous les temps. » (NH : 162). En effet, « c'est un des miracles de l'amour de nous faire trouver du plaisir à souffrir » (NH : 173), écrit Saint-Preux, si cela est, ce n'est point par masochisme mais parce que nos héros se consolent à l'idée d'être dédommagé de tous leurs maux en connaissant dans l'union des cœurs une sorte de « jouissance pure et délicieuse » (NH : 174), indépendante de la fortune et du temps.

3 – Image du souvenir

A cette substitution dans l'espace succède une autre dans le temps : l'image du souvenir. Lorsque la passion de Saint-Preux se heurte à l'obstacle définitif du mariage de Julie, et plutôt que de se perdre, Saint-Preux se raccroche à cet autre de l'autre qui ne l'a jamais quitté dans l'absence, l'image de Julie en tant que produit de son imagination, en enfermant au fond de lui son souvenir telle qu'il se la représentait quand elle était son amante et en dépit de la nouvelle femme qu'il voit désormais en elle : « Non, source délicieuse de mon être, je n'aurai plus d'âme que ton âme, je ne serai plus rien qu'une partie de toi-même, et tu trouveras au fond de mon cœur une si douce existence que tu ne sentiras point ce que la tienne aura perdu de ses charmes. » (NH : 248). Cette fusion de deux êtres en un s'affermit encore par les élans de l'imagination : « Qu'elle [ma faiblesse] abuse mon imagination, que cette erreur me soit douce encore [...]. » (NH : 513). Selon Freud, il arrive souvent que le choix d'objet redevienne identification[49] : « par voie régressive, elle [l'identification à l'objet abandonné ou perdu] devient le substitut d'un lien objectal libidinal en quelque sorte par introjection de l'objet dans le moi. »[50] Ainsi surgit une question

---

49   « l'identification est la forme la plus précoce et la plus originaire du lien affectif à un objet. » Sigmund Freud, « Psychologie des foules et analyse du moi », p. 189.

50   Sigmund Freud, « Psychologie des foules et analyse du moi », pp. 190–91. Un autre exemple d'une telle introjection de l'objet sera observé chez Lol dans *Le Ravissement*. Cet exemple a été donné par l'analyse de la perversion mélancolique dans « Deuil et mélancolie ».

qui mérite d'être posée : Saint-Preux n'emprunte-t-il pas ici la voie de la sublimation ? « Toute sublimation ne se produit-elle pas [en effet] par l'intermédiaire du moi qui commence par transformer la libido d'objet en libido narcissique », comportant manifestement « un abandon des buts sexuels, une désexualisation », « pour lui assigner éventuellement ensuite un autre but ? »[51] Freud fait remarquer, en outre, qu'en abandonnant sa relation à la réalité, le sujet ne supprime pas pour autant « sa relation érotique aux personnes et aux choses. »[52] Celle-ci est maintenue dans le fantasme : les objets réels étant remplacés par des objets imaginaires ou bien se trouvant mêlés dans le souvenir. Ce qui signifie que lorsque l'objet est ramené à l'intérieur du moi, il n'y a pas abandon de l'investissement objectal. L'introjection de l'objet n'est pas sa négation mais elle possède une fonction structurante qui permet au moi d'être plus autonome : « Grâce à l'introjection assimilatrice de l'objet, en même temps qu'il investit l'objet ainsi mis à l'intérieur, le moi s'investit lui-même et progresse vers l'autonomie de ses fonctions. »[53] En effet, après le mariage de Julie, Saint-Preux progresse sensiblement vers plus de sérénité, il goûte dans l'intériorisation de son désir une situation paisible qu'il ne voudrait déranger pour rien au monde. C'est pourquoi Saint-Preux renonce au projet de mariage avec Claire que Julie souhaitait voir se réaliser, moins par obligation morale de fidélité à l'une et à l'autre que par complaisance à l'égard de soi-même comme le note Rousseau :

> Toujours entre elle et moi dans nos tête-à-tête, c'est vous qui les rendez délicieux. [...] Ces souvenirs trop charmants ne seraient-ils pas autant d'infidélités envers elle ? Et de quel front prendrais-je une épouse respectée et chérie pour confidente des outrages que mon cœur lui ferait malgré lui ? [...] Le plaisir de la voir n'est point troublé par le désir de la posséder; content de passer ma vie entière, comme j'ai passé

---

51 Sigmund Freud, « Le Moi et le ça », p. 270.
52 Sigmund Freud. Citation extraite de l'ouvrage de Pierre Dessuant, *Le Narcissisme*, p. 120.
53 Sigmund Freud. Citation extraite de l'ouvrage de Pierre Dessuant, *Le Narcissisme*, p. 120.

cet hiver, je trouve entre vous deux cette situation paisible[54] et douce qui tempère l'austérité de la vertu et rend ses leçons aimables. (NH : 518–19).

Ainsi, l'amour s'achève comme il a toujours vécu ; dans la subjectivité dangereuse de l'imaginaire, ce qui rend l'attachement à la femme réelle virtuellement impossible. La passion de Saint-Preux, en effet, s'assouvit à travers l'attachement à une image intérieure plutôt qu'à une personne réelle et extérieure à lui-même. Cela signifie que Saint-Preux n'aime Julie qu'en tant que projection de son imagination. Or, nous avons pu le constater plus haut, Julie affirme aussi que l'action idéalisante de l'imagination court le risque de s'éteindre par la possession qui borne l'image intérieure de l'idole à l'être charnel soumis à la réalité et aux vicissitudes du temps. Par conséquent, l'objet aimé n'est autre que la personnification du désir du moi, le produit trompeur de ce désir, ne pouvant garantir qu'un rapport fondé sur l'illusion et non pas sur la conscience et l'acceptation de la vérité de l'autre. On observe ainsi une confusion entre l'objet réel et l'objet créé vers lequel se porte le désir. La méthode de M. de Wolmar pour guérir Saint-Preux de son amour après la séparation, consiste d'ailleurs à vouloir faire prendre conscience à ce dernier de cette confusion en suspendant l'activité de son imagination et qu'enfin il ne voit plus en Mme de Wolmar, la projection de l'image de sa Julie : « Il est ardent, mais faible et facile à subjuguer. Je profite de cet avantage en donnant le change à son imagination. A la place de sa maîtresse, je le force de voir toujours l'épouse d'un honnête homme et la mère de mes enfants : j'efface un tableau par un autre, et couvre le passé du présent. » (NH : 383–84). M. de Wolmar réussit si bien dans son entreprise que Saint-Preux finit par substituer complètement la personne réelle par un être imaginaire qui reste seul à régner, du fait du retrait complet des exigences sensuelles : « Mon imagination toujours troublée ne se calme qu'à votre vue, et ce n'est qu'auprès de vous que je suis en sûreté contre moi. » (NH : 516). Il est intéressant de constater que Saint-Preux tient Mme de Wolmar, qui

---

54 « Le pauvre philosophe, entre deux jolies femmes, me paraît dans un plaisant embarras : on dirait qu'il veut aimer ni l'une ni l'autre, afin de les aimer toutes deux. » (Note de Rousseau).

incarne la figure de la mère, en incomparable estime tout en repoussant l'idée même du désir. A cet égard, Freud a fait observer que dans certains cas le « courant sensuel » demeure séparé des « orientations sentimentales tendres » qui perdurent comme la conséquence du refoulement des pulsions sensuelles dirigées vers l'un des deux parents : « On a alors sous les yeux l'image dont les deux sont idéalisés avec tant de complaisance par certaines orientations de la littérature. L'homme témoigne de penchants romanesques envers les femmes tenues en haute estime, qui pourtant ne l'incitent pas au commerce amoureux. »[55] C'est peut-être ce qui explique que Saint-Preux parvient à trouver en lui-même un équilibre parfait, alors que Julie, elle, sera menacée dans sa propre existence par le fait même de ce repli sur soi du désir. Finalement Julie serait davantage faite pour aimer que Saint-Preux.

Ironiquement, Saint-Preux suit la progression inverse aux deux autres personnages de Rousseau : Valère dans la pièce intitulée *Narcisse ou l'amant de lui-même*, et Pygmalion dans la pièce du même nom. En effet, Valère est prêt à renoncer à la femme qu'il aime après être tombé amoureux de son propre portrait, mais il se détache finalement de lui-même en choisissant cette dernière pour découvrir le bonheur qu'elle lui promet dans le couple. De même, le dénouement de *Pygmalion* rejoint celui de *Narcisse* par l'ouverture du héros à la présence réelle d'autrui, préférant au désir de l'imaginaire, sa réalisation concrète avec l'être aimé. En revanche, Saint-Preux ne se délivre jamais du narcissisme de son désir, c'est-à-dire que le désir se replie sur lui-même et renonce à atteindre l'autre en une introversion narcissique plus ou moins constellée d'objets imaginaires. Visiblement l'amour s'inscrit dans un ailleurs, dans un univers d'absence que peuple l'imagination, autre façon, bien sûr, de révéler la supériorité de l'imagination par rapport à la réalité, de dire que le désir doit prendre

---

55   Sigmund Freud, « Psychologie des foules et analyse du moi », p. 196. Dans *Les Confessions* de Rousseau, il apparaît que les rapports entretenus avec les femmes qu'il a le plus aimées, Mme de Warens qu'il appelait « maman » et Mme d'Houdetot dont il écrit qu'il « l'aimait trop pour vouloir la posséder » (p. 297), étaient, en effet, basés sur des sentiments de tendresse et d'estime, contenant en eux-mêmes le désir de possession.

appui sur le réel sans toutefois pouvoir se contenter de la réalité nue, c'en est la définition. Au fond assez classique dans la tradition européenne, ce culte du désir inassouvi est poussé très loin chez Rousseau qui est lui-même catégorique : « l'amour n'est qu'illusion, il se fait, pour ainsi dire, un autre univers. »[56]

D – Interdiction du regard dans *La Chartreuse de Parme*

Dans *La Chartreuse de Parme* l'acte de regarder fonctionne, nous l'avons vu, en couple avec le besoin simultané d'être regardé. En prison, la pose de l'abat-jour va renforcer cette situation de spécularité, en montrant l'intérêt et en même temps la frustration d'un simple déchiffrement des signes où n'existe pas un circuit de retour. Ne pouvant, en effet, se résigner à ne plus voir Clélia ne serait-ce qu'un seul jour, Fabrice prend le risque de percer l'abat-jour avec la croix de fer du chapelet distribuée à chaque prisonnier. Quand après quinze heures de travail son entreprise est enfin récompensée, « il vit Clélia, et, par excès de bonheur, comme elle ne croyait point être aperçue de lui, elle resta longtemps immobile et le regard fixé sur cet immense abat-jour ; il eut tout le temps de lire dans ses yeux les signes de la pitié la plus tendre. » (CP : 342). Alors que sans s'en douter Clélia donne à Fabrice des signes précurseurs de son amour, « il lui semblait qu'il n'était pas heureux tant qu'il ne pouvait pas témoigner à Clélia qu'il la voyait. » (CP : 343). Ce bonheur, cela est ainsi très clair, est lié au moment où l'on voit parler l'âme de l'être aimé, en même temps que celle du sujet peut aussi parler sans aucune restriction : « Il voulait enlever à l'abat-jour colossal un morceau de planche grand comme la main, que l'on pourrait remettre à volonté et qui lui permettait de voir et d'être vu, c'est-à-dire de parler, par signes du moins, de ce qui se

---

56   Citation extraite de l'article de R. J. Howells, « Désir et distance dans *La Nouvelle Héloïse* », *Studies on Voltaire and the Eighteenth-Century*, 230, 1985, p. 226. (« Seconde préface », p. 15.)

passe dans son âme [...]. » (CP : 343). La progression est admirable, de la première scène où Clélia salue le prisonnier « avec le mouvement le plus grave et le plus distant » (CP : 348), mais ne peut « imposer silence à ses yeux », qui « sans qu'elle le sût probablement, [...] exprimèrent un instant la pitié la plus vive », jusqu'à la scène du retour de Fabrice dans la prison où les personnages sont en proie à la plus grande fascination qui a pour effet d'isoler le regard en tant que point de jouissance silencieuse et active. A ce moment où les personnages sont désignés comme happés par et happant le regard, leur conscience de sujet semble se réduire au regard, à une délicieuse éviction de leur être qui ne fait plus écran entre soi et l'autre. Max Milner souligne, dans les scènes intermédiaires, l'extrême importance accordée pour l'un et pour l'autre au fait de voir le regard de leur partenaire, pour montrer combien nous sommes loin du voyeurisme dont on pourrait taxer les personnages. Il cite l'exemple de Clélia qui pour ne pas être envoyée au couvent et ainsi restée encore aux côtés de Fabrice, prend la décision héroïque d'accepter le mariage avec le marquis de Crescenzi : « je me perds moi-même d'une manière atroce en assistant ce soir à cette affreuse sérénade ; mais demain, à midi, je reverrai tes yeux ! » (CP : 353). « Nous voici arrivés au point où », explique-t-il, « dans l'échange des regards, le plaisir de voir, rompant ou distendant à l'extrême ses attaches voyeuristes, sanctionne sans équivoque possible la rencontre de deux libertés [...]. »[57] Ce besoin de voir et d'être vu est symbolique en cela de l'amour, où le sentiment ne se développe que par l'échange. De cet échange, le regard amoureux, loin d'être une prise de possession à distance mais plutôt un lieu de passage, une sorte d'écoulement de l'un à l'autre, sera l'instrument privilégié.

L'antagonisme entre intimité et distance marque cependant les limites d'un amour qui maintient l'inaccessibilité physique de l'objet. Dès la première rencontre avec Clélia, l'idée qui vient immédiatement à l'esprit de Fabrice qui déclare : « Ce serait une charmante compagne de prison » (CP : 101), lie déjà l'amour heureux, sans que cela ne soit livré explicitement, à la notion d'obstacle, d'enfermement et de séparation. Une fois

---

57 Max Milner, « Stendhal » in *On Est prié de fermer les yeux*, p. 156.

emprisonné, Fabrice ne peut alors envisager une situation préférable à cette « sorte de vie singulière et délicieuse » (CP : 345) qui « avait déjà rempli de félicité les deux premiers mois de sa prison » : « Et, dans le fait, quel mal me fait la prison ? Si Clélia daignait ne pas m'accabler de sa colère, qu'aurais-je à demander au ciel ? » (CP : 342). Son tempérament, à l'instar de Saint-Preux, lui fait trouver son bonheur dans l'espoir imaginaire d'une satisfaction possible tout occupé qu'il est à essayer de savoir si Clélia l'aime ou non. Fabrice est donc heureux dans la solitude qui n'est interrompue que par ses contacts à distance avec Clélia, mais la plupart du temps il vit enfermé dans le monde de son imaginaire, à contempler le pire ou le meilleur. C'est, en effet, la tension intérieure, la dynamique du désir en elle-même qui semble importer davantage que l'intimité physique. A propos de la soirée où Nemours, caché dans les bosquets de Coulommiers, surprend Madame de Clèves en train de regarder son portrait, Stendhal affirme qu' « il y a en amour avant l'intimité, des moments qui pour le bonheur lui sont préférables. »[58] Enfin libéré de prison par le Général Fontana que la Duchesse était parvenue à faire envoyer « après plusieurs démarches folles » (CP : 475), la menace d'une présence trop réelle entraîne chez Fabrice le refoulement et la fuite comme le suggère son consentement « rempli de l'amitié la plus pure » (CP : 493) au mariage de Clélia, qu'elle ne manque pas d'interpréter comme un sacrifice un peu trop rapide : « En recevant cette lettre dont, il faut l'avouer, l'amitié l'irrita, Clélia fixa elle-même le jour de son mariage [...]. » (CP : 493). Notons que Julie a exactement la même réaction : « Cependant il a pu consentir...l'ingrat !... » (NH : 241). Par la suite, Clélia qui vient d'assister à un sermon de Fabrice se reproche pourtant « comme un crime atroce » (CP : 528) d'être restée si longtemps sans le voir.

L'intimité physique est alors autorisée chez Stendhal. Ce triomphe du désir qui l'emporte en partie sur les obstacles psychologiques de Clélia, témoigne bien sûr de l'écart idéologique séparant la morale classique de Madame de Lafayette ou même de Rousseau et celle, romantique, de

---

58   Citation extraite de l'ouvrage de Victor Del Litto, *En Marge des manuscrits de Stendhal, Compléments et fragments inédits (1803–1820) suivi en appendice d'un courrier italien*, Paris : PUF, 1955, p. 359.

Stendhal. Pour Stendhal, le respect des lois naturelles de son être qu'incarne la passion représente une vraie promesse de bonheur, celle de jouir de la vie jusque dans les extrêmes de tension. Par conséquent, le compromis auquel parvient Clélia entre l'intériorité du sentiment amoureux et l'extériorité des réticences morales, et qui lui permet d'assouvir son désir tout en respectant son devoir, reflète le dépassement de la dialectique des contraires – sentiment et raison – qui caractérise ses homologues féminins, mais qui demeure pourtant essentiellement complémentaire à la passion. Le vœu de Clélia est à ce titre ambigu : barrière infranchissable, il rend toutefois possible la consommation du désir, la décision séparatrice facilite au contraire la rencontre, sacre la relation des amants. Par respect pour le vœu de Clélia, Fabrice ne peut en effet la rencontrer que de nuit. Ainsi la passion qui lie les deux amants reste associée à l'image d'un halo nocturne qui démontre que la seule condition pour préserver cette intimité intacte réside dans la séparation, au moins partielle, figurée par l'interdit visuel. Trois années de « bonheur divin » (CP : 529) s'écoule de cette manière. Mais cette quiétude passionnelle est bientôt déjouée par un « caprice » (CP : 529) dont Fabrice perçoit pourtant l'issue tragique sans pouvoir s'en détourner, si bien qu'il semble précipiter de manière irrépressible et inexplicable la propre fin de leur amour : « Fabrice vit le moment où son idée bizarre allait amener la mort de Clélia et celle de son fils. » (CP : 533). C'est ce que manque de mettre en évidence ici Max Milner, quand il réfute l'argument de Victor Brombert[59] pour qui l'interdit visuel a trait « au culte de l'obstacle » qui fait la particularité de l'amour stendhalien : « S'il en était ainsi, on comprendrait mal les résonances qu'éveillent chez le lecteur les deux admirables scènes où l'abolition du regard, loin de

---

59   « Le mythe de l'amour difficile et irréalisable est absolument central dans le roman stendhalien. De là les images fréquentes d'une proximité entravée. De là aussi la touchante poésie du 'regard', cette quasi néo-platonicienne intimité à distance. Célia et Fabrice se délectent de communiquer au moyen de signes et d'alphabets secrets. Ce culte de l'obstacle et de la séparation aide à comprendre pourquoi, vers la fin du roman, Clélia fait à la Madone le vœu étrange de ne plus jamais regarder son amant. » (Victor Brombert, *Stendhal, Fiction and the Themes of Freedom*, New York : Random House, 1968, p. 169).

donner l'impression de créer entre les amants une gêne prolongeant la suspension du désir et la frustration de la jouissance dont leur amour s'est (peut-être) nourri jusque là, ouvre un espace d'absolu liberté où compte, plus encore que la rencontre des corps, la submersion des êtres par une indicible tendresse. »[60] Comme nous l'avons vu, il n'y a pas nécessairement de contradiction entre le bonheur que connaissent les amants et la notion d'obstacle qui s'élève entre eux et que figure l'obscurité dans laquelle ils sont plongés. Les deux sont complémentaires dans la mesure où le vœu rend possible la consommation du désir tout en symbolisant la distance nécessaire à son caractère irréalisable absolument. D'autre part, Fabrice piqué d'une « idée bizarre » semble provoquer un nouvel obstacle, et de ce fait fuir la satisfaction bien que partielle, qu'il connaissait jusqu'à lors. C'est donc qu'un obstacle intime, irréductible, s'oppose même aux circonstances les plus bienveillantes et cet obstacle est l'activité démesurée de son appétit, l'intensité chimérique de cette quête effrénée d'absolu.

Dès que Fabrice essaie de réduire l'écart du compromis de Clélia entre rêve nocturne et réalité en ayant son fils auprès de lui, qui dans sa ressemblance parfaite avec sa mère s'apparente à son portrait vivant et la « remplace en quelque sorte » (CP : 531), tout l'édifice de leur bonheur s'écroule tragiquement. Le délire possessif de Fabrice qui prétend abolir la distance à l'objet, réaliser le mythe d'indivision passionnelle dont l'enfant est la métaphore dans son absolu car il représente la fusion des deux êtres qui l'ont créé, marque l'arrêt de mort d'un amour qui, jusqu'à présent, s'est toujours contenté de satisfactions partielles. François Landry commente ainsi cet épisode :

> Transgresser l'obstacle, ici figuré par le vœu de Clélia, c'est vouloir le tout : c'est souhaiter enlever à l'amour son dynamisme, qui naît aussi de son caractère incomplet ; mais cela au nom de la paternité, lien bien réel que Fabrice ne peut pas non plus envisager ineffectué de sorte que son erreur lui est naturellement suggérée par ses sentiments. A partir du moment où il veut « avoir » quelque chose et le conquérir vivement sur Clélia, il ne voit plus l'amour comme une course sans fin

---

60   Max Milner, « Stendhal » in *On Est prié de fermer les yeux*, p. 138.

au bonheur – ce qu'il a été durant toute sa vie – mais comme une station pleine de jouissances.[61]

Toute la représentation stendhalienne de l'amour est fondée sur la loi du manque selon laquelle la limite respectée élance l'ardeur de la passion. Le rapprochement parfait entraîne ainsi la disparition de l'objet du désir, comme l'explique encore François Landry :

> Fabrice se heurte alors au fait que le « manque irréductible » lié à l'amour en est aussi constitutif ; l'amour se fait contre lui mais aussi avec lui : en essayant de le déplacer mais en sachant, profondément, qu'il se retrouvera toujours quelque part. La présence totale de Clélia recherchée par Fabrice s'inverse, dès qu'il croit l'atteindre à travers leur enfant, en absence définitive. Aux yeux de Stendhal, il est nécessaire qu'une distance subsiste entre le désir et son objet, et c'est cette distance qui fait le manque.[62]

C'est donc l'interdit de la vision qui symbolise l'inachèvement de l'amour, et dont la transgression s'avère finalement fatal dans *La Chartreuse de Parme*.

E – La Forme triangulaire du voyeurisme dans *Le Ravissement de Lol V. Stein*

Comme il a été démontré dans le chapitre précédent, Lol voit dans la scène du bal de T. Beach tout autre chose qu'un drame passionnel. Elle voit une « Autre scène » qui apparaît manifestement liée à la découverte de sa propre absence à elle-même, de sa propre aliénation et qui est aussi celle où se perd le fondement du sujet en psychanalyse. Il semble, en d'autres termes, que Lol se trouve ici extasiée par la même vision du

---

61   François Landry, *L'Imaginaire chez Stendhal*, Lausanne : L'Age d'homme, 1982, p. 335.
62   François Landry, *L'Imaginaire chez Stendhal*, p. 336.

désir, ou par le même savoir, qui se dévoile pour nous dans la psychanalyse contemporaine. Cette vision procède ainsi d'une véritable catharsis de la souffrance qui ne trouve pas prise pendant le déroulement du « drame », paradoxalement évidé du contenu tragique de la passion amoureuse. Par conséquent on peut légitimement se poser la question suivante : *Le Ravissement* serait-il porteur d'une nouvelle vision de l'amour qui ne serait autre que l'effet sur le désir lui-même de sa propre déconstruction liée à l'aliénation du sujet en tant que sujet du désir dont l'origine se perd ultimement dans l'inconscient ?

En étudiant la structure voyeuriste de la mise en scène du bal de T. Beach à l'hôtel des Bois où Lol, placée à distance de la scène érotique, se délecte de la contemplation d'un amour qui n'est pas le sien, on peut constater une nouvelle conversion du drame en jouissance qui provient du fait que Lol se trouve, d'un point de vue littéral, détachée de l'objet de son désir. Entre elle et lui, Lol voit à sa place l'image d'une autre qui se confond implicitement avec l'ancienne rivale de Lol. Pourtant le spectacle de cette mise en scène comme le bal de T. Beach est vécue dans l'indifférence de la présence du rival. Si le drame de la rivalité perd ici tout son sens, c'est, semble-t-il, parce que le véritable drame se joue ailleurs. En effet, la rivale, figure éternellement posée entre le sujet et l'objet de son désir, symbolise la dissociation interne qui déplace Lol de son propre désir, la forme même de son aliénation mise en scène comme dans un théâtre[63] où Lol serait l'unique spectatrice, ce qui équivaut pour elle à devenir extérieure, c'est-à-dire à se distancier émotionnellement du drame de son propre désir qu'elle voit ici représenté par une autre, une image autre d'elle-même qui la dédouble. A cet égard, nous avons déjà eu l'occasion de souligner le caractère interchangeable de Lol et Tatiana qui aboutira à la confusion des deux personnages à la fin du roman lorsque Lol se désigne indifféremment sous ces deux noms.

Voir l'amour comme théâtre, c'est aussi, par là même, voir « la théâtralité de l'amour » pour reprendre une expression employée par Michèle

---

63   Ce spectacle est fortement connoté comme scénique : c'est pour Lol « une scène de lumière » (LVS : 64), « une scène étroite, bornée comme une pierre, où aucun personnage ne s'est encore montré. » (LVS : 63).

Druon : « découvrir que le sujet du désir n'est jamais que l'acteur d'une autre scène qui lui échappe »,[64] et que l'objet au fondement de son propre désir, associé à un être différencié des autres, n'est qu'illusion. Illusion qui, du reste, s'effondre à la faveur d'une nouvelle vision du désir circulant indifféremment de l'un à l'autre des personnages dans la mesure où le désir ne paraît possible que par la médiation d'une représentation fictive, révélant la confusion de Lol avec Tatiana à qui Lol s'identifie, et qui se produit aussi dans l'esprit de Jacques : « Ce n'est pas moi, n'est-ce pas, Tatiana sous le drap, la tête cachée ? » (LVS : 136). Pour Michèle Druon dont nous partageons l'opinion, ce meurtre symbolique de Tatiana décapitée par le drap qui lui recouvre la tête, se confond avec « la violence secrète, une violence strictement imaginaire » du « ravissement du sujet à lui-même »,[65] et devient par conséquent le symbole encore une fois de son aliénation.

Bien sûr, la suspension de la différence entre les rôles qu'occupent les personnages dans le triangle de l'hôtel des Bois concerne tous les personnages présents qui sont les doubles du passé. Jacques Hold représente le double de Michael Richardson, et Tatiana celui d'Anne-Marie Stretter. Ainsi, lorsque Lol se confond avec Tatiana, elle semble aussi se confondre avec Anne-Marie Stretter. Il en découle à un niveau purement structural, une forme de chassé-croisé répétant indéfiniment la substitution de l'objet du désir par un autre, et qui a pour effet d'élargir davantage encore la circulation du désir tout en déconstruisant le caractère unique de l'objet auquel ce désir s'adresse. Michèle Druon a raison de dire que « c'est l'objet du désir, à la limite, qui devient indifférent »[66] dans la structure triangulaire où se déconstruit le désir. Par conséquent, l'origine de l'amour entre Jacques et Lol suspendue dans sa propre négation au voyeurisme triangulaire de Lol, nous semble participer, par sa forme, de la conscience grandissante et très moderne, de la fictivité du rapport amoureux, dont

---

64 Michèle Druon, « Mise en scène et catharsis de l'amour dans *Le Ravissement de Lol V. Stein*, de Marguerite Duras », *The French Review*, 58, 1985, p. 390.

65 Michèle Druon, « Mise en scène et catharsis de l'amour dans *Le Ravissement de Lol V. Stein*, de Marguerite Duras », p. 388.

66 Michèle Druon, « Mise en scène et catharsis de l'amour dans *Le Ravissement de Lol V. Stein*, de Marguerite Duras », p. 389.

résulte une certaine désillusion et un certain détachement de l'amour. Et, par là même, détachement de toute souffrance amoureuse, ce que confirme le passage où Tatiana ayant découvert la trahison de Jacques commence à souffrir. En effet, Lol qui la regarde s'aperçoit bientôt de cette souffrance dont elle-même est à jamais guérie mais dont « les restes traînent partout dans le monde, tournent, ce déchet à moitié rongé par les rats déjà, la douleur de Tatiana, elle voit, elle est embarrassée » (LVS : 159), et suscite chez Lol, outre le dégoût évident ici, une certaine forme de mépris pour ce que Duras nomme « la graisse des sentiments » (LVS : 159). Toute la folie de Lol est en réalité la métaphore de cet « état [où] toute trace de sentiment est chassée. » (LVS : 140).

Conclusion

Dans chaque ouvrage la thématique passionnelle est liée à la problématique commune d'une relation entre sexes opposés qui est fondée sur l'impossibilité de la réalisation absolue du désir. D'où le rôle fondamental du regard qui est de symboliser la distance incontournable au fondement même de cette relation au désir en même temps qu'il s'offre comme le vecteur privilégié de la rencontre amoureuse. Malgré les obstacles à la communication dans *La Princesse de Clèves* qui y oppose sa propre résistance d'autant plus insurmontable que le milieu de la cour restreint la liberté d'échange des personnages entre eux, la communication s'effectue quand même par le regard qui permet de construire un pont comblant la distance qui sépare les personnages. Pourtant le « regard immédiat » que la princesse tient le plus souvent en échec, est perçu dans l'ensemble comme une puissance négative qui ne se suffit pas à lui-même et aliène tôt ou tard la volonté de l'individu à l'appel du plaisir sensuel. En revanche, Julie affirme le droit de libérer son regard tout en lui donnant une certaine dimension « idéologique », ce qui fait d'elle, par rapport à la princesse de Clèves, un personnage beaucoup plus moderne, à l'instar de Clélia bien sûr. Bien que les illusions de la vue en tant que plaisir innocent qui peut exister sans un coupable désir de possession, soient très rapidement dénoncées par Rousseau, dans les premiers temps de la relation en tout cas, le regard devient le symbole d'une forme sublimée de la passion que l'on retrouve aussi chez Stendhal et qui participe d'une vision de la relation au désir saisie dans une rêverie d'éloignement.

Quand la possession est évoquée, en particulier dans *La Princesse de Clèves* et *La Nouvelle Héloïse*, c'est toujours sur le mode du rêve qui accorde au regard une fois encore un rôle fondamental dans la mesure où ses différentes manifestations offrent des stratégies alternatives se substituant à la réalité d'une fusion impossible. Nous avons à ce propos étudié la fonction médiatrice du portrait, du regard imaginaire ainsi que du voyeurisme. Le mouvement centripète de repli sur soi qui en découle, repose sur la fonction inconsciente et ambivalente de nier le désir comme investissement d'objet, pour pouvoir en dernier ressort le convertir en une dimension générale et toujours vitale du moi, de sorte qu'on retrouve, au niveau de l'objet visé par les activités sublimées, le même caractère de belle totalité que Freud assigne au moi au sujet du narcissisme secondaire. Pour Saint-Preux, cela est vrai ; dans le cas de la princesse et de Julie, jusqu'à un certain point seulement. Il est vrai que celles-ci qui partagent le même pessimisme déclaré quant à la durée du sentiment, qui est un thème-clef des conceptions de l'amour tout au long du dix-huitième siècle et surtout avec Rousseau, choisissent en conséquence de refuser l'amour. Ainsi le choix de ces deux personnages féminins se fixe finalement sur la suspension dans le temps du désir, susceptible d'apporter la permanence de l'amour, mais entraîne paradoxalement le dépérissement de la princesse et de Julie qui est toutefois vécu dans le sentiment d'un apaisement des tensions. Notons que *La Nouvelle Héloïse* comporte une dimension religieuse dont les autres ouvrages sont dépourvus ou du moins qui revêt une importance beaucoup plus grande dans le cas de Julie, bien qu'équivoque car cette dernière croit fondamentalement que le bonheur parfait est impossible en ce monde terrestre, mais pour elle ce bonheur signifie surtout être éternellement réunie avec Saint-Preux lorsqu'il la rejoindra dans l'autre monde.

Chez Stendhal, il a été dit que le vœu de Clélia, ne permettant à Fabrice de rejoindre sa bien aimée que de nuit, a pour effet de maintenir une certaine distance entre les amants qui autorise l'accomplissement du désir à cette seule condition. Par opposition aux autres ouvrages, l'interdiction du voir amoureux est ce qui permet aux amants de se rejoindre dans l'espace d'un simulacre conjuguant désir et interdit. Simulacre nocturne qui est tout autant séparation que fusion. Dès que Fabrice renonce à la satisfaction d'un désir partiellement accompli et veut posséder Clélia absolument à travers son fils, il est confronté au vide que laisse derrière eux la mort de la mère et de l'enfant. En prenant un peu de recul toutefois, il nous semble que l'amour-passion chez Stendhal est toujours une tendance au repli de la libido sur elle-même car les moments de bonheur partagés qui impliquent l'autre de chair, ne peuvent être envisagés qu'au sein d'une dialectique permanente qui oscille entre la libido investie dans le moi et celle investie dans l'objet. Soit l'oscillation entre désir de communication en prison ou intimité nocturne et solitude. Quoiqu'il en soit l'objet est toujours d'une manière ou d'une autre maintenue à distance, ce qui semble préférable à la satisfaction complète du désir.

Dans *Le Ravissement*, il ne s'agit peut-être pas d'élire la passion comme objet du récit, mais il s'agit d'abord d'écrire l'aliénation du sujet dissocié de son propre désir, qui affecte apparemment les différentes manifestations du regard. D'une part, le regard n'est pas dans ce roman « amoureux », mais un regard détaché ou transcendantal, qui donne au visuel une dimension toute autre : acte de voir au-delà de l'objet pour désigner ses limites et le caractère plus profond du désir. D'autre part, à la relation amoureuse se substitue la forme triangulaire du voyeurisme sexuel de Lol, qui n'est autre que la forme ou le symbole de l'aliénation du sujet en tant que sujet du désir, en même temps que l'affirmation d'une nouvelle vision de l'amour nécessairement abstraite de la spécificité des personnages et des situations qui singularisent le désir. Par conséquent, l'écriture de la passion amoureuse ne se donne un objet de désir que pour le dépasser, c'est-à-dire s'en détacher émotionnellement, puisque l'amour même s'abolit devant un désir non délimité donc illimité, comme pour mettre en évidence la supercherie de l'amour et son manque fondateur comme celui de l'être.

Nous avons donc montré dans ce chapitre comment la satisfaction du désir est sublimée au moyen du regard échangé, ou non échangé, entre les protagonistes en tant que source d'intimité ou de distance ou en tant qu'interaction complexe entre les deux. Le thème du désir, central chez nos auteurs qui ont conscience de son impossibilité radicale d'être satisfait, se superposant à l'idée de la nature inextinguible du désir, a été analysé d'une façon particulièrement intéressante pour nous par Jacques Lacan. Fondamentalement inconscient, le désir dont parle Jacques Lacan n'a guère que la « Chose » pour pôle d'attraction ou, comme il le dira un peu plus tard, l' « objet petit a », qui est représenté par la diversité des objets partiels des pulsions dérivant de ce désir. Jean-Pierre Cléro, dans son ouvrage de vulgarisation des concepts lacaniens, ne voit pas de « contradiction entre la *Chose,* distincte de tout objet, et celle de l'*objet a* », car, explique-t-il, « si le désir paraît se référer à un objet, c'est toujours au prix d'une illusion ; il est, en réalité, relation à un manque »,[67] et par conséquent à la recherche continuelle de l'objet perdu et impossible dont tous les autres ne sont que des substituts. En somme, « le désir ne sait pas ce qu'il désire ; il n'a pas d'objet ; ou plutôt son objet est infini et se situe au-delà de tout objet limité imaginable ou concevable. »[68] En outre, le phénomène de sublimation[69] qui est « une nécessité absolue du désir »[70] pour Lacan, dont il se sert pour rendre compte de la structure inconsciente de la passion qui remonte aux origines de l'amour courtois, fournit un cadre approprié à nos textes, en ouvrant la question du « couple » sur celle de l'altérité tout en soulignant la notion de désir comme manque fondamental. Problématique qui fera l'objet de notre étude dans le chapitre suivant.

---

67   Jean-Pierre Cléro, *Le Vocabulaire de Lacan*, Paris : Ellipses, 2002, p. 24.
68   Jean-Pierre Cléro, *Le Vocabulaire de Lacan*, p. 25.
69   « Comme Freud l'avait déjà vu et comme Lacan le lui reconnaît [*Séminaire VII*], ce n'est pas tant l'objet qui change, dans la sublimation, que sa position dans la structure de l'imaginaire. Il s'agit, pour reprendre l'expression du *Séminaire, Livre VII,* 'd'élever l'objet à la dignité de la chose' ; ce qui équivaut à infinitiser l'objet, à changer, voire à abolir ses limites. » (Jean-Pierre Cléro, *Le Vocabulaire de Lacan*, p. 72).
70   Jean-Pierre Cléro, *Le Vocabulaire de Lacan*, p. 25.

CHAPITRE III

Objet voilé du désir et
fonction transgressive du regard

C'est dans *L'Ethique de la psychanalyse* que Lacan présente l'amour courtois comme parfait exemple de sublimation. Avant de définir ce terme, il
faut d'abord commencer par décrire l'analyse que Lacan fait de l'amour
courtois dont il donne la définition suivante : « On this subject all the
historians agree : courtly love was, in brief, a poetic exercise, a way of
playing with a number of conventional, idealizing themes, which couldn't
have any real concrete equivalent. »[1] Au nombre de ces conventions
thématiques Lacan mentionne d'abord « l'amour malheureux »[2] dû à
l'inaccessibilité de l'objet féminin du désir. Puis il insiste sur le caractère
diachronique des idéaux conventionnels sous-tendus dans l'amour courtois : « Nevertheless, these ideals, first among which is that of the Lady,
are to be found in subsequent periods, down to our own. The influence of
these ideals is a highly concrete one in the organization of contemporary
man's sentimental attachments, and it continues its forward march. »[3]
Comment définir cet idéal de la Dame ? C'est d'abord un idéal de pudeur
dont la nature est d'offrir une certaine résistance à l'amour. Ainsi dans la
première partie de ce chapitre, nous étudierons le rôle que joue le regard
dans sa relation à la pudeur, vertu féminine par excellence, qui dérive
d'une libido radicalement symbolisée comme passive,[4] et qui s'impose

---

1   Jacques Lacan, *The Ethics of Psychoanalysis, The Seminar, Book VII*, p. 148.
2   Jacques Lacan, *The Ethics of Psychoanalysis*, p. 146 (ma traduction).
3   Jacques Lacan, *The Ethics of Psychoanalysis*, p. 148.
4   « La libido est ce qui lie le comportement des êtres entre eux, et leur donnera par
     exemple la position active [plutôt parente de la position masculine] ou passive. »
     (Jacques Lacan, *La Relation d'objet, Le Séminaire, Livre IV*, p. 45). Par passive,

comme le premier obstacle à l'amour permettant paradoxalement d'attiser le désir masculin et de donner naissance à l'amour. A titre d'hypothèse de travail, on définira la pudeur de la manière suivante : sentiment de réserve qu'éprouve une personne devant toute action de nature sexuelle en tant que témoin ou acteur. Cette définition implique au moins deux distinctions dans le sentiment de la pudeur : pudeur des sentiments d'une part et pudeur sexuelle, d'autre part. Nous concentrerons notre attention premièrement sur la pudeur des sentiments souvent comparée à un voile qui masque le désir féminin au regard de l'être aimé et qui s'accompagne d'une éducation du regard en rapport avec les notions d'activité et de passivité qui se définissent par un sujet du regard normativement mâle et un objet normativement femelle. Nous étudierons en seconde partie la représentation de la pudeur sexuelle en particulier dans l'œuvre de Rousseau où elle joue un rôle fondamental.

Barrière incontournable, la pudeur se conjugue généralement à l'as-cendant que la Dame exerce, dans l'esprit de la tradition courtoise, sur son amant à qui elle impose toute une série d'épreuves afin de tester sa fidélité amoureuse. En fin de compte, les différentes techniques employées dans l'amour courtois sont pour Lacan des « techniques of holding back, of suspension, of amor interruptus »[5] qui rendent l'objet d'amour inaccessible tout en imposant par là même « the authority of that place the instinct aims for in sublimation »[6] dans la mesure où Lacan définit la sublimation comme suit : « It raises an object [...] to the dignity of the Thing. »[7] On pourrait dire de la Chose qu'il ou qu'elle est l'objet qui « aimante » le désir : « En réalité, le désir, à travers les objets dont il paraît en quête, ne cherche jamais que *das Ding*, dont il n'a ni n'aura jamais aucune représen-tation, qui n'est pas un but, puisqu'il ne sera jamais atteint, mais autour duquel tout ne cesse de tourner »,[8] comme l'explique Jean Pierre Cléro.

---

on veut signifier une forme de répression intériorisée de la sexualité féminine, conditionnée par l'éducation que les femmes reçoivent.

5   Jacques Lacan, *The Ethics of Psychoanalysis*, p. 152.
6   Jacques Lacan, *The Ethics of Psychoanalysis*, p. 150.
7   Jacques Lacan, *The Ethics of Psychoanalysis*, p. 112.
8   Jean Pierre Cléro, *Le Vocabulaire de Lacan*, pp. 17–18.

C'est d'ailleurs parce que le désir est ainsi orienté autour de la Chose que le processus de sublimation est relié à une satisfaction partielle, bien que l'objet recherché soit par définition impossible à retrouver :

> It is in its nature that the object as such is lost. It will never be found again. Something is there while one waits for something better, or worse, but which one wants. The world of our experience, the Freudian world, assumes that it is this object, das Ding, as the absolute Other of the subject, that one is supposed to find again. It is to be found at the most as something missed. One doesn't find it, but only its pleasurable associations. It is in this state of wishing for it and waiting for it that, in the name of the pleasure principle, the optimum tension will be sought; below that there is neither perception nor effort.[9]

On aboutit ainsi à une jouissance[10] paradoxale puisque le désir tel qu'il est supporté par le fantasme – c'est-à-dire de ce par quoi la recherche du plaisir aboutit à une satisfaction imaginaire – tient son objet à distance. « But this distance is not complete ; it is a distance that is called proximity, which is not identical to the subject, which is literally close to it, in the way that one can say that the Nebenmensch that Freud speaks of as the foundation of the thing is his neighbor. »[11] Ce que nous dit Lacan ici est que le fantasme, par la barrière de l'objet qui le définit, assure une défense contre la réalisation du désir incestueux, mais structure en même temps sa propre « gravitation with relation to the good object. »[12] Ici nous rencontrons, comme le dit Lacan, « the essential dimension of desire

---

9   Jacques Lacan, *The Ethics of Psychoanalysis*, p. 52.
10 Selon Lacan, la jouissance pourrait se définir comme une « search for an archaic [...] quality of indefinable pleasure which animates the unconscious instinct as a whole. » (Jacques Lacan, *The Ethics of Psychoanalysis*, p. 42). Cette jouissance serait paradoxale car : « As Freud was the first to articulate boldly and powerfully the idea that the only moment of jouissance that man knows occurs at the site where fantasms are produced, fantasms that represent for us the same barrier as far as access to jouissance is concerned, the barrier where everything is forgotten. » (Jacques Lacan, *The Ethics of Psychoanalysis*, p. 298).
11 Jacques Lacan, *The Ethics of Psychoanalysis*, p. 76.
12 Jacques Lacan, *The Ethics of Psychoanalysis*, p. 73.

– it is always desire in the second degree, desire of desire. »[13] Toutefois l'originalité de Lacan sur ce point est « d'identifier das Ding à la mère, qui fut l'objet, à jamais perdu, de désirs incestueux et dont l'inatteignabilité de la Chose équivaut à l'interdit qui les frappe. »[14] Ainsi, la femme n'entre en fonction dans l'amour courtois[15] – fonction symbolique – qu'en tant que mère active jusqu'au sein du couple comme divinité toute-puissante et incarnant la loi passionnée qui fait obstacle à la visée d'un désir incestueux.

La jouissance apparaît donc associée à quelque chose supposée vouloir s'exprimer ou se faire reconnaître, mais seulement de manière voilée[16] parce qu'articulé dans un matériel fantasmatique qui le transforme : « If the Thing were not fundamentally veiled, we wouldn't be in the kind of relationship to it that obliges us, as the whole of psychic life is obliged, to encircle or bypass it in order to conceive it. Wherever it affirms itself, it does so in domesticated spheres. That is why the spheres are defined thus; it always presents itself as a veiled entity. »[17] La seconde caractéristique de la Chose comme voilée « is by nature in the refinding of

---

13   Jacques Lacan, *The Ethics of Psychoanalysis*, p. 141.

14   Jean-Pierre Cléro, *Le Vocabulaire de Lacan*, p. 18.

15   Lacan étend cette proposition à l'ensemble du rapport sexuel dans *Encore*. Ce terme de « rapport sexuel » est bien sûr à prendre ici au sens large et en tant que déterminé par l'ordre du symbolique qui obéit à une logique phallique, c'est-à-dire une logique de l'Homme comme concept universel dont dépend la loi qui fonde les faits culturels au premier rang desquels on retrouve les règles du « rapport sexuel » et sa composante fantasmatique dans la mesure où le Réel, autrement dit la réalité inconsciente, représente l'au-delà indicible du Symbolique. On peut dire aussi que le symbolique est issu des productions de l'inconscient. Écoutons Lacan à ce propos : « si la libido n'est que masculine, la chère femme, ce n'est que de là où elle est toute, c'est-à-dire là où la voit l'homme, rien que de là que la chère femme peut avoir un inconscient. Et à quoi ça lui sert ? Ça lui sert [...] à n'exister que comme mère. » (*Encore, Le Séminaire, Livre XX*, p. 126).

16   « Si le sujet reconnaissait le refoulé, il serait forcé de reconnaître en même temps une série d'autres choses, lesquelles lui sont proprement intolérables, ce qui est la source du refoulé. » (*Les Formations de l'inconscient, Le Séminaire, Livre V*, Paris : Seuil, 1998, p. 234).

17   Jacques Lacan, *The Ethics of Psychoanalysis*, p. 118.

the object represented by something else [...] an object, insofar as it is a created object, [which] may fill the function that enables it not to avoid the Thing as signifier, but to represent it. »[18]

Si le désir paraît ainsi se référer à un objet, il n'a donc guère que la Chose pour pôle d'attraction ou, comme Lacan le dira plus tard, « l'objet petit a »[19] qui « vaut comme symbole du manque c'est-à-dire du phallus, non pas en tant que tel mais en tant qu'il fait manque. »[20] « Le signifiant du signifié, en général, c'est le phallus »,[21] écrit Lacan, sachant que le refoulé primordial est un signifiant. En tant que « signifiant dernier dans le rapport du signifiant au signifié », ce « phallus est voilé, et restera voilé jusqu'à la fin des siècles »[22] pour reprendre les termes de Lacan. Il ne faut donc pas confondre l'objet invisible, cause du désir, avec l'objet visible du désir mais savoir que cet objet est un voile qui dissimule quelque chose d'irreprésentable autrement. En d'autres termes, tous les objets qui entrent en jeu dans le fantasme sont des simulacres de cet objet absent qui ne fonctionne que comme « un signifiant toujours caché, toujours voilé. »[23]

Tout se passe, en fait, comme si la modernité littéraire, de Madame de Lafayette à Marguerite Duras, en réinventant sa posture face à l'amour, relançait un discours de la passion amoureuse nourrie d'une sorte d'influence courtoise. Comme on le sait, chaque roman est une histoire d'amour impossible qui chez Madame de Lafayette, Rousseau[24]

---

18   Jacques Lacan, *The Ethics of Psychoanalysis*, pp. 118–19.

19   Pour plus de clarté peut-être, citons Martin Jay : « The object a was Lacan's term for the object of lack or the missing object that will seemingly satisfy the drive for plenitude, 'a' being the first letter of the french word for 'other' (autrui). » (*The Denigration of Vision in Twentieth Century French Thought*, London : University of California Press, 1994, p. 361).

20   Jacques Lacan, *Les Quatre Concepts fondamentaux de la psychanalyse, Le Séminaire, Livre XI*, p. 95.

21   Jacques Lacan, *Les Formations de l'inconscient*, p. 240.

22   Jacques Lacan, *Les Formations de l'inconscient*, p. 240.

23   Jacques Lacan, *Le Transfert, Le Séminaire, Livre VIII*, p. 291.

24   Voir à ce sujet l'article de Tanguy L'Aminot : « L'Amour courtois dans *La Nouvelle Héloïse* » in *Modernité et pérennité de Jean-Jacques Rousseau*, Paris : Champion, 2002, pp. 241–57.

et Stendhal[25] se traduit surtout au niveau du schéma narratif par l'éloignement de l'être aimé. Dans *La Princesse de Clèves* et *La Chartreuse de Parme* en particulier, cet éloignement entraîne inévitablement la disparition graduelle des personnages féminins de la scène du regard de telle sorte que celles-ci semblent collaborer à l'élaboration progressive d'un voile, comme symbole de l'interdit du regard qui irrite d'autant plus le désir de voir des personnages masculins, tout en faisant de l'être aimé le signe d'un spectacle interdit. De devenir ainsi une ombre derrière le voile, autrement dit d'être mises en position d'objet qui ne cesse d'échapper au regard, les personnages féminins sont-elles à même d'incarner la part d'ombre de l'objet du désir. Camille Dumoulié rappelle dans son essai sur les amours fantastiques que « l'ombre est une part essentielle de l'objet, peut-être même sa vérité, celle qui rappelle que l'objet, pour être objet de désir, doit avoir été perdu, et n'est jamais saisi que comme toujours perdu. »[26] Rousseau utilise aussi l'image du voile symbolisant l'inaccessibilité de l'objet du désir et qui de même fait porter l'interdit sur le regard. Nous étudierons ainsi dans la deuxième partie de ce chapitre le rapport qu'entretient l'objet féminin du désir avec la fonction symbolique du voile telle que la définit Lacan.

Pour Lacan, le voile devant l'objet « est encore ce qui permet le mieux d'imaginer la situation fondamentale de l'amour. »[27] En effet, « dès que se place le rideau, sur lui peut se peindre quelque chose qui dit – l'objet est au-delà. L'objet peut alors prendre la place du manque, et être aussi

---

25 Lacan fait même référence à l'ouvrage de Stendhal ; *De l'Amour* qui selon lui « is very close to the interest displayed by the romantics in the resurgence of the poetry of courtly love. » (*The Ethics of Psychoanalysis*, p. 146). Il faut impérativement souligner que Stendhal envisageait le roman, *La Chartreuse de Parme* comme la traduction de son ouvrage théorique, filiation établie par Stendhal lui-même : « Traduire ce livre. Un homme moqueur de cinquante ans expose les idées écrites par un homme de trente amoureux. Pour les gens tendres et passionnés, cette édition restera. Pour le public en général, la traduction vaudra mieux, sera plus acceptable. » (Cité par René Servoise, « Le Merveilleux dans *La Chartreuse de Parme* », *Revue d'histoire littéraire de la France*, 99, 1999, p. 1204).

26 Camille Dumoulié, *Cet Obscur Objet du désir*, p. 84.

27 Jacques Lacan, *La Relation d'objet, Le Séminaire, Livre IV*, p. 155.

comme tel support de l'amour, mais c'est en tant qu'il n'est justement pas le point où s'attache le désir ». La seule identité qui compte alors ici est celle qui fait de la femme l'altérité par excellence en tant qu'objet qui désigne, derrière lui, un espace magique ; il est l'indice de quelque chose qu'il n'est pas. Autrement dit, dans la fonction du voile, il s'agit de matérialiser « cette position d'interposition qui fait que ce qui est aimé dans l'objet d'amour est quelque chose qui est au-delà ». On peut même dire que la présence du voile est là pour notifier de visu, la présence dans le visible, du symbole de l'absence :

> Le rideau prend sa valeur, son être et sa consistance, d'être justement ce sur quoi se projette et s'imagine l'absence. Le rideau, c'est, si l'on peut dire, l'idole de l'absence. Si le voile de Maya est la métaphore la plus communément en usage pour exprimer le rapport de l'homme avec tout ce qui le captive, cela n'est sans doute pas sans raison, mais tient assurément au sentiment qu'il a d'une certaine illusion fondamentale dans tous les rapports tissés de son désir. C'est bien là ce dans quoi l'homme incarne, idolifie, son sentiment de ce rien qui est au-delà de l'objet d'amour.[28]

Ce rien au-delà de l'objet est précisément ce que Lacan nomme le phallus en tant qu'il manque à la femme, c'est-à-dire en tant qu'il écrit le manque de la castration.

En réalité, la position du voile implique la distance du voir d'avec l'objet-image insupportable de son désir. Le voile, pour ainsi dire, fait écran au souvenir :

> Le souvenir-écran, le Deckerinnerung, n'est pas simplement un instantané, c'est une interruption de l'histoire, au moment où elle s'arrête et se fige, et où, du même coup, elle indique la poursuite de son mouvement au-delà du voile. Le souvenir-écran est relié à l'histoire par toute une chaîne, il est un arrêt dans cette chaîne, et c'est en cela qu'il est métonymique, car l'histoire, de sa nature, se continue. En s'arrêtant là, la chaîne indique sa suite, désormais voilée, sa suite absente, à savoir le refoulement dont il s'agit, comme le dit nettement Freud.[29]

---

28   Jacques Lacan, *La Relation d'objet*, p. 155.
29   Jacques Lacan, *La Relation d'objet*, pp. 157–58.

Le dispositif visuel représenté par l'interdit sert ainsi à masquer le rien, à le protéger d'un voile. A la vision du vide, producteur d'angoisse, se substitue la vision d'une image faisant écran tout en donnant l'illusion de voir quand même. Avec le voile c'est donc la matérialisation d'un au-delà du regard qui est inscrite dans l'acte de voir en tant qu'interdit. Mystère angoissant mais jeu d'optique fascinant à la fois : l'attraction qu'exerce le refoulé aurait par conséquent partie liée avec l'attrait du visuel. Autrement dit, ce qui pousse le sujet à vouloir voir absolument a pour cause ce qui le regarde. En effet, ce qui est montré au sujet, ce qui fait écran et attire son œil, en quelque sorte...le regarde. Ce « regard » sera ce qui, pour reprendre les termes d'Hervé Castanet, est « imaginé comme au dehors. Le regard se présentifie au sujet sous le mode d'un ça me regarde. »[30] Mais qu'est ce qui regarde le sujet et le précipite comme celui qui veut voir ce que cache le voile ? C'est le désir du sujet en tant que c'est de l'Autre (le discours inconscient) qu'il lui vient, ce qui pour lui fait question et s'avère insaisissable. Ce désir est lié à un « je n'en veux rien savoir » de ce qui me regarde et il chiffre énigmatiquement la cause du désir – « à savoir, [cet] objet privilégié, surgi de quelque séparation primitive, de quelque auto-mutilation induite par l'approche du réel, dont le nom, en notre algèbre, est objet a. »[31] Cet objet pourra être par la suite représenté par la diversité des objets partiels des pulsions qui dérivent de ce désir.

Dans le rapport scopique en tant que tel, l'objet du fantasme est précisément le regard. Il sera ce qui fait trou dans le champ du visible, ce qui manquera à toute image : « Dans notre rapport aux choses, tel qu'il est constitué par la voie de la vision, et ordonné dans les figures de la représentation, quelque chose glisse, passe, se transmet, d'étage en étage, pour y être toujours à quelque degré éludé – c'est ça qui s'appelle le regard. »[32] Ainsi le voir se heurte toujours à un au-delà des apparences où il n'y a rien, c'est-à-dire le regard lui-même qui interroge le sujet parce que lié au manque constitutif de son être. On peut dire aussi que le sujet chez

---

30   Hervé Castanet, *Le Regard à la lettre*, Paris : Anthropos-Economica, 1996, p. 119.
31   Jacques Lacan, *Les Quatre Concepts fondamentaux de la psychanalyse*, p. 78.
32   Jacques Lacan, *Les Quatre Concepts fondamentaux de la psychanalyse*, p. 70.

Lacan se définit comme manque-à-être et l'objet de la pulsion scopique, dans ce cas le regard, est son être. Ici se dessine l'association d'un manque identitaire à un manque à voir ou au regard lui-même parce qu'il fait trou dans le réel. Le regard est donc toujours ce manque – un manque, après tout, est précisément ce qui ne peut se voir mais si le regard, en ce sens, ne se voit pas, il n'est pas pour autant inactif. Au contraire, comme nous venons de le remarquer, le regard n'est « non point, un regard vu, mais un regard par moi imaginé au champ de l'Autre. »[33]

Dans l'article où il rend hommage à Marguerite Duras, Lacan fait converger *Le Ravissement* avec sa version d'une nouvelle extraite de l'*Héptaméron* de Marguerite de Navarre, celle qui conte l'histoire d'Amadour et de Floride – histoire d'amour non moins impossible que celle du *Ravissement* – l'occasion d'un tel parallèle permettant d'appuyer sa théorie de la sublimation tout en soulignant la permanence de la structure du désir. On le sait, la sublimation chez Lacan est affaire d'élévation de l'objet à la dignité de la Chose : dans chaque texte, l'agent de cette élévation est le protagoniste masculin et l'objet en est l'autre féminin. Pour Lacan, explicite Leslie Hill, « Amadour, the tale's male protagonist, gives up his life in the cause of an impossible love. He is an exemplary hero who dies in the cause of sublimation, rebuffed as he is by a woman whose role it is to represent in the face of Amadour's impatient desires the claims of idealisation and the importance of culture as a bulwark against the treacherous bog – the 'fange infâme' – of vice, carnal lust and violence. »[34] Concernant *Le Ravissement*, Lacan transforme, sans équivoque, Jacques Hold en un nouvel Amadour, qui se trouve confronté au désir et à l'anxiété inspirés par l'être aimé, cet « objet indescriptible »,[35] la Chose qui relève du désir de l'Autre.

33　Jacques Lacan, *Les Quatre Concepts fondamentaux de la psychanalyse*, p. 79.

34　Leslie Hill, « Lacan with Duras » in *Writing with Psychoanalysis*, London : John Lechte, 1996, p. 155.

35　« C'est autour de ce lieu [du malheur] que gravitent, m'a-t-il semblé [...] les personnages que vous situez dans notre commun pour nous montrer qu'il en est partout d'aussi nobles que gentils hommes et gentes dames le furent aux anciennes parades, aussi vaillants à foncer, et fussent-ils pris dans les ronces de l'amour impossible à

La figure mythologique de Gorgone sera convoquée ici afin de rendre compte de l'étrangeté de la féminité. Comme l'explique Jean-Pierre Vernant, Gôrgo est une des figures de « l'extrême altérité »,[36] plus spécifiquement, elle incarne l'interdit du regard qui se fait face, cet objet d'où dépend le fantasme comme support du désir. « Dès que ce regard », écrit Lacan, « le sujet essaie de s'y accommoder, il devient cet objet punctiforme, ce point d'être évanouissant, avec lequel le sujet confond sa propre défaillance. »[37] Ainsi, le sujet se fait précisément regard, il se réduit à ce trou dans le visible et tente de lui donner consistance. Autrement dit, le sujet, dans son fantasme, se fait objet. Hervé Castanet souligne que « cet objet n'a pas de concrétude, c'est une consistance logique qui se déduit du jeu du signifiant comme ce qui s'en soustrait, ce qui en choit : c'est l'objet perdu freudien toujours recherché jamais retrouvé tel quel. » Aussi, le voyeur « s'évertuera à transformer ce trou du regard en un bouchon. Il sera celui qui tente de s'accaparer ce 'moins' du regard pour en faire un 'plus' à sa merci, utilisable à volonté. »[38]

Mais placer au centre du texte la figure de Jacques Hold en tant que sujet exclusif du désir, comme le fait Lacan, équivaut à nier Lol à l'endroit de son propre désir. Or, Duras construit son personnage comme reposant presque exclusivement sur un désir de voir qui conduit, certes, à ne rien voir. Néanmoins, le renversement partiel des rôles dans *Le Ravissement*, où le voyeur est aussi une femme soulève un des aspects subversifs du roman par rapport aux autres textes qui mettent en scène un scénario commun conforme à la tradition littéraire ainsi qu'à la définition clinique

---

domestiquer, vers cette tache, nocturne dans le ciel, d'un être offert à la merci de tous..., à dix heures et demie du soir en été. Sans doute ne sauriez-vous secourir vos créations, nouvelle Marguerite, du mythe de l'âme personnelle. Mais la charité sans grandes espérances dont vous les animez n'est-elle pas le fait de la foi dont vous avez à revendre, quand vous célébrez les noces taciturnes de la vie vide avec l'objet indescriptible du désir. » (Jacques Lacan, « Hommage fait à Marguerite Duras », *Cahiers Renaud-Barrault*, 52, 1965, pp. 14–15).

36   Jean-Pierre Vernant, *La Mort dans les yeux*, Paris : Hachette Littératures, 1998, p. 12.

37   Jacques Lacan, *Les Quatre Concepts fondamentaux de la psychanalyse*, p. 79.

38   Hervé Castanet, *Le Regard à la lettre*, p. 121.

du voyeurisme présenté comme une perversion typiquement masculine. La folie du fantasme du voyeur étant de quêter dans le spectacle qui représente visiblement l'autre féminin, cet objet invisible du désir. En fait, cette impossibilité de voir semble s'inscrire dans un espace particulier que le roman met en scène puisqu'il fait voir le manque à voir et l'impossibilité de voir caractérisant aussi bien Lol que Jacques Hold.

Toutefois, il est vrai que le personnage masculin est aussi le narrateur de l'histoire de Lol V. Stein qui fait l'objet d'une quête. Le récit adopte ainsi le point de vue du personnage masculin tout en construisant la narration sur un recours à l'invention fondée sur l'association du dire et du voir comme si l'appropriation de l'autre devait aussi en passer par le spéculaire. Par ce recours à l'invention, la figure du narrateur tisse un voile faisant écran au manque à voir l'objet de la fiction et de la narration : ce voile n'étant donc qu'un leurre en tant que construction imaginaire de la réalité. Ce que met en scène le récit, c'est le leurre donné pour tel dans la mesure où la narration revendique et son savoir et son incertitude quant à ce savoir. Marquée par l'incertitude, la narration et sa figure, aurait pour but de voir et faire voir de façon indirecte, comme si l'obstacle permettait non seulement de voir, mais surtout d'être regardé par ce qu'on ne voit pas.

Chaque ouvrage met ainsi en scène un scénario qui présente au fond un lien de parenté étroit avec le mythe d'Orphée et d'Eurydice, dans la mesure où les personnages masculins s'avèrent les spectateurs insatiables d'un spectacle interdit représenté par les personnages féminins, toujours associées à l'image du voile et de la nuit. En outre, l'analyse paradigmatique du mythe par Blanchot permet de mettre en évidence les liens qui se tissent entre le mythe antique et des œuvres plus modernes autour de l'interdit qui pèse sur le regard. Dans son analyse Maurice Blanchot affirme qu'Eurydice est « l'extrême que l'art puisse atteindre, elle est, sous un nom qui la dissimule et sous un voile qui la couvre le point profondément obscur vers lequel l'art, le désir, la mort, la nuit semblent tendre. Elle est l'instant où l'essence de la nuit s'approche comme l'*autre* nuit. »[39] Blanchot associe ici « l'essence de la nuit » qui, bien sûr, est le féminin, à la représentation absolue et ce qui est aperçu dans la descente d'Orphée vers Eurydice, vers le centre de la nuit, est une approximation de la représentation qui marque les limites de l'expression humaine. Orphée « peut tout, sauf regarder 'ce point' en face, sauf regarder le centre de la nuit dans la nuit [...] [son] destin est de la [Eurydice] chanter. »[40] Malgré cette interdiction qui porte sur le regard, Blanchot insiste sur ce point que « le destin d'Orphée est aussi de ne pas se soumettre à cette loi dernière. »[41] Certes, poursuit-il, « en se tournant vers Eurydice, Orphée ruine l'œuvre, l'œuvre immédiatement se défait, et Eurydice se retourne dans l'ombre ; l'essence de la nuit, sous son regard se révèle comme l'inessentiel. »[42] Ce que nos ouvrages mettent en scène est peut-être cette défaillance dans ce qu'il s'agit de voir et de faire voir ou de représenter. Défaillance de la représentation donc en tant qu'elle inscrit le manque à voir au fondement de la relation du sujet à l'objet de son désir, tout en entrant en résonance avec ce que la psychanalyse nous apprend sur les origines et les déviations d'un désir de voir qui trouve sa garantie de l'autre côté du visible.

39   Maurice Blanchot, « Le Regard d'Orphée » in *L'Espace littéraire*, Paris : Gallimard, collection « Folio Essais », p. 225.
40   Maurice Blanchot, « Le Regard d'Orphée », pp. 225–27.
41   Maurice Blanchot, « Le Regard d'Orphée », p. 226.
42   Maurice Blanchot, « Le Regard d'Orphée », p. 226.

A – Le Voile de la pudeur

I – *La Princesse de Clèves, Julie et Clélia*

La pudeur est représentée dans sa plus pure tradition de vertu féminine par excellence chez Madame de Lafayette, Rousseau et Stendhal. Elle règnera, en effet, en maître jusqu'au dix-huitième siècle et reste aujourd'hui bien vivace malgré le féminisme. Généralement parlant, la pudeur n'est pas indifférence, elle est un modèle de contrainte que la culture impose : les femmes sont engagées à accepter cette destinée et à discipliner leur expression en respectant la pudeur sous prétexte qu'il convient de savoir voiler ses désirs pour obtenir ce à quoi l'on feint d'être indifférent. Sous-entendu pour convenir à des hommes qui sont censés éprouver un désir d'autant plus intense qu'il est contenu sous des airs de froideur. Nous avons déjà pu constater précédemment que la « plus grande crainte » (CP : 353) des personnages féminins est de laisser paraître des signes de leur attachement. Leur « honneur » (NH : 14) en dépend sans quoi elles seraient mises au rang des femmes faciles, indignes d'estime et de l'amour qui en découle. C'est pourquoi dans le jeu amoureux, le risque couru est traditionnellement plus élevé pour une femme, Stendhal s'arrête sur ce point dans *De l'Amour* : « Le jeu n'est pas égal ; on hasarde contre un petit plaisir ou contre l'avantage de paraître un plus aimable, le danger d'un remords cuisant et d'un sentiment de honte, qui doit rendre même l'amant moins cher. »[43] La pudeur apparaît dès lors comme une honte anticipée, le refus préventif de ce que l'on considère comme une faiblesse et un interdit. Parce que la pudeur est en étroite corrélation avec la honte, on sent bien qu'elle est aussi tournée vers les autres dans le mouvement qui lui est propre de se murer hors de toute atteinte du regard, d'emmurer son propre regard. Et si elle réagit si vivement au danger d'être vue, c'est

---

43 Stendhal, *De l'Amour*, pp. 65–66.

parce que, comme on le sait, la peur de déplaire ou le désir de plaire en est le vrai motif.

Reste à concevoir un désir dont la forme propre serait le détour par le désir de l'autre : « Spontanément détourné, indirect par nature, ce désir ne dit pas 'je te veux' mais, 'je voudrais que tu me veuilles'. Il est désir passif ou désir de passivité : par lui, la femme se fait cible. »[44] Autrement dit, c'est son propre désir qui donne à la femme le pouvoir de se faire objet du désir de l'autre. Rousseau est le premier à avoir décrit ce lien étroit de la coquetterie et de la pudeur en apparence contradictoires mais qui dérivent du même principe dans la mesure où la coquetterie des héroïnes est dans leur pudeur, l'une ne va pas sans l'autre. Dans la même veine, Stendhal écrit que la deuxième loi de la pudeur du point de vue féminin est que l'amant en estime l'être aimé davantage, ce qui nous permet du reste d'illuminer la psychologie de Clélia. Aussi l'un des contemporains de Mme de Lafayette ; Valincour, ironise à propos de la pudeur de la princesse de Clèves : « C'est la prude la plus coquette et la coquette la plus prude que l'on n'ait jamais vue »,[45] écrit-il. Bien que la pudeur extrême de la princesse ne soit pas affectée comme semble le suggérer Valincour, il est vrai qu'elle est aussi inspirée, nous avons pu le remarquer dans le premier chapitre, par le désire de plaire.

Ainsi la « pudeur implique l'existence d'une frontière, d'une ligne de séparation entre ce qui est voilé et dévoilé, voilable et dévoilable, visible, dicible, audible ou non »,[46] bien que les mouvements du corps ne se domptent pas si facilement et trahissent l'être aimé malgré lui. L'on peut en juger d'après un nouvel exemple extrait de *La Princesse de Clèves* : « Ne laissant jamais échapper aucune occasion de voir Mme de Clèves » (PDC : 106), Nemours ne manque pas de deviner, en effet, l'amour de la princesse à tous ses mouvements involontaires : « Quelque application

---

44   Claude Habib, « Vertu de femme ? » in *La Pudeur, la réserve et le trouble*, Paris : Autrement, 1992, p. 147.
45   Cité par Laugaa, *Lectures de Mme de Lafayette*, Paris : Armand Colin, 1971, p. 99.
46   Catherine Labrusse-Riou, « La Pudeur à l'ombre du droit » in *La Pudeur, la réserve et le trouble*, p. 33.

qu'elle eût à éviter ses regards et à lui parler moins qu'à un autre, il lui échappait de certaines choses qui partaient d'un premier mouvement, qui faisaient juger à ce prince qu'il ne lui était pas indifférent. » (PDC : 100–1). Le mouvement pudique en soi, tout de retenue, n'en exprime pas moins une nature seconde qui se manifeste aussi par des signes involontaires : rougissements, palissements, tremblements, regards qui se dérobent. Aussi la pudeur féminine semble s'accompagner d'une véritable éducation du regard masculin lequel permet de décoder les signes corporels qui expriment la pudeur comme signes des premiers émois amoureux. « Que je regrette », se lamente Saint-Preux, « cette pâleur touchante, précieux gage du bonheur d'un amant ! » (NH : 22). De même, Fabrice lorsqu'il est en prison se demande à propos de Clélia si elle rougira en l'apercevant.

Bien que l'évitement pudique du regard, qui se manifeste le plus souvent par l'abaissement des yeux,[47] représente la norme de la vision féminine, cela ne signifie pas néanmoins qu'il soit interdit aux femmes de se poser en sujets volontaires du regard amoureux. Mais dans ce cas la valeur aspectuelle qu'adopte le regard féminin obéit plutôt à la pudeur du regard à la dérobée permettant soit de feindre l'indifférence : « sans faire semblant de le voir » (PDC : 114) est une des expressions favorite de Madame de Lafayette, pour signifier, bien sûr, que la princesse prétend ne pas remarquer la présence de l'être aimé. Soit permettant qu'en théorie passe inaperçu l'intérêt que l'on porte à l'être aimé, ce qui est en fait rarement le cas puisque les personnages masculins s'aperçoivent aisément de cette manœuvre. Saint-Preux fait mention dans une de ses premières lettres de ces « quelques regards égarés » que laisse échapper Julie, qui le reste du temps garde « les yeux fixés en terre » (NH : 13). Ailleurs, l'on voit bien la satisfaction qu'une telle prise sur le vif procure à Saint-Preux :

---

47   Néanmoins l'attitude de Saint-Preux paraît parfois « féminisée » : « Nous éprouvâmes bientôt entre nous ce je ne sais quoi qui rend le silence éloquent, qui fait parler des yeux baissés, qui donne une timidité téméraire, qui montre les désirs par la crainte, et dit tout ce qu'il n'ose exprimer. » (NH : 250). Mais si ce dernier observe la même réserve que Julie, c'est généralement par respect de la pudeur féminine, par crainte de l'offenser, ce qui n'en est pas moins une preuve visible d'amour.

« Que je dois l'aimer cette jolie Madame Belon, pour le plaisir qu'elle m'a procuré ! [...] Qu'ils étaient charmants, ces regards inquiets et curieux qui se portaient sur nous à la dérobée, et se baissaient aussitôt pour éviter les miens ! » (NH : 66) Dans *La Chartreuse de Parme*, lorsque Clélia paraît pour la première fois dans sa volière, Fabrice qui « la suivait ardemment des yeux » (CP : 338) ne manque pas de remarquer, d'une part, que tout en faisant bien voir qu'elle ne l'a pas vu, ses mouvements « avaient l'air gêné, comme ceux de quelqu'un qui se sent regardé » (CP : 338), et d'autre part, ce regard à la dérobée auquel Clélia ne peut résister et qui est assez pour que ce dernier se sente autorisé à la saluer.

Sous ces divers aspects – ici être vu prétendre ne pas voir ou regarder – le jeu de la pudeur est en soi un signe d'attachement ou du moins permet de donner quelques espoirs à l'amant dans les premiers moments de l'amour, ce qui correspond du reste à la première[48] cristallisation stendhalienne. Comme l'écrit Michel Foucault, en effet, « le voile cache la pudeur à elle-même et dérobe l'essentiel de sa réserve à sa propre attention ; mais en manifestant cette réserve à l'indiscret – [bien loin cependant de verser dans les effets spectaculaires de l'affectation et s'apprêter à en tirer profit] – elle lui fait voir indiscrètement ce qu'elle réserve. Deux fois traître, il montre ce qu'il esquive et cache à ce qu'il doit dérober qu'il dévoile. »[49] Si la pudeur n'entend donc pas plus accrocher le regard que de s'y dérober, c'est qu'elle laisse sourdre, sans montrer son intimité ni cacher qu'elle ne montre pas, ce que le regard ne saurait voir, ce qui ne saurait être vu : non la vérité secrète des sentiments mais l'hypothèse de son existence qui, négligemment, déchire le voile du semblant. Aussi, la pudeur ouvre un espace toujours évasif qui permet d'entretenir le doute, juste ce qu'il faut pour attiser le désir sans le rebuter.

Pourtant les personnages masculins finissent par « sollicit[er] une preuve d'amour, comme dissipant tous les doutes », alors que l'être aimé, soutenu par sa pudeur, refuse d'accorder cette preuve qui lui est demandée.

---

48 « Après que dix ou douze regards, ou toute une série d'actions qui peuvent durer un moment comme plusieurs jours, ont d'abord donné et ensuite confirmé les espérances [...]. » (Stendhal, *De l'Amour*, p. 10).

49 Michel Foucault, « Un si Cruel Savoir », *Critique*, 182, 1962, pp. 597–611.

Ce moment correspond à la seconde cristallisation stendhalienne qui se caractérise par l'alternance de l'espoir et de la crainte comme conséquence de la défense pudique de l'être aimé, ce que Stendhal résume parfaitement dans *La Chartreuse de Parme* en décrivant Fabrice d'abord dérouté par l'attitude contradictoire de Clélia dont le regard trahit ses véritables sentiments, et dément « tous ses gestes volontaires », de telle sorte qu'il est difficile pour Fabrice, qui emploie tout son temps à cela, de juger avec certitude s'il est aimé d'après ce qu'il a pu observer. Comme le suggère André Maurois, on peut très bien imaginer Nemours, à l'instar de Fabrice, pouvoir « passer des jours entiers à méditer sur un sourire, sur une rougeur de Mme de Clèves, à l'analyser, à y démêler des raisons d'espérer et des raisons de craindre. »[50] Il en est sûrement de même pour Saint-Preux car il faut se rappeler qu'il s'est écoulé plus d'un an avant que ce dernier ne se déclare. Dans sa déclaration écrite, il fait d'ailleurs état du tourment qu'il vit depuis longtemps provoqué par l'attitude contradictoire de Julie qui en privé observe une retenue extrême, et en public n'a « pas plus de réserve avec [lui] qu'avec un autre » (NH : 10), voire paraît lui donner quelques espoirs : « Hier même, il s'en fallut peu que, par pénitence, vous ne me laissassiez prendre un baiser : vous résistâtes faiblement. Heureusement que je n'eus garde de m'obstiner. » (NH : 10–11).

---

50 André Maurois, *Cinq Visages de l'amour*, New York : Les Editions Didier, 1942, p. 55.

Ainsi l'homme attaque quand la femme se défend – ce sont les termes
même employés par Rousseau[51] puis Stendhal[52] – or, il semblerait que cette

---

51   « De là naissent l'attaque et la défense, l'audace d'un sexe et la timidité de l'autre,
      enfin la modestie et la honte dont la nature arma le faible pour asservir le fort. »
      (Rousseau, *Emile ou de l'éducation*, Paris : Garnier Frères, 1959, pp. 446–47).
      Pourtant, tout le mouvement philosophique du dix-huitième siècle est engagé
      dans une direction inverse, ainsi que le souligne Jean-Claude Bologne, car, écrit-
      il, celui-ci « contribua largement à détruire l'illusion d'une pudeur naturelle. »
      (*Histoire de la pudeur*, Paris : Olivier Orban, 1986, p. 24). Julie s'en plaint d'ailleurs :
      « L'attaque et la défense, l'audace des hommes, la pudeur des femmes, ne sont point
      des conventions, comme le pensent tes philosophes, mais des institutions naturelles
      dont il est facile de rendre raison, et dont se déduisent aisément toutes les autres
      distinctions morales. » (NH : 82–83). Pour résoudre ce conflit, « Rousseau finira
      par déclarer la pudeur naturelle à l'espèce humaine, mais apprise individuellement.
      Pudeur conventionnelle, donc, en cette fin du dix-huitième. Soit. Mais pourquoi ?
      D'emblée, on met la convention en rapport avec les nécessités de la reproduction »,
      explique Jean-Claude Bologne. (*Histoire de la pudeur*, pp. 24–25). En effet, Rousseau
      met la pudeur en rapport avec la perpétuation de l'espèce humaine, la femme étant
      toujours prête à recevoir l'homme et non l'inverse, le voile de la pudeur doit donc
      la couvrir pour que l'initiative demeure toujours à l'homme et pour encourager
      son désir : « Comment ne voit-on pas qu'avec une si grande inégalité dans la mise
      commune, si la réserve n'imposait à l'un la modération que la nature impose à l'autre,
      il en résulterait bientôt la ruine de tous deux, et que le genre humain périrait par
      les moyens établis pour le conserver ? Avec la facilité qu'ont les femmes d'émou-
      voir les sens des hommes, et d'aller réveiller au fond de leurs cœurs les restes d'un
      tempérament presque éteint, s'il était quelque malheureux climat sur la terre où
      la philosophie eût introduit cet usage, surtout dans les pays chauds, où il naît plus
      de femmes que d'hommes, tyrannisés par elles, ils seraient enfin leurs victimes, et
      se verraient tous traîner à la mort sans qu'ils pussent jamais s'en défendre. » (E :
      446–47). En essayant précisément de justifier la raison d'être naturelle de la pudeur,
      Rousseau ne fait que renforcer le soupçon que la pudeur, ce trait spécifique du désir
      passif, ne soit uniquement une donnée culturelle élaborée à partir d'une obsession
      paranoïaque de la sexualité féminine. La psychanalyse selon Lacan appuie en partie
      cette théorie tout en poussant le paradoxe jusqu'à voir dans la pudeur la manière
      proprement féminine de se constituer en objet de désir de l'homme. Ces propos
      intéressants bien que sujets à polémiques, dépassent toutefois le cadre de notre
      analyse. Confère en particulier, *Le Séminaire, Livre IV* de Lacan.

52   « L'un attaque et l'autre se défend; l'un demande et l'autre refuse; l'un est hardi,
      l'autre très timide. » (*De l'Amour*, p. 22).

résistance donne encore plus d'impulsion au désir masculin obligatoire-ment associé à un élément d'amour-propre, car c'est encore un triomphe pour l'amant que de vaincre la retenue de l'être aimé, qu'elle soit vaincue par sa propre passion. Voici ce qu'écrit Rousseau dans *Emile* :

> Si la femme est faite pour plaire et pour être subjuguée, elle doit se rendre agréable à l'homme au lieu de le provoquer ; sa violence à elle est dans ses charmes ; c'est par eux qu'elle doit le contraindre à trouver sa force et à en user. L'art le plus sûr d'animer cette force est de la rendre nécessaire par la résistance. Alors l'amour-propre se joint au désir, et l'un triomphe de la victoire que l'autre lui fait remporter. (E : 446).

On trouve la même idée chez Stendhal : « La pudeur donne des plaisirs bien flatteurs à l'amant ; elle lui fait sentir quelles lois l'on transgresse pour lui. »[53] Nous savons que Nemours est principalement animé par un esprit de conquête, en ce sens, il est concevable que ce que le duc désire soit premièrement en rapport avec la pudeur de la princesse : en effet, il la désire parce qu'elle l'aime en dépit d'elle-même, de telle sorte qu'il doit son triomphe à sa propre séduction. « The woman's virtue is requisite to the masculine system of value not only as a guarantee of fidelity but as a proof that the desire directed at oneself is one's own creation, and not due to any female libidinousness that might have been satisfied by some other male »,[54] écrit en ce sens Michael Moriarty.

Bien que l'on puisse difficilement dissocier chez le duc son amour-propre de l'amour, il semblerait que ce soit cette alternance entre doute et espoir qui en plongeant l'amant dans l'obscurité de l'incertitude, né de la résistance féminine même, assure l'intensification du désir amoureux, en droite ligne avec ce que dit Stendhal dans *De l'Amour* : « c'est ce chemin sur l'extrême bord d'un précipice affreux, et touchant de l'autre main le bonheur parfait, qui donne tant de supériorité à la seconde cristallisation sur la première. »[55] Ce sont donc les mêmes sentiments que Madame

53 Stendhal, *De l'Amour*, p. 70.
54 Michael Moriarty, « Decision, Desire, and Asymmetry in *La Princesse de Clèves* » in *Writers and heroines : Essays on women in French literature*, Bern : Peter Lang, 1999, p. 63.
55 Stendhal, *De l'Amour*, p. 11.

de Lafayette prête au duc de Nemours, en particulier dans cet épisode suivant directement l'aveu de la princesse à son mari : « Elle alla donc au Louvre et chez la reine Dauphine à son ordinaire ; mais elle évitait la présence et les yeux de Nemours avec tant de soin qu'elle lui ôta quasi toute la joie qu'il avait de se croire aimé d'elle. Il ne voyait rien dans ces actions qui ne lui persuadât du contraire. [...] peut-être que des regards et des paroles obligeantes n'eussent pas tant augmenté l'amour de M. de Nemours que faisait cette conduite austère. » (PDC : 162). Bien que la dissimulation pudique des sentiments ne soit plus vraiment à ce stade le motif du comportement de la princesse mais plutôt sa détermination à vaincre la passion, la résistance qu'elle oppose à Nemours reste néanmoins ce qui manifestement renforce son amour.

Dans *De l'Amour*, Stendhal défend très clairement la pudeur au nom des intérêts même de l'amour : « Quant à l'utilité de la pudeur, elle est mère de l'amour, on ne saurait plus rien lui contester. »[56] Ce faisant il reproduit fidèlement l'opinion de Rousseau pour qui une femme sans pudeur, même après l'entrée effective dans la relation amoureuse, diminue l'ardeur du désir et de l'amour plutôt que de l'entretenir. Saint-Preux rend compte de cela dans une lettre où il décrit le comportement, selon lui vulgaire, de certaines femmes par opposition au comportement de Julie dont la vertu est dans sa pudeur :

> Les discours n'étaient pas tendres, mais déshonnêtes, et les femmes tâchaient d'exciter, par le désordre de leur ajustement, les désirs qui l'auraient dû causer. D'abord tout cela ne fit sur moi qu'un effet contraire, et tous leurs efforts pour me séduire ne servaient qu'à me rebuter. Douce pudeur, disais-je en moi-même, suprême volupté de l'amour, que de charmes perd une femme au moment qu'elle renonce à toi ! combien, si elles connaissaient ton empire, elles mettraient de soin à te conserver, sinon par honnêteté, du moins par coquetterie ! Mais on ne joue point la pudeur. Il n'y a pas d'artifice plus ridicule que celui qui la veut imiter. Quelle différence, pensais-je encore, de la grossière impudence de ces créatures et de leurs équivoques licencieuses à ces regards timides et passionnés, à ces propos pleins de modestie, de grâce et de sentiments [...]. (NH : 213).

---

56   Stendhal, *De l'Amour*, p. 66.

En somme, la vertu féminine impose chez Rousseau de cacher la présence du désir ou de ne le montrer qu'indirectement par un comportement qui ne se départit jamais d'une certaine retenue pudique : des propos tenus, à l'ajustement[57] jusqu'aux regards exprimant passion et pudeur à la fois. La pudeur féminine est finalement ce qui rend une femme sexuellement attirante, soutient Rousseau dans la *Lettre à Mr. D'Alembert* : « Les désirs voilés par la honte n'en deviennent que plus séduisants, en les gênant, la pudeur les enflamme. »[58]

Manifestement pour Rousseau et Stendhal mais aussi pour Madame de Lafayette, la centralité de la pudeur dans la définition du féminin est une idée représentée comme allant de soi. Ce jeu de voiles qui symbolise la pudeur ou plutôt ce jeu de caché dévoilé – refus légitime de se dévoiler, sauf dans le secret, que le sentiment féminin oppose à la conquête et signe d'attachement – contribue donc à aiguiser le désir masculin en imposant la femme comme objet de désir. La résistance féminine semble ainsi participer du jeu même de la séduction avec la complicité innocente des personnages féminins, et bien qu'elle ne représente pas un obstacle définitif, elle met d'emblée en évidence, le rapport de nécessité qui l'unit au désir masculin.

57   Dans la lettre que Saint-Preux écrit, suite au souper organisé en compagnie de Milord Edouard et de M. de Wolmar, celui-ci établit clairement, par les reproches amusés qu'il adresse à Julie, le rapport entre sa tenue modeste qu'elle a favorisée au détriment d'une parure soulignant ses attraits, et l'effet désirant que cela produit sur lui : « Ah ! mauvaise, est-ce là la circonspection que tu m'avais promise ? est-ce ainsi que tu ménages mon cœur et voiles tes attraits ? Que de contraventions à tes engagements ! Premièrement, ta parure ; car tu n'en avais point, et tu sais bien que jamais tu n'es si dangereuse. Secondement, ton maintien si doux, si modeste, si propre à laisser remarquer à loisirs toutes tes grâces. » (NH : 84).

58   Jacques Rousseau, *Lettre à Mr. D'Alembert sur les spectacles*, Paris : Droz, 1948, p. 113.

II – *Lol*

Si le retrait ou la fuite sont l'une des ressources fréquentes de la pudeur féminine, en revanche, Lol, quand elle le décide, s'expose au regard de l'autre dans le but de devenir objet de désir en jouant des ficelles du rapport traditionnel de séduction, tout en étant l'instigatrice de ce jeu de telle sorte que les rôles traditionnels d'objet (féminin) et de sujet (masculin) du désir en arrivent presque à être indissociables l'un de l'autre. Pour apparaître désirable Lol apporte, tout d'abord, un soin minutieux à son apparence physique : « Lol s'acheta une robe. Elle retarda de deux jours sa visite à Tatiana Karl, le temps de faire cet achat difficile. Elle se décida pour une robe de plein été, blanche. Cette robe, de l'avis de tous chez elle, lui allait très bien. » (LVS : 70). C'est donc comme objet pris dans le regard que Lol se place en position d'objet du désir : « Elle doit être assez belle pour que ce soit visible, aujourd'hui. Aujourd'hui, selon son désir, on doit voir Lol V. Stein. » (LVS : 72). Manifestation de la féminité par excellence, la beauté conjugue à la fois passivité et activité, sa fonction étant d'attirer les regards de façon involontaire – quelque chose se voit – et volontaire – quelqu'un se donne à voir.

Au moment précis de la rencontre, les pôles du regard sont inversés : « l'homme que Lol cherche se trouve tout à coup dans le plein feu de son regard. Lol, la tête sur l'épaule de Tatiana, le voit : il a légèrement chancelé, il a détourné les yeux. Elle ne s'est pas trompée. » (LVS : 73). Etant exposé à la pénétration du regard de Lol sur lui, Jacques Hold adopte une attitude traditionnellement réservée aux femmes puisqu'il détourne pudiquement le regard. Par conséquent, l'image socialisée du regard vacille car Lol brouille les frontières qui divisent le domaine du sexe masculin qui est celui du regardant, et celui du sexe féminin, entièrement absorbé du côté des regardés. Ce brouillage des frontières est renforcé par le cadre subversif dans lequel s'inscrit, en particulier, la scène où Lol suit Jacques qui a rendez-vous avec Tatiana et l'observe secrètement. « Lorsque [Jacques] suit des yeux une autre femme » (LVS : 55), Lol adopte la même attitude gênée que les autres personnages féminins : « elle baisse la tête ou se retourne légèrement. » (LVS : 55). Ici, Lol n'est l'objet du regard que par la médiation d'un autre corps auquel elle s'identifie : « Sur les femmes seules et belles, il se retournait, s'arrêtait, parfois, vulgaire. Lol sursautait à chaque fois comme s'il l'avait fait sur elle. » (LVS : 54). Lol apparaît donc à la fois comme objet du regard grâce à un processus d'identification, mais aussi sujet du regard car elle est témoin de la scène, ce qui crée la confusion entre les deux. N'oublions pas non plus que cette scène est donnée à voir par le narrateur qui lui-même s'identifie au regard de Lol, redoublant par là même la confusion entre les positions d'objet et de sujet du regard de même que leurs attaches sexuelles.

Pour en revenir à la scène de rencontre, il faut noter que succédant donc à son premier regard sans équivoque,[59] Lol feint de dissimuler pudiquement son intérêt par l'évitement des regards, et de manière si ostentatoire que Jacques voit bien que cette indifférence n'est qu'apparente, bref, Lol affiche qu'elle cache son intérêt : « Dès que Lol a pénétré dans la maison elle n'a plus eu un regard pour moi. [...] Mais le désintérêt dans lequel elle me tenait maintenant était trop grand pour être naturel. Elle évitait de me voir. » (LVS : 75–78). Ainsi il semblerait que Lol manipule avec adresse les règles de la séduction communément schématisée par l'idée que la résistance féminine attise le désir masculin. D'ailleurs, Jacques Hold ne fait pas exception à cette règle : « Je voulais revoir ses yeux sur moi : je dis : - Pourquoi ne pas y retourner cet été-ci ? Elle me regarda, comme je le désirais. Ce regard qui lui échappa détourna le cours de sa pensée. Elle répondit au hasard [...]. » (LVS : 83). Nouveau renversement codé selon une représentation traditionnelle du rôle féminin, Lol est celle qui tout en évitant de regarder Jacques Hold ne parvient pas à maîtriser complètement l'expression de son regard, puis s'en trouve troublée. Jacques devient celui qui occupe le rôle d'observateur : « Tatiana comme chaque jour a laissé s'installer la demi-pénombre du crépuscule et je peux regarder Lol V. Stein longtemps, assez longtemps, avant qu'elle ne s'en aille, pour ne plus jamais l'oublier. » (LVS : 85). On retrouve en somme le même jeu de voile qui cache – évitement du regard – bien que

---

59   « J'étais le seul à savoir, à cause de ce regard immense, famélique qu'elle avait eu pour moi en embrassant Tatiana, qu'il y avait une raison précise à sa présence ici. [...] Je devais la connaître parce qu'elle désirait que cela se produise. Elle est rose pour moi, sourit, se moque, pour moi. » (LVS : 78–84).

cette dissimulation ne soit pas l'effet de la pudeur mais d'une mascarade, et dévoile en même temps – être vu prétendre ne pas vouloir regarder et regard (amoureux) involontaire.

De plus, Lol joue sur le prolongement d'une rencontre différée comme pour exciter le désir masculin : « Ce soir, en nous retenant, elle joue avec ce feu, cette attente, elle le déplace sans cesse [...]. » (LVS : 103). Mais cette attente est encore placée dans un contexte subversif, celui de la nuit de T. Beach, car s'il s'agit de séduire pour Lol, ce n'est pas à une fin amoureuse : « elle veut voir venir avec moi, s'avancer sur nous, nous engloutir, l'obscurité de demain qui sera celle de la nuit de T. Beach. Elle est la nuit de T. Beach. » (LVS : 104). Ainsi que le suggère Jacques Hold qui pressent l'effet de lassitude engendrée par la possession du corps de Tatiana,[60] il semblerait que le désir de celui-ci pour Lol repose sur la propre imperméabilité de cette dernière au désir amoureux, du fait même de l'énigme que cela implique dans la mesure où son désir est « autre ».

En somme, on dirait que cette scène de rencontre est principalement une contrefaçon subversive d'une représentation codée du jeu de la séduction – beauté, indifférence feinte par l'évitement du regard, attente prolongée – Lol en manipule les ficelles tout en détournant la raison d'être de ce jeu à ses propres fins. En conséquence, Lol s'impose ici comme sujet du désir dans sa forme active, par le fait même que paradoxalement elle se constitue volontairement en tant qu'objet du désir masculin, à proprement parler sujet du désir d'être désiré. Autrement dit, Lol agit quand les autres personnages réagissent sans avoir pleinement conscience des motifs qui guident leurs réactions ; la grande différence étant que Lol garde un certain recul par rapport à la passion comme si elle pouvait se regarder elle-même agir.

---

60   « Tout à l'heure, tout à l'heure, dans deux jours à peine je possèderai toute Tatiana
       Karl, complètement, jusqu'à sa fin. » (LVS : 91).

B – Fonction du voile métaphorique et pulsion scopique

I – *Madame de Lafayette, Rousseau et Stendhal*

On retrouve à l'échelle de la structure narrative cette dialectique du caché et du dévoilé sous la forme d'une alternance entre le voir et la fuite des personnages féminins, qui contribue à l'élaboration progressive d'un voile symbolisé par l'interdit du voir qui désigne paradoxalement la place de l'objet du fantasme ayant toujours à voir avec la Chose comme voilée et qui finit par se confondre avec le regard de l'Autre.[61]

1 – *La Princesse de Clèves* : Regard interdit

Dans *La Princesse de Clèves*, la première partie du livre est marquée par une insistance sur le voir des personnages qui à la cour ne manquent pas de se trouver en présence l'un de l'autre. En revanche, dès que la princesse reconnaît ses sentiments, qu'elle sent qu'elle ne peut s'empêcher de les éprouver, ni même de les dissimuler, elle n'aura plus que le geste de fuir. Tel est le personnage, partiellement invisible, qui va prendre sa place dans la deuxième partie du livre, bien qu'elle ne puisse pas encore résister sans faillir au désir de voir Nemours, ce que montre l'épisode de la lettre du Vidame de Chartres grâce à laquelle la princesse trouve un prétexte à point nommé pour voir son amant. Suite à cela, Mme de Clèves qui s'est retirée à Coulommiers devient un personnage difficile à voir, à atteindre, mais celle qui fuit est toujours poursuivie par Nemours qui se caractérise par son rôle de voyeur à l'affût de sa proie. Ainsi, l'héroïne demeure visible à Nemours – donc au lecteur – qui à plusieurs reprises s'introduit jusque dans la retraite de cette dernière, et se trouve dans la

---

61 « L'autre qui est le lieu de la parole, qui est le sujet de plein droit, qui est celui avec qui nous avons les relations de la bonne et de la mauvaise foi – comment se fait-il qu'il puisse et doive devenir quelque chose d'exactement analogue à ce qui peut se rencontrer dans l'objet le plus inerte, à savoir l'objet du désir, a. » (Jacques Lacan, *Le Séminaire, Livre VIII, Le Transfert*, p. 278).

situation d'un homme caché qui observe à distance. Lors de sa première intrusion à Coulommiers, Nemours est poussé par la curiosité d'écouter la conversation de la princesse et de son mari à qui elle apprend le secret de sa passion pour un autre. En quittant l'endroit où il s'était caché, Nemours s'abandonne d'abord à la joie de se savoir aimé mais très vite le doute s'immisce au cœur de cet instant lorsqu'il réalise que l'aveu de la princesse ne fait que rendre d'autant plus infranchissable la séparation d'avec l'objet de son désir qui lui échappe encore plus sûrement désormais.

Cet obstacle à la jouissance de l'objet amène Nemours à vouloir s'approprier le désir de la princesse en la forçant à le voir en privé. Il retourne donc à Coulommiers où la princesse s'est à nouveau retirée. En arrivant sur les lieux, Nemours choisit d'abord de se poster derrière une fenêtre « pour voir ce que faisait Mme de Clèves » (PDC : 201) sans être vu d'elle, point crucial pour notre discussion. La structure temporelle de cette scène : son temps s'y résumant à l'instant du voir, nous indique sa place dans la structure mythique du discours. Cette place est celle du fantasme. Nemours et la princesse de Clèves sont, en effet, l'emblème de l'excellence du fantasme dans son caractère intemporel, sa résistance à l'interprétation signifiante – le fantasme pour suivre la définition d'Hervé Castanet « comme unique fenêtre sur le réel. »[62] Place du fantasme qui se réduit en son cœur à un fantasme de fascination : caché, à l'abri de tout regard, Nemours dévore des yeux la princesse, il viole par le regard le spectacle interdit de son intimité, vole le secret inavouable de sa passion. En silence. La fascination le saisit : Nemours se trouve réduit à « demeurer immobile à regarder Madame de Clèves [...]. » (PDC : 202). Paralysé au dehors, voilà Nemours réduit, chosifié : il est tout entier regard caché. Et c'est parce que la structure du fantasme « chiffre, en silence, la jouissance de celui qui se fait regard, pur regard, que ce fantasme est fascination »,[63] ainsi que le souligne Hervé Castanet. Celle-ci ne dérive pas de la représentation visible de l'objet en tant que tel mais de la fascination que cette vision engendre dans la mesure où sous son emprise le sujet est annulé,

62   Hervé Castanet, *Le Regard à la lettre*, p. 12.
63   Hervé Castanet, *Le Regard à la lettre*, p. 12.

laissé « entre une pure absence et une pure sensibilité »[64] : il se fait objet regard, se réduit à ce trou dans le visible et tente de lui donner consistance, de rendre à l'Autre ce qu'il aurait perdu. L'objet comme bouchon de la faille dans le signifiant : c'est Nemours-regard, spectateur devenu « œil vivant » fasciné et muet, ignorant ce qui intimement le regarde.

La scène dénude un retournement subjectif : c'est à l'instant où la princesse apparaît enfin dévoilée, où elle pourrait être saisie, appropriée – possibilité d'échange amoureux – qu'elle échappe à son prédateur/voyeur. Elle lui échappe car elle s'enfuit à son approche. Ainsi, le pouvoir offert par le regard est un pouvoir illusoire car la possession de l'objet du désir demeure fondamentalement incomplète. C'est un objet que la fuite rend insaisissable, et il apparaît impossible de vouloir se l'approprier entièrement sans risquer de le perdre à jamais. Nemours a tendu un piège : la princesse sera proie dans les rets de son regard. Mais la proie aussitôt saisie est un leurre – déjà elle s'est dérobée. « Proie saisie aux rets de l'ombre, et qui, volée de son volume gonflant l'ombre, retend le leurre fatigué de celle-ci d'un air de proie »,[65] comme l'écrit Lacan en 1960. Ainsi l'être aimé s'avoue pour ce qu'il est : non pas seulement objet du désir, il est l'Objet, il se confond avec son ombre.

Par la suite, la mort de M. de Clèves ne fait que persuader davantage la princesse qu'elle doit fuir la vue de Nemours « comme une chose entièrement opposée à son devoir. » (PDC : 222). Ainsi, Nemours doit trouver « un moyen de voir Madame de Clèves » (PDC : 223). Il loue pour cela une chambre à Paris où séjourne la princesse depuis la mort de son mari et qui donne sur les appartements de celle-ci. On pense ici à Fabrice qui aura recours au même moyen pour voir Clélia. Plaisir de voir ne serait-ce qu'une ombre qui se dessine derrière les fenêtres de l'appartement de l'être aimé, et même, ainsi que le souligne Max Milner « plaisir d'espérer voir, d'attendre de voir, de contempler, à défaut de la personne qui comblerait la vue, l'écran derrière lequel elle se cache peut-être »,[66] et qui la désigne comme porteuse d'une éventuelle altérité. Ou comme le symbole d'un

---

64 Jacques Lacan, *Ecrits*, Paris : Seuil, 1966, p. 733.
65 Jacques Lacan, *Ecrits*, p. 818.
66 Max Milner, « Stendhal » in *On Est prié de fermer les yeux*, p. 151.

regard qui ne se voit pas si nous nous plaçons du côté de celle qui use de l'écran pour ne pas être vue regardant, rappelons-nous la scène où Clélia observe son amant tout en restant cachée derrière les persiennes de son appartement à la tour Farnèse alors que Fabrice attend désespérément qu'elle se montre. Dans *La Princesse de Clèves*, cette dernière devient vraiment imperceptible à l'œil puisque dans le jardin des faubourgs de Paris, Nemours ne la voit même pas. Finalement il se résout à essayer d'approcher la princesse par une manœuvre trompeuse. Si Nemours obtient en conséquence l'aveu oral des sentiments de Mme de Clèves, celle-ci se dérobe définitivement à lui en fuyant dans un lieu encore plus éloigné. Toute sa conduite consiste, en effet, à élever des barrières toujours plus infranchissables : fuir la vie de cour en partant pour la campagne, partir pour Paris, puis les Pyrénées. En suivant ce mouvement, il apparaît que la princesse se retire graduellement de l' « éclat » (PDC : 18) de la cour pour choisir de vivre dans l'ombre d'une prise de voile symbolique dans la mesure où elle vit de plus en plus « retirée » (PDC : 97) du reste du monde, jusqu'à ce qu'elle finisse par passer une partie de son temps chez elle mais dans une « retraite [...] plus sainte que celle des couvents » (PDC : 242), et l'autre dans une maison religieuse. Résidant ainsi au centre d'une nuit profonde car aucun regard désormais ne peut pénétrer l'espace de cette existence voilée et énigmatique, pas même le narrateur qui observe un silence complet dont on ne peut tirer que des conjectures, ce n'est que vainement que Nemours s'épuise à tenter de la revoir.

Structuralement parlant, la princesse représente cette faille dans l'Autre signifiant. Elle est ce personnage par excellence qui se refuse, qui dit non au désir de l'Autre. Elle est et sera celle qui s'inscrit comme absente ; trou réel. Voilà strictement ce qui fascine Nemours. Il s'épuise à vouloir voir ce qui toujours s'inscrira comme manque dans le visible, ce qui se dérobe à la mesure de l'acharnement à se l'approprier. En somme, la représentation de l'objet du désir dans *La Princesse de Clèves*, ne peut être considérée en dehors de sa séparabilité, de son abstention et disparition dans l'ombre du voile. Il faut saisir que l'interdit du regard, tout au long du roman, n'est qu'une représentation, un voile qui cache l'objet de son désir à la vue du sujet. Dès que le voile existe, c'est donc la matérialité de la séparation entre l'image et l'objet qui est inscrite dans le voir. Mais en cachant ce qui est sans image, le voile lui donne une consistance imaginaire : par là il révèle de telle sorte que Nemours ne fait jamais autre chose que viser au-delà du voile symbolique cet objet insaisissable qui chiffre énigmatiquement la cause de son désir, qui confond son ombre avec l'être aimé.

2 – *La Nouvelle Héloïse* : Métaphore filée du voile

Tout d'abord, Julie est la personnification même de la vertu,[67] elle est celle qui initie Saint-Preux à l'amour en accord avec l'innocence.[68] Le désir est en effet nié pour être transformé en des sentiments tendres et vertueux. Vertueuse, Julie l'est certainement, mais elle est donc aussi faite pour aimer. Saint-Preux loue particulièrement et inlassablement cette association de la passion et de la vertu qui fait de Julie un être idéal et unique à ses yeux : « Quelle femme jamais associa comme vous la tendresse à la vertu, et, tempérant l'une par l'autre, les rendit toutes deux plus charmantes ? » (NH : 25). La vertu est par définition toujours liée à la notion de culpabilité indissociable de la sexualité féminine dans *La Nouvelle Héloïse*, et il est évident, ainsi que le suggère R. J. Howells, que cela « must be because the men find female sexuality deeply disturbing. To that extent they do feel desire, repressed by or displaced as 'virtue'. The women too repeatedly link their sexuality with guilt. It is evident in turn that all this must be laid at the door of the (male) author of the novel. »[69] De plus, Julie a l'intuition, dès le début, que le désir importe plus que la possession charnelle et qu'il doit donc rester insatisfait : « Le moment de la possession est une crise de l'amour, et tout changement est dangereux au nôtre. » (NH : 24). Saint-Preux sait bien qu'il risque de tout perdre s'il désobéit à la « volonté suprême » (NH : 34) de Julie en se laissant aller à son instinct charnel. Il est intéressant de constater que le regard dès son premier éveil comporte une étrange puissance de

---

67　« Charme inexprimable de la vertu » (NH : 16).

68　« Ah ! daigne te confier aux feux que tu m'inspires, et que tu sais si bien purifier » (NH : 18), proclame Saint-Preux dans une de ses premières lettres à Julie.

69　R. J. Howells, La Nouvelle Héloïse, *Critical Guides to French Texts*, London : Grant & Cutler, 1986, p. 54.

séparation symbolisée par l'image du voile : « j'avais couvert mes regards d'un voile » (NH : 34), écrit Saint-Preux.

Mais si vertueuse soit-elle, l'attitude de Julie est aussi séductrice : l'épisode du bosquet en est le premier exemple mettant fin au bonheur paisible de Saint-Preux qui se voit banni de la présence de sa maîtresse suite à cet épisode et à ses conséquences. En même temps que les exigences du désir, il y a par conséquent une volonté de sublimation du désir dès le début. Dans son exil, Saint-Preux trouve le moyen, par le recours à l'imaginaire, de satisfaire sa sensualité sans se sentir coupable[70] dans la mesure où la possession de ce qui n'est qu'une image intérieure ne compromet pas la pureté de l'être de chair. Toute l'ambivalence du désir est là, dans cet élancement imaginaire vers l'autre qui implique le reflux du désir en lui-même : condition d'une autre sorte de jouissance qui bénéficie d'une innocence préservée. « [Julie] est là », commente Jean Starobinski,

> proche et impossédable, parfaitement absente tandis que Saint-Preux se laisse envahir par l'émotion actuelle qui naît d'une image docile à sa pensée. Le bonheur de Saint-Preux résulte de cette singulière conjonction d'une pure absence (qui est une présence manquée de justesse) et d'un bouleversement paroxystique dont l'intensité eût certainement été moindre dans les bras d'un être réel. Il est vrai que Saint-Preux possède Julie.[71]

La jouissance éprouvée s'approchant imaginairement de si près de la faute, participe ainsi de cette autre joie qui eût accompagnée la transgression inconcevable et qui eût signifié la possession totale de l'Autre interdit. Saint-Preux ne peut donc pas désobéir à la sommation de l'imaginaire ni éluder le rôle qu'effectivement il joue qui est de tendre à la plénitude

---

70   « J'avais toujours plaint Héloïse ; elle avait un cœur fait pour aimer : mais Abélard ne m'a jamais paru qu'un misérable digne de son sort, et connaissant aussi peu l'amour que la vertu. [...] Comment une femme pourrait-elle honorer un homme qui se déshonore ? [...] S'il faut choisir entre l'honneur et vous, mon cœur est prêt à vous perdre : il vous aime trop, ô Julie ! pour vous conserver à ce prix. » (NH : 51). On voit Saint-Preux démontrant ici la certitude que le respect de l'interdit est consubstantiel à son honneur ; que la loi est amour ; que la transgression de la loi ne peut même pas être imaginée.

71   Jean Starobinski, *L'Œil vivant*, p. 116.

interdite de l'amour, par quoi se définit aussi le fantasme : le désir de la faute et le devoir du refus de la faute. Le conflit est en somme de ce type que la psychanalyse a rendu banal : « une opposition entre nature profonde et interdiction morale »[72] pour reprendre les termes de Robert Mauzi. Mais Saint-Preux a beau rêver l'assouvissement de son désir, la figure qu'il voit et qui demeure la visée secrète de ce que Jean Starobinski appelle « un regard intérieur », communique plutôt en lui le sentiment d'un vide, d'une absence que rien ne saurait combler selon la logique de l'origine par laquelle le vide est inséparable du désir de plénitude.[73] De ne pouvoir ainsi se constituer en objet concret du désir, l'être aimé prend l'inconsistance d'un « fantôme » : « Vain fantôme d'une âme agitée qui s'égare dans ses désirs ! » (NH : 55). Notons que Lacan compare le phallus à un fantôme pour définir son caractère insaisissable : « one cannot strike the phallus, because the phallus, even the real phallus, is a ghost. »[74] Julie n'est plus que l'ombre de l'objet du désir : « Ah ! viens... Je la sens... Elle m'échappe et je n'embrasse qu'une ombre... » (NH : 173). Aussi est-elle à même de représenter, en tant que présence quasiment dépourvue de réalité, l'essence même de l'objet du désir, vide par définition.

Malgré tout, la transgression de l'interdit aura bien lieu quand Saint-Preux finit par rentrer de son exil. Dans la lettre de Julie racontant sa chute à Claire, elle absout pourtant Saint-Preux de toute culpabilité. Bien que toujours, écrit-t-elle en résumé, il a fallu pour ce dernier lutter contre « l'impétuosité » (NH : 59) de ses propres désirs, il n'a jamais été

---

72   Robert Mauzi, « La Conversion de Julie dans *La Nouvelle Héloïse* », *Annales de la société Jean-Jacques Rousseau*, 35, 1962, p. 33.

73   Rousseau non plus ne peut, ni ne veut, guérir de la blessure du rêve : « Quand tous mes rêves se seraient tournés en réalité, ils ne m'auraient pas suffi ; j'aurais imaginé, rêvé, désiré encore. Je trouvais en moi un vide inexplicable que rien n'aurait pu remplir ; un certain élancement du cœur vers une autre sorte de jouissance dont je n'avais pas d'idée et dont pourtant je sentais le besoin. Hé bien, Monsieur, cela même était jouissance, puisque j'en étais pénétré d'un sentiment très vif et d'une tristesse attirante que je n'aurais pas voulu ne pas avoir. » (*Anthologie*, texte n° 24, pp. 190–91 ; Cité par Philippe Lefebvre, *L'Esthétique de Rousseau*, Liège : Sedes, 1997, p. 60).

74   Jacques Lacan, « Hamlet », *Yale French Studies*, 55/56, 1977, p. 50.

capable de passer outre à la « barrière insurmontable » (NH : 59) de la
loi qui l'entoure et interdit que l'amour soit « heureux » afin qu'il soit.
S'il est vrai que Julie a cédé à la passion, il est vrai aussi que cet acte fut
guidé par la pitié qui « en tant que témoignage d'une vertu qui ne s'est
jamais éteinte », ainsi que le souligne Elena Pulcini, « absout, même
partiellement, la culpabilité de Julie puisqu'elle ôte au désir ce caractère
transgressif qui lui interdit toute entrée dans la sphère morale. »[75] Jusque
dans l'égarement amoureux dont on trouve plusieurs allusions sous la
plume de Saint-Preux, Julie semble conserver toute sa vertu car le voile
de la pudeur ne disparaît jamais, pas même quand paraît l'objet dévoilé :
« Si d'une main timide l'amour ardent et craintif attenta quelquefois à
tes charmes, dis si jamais une témérité brutale osa les profaner. Quand
un transport indiscret écarte un instant le voile qui les couvre, l'aimable
pudeur n'y substitue-t-elle pas aussitôt le sien ? Ce vêtement sacré t'aban-
donnerait-il un moment quand tu n'en aurais point d'autre ? » (NH :
92). Offerte, Julie demeure pudique sous la caresse et pudique sous le
regard. La pudeur l'enveloppe parfaitement jusqu'au point culminant du
désir représenté sous une forme immobile dans la mesure où l'émotion
suscitée par le désir passe uniquement par le regard : « ton visage est
trop chaste pour supporter le désordre de ton sein ; on voit que l'un de
ces deux objets doit empêcher l'autre de paraître ; il n'y a que le délire de
l'amour qui puisse les accorder ; et quand sa main ardente ose dévoiler
celui que la pudeur couvre, l'ivresse et le trouble de tes yeux dit alors que
tu l'oublies et non que tu l'exposes. » (NH : 210). Ici, Julie ne devient
objet que dans l'oubli du corps qu'elle est et par cet effet semble s'évanouir
dans un impalpable retrait.

Par conséquent, la profanation du corps s'effectue bel et bien mais à
condition qu'au sein même de la volupté, le désir de la femme soit maintenu à distance par le voile de la pudeur qui couvre son corps d'un air
d'innocence. Ainsi selon John Lechte « the veil of pudeur would maintain
innocence even at the height of sexual passion, as it maintains the mother's

---

75   Elena Pulcini, *Amour-Passion et amour conjugal, Rousseau et l'origine d'un conflit
     moderne*, p. 70.

innocence in relation to the sexual act. The veil of pudeur purifies every woman who assumes it : it gives her the status of motherhood. »[76] Si la femme, en revanche, « une fois livrée à ses [l'amant] caresses, a déjà perdu toute modestie ; si son corps est en proie à ses attouchements lascifs ; si son cœur brûle de tous les feux qu'il y portent ; si sa volonté même, déjà corrompue, la livre à sa discrétion, je voudrais bien savoir ce qui lui reste à respecter en elle »,[77] écrit Rousseau dans une lettre de septembre 1764. Examinons ce paradoxe par le biais du portrait de Julie auquel Saint-Preux fait par apporter quelques modifications qui consistent à voiler le buste de sa maîtresse que l'artiste avait cru bon de représenter, pour mieux voir ses charmes : « c'est pour mieux te voir tout entière que je t'habille avec tant de soin » (NH : 211), écrit Saint-Preux. On trouve ici la préférence d'un voir imaginaire suppléant à l'absence d'un voir littéral et dont la fonction est autant de voiler que de révéler le corps de Julie derrière le voile. La « modeste parure semble [en effet] annoncer au cœur tous les charmes qu'elle recèle. » (NH : 211). Ainsi, la pudeur corporelle de même que la pudeur sexuelle, a pour effet de susciter le désir tout en maintenant le corps à distance.

A mesure que progresse le récit, la figure du voile persiste pour symboliser, en accord avec le schéma narratif, la séparation insurmontable d'avec l'objet du désir. En effet, Saint-Preux s'éloigne toujours davantage de Julie ; de l'autre rive du Léman il revient pour être à nouveau renvoyé à la fin de la première partie. Il passe toute la seconde partie à Paris ainsi qu'une partie de la troisième, ne rentrant brièvement que pendant la maladie de Julie. Puis il s'embarque pour un voyage qui le conduira à l'autre bout du monde, racontant ses expériences pendant que Julie est totalement statique, résidant dans l'illusion de Clarens qu'elle a elle-même construite. Dans la seconde moitié du roman, Julie et Saint-Preux sont réunis mais le mariage permet d'établir et de préserver la distance entre eux. Saint-Preux commente d'ailleurs cette extraordinaire disposition

---

76   John Lechte, « Woman and the Veil, Or Rousseau's Fictive Body », *French Studies : Quarterly Review*, 39, 1985, p. 434.

77   Rousseau à M. La Chapelle, 23 Septembre 1764, C.C, XXI, p. 179. Cité par Tanguy L'Aminot, « L'Amour courtois dans *La Nouvelle Héloïse* », p. 251.

du récit qui est aussi la sienne, par une remarquable métaphore spatiale exprimant avec une intensité extraordinaire l'incontournable d'un désir qui ne peut jamais être atteint : « Le monde n'est jamais divisé pour moi qu'en deux régions : celle où elle est, et celle où elle n'est pas. La première s'étend quand je m'éloigne, et se resserre à mesure que j'approche, comme un lieu où je ne dois jamais arriver. Elle est à présent bornée aux murs de sa chambre. Hélas ! ce lieu seul est habité ; tout le reste de l'univers est vide. » (NH : 313).

La sensation affreuse de l'éloignement de l'autre paraît être à l'origine du rêve funeste et prémonitoire où Saint-Preux voit Julie sur son lit de mort, couverte d'un « voile impénétrable » qui ne se laisse ni saisir, ni écarter : « Je fais un cri, je m'élance pour écarter le voile, je ne pus l'atteindre ; j'étendais les bras, je me tourmentais et ne touchais rien. 'Ami, calme-toi me dit-elle d'une voix faible : le voile redoutable me couvre, nulle main ne peut l'écarter.' » (NH : 466). L'attitude de Saint-Preux traduit, sans hésitation possible, son impatience de voir l'objet derrière le voile, en même temps que la déception à laquelle s'expose le regard, condamné à demeurer inassouvi comme si pesait sur le regard un interdit : « toujours ce voile impénétrable échappe à mes mains, et dérobe à mes yeux l'objet expirant qu'il couvre. » (NH : 467). C'est bien aussi un drame lié au regard qui se déroule dans le mythe d'Orphée et d'Eurydice selon Virgile et dont l'une des versions figurant la scène de séparation sur un bas-relief du musée de Naples, évoque de très près celle du rêve de Saint-Preux : « Eurydice a la tête recouverte d'un voile qu'Orphée a commencer à soulever, mais le bras du héros reste suspendu en l'air, et tout, dans le mouvement des deux corps, indique que cet instant est celui où il leur faut se disjoindre. »[78] Selon Max Milner « la faute que Virgile et ses successeurs attribuent à l'impatience d'un amour mal maîtrisé, est associé, à l'origine, à un désir de savoir, dont [...] le regard est un véhicule privilégié. »[79] Et si la connaissance se noue à l'endroit même de la nuit profonde, qui bien sûr est le féminin, Eurydice comme Julie après elle,

78   Max Milner, *On Est prié de fermer les yeux*, p. 36.
79   Max Milner, *On Est prié de fermer les yeux*, p. 38.

symbolisent le « point obscur »[80] vers lequel le désir semble tendre ainsi que l'écrit Blanchot.

Cette association entre un désir de savoir et le regard donne à réfléchir pour peu qu'on soit alerté sur les attaches inconscientes de la pulsion scopique. C'est, en effet, dans la mesure où tout regard implique une part de non-voir, de manque-à-voir, qu'il est nécessaire de se retourner vers la source de cet aveuglement, ici matérialisé par le voile qui recouvre Julie. Obstacle et signe interposé à la fois, le voile cache en même temps qu'il incarne une réalité invisible qui par sa fuite même suscite le désir – associé à une certaine fascination de l'origine – dont le destin vient se briser sur l'interdit du voir : « Toujours quelque chose, dans l'imaginaire, manquera à l'image : le phallus en tant qu'à ce moment de l'enseignement de Lacan il est le signifiant du désir voire de l'amour »,[81] souligne Hervé Castanet. Affirmer avec Lacan que le phallus est le signifiant du désir, c'est rappeler que tous les désirs humains dont le désir visuel restent marqués par l'expérience cruciale d'avoir dû renoncer à la jouissance de la mère et accepter l'insatisfaction du désir. Cette expérience renvoie à la loi séparatrice de la castration et le signifiant phallique représente la coupure qu'opère la castration. Il est la limite qui sépare le monde de la sexualité toujours satisfaite du monde de la jouissance supposée absolue. C'est donc l'imaginaire travaillé par la castration symbolique qui est en jeu ici. Ainsi le voile cache en même temps qu'il réaffirme l'interdit du regard. En outre, le caché étant toujours l'autre côté d'une présence imaginée à travers le regard, le voile fonctionnerait peut-être comme un masque où s'imagine le regard de telle sorte que même si ses yeux sont cachés, Julie soit à même d'incarner le regard à travers le voile.

Aussi, retourner son regard vers l'interdiction opposée par l'obstacle du voile signifie préférer à l'objet réel la profondeur essentielle qu'il dissimule et par lequel elle s'est pourtant rendue sensible et fascinante. Cela signifie aussi, vouer le regard à ne trouver en réponse à l'exigence d'un désir de savoir, que le vide infini d'une présence insaisissable dévorant

---

80   En termes lacaniens : la part obscur de l'objet du désir.
81   Hervé Castanet, *Le Regard à la lettre*, p. 47.

l'objet réel du désir. Comme le regard d'Orphée, en somme, l'écriture du voile chez Rousseau, associe le voir à la poursuite d'un désir inaccessible dont le langage ne peut représenter métaphoriquement que le manque comme étant situé dans le corps de l'autre. De ce fait la représentation et son échec se trouvent aussi associés en large part avec le féminin ainsi que le suggère du reste Blanchot à propos du mythe d'Orphée et d'Eurydice. Cet échec de la représentation, dans la mesure où celle-ci repose ici sur un manque à voir, met l'écrivain, dont le personnage a hérité de son désir de voir et de savoir, face au drame de sa propre réalité, tout en impliquant l'écriture dans un double mouvement à la fois de fascination pour l'image et d'opposition à celle-ci, pour le visible et l'invisible.

Par ailleurs, le rêve de Saint-Preux indique que sa présence à Clarens n'a réalisée nulle résolution de l'antinomie entre l'amour et la loi dans la mesure où se manifeste, à travers le rêve, le désir de la mort de l'objet aimé, comme la conséquence directe de l'impossibilité de le posséder et même de le désirer : « Que n'est-elle pas morte ! osai-je m'écrier dans un transport de rage [...]. » (NH : 466). En fait, la présence de Saint-Preux à Clarens n'a pas eu d'autre effet sinon d'instaurer un état de contradiction absolue opposant l'idéal de pureté des amants à leur tentation. Pour Saint-Preux la dualité de sa vie psychique se trahit par cette façon de voir Julie comme deux personnes : « j'ai beau m'élever jusqu'à vous en votre présence, je retombe en moi-même en vous quittant. Julie, en vérité, je crois avoir deux âmes [...]. » (NH : 516). En effet, Saint-Preux a renoncé à Julie mais non pas à son image qu'il tient strictement renfermé dans une dimension imaginaire où son désir trouve un soulagement sans que ce dernier ne se sente coupable, mais aussi un abri contre des dangers réels : « Qu'elle abuse mon imagination, que cette erreur me soit douce encore, il suffit, pour mon repos, qu'elle ne puisse plus vous offenser, et la chimère qui m'égare à sa poursuite me sauve d'un danger réel. » (NH : 513). Cette absence de besoin, ou dans un vocabulaire freudien « l'inhibition quant au but » de la pulsion érotique, représente donc chez Rousseau « la forme intériorisée devenue naturelle de l'interdit »[82] pour reprendre les termes de Paul Hoffman.

Quant à Julie elle éprouve aussi la nostalgie du désir ne pouvant de même, ni être satisfait, ni être nié. En revanche, l'impossibilité de résoudre, en faveur de l'un ou de l'autre terme, sa propre contradiction intérieure, ne lui laisse pas d'autre chance que de se débattre dans une ambivalence douloureuse et en définitive invivable. En effet, Julie attend la venue de sa mort avec « joie » (NH : 565) car elle y voit une délivrance par contraste avec la réalité étouffante de son vécu reposant sur l'illusion de Clarens, en même temps que la suspension de l'idée insupportable de la permanente éventualité de la faute ainsi qu'en témoigne sa lettre posthume : « J'ose m'honorer du passé ; mais qui m'eût pu répondre de l'avenir ? Un jour de plus peut-être, et j'étais coupable ! » (NH : 564). Du centre de la nuit Julie s'autorise à parler ouvertement de son désir mais cela elle ne pouvait le faire qu'en un moment qui la place au-delà de toute faute pensable : « Eh ! pourquoi craindrais-je d'exprimer tout ce que je sens ? Ce n'est plus moi qui te parle ; je suis déjà dans les bras de la mort. » (NH : 566). De plus, l'instinct de mort apparaît comme cette force négatrice qui doit lui permettre de surmonter son désir et d'accéder à la sublimation parfaite sans tourment, ni conflit, sans aucun risque de faute : « La vertu qui nous sépara sur la terre nous unira dans le séjour éternel. Je meurs dans cette douce attente : trop heureuse d'acheter au prix de ma vie le droit de t'aimer toujours sans crime, et de te le dire encore une fois ! » (NH : 566).

La perte de Julie paraît, en outre, réaliser le désir inavouable et destructeur de Saint-Preux dont le rêve était la manifestation inconsciente. Et certainement aussi sa décision de renoncer à déchirer ce « fatal voile » (NH : 467), en partant de Clarens – où il s'était précipité à son réveil pour se rassurer – sans même voir Julie. Saint-Preux s'en va donc sans avoir pris la peine de rompre le charme de son « noir pressentiment » (NH : 468), et juge même préférable de n'en rien dire à Milord Edouard comme s'il sentait obscurément que ce dernier pourrait voir quelque chose de

---

82   Paul Hoffman, *Corps et cœur dans la pensée des Lumières*, Strasbourg : Presses universitaires de Strasbourg, 2000, p. 234.

répréhensible à cela. D'ailleurs Claire le dit bien : « Par quelle bizarrerie avez-vous gardé les plus tristes pressentiments, jusqu'au moment où vous avez pu les détruire et ne l'avez pas voulu ? [...] Ce voile ! ce voile !... Il a je ne sais quoi de sinistre qui me trouble chaque fois que j'y pense. Non, je ne puis vous pardonner d'avoir pu l'écarter sans l'avoir fait, et j'ai bien peur de n'avoir plus désormais un moment de contentement que je ne vous revoie auprès d'elle. » (NH : 469–70). Le texte le souligne donc, Julie en mourra. Et il est tout à fait significatif que le voile dont Claire recouvre le visage de la défunte soit celui-là même que Saint-Preux a acquis du temps de l'exil, dans les Indes lointaines. En effet, Jean Starobinski fait remarquer qu' « une profonde similitude s'établit ainsi entre l'éloignement imposé par l'amour impossible et l'éloignement de la mort. »[83]

Renoncer à lever le voile signifie bien, en effet, renoncer définitivement à la possession de Julie en la voyant fidèlement à ce qu'elle est dans le présent : « Tous mes transports inquiets sont éteints. Je vois tous mes devoirs, et je les aime. Vous m'êtes toutes deux plus chères que jamais ; mais mon cœur ne distingue plus l'une de l'autre, et ne sépare point les inséparables. » (NH : 468). Expression métaphorique destinée à symboliser la séparation, l'opacité du signe, le voile illustre parfaitement la situation fondamentale de l'amour selon Lacan dont l'objet est dissociable de son support visible et immédiat. Si Saint-Preux accepte d'ailleurs de se résigner à l'impossibilité de l'amour, cela ne l'empêche pas de se réserver un espace fantasmatique où il peut porter son regard en arrière, vers l'ombre du passé qu'il fait revivre discrètement sans troubler le présent. Ce regard en arrière se rattache alors à une forme de distanciation de l'être aimé dont il emprisonne l'image à l'intérieur d'une sphère imaginaire. Le portrait de Julie que ce dernier désire d'ailleurs garder avec une obstination inébranlable témoigne de la persistance invincible du désir en même temps que de la supériorité de l'image du passé par rapport à la présence réelle de l'autre puisque Saint-Preux préfère ne plus voir Julie plutôt que de se séparer de son portrait. Regard paradoxal donc, tourné vers un être, une

---

83   Jean Starobinski, *Jean-Jacques Rousseau : La Transparence et l'obstacle*, Paris : Gallimard, 1971, p. 147.

image fantôme qui vaut pour le véritable objet du désir. Bien sûr, l'attitude de Saint-Preux mène à la négation de l'autre en tant qu'objet réel dont la présence n'est autorisée qu'au sein de cet univers sublimé jusqu'à l'invocation de la mort, même figurée – mort-par-amour – qui semble parachever le processus de substitution tout en donnant la priorité absolue au désir comme manque, sur sa satisfaction ainsi que sur l'objet aimé.

En mourant, Julie part, ainsi qu'elle le dit elle-même, au « moment favorable » (NH : 565), elle fait ce « sacrifice » (NH : 565) par amour quand son désir reconnu comme tel, aurait pu être dangereux. Au moment donc où elle apparaît indigne de la société de Saint-Preux. Elle admet, en effet, craindre surtout le danger auquel l'allait exposer son propre désir : « Sans doute je sentais pour moi les craintes que je croyais sentir pour vous. » (NH : 564). Julie le reconnaît aussi : en la perdant, Saint-Preux ne perd d'elle que ce qu'il en a perdu depuis longtemps. Seule l'imagination lui a toujours permis de conserver son amour dans la plus parfaite innocence. Ainsi, l'éclipse partielle de Julie apparaît avantageuse à Saint-Preux : elle supprime la source du danger et elle accorde au héros l'union parfaite avec l'objet mystique et abstrait dont il a toujours rêvé.

3 – *La Chartreuse de Parme* :
Voile nocturne et courant destructeur de la pulsion scopique

En face du jeu subtil de la pudeur qui scelle le secret de l'amour de Clélia dans les entrevues de la prison, il y a la curiosité du voir masculin qui s'arrête avec bien des complaisances au « voir sans être vu » bien que Stendhal sache que le voyeur est le contraire de l'amant. La pose de l'abat-jour vient, du reste, orienter cet anarchique jeu des curiosités et des pudeurs. Fabrice parvient d'abord à percer un trou dans l'abat-jour, ce qui lui permet de voir Clélia, le « regard fixé sur cet immense abat-jour comme elle ne croyait point être aperçue de lui [...]. » (CP : 342). Pendant le cours de cette visite de Clélia dans sa volière, deux ou trois fois, Fabrice « eut l'impatience de chercher à ébranler l'abat-jour » (CP : 343), mais le « bonheur » de « lire dans [les] yeux de [celle-ci] » les signes de son intérêt, l'en empêche pourtant : « Cependant, se disait-il, si elle savait que je l'aperçois avec autant de facilité, timide et réservée comme elle l'est, sans doute elle se déroberait à mes regards. » (CP : 343). Quand Fabrice parvient ensuite à enlever à l'abat-jour « un morceau de planche grand comme la main » (CP : 344), le huitième jour de son séjour en prison, il se complaît encore à observer Clélia « regardant fixement » la fenêtre du prisonnier cachée par l'abat-jour, sans donner tout de suite le moindre « signe de présence » (CP : 344). Ce bonheur évoque celui qu'éprouve Nemours lorsque caché dans les bosquets de Coulommiers, il surprend Mme de Clèves en train de regarder son portrait « avec une attention et une rêverie que la passion seule peut donner. » (PDC : 202). Nous l'avons déjà mentionné, Fabrice passera le plus clair de son temps en prison à observer Clélia pour chercher à savoir si elle l'aime. Nous savons aussi que la passion de cette dernière ne transparaît d'abord que par « certains regards qui avaient fait concevoir [à Fabrice] de folles espérances » (CP : 370), jusqu'à l'aveu puis l'évasion de ce dernier qui le condamne à ne plus jamais revoir Clélia. « Mes yeux ne le reverront jamais » (CP : 470), tels sont les « termes précis » (CP : 470) du vœu de Clélia à la Madone, et qui tiennent en échec le « c'est pour vous revoir que je suis revenu en prison » (CP : 470) de Fabrice.

Toute la fin du roman va faire jouer cette dialectique entre le refus d'être vu de l'aimé et l'avidité de voir de l'amant. Fabrice trouve ainsi une barrière insurmontable dans le vœu de Clélia. En effet, le désir d'être fidèle à son vœu la mène en fin de compte à paraître ne pas aimer Fabrice alors qu'elle lui a tout sacrifié : « Clélia eût pu voir Fabrice : mais quelqu'un qui eût connu ses engagements antérieurs, et qui l'eût vue agir maintenant, eût pu penser qu'avec les dangers de son amant son amour pour lui avait cessé. » (CP : 485). Clélia prend ainsi la forme d'une énigme à partir de laquelle se décode la fringale de curiosité qui se manifeste chez Fabrice lorsqu'il sera définitivement sorti de prison. Dans *La Chartreuse de Parme* et *La Princesse de Clèves*, c'est une même obsession : voir la femme aimée en transgressant, bien sûr, l'interdit visuel pour avoir pleine vue sur elle. Et Fabrice, à l'image de Nemours, de se dissimuler pour épier. De même que Nemours qui avait loué une chambre à Paris en face des appartements de la princesse, Fabrice tente d'apercevoir Clélia d'un appartement qu'il a loué vis-à-vis les fenêtres du premier étage du palais Contarini où Clélia s'est réfugiée après l'exil de son père. Clélia comme la princesse surprennent l'être aimé en train de les regarder et se retirent précipitamment.

Clélia « ferme les yeux » (CP : 490) dès qu'elle aperçoit « un air de tête ou une tournure d'homme ressemblant un peu » (CP : 490) à Fabrice. « Toutefois, poussé à bout par l'excès de sa mélancolie et par ces regards de Clélia qui constamment se détournaient de lui » (CP : 490), Fabrice décide de la surprendre chez elle grâce à la complicité de deux domestiques de Mme Contarini, sa tante. A la plus grande surprise de Fabrice qui « s'était attendu à la plus vive colère et à voir Clélia s'enfuir » (CP : 491), celle-ci consent à l'entendre en même temps qu'elle rappelle le serment fait à la Madone à son amant qui a « la présence d'esprit » d' « éteindre la bougie unique » (CP : 491) éclairant la pièce. Après le mariage de Clélia, Fabrice se révèle voyeur encore, lorsque « déguisé en domestique » (CP : 514), il va épier Clélia à l'opéra,[84] d'une loge réservée « presque en face de celle de la marquise » (CP : 513), n'ayant paru à aucun spectacle depuis une année. En effet, ne pouvant éviter de rencontrer Fabrice en société, Clélia « avait trouvé un excellent moyen pour se soustraire aux regards de Fabrice [...] elle s'était donné pour prison son propre palais [...]. » (CP : 509). Voyeur, Fabrice l'est aussi lorsqu'à la fin du spectacle, il se précipite à une « petite fenêtre grillée » (CP : 516) pour voir la marquise rentrer au palais. Enfin, l'église de la Visitation que Fabrice choisit pour prêcher le même soir, en espérant donner l'idée à Clélia de venir à son sermon, est choisie parce que « fort petite, afin d'être en état de bien la voir » (CP : 513), et qui plus est « illuminé[e] à jour » (CP : 513) par une « quantité énorme de cierges » (CP : 513) présentés aux religieuses du lieu de la part de Fabrice. Mais Clélia est la seule personne à être demeurée au spectacle alors qu'au milieu du second acte tout le public a déserté sa place pour assister au sermon de Fabrice. « Si je le vois, je suis perdue » (CP : 516), pense la marquise.

---

84   « Déguisé avec tout le soin possible, Fabrice gagna sa loge au théâtre au moment de l'ouverture des portes, et quand rien n'était encore allumé. Le spectacle commença vers huit heures, et quelques minutes après il eut cette joie qu'aucun esprit ne peut concevoir s'il ne l'a pas éprouvée, il vit la porte de la loge Crescenzi s'ouvrir ; peu après, la marquise entra ; il ne l'avait pas vue aussi bien depuis le jour où elle lui avait donné son éventail. » (CP : 514).

Pourtant, elle finit par se convaincre qu'il n'y aurait pas un « bien grand mal à passer une heure dans une église, non pour voir Fabrice mais pour entendre un prédicateur célèbre. » (CP : 525). Puis elle ajoute : « D'ailleurs, je me placerai loin de la chaire, et je ne regarderai Fabrice qu'une fois en entrant et une autre fois à la fin du sermon… Non, se disait Clélia, ce n'est pas Fabrice que je vais voir, je vais entendre le prédicateur étonnant ! » (CP : 525). Et, c'est encore, après le rendez-vous, l'ultime barrière de l' « obscurité profonde » (CP : 529) où se clôt enfin le triomphe de l'amour. En effet, Clélia insiste d'abord sur l'importance qu'elle accorde au respect de son vœu : « Je veux bien que tu saches que, si jamais tu me forçais à te regarder en plein jour, tout serait finit entre nous. » (CP : 529). En conséquence ne reçoit-elle Fabrice que la nuit et « jamais il n'y avait de lumières dans l'appartement. » (CP : 529). Si l'amour est consommé, il demeure toujours furtif et clandestin : ainsi se trouve fortement allégée la matérialité des corps qui deviennent presque des corps désincarnés, orientant la relation des personnages vers le mode archaïque ainsi que le suggère François Landry : « Ce qui se donne à voir dans l'expérience privilégiée de Fabrice et Clélia, c'est un déséquilibre subtil entre l'observation de la loi et une forme de désobéissance tolérable pour la conscience : il entraîne le bonheur et la relation cherche à durer en le maintenant. »[85] En passant sans en dire un mot sur les trois années de bonheur qui succèdent à cette scène, l'écrivain participe à ce processus puisqu'il semble jeter un voile de pudeur sur l'actualisation charnelle de l'amour.

Dès le début, Clélia est, en fait, associée à l'ombre. A la tour Farnèse, la protection des murs cache Clélia à la lumière : « Ce que Fabrice n'apprit que plus tard, c'est que cette chambre était la seule du second étage du palais qui eût de l'ombre de onze heures à quatre ; elle était abritée par la tour Farnèse. » (CP : 335). Il en est de même des persiennes derrière lesquelles Clélia se dissimule pour épier Fabrice en secret. Les deux rendez-vous des amants dans la chapelle significativement de marbre noir, n'ont lieu qu'à la nuit tombée qui semble entourer Clélia d'une barrière

---

85   François Landry, *L'Imaginaire chez Stendhal*, p. 328.

nocturne. Enfin le vœu à la Madone oblige Clélia à se dissimuler dans l'ombre des murs de son propre palais, puis à confiner sa relation avec Fabrice dans l'obscurité de la nuit. Clélia donc est associée à l'ombre ou plutôt, tout comme les autres personnages féminins, au jeu perpétuel de l'ombre et de la lumière – apparition et disparition – dont le scintillement révèle une réalité intermittente que Lacan désigne sous le terme de « phallophanie » pour signifier ces apparitions du phallus « in sudden manifestations [dans des phanies], in a flash, by means of its reflection on the level of the object. »[86] Les apparitions des personnages féminins quand elles ont lieu sont souvent extraordinairement lumineuses. La princesse possède « un éclat que l'on a jamais vu qu'à elle » (PDC : 27), rendant sa présence éblouissante toutes les fois qu'elle apparaît à la cour. Julie l'emporte sur toutes autres aussi par sa beauté lumineuse qui fascine le regard de Saint-Preux : « Ne te vis-je pas briller entre ces jeunes beautés comme le soleil entre les astres qu'il éclipse ? » (NH : 67). Comparée au soleil, Julie est douée d'un rayonnement intense qui rivalise même avec cet astre : « Non, le Soleil orné de tous ses rayons n'a pas l'éclat dont tu frappais les yeux et les cœurs. » (NH : 292). C'est aussi le regard jetant des « éclairs inattendus » (NH : 84) qui est porteur du feu solaire. Dans la société de Clarens, Rousseau lui attribue « la place centrale que l'astre occupe dans le système cosmique » comme le suggère Marc Eigeldinger pour qui Julie « est rayonnante à l'image du soleil q'elle figure métaphoriquement tout au long du roman. »[87] Dans *La Chartreuse de Parme*, Clélia apparaît toujours en plein jour à Fabrice pendant l'emprisonnement de celui-ci puis son serment très précoce est plusieurs fois rompu par quelques apparitions éclatantes : sous le plein feu éclatant des « lumières » (CP : 498) de la cour par exemple, comme au chapitre XXVI, ou encore à l'église de la Visitation quand elle assiste au sermon de Fabrice assise dans un « fauteuil doré magnifique » qui a été « placé précisément vis à vis de la chaire » (CP : 527), telle l'incarnation d'une vision éblouissante.

---

86   Jacques Lacan, *Hamlet*, p. 48.
87   Marc Eigeldinger, *Jean-Jacques Rousseau, Univers mythiques et cohérence*, Paris : Payot, 1978, p. 210.

En somme, Clélia disparaît par degrés au creux d'une zone d'ombre qui gagne progressivement du terrain sur la lumière alors que l'obscurité devient l'unique condition qui permette à Fabrice de rencontrer Clélia tout en lui interdisant de la voir. L'impossibilité du voir est donc ici au fondement de la relation des amants, ce que signale le vœu de Clélia qui se dérobe derrière la barrière d'un voile nocturne comme écran protecteur mettant à l'abri du regard, mais aussi comme la matérialisation d'un secret essentiel. L'amour les yeux voilés, dans la mesure où l'interdit du regard tiendrait lieu de voile symbolique qui dissimule l'objet du désir aux yeux de Fabrice dans une « obscurité profonde », exprimerait peut-être la limite du regard comme pour signifier l'indice de l'invisible, la présence d'un au-delà du visible qui fondamentalement serait le regard lui-même. Ainsi le regard serait un manque qui ne peut s'écrire que par son impossibilité ou son absence. Tel Orphée, Fabrice ne peut éclairer la nuit dont est enveloppée Clélia-Eurydice en cédant à l'avidité du regard, pourtant celle-ci qui derrière le voile nocturne se confond avec le symbole même de l'altérité, se change en même temps en objet de la pulsion suscitant un désir de voir irrépressible.

Puisque Clélia est inaccessible, obstinément invisible, Fabrice décide, en effet, d'enlever son fils dont la ressemblance avec la mère est frappante : « Le petit nombre de fois que je le vois, je songe à sa mère, dont il me rappelle la beauté céleste et que je ne puis regarder [...]. » (CP : 530). Au moyen de l'enlèvement, Fabrice entend pallier l'impossibilité de voir Clélia le jour : « je veux du moins avoir auprès de moi un être qui te rappelle à mon cœur, qui te remplace en quelque sorte. » (CP : 531). Fabrice cherche dès lors à déchirer ce voile symbolique, à transgresser la loi, abolir la séparation d'avec l'objet en opposant à l'interdit visuel un regard avide de lumière et de transparence. L'enlèvement substitutif de l'enfant est aussitôt suivi par la rupture du tabou visuel et cette rupture par la mort de Sandrino, tombé réellement malade, et de sa mère. Finalement le regard qui tue, c'est d'abord un regard qui désire saisir son propre reflet dans l'autre, non pas en tant que différent et séparé du sujet, mais comme semblable à lui, lorsqu'il est en position d'alter ego pour son œil. La faute de Fabrice, qui est aussi celle d'Orphée, est de ne plus maintenir cet écart, figuré par le voile nocturne, entre lui et l'image aimée. A cet instant Orphée-Fabrice se confond avec Narcisse : « Ils n'accèdent pas à cette révélation qui, trop tard, saute aux yeux de Psyché : que l'amour ne réside pas dans la vue, mais dans le toucher qu'on en prend et que le toucher des yeux n'est pas en capturer le reflet, mais percevoir le voile ou la nuit qui en sépare. [...] Alors la reconnaissance de l'invisible serait le point de rupture qui fait passer de l'image narcissique à l'image d'autrui »,[88] ainsi que l'écrit très bien Jean-Michel Hirt. Dans le roman, la réussite de l'amour va différer jusqu'aux ultimes pages la rupture de l'interdit visuel, gage de l'amour heureux. Différer mais non supprimer. Après trois années de bonheur, il est finalement encore une fois déplacé plus loin et impossible à atteindre. « La jouissance ne se possède pas. Elle ne peut que faire signe : de l'autre côté de la barrière »,[89] souligne Shoshana Felman.

Cette soumission à la mort que scelle le désir impétueux du regard, trouve donc une autre confirmation, après le mythe, dans l'histoire de Fabrice, illustrant parfaitement le drame de la pulsion scopique dans la mesure où celle-ci témoigne selon Gérard Bonnet « d'une violence qui se situe au cœur du voir et signale l'action de ce voir annihilant, tantôt ressenti sur soi,[90] tantôt renvoyé sur l'autre par le truchement de l'alter ego. »[91] La superstition religieuse de Clélia permet, d'ailleurs, d'entrer en résonance avec le courant destructeur de la pulsion voyeuriste, dans la mesure où elle établit de manière tout à fait explicite le rapport de causalité existant entre la violation de l'interdit – la véhémence du regard masculin pousse Clélia à rompre son engagement sacré à ne pas voir – et la mort de l'être aimé qui en découle, en tant que substitut du véritable objet de désir : « Clélia se figura qu'elle était frappée par une juste punition, pour avoir été infidèle à son vœu fait à la Madone : elle avait vu si souvent Fabrice aux lumières, et même deux fois en plein jour et avec des transports si tendres, durant la maladie de Sandrino ! Elle ne survécut que quelques mois à ce fils chéri, mais elle eut la douceur de mourir dans les bras de

---

88   Jean-Michel Hirt, « Toucher des yeux » in *Voir, dire*, Paris : Minuit, 1988, pp. 45–47.

89   Shoshana Felman, *La Folie dans l'œuvre romanesque de Stendhal*, p. 237.

90   C'est le cas de la logique voyeuriste illustrée dans *La Princesse de Clèves*.

91   Gérard Bonnet, *La Violence du voir*, Paris : PUF, 2001, p. 56.

son ami. » (CP : 533). Selon Gérard Bonnet, « voir, c'est [en effet] renvoyer sur l'autre le risque de disparition dont on se sent menacé ». Cette
disparition – ici symbolisée par la mort du personnage féminin – est le
résultat de l'annihilation visée par le désir voyeuriste qu'il est difficile de
supporter sans mourir. Le voir se trouve ainsi confronté au but voyeuriste
qu'il poursuit depuis les origines : voir...rien. C'est-à-dire faire disparaître pour de bon la représentation qui hante le sujet. Disparaître ou faire
disparaître, il n'y a pas d'autre alternative « dans l'expression de tous les
désirs visuels quels qu'ils soient, éveillant la perspective d'une jouissance
sans pareille. »[92]

Par cette loi de l'interdit visuel révélant ainsi une zone d'ombre au
creux du visible, Clélia, bien sûr, l'œuvre de Stendhal semble reposer en
large part sur la représentation en creux d'un manque à voir au fondement
même de son écriture, qui serait le symbole d'une vérité plus profonde
que le langage ne peut atteindre qu'indirectement, en ne cherchant pas
à s'en approprier le sens. Autrement dit, l'interdit visuel qui oppose le
regard à l'au-delà du visible, pourrait symboliser le seuil infranchissable
du savoir absolu, c'est-à-dire de la représentation absolue que semble interroger l'œuvre de Stendhal. Pourtant, on le sait, *La Chartreuse de Parme*
ne démentit pas le destin tragique du mythe car Fabrice doit réaliser son
désir en refusant de se soumettre à l'interdit, et ce faisant précipite la
fin de l'œuvre et d'Eurydice. Clélia-Eurydice « se retourne en l'ombre ;
l'essence de la nuit, sous son [Orphée] regard se révèle comme l'inessentiel. »[93] Blanchot insiste, en effet, sur le fait qu' « en regardant Eurydice,
Orphée n'[a] fait qu'obéir à l'exigence profonde de l'œuvre »,[94] liant ainsi
l'impétuosité du désir, par le regard d'Orphée, à ce qu'il nomme « l'inspiration ». Pour lui, l'inspiration

92   Gérard Bonnet, *La Violence du voir*, p. 84.
93   Maurice Blanchot, « Le Regard d'Orphée », p. 226.
94   Maurice Blanchot, « Le Regard d'Orphée », p. 228.

dit la ruine d'Orphée et la certitude de sa ruine, et elle ne promet pas, en compensation, la réussite de l'œuvre, pas plus qu'elle n'affirme dans l'œuvre le triomphe idéal d'Orphée ni la survie d'Eurydice. L'œuvre, par l'inspiration, n'est pas moins compromise qu'Orphée n'est menacé. Elle atteint, en cet instant, son point d'extrême incertitude.[95]

Pourtant ce n'est que porté par le mouvement de l'écriture qu'il est possible d'arriver à cet instant auquel l'œuvre de Stendhal résiste si fortement en imposant à Fabrice de ne pas regarder Clélia. C'est en cet endroit précis que l'on touche au paradoxe de l'œuvre car son inspiration première qui lui vient d'un désir lié à un objet qui le fuit incarné par l'objet aimé, semble en même temps transpirer sur les intentions de Fabrice en faisant de lui un voyeur, pour qui il est impossible d'abandonner la proie du savoir pour l'obscurité de son ombre. Blanchot l'exprime en ses propres termes : « l'on n'écrit que si l'on atteint cet instant vers lequel l'on ne peut toutefois se porter que dans l'espace ouvert par le mouvement d'écrire. Pour écrire, il faut déjà écrire. Dans cette contrariété se situent aussi l'essence de l'écriture, la difficulté de l'expérience et le saut de l'inspiration. »[96] En ce « regard inspiré et interdit », Fabrice trahit ainsi l'œuvre qui est renvoyée au monde de l'indicible, c'est-à-dire à son propre échec qui marque en même temps la fin du roman avec la mort rapide de Fabrice, précédée un an durant par le vœu de silence prononcé dans sa Chartreuse et qui semble consacrer l'expiation de la transgression des limites du langage. Derrière la protection du voile nocturne n'attend donc aucune révélation, aucune représentation définitive mais l'espace de la mort qui se dévoile dans le silence d'une parole abolie. De manière plus positive, Blanchot affirme cependant que le déchirement interdit du voile « est le seul moment où elle [l'œuvre] se perde absolument, où quelque chose de plus important que l'œuvre, de plus dénué d'importance qu'elle, s'annonce et s'affirme. [...] de sorte que c'est aussi finalement dans ce regard qu'elle peut, se dépasser, s'unir à son origine et se consacrer dans l'impossibilité. »[97]

95   Maurice Blanchot, « Le Regard d'Orphée », p. 229.
96   Maurice Blanchot, « Le Regard d'Orphée », p. 232.
97   Maurice Blanchot, « Le Regard d'Orphée », p 230.

II – *Le Ravissement de Lol V. Stein*

Au niveau de la fiction, Lol qui n'offre aucun passage pour le désir, ni donc aucun moyen d'appropriation de l'objet, pourrait être considérée comme une métonymie pour un autre manque : celui du désir qui ne peut jamais être satisfait car son objet est à jamais perdu. Lol représente ainsi pour Jacques Hold le problème du désir en ce sens que éminemment désirable, elle est elle-même imperméable au désir. Cette imperméabilité implique évidemment que Lol ne puisse exprimer le désir amoureux à travers son regard, en réalité habité par la mort tenant lieu de linceul symbolique et permettant d'introduire Lol en tant que figure de la Méduse.

1 – Linceul symbolique

Dans *Le Ravissement*, l'évocation du regard de Lol s'attarde sur son opacité[98] ou sa « transparence » (LVS : 155). Opacité ou transparence : Lol échappe au regard de l'autre par ce regard insaisissable de même qu'elle semble ne rien voir. Aussi cette absence de regard signale la propre absence du sujet à lui-même. La perte d'identité de Lol, ici suggérée à travers son absence de regard,[99] apparaît du reste comme le signe de la folie. Nous entendons par folie perte de sens, étroitement liée à l'expérience « fascinante » du bal qui lui en a fait perdre la vue ou la raison. Lol est restée fascinée par cette nuit du bal et par cet objet du désir qui n'en finit pas de se dérober à ses yeux. Ses yeux qui portent la mort en eux, ainsi que le suggère par exemple l'emploi de l'adjectif « morte »,[100] et qui inscrivent par conséquent la pétrification du regard comme signe de la fascination.

Mais Lol possède également les attributs de Méduse dont le trait distinctif est d'être l'« attrape-regard »[101] par excellence, avec le risque de s'y perdre quand on entre dans le champ de sa fascination. *Le Ravissement*

---

98   « Elle a un regard opaque » (LVS : 91).
99   Jacques fait aussi mention de son « regard d'évanouie » (LVS : 173), « triste et nul » (LVS : 173).
100   « Ses yeux sont [...] d'eau morte [...]. » (LVS : 83).
101   Paul-Laurent Assoun, *Le Regard et la voix*, p. 108.

nous montre bien que surgit, de manière fascinante, de cet objet autour
duquel se cristallise le désir : le regard de Lol auquel est associé la pierre,
le minerai. Lol, en effet, « n'est pour ainsi dire personne de conséquent »
(LVS : 161) souligne le texte, elle n'a de présence que par cet objet du fantasme qu'est le regard, sorte de piège à regard. Irrésistiblement Jacques
cherche à voir les yeux de Lol, il ne peut détacher son regard du sien :
« Quand Tatiana ne voit pas je l'écarte un peu pour voir ses yeux. Je les
vois : une transparence me regarde. » (LVS : 155). Il semblerait ici qu'au-
delà de l'objet du désir et de son scintillement, ce qui attire et fascine
Jacques Hold soit cette perte émanant du regard qui le regarde. Max
Milner se demande à propos de Gorgô, si l'on peut encore qualifier de
regard, ce qui n'est, comme pour Lol, qu'un « rayon émanant du Rien ».
Selon lui plutôt, « il faudrait pouvoir imaginer un regard neutre, sans
intentionnalité, sans foyer, et qui pourtant me fixe, me dépouille de toute
possibilité de réponse, me réduit à l'état de chose. »[102] Objet du fantasme,
le regard de Lol possède cette caractéristique, lorsqu'en plus d'être fascinant et scintillant, celui qui en est la victime, notamment Jacques Hold,
devient simultanément objet – soit le regard – et aveugle : « Son regard
luit sous ses paupières très abaissées. Il faut s'habituer à la raréfaction de
l'air autour de ces petites planètes bleues auxquelles le regard pèse, s'accroche, en perdition. » (LVS : 114). L'exil du regard aurait donc à voir
avec cette pétrification de la fascination. « Dévisager Gorgô, c'est dans
son œil, perdre la vue, se transformer en pierre, aveugle et opaque », écrit
Jean-Pierre Vernant qui poursuit : « Par le jeu de la fascination, le voyeur
est arraché à lui-même, dépossédé de son propre regard, investi et comme
envahi par celui de la figure qui lui fait face. »[103] Tel est Jacques devant
Lol : son propre regard est anéanti par le néant dont le regard de Lol
est habité. La « mort dans les yeux » certes, mais une mort qui a à voir
avec la fascination puisqu'elle fige et le regard et son objet. Une mort qui
provient du pouvoir mystérieux qu'à le regard d'anéantir l'objet de son
désir et d'être anéanti par lui, ou « effondré » pour reprendre le terme

---

102   Max Milner, *On Est prié de fermer les yeux*, p. 21.
103   Jean-Pierre Vernant, *La Mort dans les yeux*, p. 80.

employé par Jacques Hold quand il déclare être fasciné par la vue de Lol et pouvoir simplement s'en tenir à la regarder.

Dans le premier chapitre, on a pu constater déjà que l'échange réciproque du regard amoureux n'existe pas dans *Le Ravissement*, supprimant, de fait, la possibilité, pour chacun des partenaires, de servir à l'autre de miroir. Aussi, le regard de Lol, en tant que figure de la Méduse, ce regard qu'on ne peut saisir, ouvre sur une faille, il n'offre aucune prise à la connaissance de soi d'ordinaire « objectivée dans l'œil d'autrui, projetée et reflétée dans cet œil, comme en un miroir me réfléchissant à mes propres yeux. »[104] Il est vrai pourtant que faire face à Méduse serait en soi se voir dans un miroir, tel Narcisse dont l'image finit par s'évanouir. Ce que signale Méduse, en effet, c'est une présence inquiétante, la présence du même au sein de l'Autre :

> La face de Gorgô est l'Autre, le double de vous-même, l'Étrange, en réciprocité avec votre figure comme une image dans le miroir [...], mais une image qui serait à la fois moins et plus que vous-même, simple reflet et réalité d'au-delà, une image qui vous happerait parce qu'au lieu de vous renvoyer seulement l'apparence de votre propre figure, de réfracter votre regard, elle représenterait, dans sa grimace, l'horreur terrifiante d'une altérité radicale, à laquelle vous allez vous-même vous identifier en devenant pierre.[105]

Cet engloutissement du sens par le regard, puisqu'il met le spectateur en face de l'irreprésentable de son propre désir, est figuré dans *Le Ravissement* par l'image des yeux comme des trous. Soulignons d'abord que la couleur bleue des yeux de Lol représente généralement pour Duras une absence de regard, redoublant l'image du regard troué : « L'œil bleu [...] c'est sans regard. Des trous. »[106] Aussi, « les yeux de Lol sont poignardés[107] par la lumière : autour, un cercle noir. Je vois à la fois la lumière et le noir qui la cerne » (LVS : 105), dit le narrateur. Ce rayon de lumière sortant des yeux creuse en même temps un trou qui n'a de sens que par le bord

---

104 Jean-Pierre Vernant, *La Mort dans les yeux*, p. 104.
105 Jean-Pierre Vernant, *La Mort dans les yeux*, pp. 81–82.
106 Marguerite Duras, *Les Parleuses*, Paris : Minuit, 1974, p. 13.
107 Autre image de la « mort dans les yeux ».

qu'il délimite et qui ouvre le regard de Lol sur une béance mortifère. Les yeux vidés, laissant place aux trous, font ainsi surgir cette part d'ombre que porte avec lui l'objet, fut-ce le plus scintillant : le regard, désignant le véritable objet de la pulsion scopique, son manque radical, alors que Jacques Hold ne voit rien que ces trous aveuglants des yeux qui le regardent et où le sens se perd. Selon Max Milner, en effet, « la figure de la Méduse incarne l'attrait mortifère du vide par lequel nous sommes guettés. »[108] Autrement dit, le regard nous regarde justement parce qu'il semble toujours nous être refusé. En somme, le regard est bien l'élément actif et premier du fantasme : ce qui fascine Hold et attise son désir tient, en effet, à ces yeux troués, comme signe de leur propre mort, qui couvre le regard d'un linceul symbolique permettant de matérialiser cet au-delà du regard de l'Autre dans lequel Lol se trouve prise infailliblement de même que Hold lui aussi s'y trouve pris. Cette médusation ne fait que pousser jusqu'à son paroxysme le regard amoureux marquant l'autre d'une étrangeté singulière.

Si Jacques Hold est donc voué à la médusation aveuglante et pétrifiante rencontré face au regard de l'Autre, le médusant subit aussi cette béance mortifère du regard car c'est en essayant de contempler son propre reflet dans le miroir que Lol subit aussi les effets de son propre regard qui lui fait face. L'importance du miroir mettant en évidence la difficulté à trouver une image unifiée, pourrait également signaler cette monstruosité qui habite celui qui se risque au regard dans le miroir. Pour reprendre les termes de Sylvie Loignon, il s'agirait moins ici d'une « histoire de l'œil » que d'une « histoire-deuil ».[109] Or, rendre compte de cette absence qui envahit le regard en tant que mort dans les yeux équivaut à écrire l'impensable à défaut de le voir, écrire ces trous – que creusent le regard aussi bien dans l'autre que dans le sujet – qui ne font qu'organiser le récit autour d'un manque tout en donnant paradoxalement forme à ce récit dont la trouée du regard semble être le centre irreprésentable. Le regard troué aboutit ainsi à un défaut de représentation, à un manque

108 Max Milner, *On Est prié de fermer les yeux*, p. 19.
109 Sylvie Loignon, *Le Regard dans l'œuvre de Marguerite Duras*, Paris : L'Harmattan, pp. 296–97.

qui troue le texte. L'écriture du regard faisant par conséquent trou dans le texte confronte lecteur et écrivain de cette place où ils ne voient rien, à un horizon imaginaire qui est encore celui du regard et à son pouvoir de fascination.

2 – Dispositif voyeuriste de la narration

En outre, Jacques Hold, personnage-narrateur du roman, s'établit claire-ment comme l'auteur de l'histoire de Lol V. Stein qu'il tente de restituer en s'appuyant sur un recours constant à l'invention afin de permettre de pallier le manque à voir tout en fondant le récit sur un « faire voir ». Ainsi le récit s'ouvre sur le discours du narrateur masculin qui n'a pas assisté au bal de T. Beach. Le narrateur invente donc l'histoire de Lol, ne se servant de ce que lui a dit Tatiana Karl uniquement pour évoquer les événements auxquels il n'a pas assisté, notamment la fameuse nuit du bal : « Voici tout au long, mêlés, à la fois, ce faux semblant que raconte Tatiana Karl et ce que j'invente sur la nuit du Casino de T. Beach. A partir de quoi je raconterai mon histoire de Lol V. Stein. » (LVS : 14). L'histoire de Lol est pourtant vouée à un infini, à une impossibilité de finir qui revient à une impossibilité de voir le tout. On peut ainsi lire *Le Ravissement* du point de vue masculin que le texte construit, comme la quête sans fin du personnage-narrateur qui court après le mystère de l'objet de son propre désir. Fonctionnant en tant qu'objet de désir ou de savoir qui échappe à toute prise, Lol pourrait ainsi incarner l'objet a de l'algèbre lacanienne.

Or, l'invention constante sur laquelle le personnage-narrateur s'appuie pour raconter l'histoire de Lol est désignée comme un « je vois » : « j'in-vente, je vois » (LVS : 56), ce qui lui permet d'adopter le point de vue de Lol qui reste en partie extérieure à cette approche par la vue puisqu'elle est pour le narrateur le regard dans le texte auquel il se substitue. Cette focalisation « à la place de » qu'effectue le narrateur et qui aboutit à un savoir dire, tente ainsi de remédier à cette impossibilité d'un « je vois tout » qui semble, en outre, se fonder sur une relation d'opposition avec le « non-regard » de Lol. Le regard aurait ici une fonction idéologique dans la mesure où s'opposeraient regard féminin et regard masculin comme le suggère Marguerite Duras dans *Nathalie Granger* : « Et le regard d'un

homme n'a pas encore retrouvé cette fonction, submergeante, d'enfouissement du discours en un lieu où il s'annule, se tait, se supprime – qu'a
le regard d'une femme. »[110] Ainsi, le narrateur « croi[t] voir ce qu'à dû
voir Lol » (LVS : (59) lorsqu'il fait le récit de la scène où Lol rencontre
de manière fortuite le personnage qu'il est aussi, désigné comme « il », et
que selon le « je » de la narration elle reconnaît pour l'avoir déjà observé
de sa fenêtre discutant avec Tatiana. Cette possibilité de renvoyer le dire
à un voir crée, en outre, des dédoublements entre le « je » narrateur et
le « je » devenant « il » personnage, parce que s'imaginer sous le regard
de Lol, c'est effacer la limite entre sujet et objet.

Aussi, dans l'hallucination d'une fusion avec Lol, le narrateur croit
voir directement le bal et le fantasme de sa fin que ce dernier reconsti-
tue à la place de Lol qui selon lui est « née pour le voir » (LVS : 49) :
« L'homme de T. Beach n'a plus qu'une tâche à accomplir, toujours la
même dans l'univers de Lol : Michael Richardson, chaque après-midi,
commence à dévêtir une autre femme que Lol et lorsque d'autres seins
apparaissent, blancs, sous le fourreau noir, il en reste là ; ébloui, un Dieu
lassé par cette mise à nu, sa tâche unique, et Lol attend vainement qu'il la
reprenne [...]. » (LVS : 50–51). Ici le regard fasciné de Lol auquel Jacques
Hold se substitue, redouble le regard de l'amant dont il se fait l'équivalent. Mais ce regard ouvre toujours sur un inaccessible puisque Michael
Richardson ne parvient jamais à aller au bout de l'acte sexuel ni même à
dévêtir entièrement Anne-Marie Stretter. Cet inaccessible est donc associé
à l'impossibilité de voir la nudité féminine rendant à la femme l'étrangeté
de son sexe et de sa jouissance dont elle est habitée.

Le voyeurisme imaginé par le narrateur chez Lol fait écho au voyeurisme exercé par le personnage-narrateur Jacques Hold, consistant à voir le
corps nu de Tatiana se substituer au corps impossible à voir d'Anne-Marie
Stretter. Dans cette scène Jacques Hold « regarde avec intérêt » Tatiana
dénuder son corps qui finit par disparaître sous l'intensité du regard de
celui-ci ne voyant plus rien sinon le vide : « Il la regarde jusqu'à perdre
de vue l'identité de chaque forme, de toutes les formes et même du corps

110 Marguerite Duras, *Nathalie Granger*, Paris : Gallimard, 1973, p. 90.

entier. » (LVS : 134). De voyeur qui au départ veut voir, Jacques Hold devient en bout de course aveuglé par la fascination et transformé en objet regard. « En devenant regard », écrit Hervé Castanet, le sujet du fantasme « est devenu ce qu'il cherchait si avidement, si intensément à voir. En devenant ce qu'il cherche à voir, il ne voit plus rien et l'objet qu'il prétendait saisir par la vision, lui échappe aussitôt. Au moment où l'objet se montre, il se fait équivaloir à cet objet qui donc s'évanouit. »[111] Il y a à chaque fois perte de vue, partant perte de l'objet du désir, et substitution de celle-ci par le regard. Mais qu'essaie de voir le voyeur ? Comme le souligne Hervé Castanet, le voyeur « veut voir l'insaisissable scopique de ce manque qu'est le phallus absent radicalement chez la mère. »[112] Ce qu'il veut voir, c'est le phallus en tant que toujours absent là où il le traque, en tant qu'il est la trace de l'absence même. Il y a reconnaissance préalable de la castration féminine, de l'absence de pénis chez la mère ensuite démentis. Ainsi, ce que vise le voyeur à se faire regard, pur regard désubjectivé est précisément à combler ce manque, à l'annuler et par là à parer à cette horreur fondamentale que la castration (féminine) inscrit immanquablement en lui. Il interroge par là même la question de la jouissance féminine pour le sujet qui veut se l'approprier. Malgré la mise à nue ostentatoire de la femme, l'homme ne voit pas ce qu'il voudrait voir. La femme ne se voit pas « toute », elle est habitée par cette étrangeté que sont son sexe et sa jouissance. Elle demeure l'inconnue par excellence, ce qui échappe à la vue alors qu'elle ne cesse d'incarner le regard émanant de ce rien à voir qui envahit l'homme à l'approche du corps nu de la femme. Autrement dit, ce qu'essaie de découvrir Jacques Hold par ce regard posé sur le corps féminin, c'est son essence « inactuelle ». C'est donc contre l'amante quotidienne qu'il entreprend cette quête de la femme absolue, seule capable de livrer son secret : l'inconnu de la jouissance féminine. Mais cette construction ne peut atteindre sa cible, l'essence de la femme lui échappe : elle est radicalement…Autre. Le voyeur œuvre pour cette

---

111   Hervé Castanet, *Le Regard à la lettre*, p. 16.
112   Hervé Castanet, *Le Regard à la lettre*, p. 122.

Autre non barré, hors castration auquel il restitue cet objet regard entifié
qu'il s'est fait être.

   Même dans la reconstitution proprement dite du fantasme de Lol à
l'hôtel des Bois lorsqu'elle occupe donc la place du voyeur, c'est à travers
le point de vue du narrateur qui « voit » que la scène est livrée au lecteur.
Dans cette scène encore, Jacques tentant de voir à la place de Lol imagine que la fenêtre de la chambre doit limiter la vision de cette dernière :
« La fenêtre est petite et Lol ne doit laisser voir des amants que le buste
coupé à la hauteur du ventre. Ainsi ne voit-elle pas la fin de la chevelure
de Tatiana. » (LVS : 64). Ce que la fenêtre ne permet pas de voir ici, c'est
encore le sexe et plus spécifiquement féminin et le rapport sexuel. De la
fenêtre de l'hôtel, le personnage-narrateur affirme lui-même qu'il voit
Lol. Sa réaction, la première fois qu'il croit apercevoir celle-ci réduite
par le narrateur à « une forme grise »[113] (LVS : 120) dans le champ de
seigle, étant une réaction de panique. Comme le souligne Jacques Lacan,
Jacques Hold se rassure ensuite « de se dire que Lol le voit sans doute.
Un peu plus calme seulement, à former ce second temps qu'elle se sache
vue de lui. »[114] Si le personnage-narrateur ne cesse d'affirmer qu'il voit
Lol, elle est aussi, comme il l'imagine, ce qui le regarde, ce regard imaginé
au champ de l'Autre qui interroge son désir. En effet, c'est, selon Lacan,
« l'attention de qui vous regarde qu'il s'agit d'obtenir. Car de ce qui vous
regarde sans vous regarder, vous ne connaissez pas l'angoisse. »[115] Or, la
tache dans la psychanalyse de Lacan, souligne Antonio Quinet, « can
represent the object cause of desire, as a presence that makes one feel
gazed at. »[116] Pourtant s'empresse-t-il d'ajouter « feeling oneself subjec-

---

113   « J'ai cru voir à mi-distance entre le pied de la colline et l'hôtel une forme grise,
       une femme, dont la blondeur cendrée à travers les tiges du seigle ne pouvait pas
       me tromper [...]. » (LVS : 120). Dans un autre passage, le narrateur emploie cette
       fois l'expression « tache sombre » (LVS : 65) pour désigner Lol que Jacques Hold
       est à nouveau certain de voir dans le champ de seigle.
114   Jacques Lacan, « Hommage », p. 11.
115   Jacques Lacan, « Hommage », p. 11.
116   Antonio Quinet, « The Gaze as an Object » in *Reading Seminar XI : Lacan's
       Four Fundamental Concept of Psychoanalysis*, Albany : State University of New
       York Press, 1995, p. 144.

ted to the gaze can not only produce desire but anxiety, which is another manifestation of object a. »[117] En même temps, la fonction de la tache est précisément et de révéler et de cacher le regard qui détermine le sujet en tant que réceptacle d'anxiété, causé par le fait d'être regardé :

> The function of the screen is to erase the gaze from the world, from the world's show, from the Other as reality, with all the significations that help constitute our environment. The object is erased in this representation, which means that there is a screen which hides the gaze, and this is illustrated by the spot. Lacan says that the spot can represent the screen; at the same time the screen hides the gaze. « Spot » can also be translated as « stain ». We can use « stain » or « spot », but I think « spot » is more interesting in English because of the relation between the terms « spot » and « spotlight », which illustrate the representation of the gaze. The spot hides and reveals the gaze.[118]

Cette sorte de mise à distance de l'objet de son désir, tout en apportant au voyeur une jouissance, lui permet de maîtriser son angoisse. La présence de la tache permet donc de cerner l'objet du désir du protagoniste tout en le maintenant à distance. Ainsi, Lol n'apparaît comme rien de plus qu'un sujet néantisé qui tient donc lieu dans le fantasme du personnage-narrateur d'objet du désir en tant qu'il fait défaut, permettant de fait d'introduire Lol comme l'incarnation voilée du regard définie par ce qu'on ne voit pas mais par lequel nous sommes regardés.

On observe ainsi que le dispositif voyeuriste de la narration repose sur une division sexuée du regard dans la mesure où la représentation du personnage masculin fonctionne comme médiatrice du regard, comme son représentant. C'est donc à partir de la surdétermination sexuelle du regard dans le patriarcat que s'enchaîne la structure narrative du récit – structure de déploiement de la curiosité, de déploiement donc de la volonté de puissance. Elle obéit à une logique fantasmatique fondamentalement masculine directement motivée par l'angoisse de la menace de castration indissociablement liée à la scène primitive de curiosité sexuelle infantile. Et elle emploie deux mécanismes pour faire face à cette menace, soit un

---

117   Antonio Quinet, « The Gaze as an Object », p. 144.
118   Antonio Quinet, « The Gaze as an Object », p. 144.

souci de reconstituer le traumatisme originel qui porte en lui-même la question de savoir ce qui constitue la jouissance féminine (enquête sur la femme, démystification de son mystère), contrebalancé par un sauvetage de l'objet coupable : soit un déni complet de la castration en substituant un objet fétiche (objet regard). Conformément à la formule de John Berger : « Ce qui en la femme contemple la femme est mâle, ce qui est contemplé est femelle. Ainsi se transforme-t-elle en objet – et plus particulièrement en objet de vision : une vue », nous avons établi en introduction que les femmes sont soumises à la version passive de la scopophilie, l'exhibitionnisme et soumises aussi au narcissisme qui permettrait « une identification avec l'objet de vision, et non avec la position d'énonciation du voir. »[119] Ce mode d'identification avec l'objet de vision qui suppose une prise de distance au niveau de l'énonciation avec le regard du voyeur, participe de la représentation du désir féminin produite par le discours masculin et marquée par le concept d'étrangeté typique de la domination masculine. A savoir la suppression de la différence et le déni de l'autre en tant que la femme est perçue comme le négatif de l'homme (l'Un-en-moins pour le Un-tout-seul qu'il est). Nous sommes par là même confrontés à une forme d'instrumentalisation du voyeurisme masculin mettant en scène les implications d'une parole définie par rapport à la fonction de l'homme en tant que sujet qui parle sur et au nom des femmes, d'où émerge le caractère problématique de la féminité qui échappe au discours précisément en tant qu'effet du langage. C'est donc bien la question de la féminité et de la sexualité féminine que le texte interroge par le regard posé sur le corps de l'Autre et l'impossibilité de voir qui s'empare du personnage. De ce fait, la conjugaison dans *Le Ravissement* de deux modes d'identification qui traditionnellement s'excluent l'un l'autre – identification avec l'objet de vision et avec la position d'énonciation du voir – permet de mettre en évidence la portée féministe et subversive du récit qui, pour reprendre les termes de Julia Kristeva, « côtoie chez Duras la mythification du féminin inaccessible. »[120]

---

119   John Frow, « Le Lieu sémiotique du spectateur dans le discours de l'amour contemporain » in *Le Récit amoureux*, Seyssel : Champ Vallon, 1984, p. 174.

120   Julia Kristeva, *Soleil noir, dépression et mélancolie*. Paris : Gallimard, 1987, p. 252.

Le voyeurisme du personnage féminin tel que nous l'avons analysé dans le premier chapitre, s'accompagne donc d'une affirmation de la différence par rapport au fantasme masculin d'appropriation de la jouissance féminine. Fantasme qui dérive du terrible plaisir éprouvé à regarder le corps de l'Autre féminin comme objet de stimulation sexuelle par la vision. En effet, le voyeur est traditionnellement ce sujet qui dans son fantasme exécute sans fin la tâche de « mater » l'autre féminin comme le montre le récit mythique d'Actéon, changé en cerf et dévoré par ses propres chiens à l'instant précis où il voit la déesse nue. Je voudrais insister sur la nature révolutionnaire de cette forme féminine de curiosité narcissique ; par rapport à la tradition littéraire ainsi qu'aux définitions cliniques du voyeurisme présenté comme une perversion typiquement masculine dont la fonction correspond à un fantasme de possession. Ainsi le renversement des rôles dans *Le Ravissement* où le voyeur est une femme (au niveau de la fiction) permettrait de mettre en évidence une forme féminine de perversion reposant sur une scénographie triangulaire du désir. Si la scénographie triangulaire du désir dans *Le Ravissement* présente un lien évident avec le triangle oedipien, le triangle serait davantage encore la figure par laquelle se manifeste le voyeurisme féminin permettant de communiquer le parallèle qui existe entre l'expérience féminine de perte et d'incomplétude et l'inaptitude du voyeur lié à ce désir de voir le manque qui différencie la mère. Il s'agit toujours de voir ce qui ne peut se voir, ce manque irrémédiable qui constitue le rapport à la mère.

Rappelons qu'au-delà de toutes les variations de l'expérience de la castration masculine et féminine, la fille notamment n'est pas concernée par l'angoisse de la menace de castration, leur trait commun se réfère à l'importance du rôle de la mère. Dans la conception lacanienne, la castration se définit fondamentalement par la séparation entre la mère et l'enfant. Si le phallus constitue un référent invariable, c'est parce qu'il demeure la trace de cet événement majeur qu'est la castration, c'est-à-dire l'acceptation par tout être humain de la limite imposée à la jouissance à l'égard de la mère. La primauté du phallus ne doit donc pas être confondue avec une supposée primauté du pénis. L'objet central autour duquel s'organise le complexe de castration n'est pas à vrai dire l'organe anatomique pénien mais la représentation imaginaire de celui-ci c'est-à-dire le phallus en tant que signifiant du désir. Dire que le phallus est le signifiant du désir équivaut à dire que tout désir est sexuel et que tout désir est finalement insatisfait. Le complexe de castration ne se réduit donc pas à un moment chronologique. Au contraire, l'expérience inconsciente de la castration est sans cesse renouvelée tout au long de l'existence mais c'est à cette époque que se structurent certains fantasmes liés à la scène primitive, fantasme voyeuriste par excellence tel qu'il apparaît dans *Le Ravissement*.

L'originalité de notre analyse par rapport à celles de Lacan ou de Sylvie Loignon consiste précisément à rendre justice au fantasme voyeuriste caractérisant le personnage féminin central. Rappelons que Lacan dans son *Hommage* refuse de donner à Lol la possibilité de voir : « Surtout ne vous trompez pas sur la place ici du regard. Ce n'est pas Lol qui regarde, ne serait-ce que de ce qu'elle ne voit rien. Elle n'est pas le voyeur. Ce qui se passe la réalise. »[121] Sylvie Loignon insiste de même sur le fait que Lol « ne voit rien, pas plus qu'elle ne regarde ».[122] Elle ajoute que « le voyeurisme [est] imaginé par le narrateur chez Lol »[123] et « participe [uniquement] du fantasme de ce dernier ».[124] C'est bien pour le narrateur qui voit en effet que Lol est à la fois objet et sujet du fantasme. Est-ce à dire comme l'affirme Sylvie Loignon que Lol n'est « pas inscrite dans le fantasme voyeuriste, puisque, pour elle, le fantasme ne peut faire écran au réel »[125] ? Il semblerait toutefois que l'impossibilité de voir propre à Lol dans la scène de l'hôtel des Bois, soit au moins en partie liée au désir de voir. En effet, son désir passe selon son propre aveu, par le regard. A la question répétée du narrateur : « que désiriez-vous » (LVS : 103), Lol répond par deux fois : « Les voir » (LVS : 103–4), en parlant du couple

---

121   Jacques Lacan, « Hommage fait à Marguerite Duras », *Cahiers Renaud-Barrault* 52 (1965), p. 12.
122   Sylvie Loignon, *Le Regard dans l'œuvre de Marguerite Duras*, p. 150.
123   Sylvie Loignon, *Le Regard dans l'œuvre de Marguerite Duras*. Paris : L'Harmattan, 2001, p. 182. Dans cet ouvrage, l'auteur s'est intéressée à la fois à la présence obsédante de l'image – qu'elle soit picturale, photographique, cinématographique ou télévisuelle – de même qu'aux dispositifs textuels liés à cette écriture du regard.
124   Sylvie Loignon, *Le Regard dans l'œuvre de Marguerite Duras*, p. 183.
125   Sylvie Loigon, *Le Regard dans l'œuvre de Marguerite Duras*, p. 151.

Michael Richardson et Anne-Marie Stretter. Or, nous savons que ce fantasme sera mis en scène à l'hôtel des Bois. De même, l'auteur en indiquant que Lol est surtout une « voyeuse regardant dans le vide »[126] semble valider le discours narratif qui ne relève donc pas uniquement du fantasme du personnage-narrateur masculin et permet d'imaginer Lol en tant que sujet de son propre fantasme.

Le désir de voir tient chez Lol à celui de violer le secret de cette « scène » que délimite le contour de la fenêtre de l'hôtel des Bois, « spectacle invisible » qui la regarde et qui renvoie à l'ombre d'un objet caché, cause du désir, impliquant la présence de la place vide du savoir dans l'Autre. Vide ontologique né d'une tragique brisure[127] à l'origine de l'existence et qui génère « une compulsion de répétition » parce que nous essayons constamment de compenser la perte de cet objet du désir. En effet, Lol ne voit rien, rien d'autre que l'annulation du sujet remettant en cause son identité parce que le vide du miroir suggère la présence vide de son propre désir, la découverte de sa propre aliénation à elle-même. Michèle Druon souligne en ce sens qu'en plus d'être « l'actrice inconsciente de sa propre déconstruction, Lol en serait [aussi] la véritable spectatrice : elle jouirait du spectacle de sa propre aliénation. »[128] A ce propos, Marguerite Duras affirme dans le même entretien d'où est extraite sa déclaration précédente : « C'est en fait ma seule préoccupation : la possibilité d'être capable de perdre la notion de son identité, d'assister à la dissolution de son identité. »[129] Comme dans le fantasme, Lol semble « ravie » de

126   « Interviews avec Marguerite Duras et Gabriel Cousin par Bettina Knapp », *The French Review*, 44, 1971, p. 656.

127   « Immobilisation de l'œil sur le trauma qui la fait se perdre et se trouver dans le même temps. Possession. Ensorcellement qui laisse tressaillant, submergé par le désastre qui jette hors de soi et ramène en soi. » (Danièle Bajomée, « Un Ravissement passionné » in *Le Récit amoureux*. Seyssel : Champ Vallon, 1984, p. 238).

128   Michèle Druon, « Mise en scène et catharsis de l'amour dans *Le Ravissement de Lol V. Stein*, de Marguerite Duras », *The French Review* 58 (1985), p. 383.

129   Bettina L. Knapp, « Interviews avec Marguerite Duras et Gabriel Cousin », p. 656.

voir réaliser sous la forme de son oubli[130] sa propre mort symbolique qui lui révèle sa propre absence à elle-même. Lacan, souligne Herman Rapaport, « points out that the fantasm confronts the subject with a lack that concerns the desire of the subject. Unfortunately, the subject doesn't have the signifier that is key to knowing what it is that he or she really wants. »[131] Il ajoute pour être plus clair encore : « The fantasm, in other words, reveals the difference between that part of the subject which always finds itself as present and that part of the subject which always loses itself as absent. »[132] « Vivante, mourante » (63) nous dit en effet le texte, Lol postée devant cette scène jouit d'un spectacle paradoxalement non visuel devant lequel elle se perd. La représentation de l'existence féminine, toute entière centrée sur une dépendance de type voyeuriste, donne non seulement au récit sa configuration unique, mais continue d'explorer la nature révolutionnaire et potentiellement thérapeutique de ce modèle féminin de curiosité narcissique.

En somme, il y a « rien » à voir aussi bien dans le rectangle de lumière que dans le paysage vu depuis la chambre de l'hôtel des Bois. Le dispositif voyeuriste insiste ici sur la difficulté à voir que rencontrent à la fois Lol face au couple et Jacques Hold face à Lol : ils sont tous deux face à une forme d'aveuglement devant ce spectacle du désir désignant un absolu incommunicable et permettant de mettre en évidence l'affirmation d'une séparation radicale, celle de l'interdit, nécessaire au désir du voyeur. Chacun semble donc renvoyé à son propre désir de voir et le regard n'appartient donc à personne vraiment puisqu'il devient l'enjeu même du récit.

La narration, et plus précisément le personnage-narrateur, est elle-même soumise à cette impossibilité de voir, redoublant ainsi l'impossibilité de voir dans la fiction. Ainsi, dans *Le Ravissement*, la narration laisse

---

130 « Cet instant d'oubli absolu de Lol, cet instant, cet éclair dilué, dans le temps uniforme de son guet, sans qu'elle ait le moindre espoir de le percevoir, Lol désirait qu'il fût vécu. Il le fut. » (123).

131 Herman Rapaport, *Between the Sign and the Gaze*. London : Cornell University Press, 1994, p. 21.

132 Herman Rapaport, *Between the Sign and the Gaze*, p. 22.

apparaître ses failles : de nombreuses interrogations restent sans réponses, ce qui revient à une impossibilité de voir le tout de l'histoire de Lol. La narration revendique donc cette impossibilité de voir comme constitutive du récit, et si le narrateur affirme son savoir par le recours à l'invention, fondée sur un (faire) voir, l'utilisation du conditionnel vient nuancer ce savoir, et fait douter de ce qui est vu. L'histoire ainsi soumise à un voir incomplet, à un savoir faillible, se fait en pleine incertitude, incertitude caractérisant à la fois la réalité représentée et le récit mis en œuvre. C'est ce rapport entre la narration et ce qui échappe au voir – ce qui demeure caché ou se révèle illusoire – qui ne cesse de pointer un impossible de la narration comme de la fiction. Lacan montre dans son *Séminaire, Livre XI* que « d'une façon générale, le rapport du regard à ce que l'on veut voir est un rapport de leurre »[133] dans la mesure où ce qu'il est donné de voir au sujet n'est jamais ce qu'il veut voir. Marquée par l'incertitude, la narration aurait alors une fonction similaire à celle du voile comme écran telle que la définit Lacan : le rien est un au-delà de l'objet, le voile permet de matérialiser ce rien, ou encore le phallus en tant qu'il manque à la femme. La difficulté à voir et à faire voir l'objet de la fiction et de la narration fait ainsi surgir au cœur même du leurre ce qui nous regarde, ce rien qui cristallise illusoirement le désir.

D'un côté, le roman se nourrit de l'invention afin de pallier le manque à voir qui fonde l'histoire et sa narration, de l'autre, il renforce ce manque à voir par l'incertitude de la narration elle-même. Or, l'incertitude s'inscrivant dans un rapport de leurre caractéristique du regard, entraîne une mise en cause de la représentation et du représenté. Cette mise en cause implique une interrogation de l'auteur à la réalité, cet impossible auquel le fantasme fait écran. C'est en faisant de la réalité une construction imaginaire proche du fantasme comme écran à une visée du réel, de la Chose, c'est par l'instauration de cet écran de la représentation fondée sur le leurre du regard, que l'écriture tente de viser cet impossible qu'est le réel en tant qu'il « ne cesse pas de ne pas s'écrire ». Il y a visée du réel, mis en souffrance par une écriture où l'on ne « voit pas les choses en face »,

---

133   Jacques Lacan, *Les Quatre Concepts fondamentaux de la psychanalyse*, p. 96.

où la narration fait en quelque sorte écran à ce réel. Ainsi que le suggère Sylvie Loignon dans son étude incontournable sur le regard dans l'œuvre de Marguerite Duras : « Les figures de la narration, les figures du narrateur dans les différents récits de Marguerite Duras ne font que mettre en scène l'écriture comme rapport essentiel au rien, et au manque. Le manque à voir soulignerait donc de façon paradoxale l'importance de l'événement advenu mais non évoqué, impossible à décrire ou à faire sortir de l'oubli. »[134] *Le Ravissement* met donc en scène une écriture qui fait voir le manque à voir et l'impossibilité de voir caractérisant ce rapport particulier au désir qui conduit personnages, narrateur et auteur à ne rien voir.

3 – Lol-Eurydice

Dans *Le Ravissement*, Lol est synonyme de la nuit de T. Beach (LVS : 104), elle est cette « totalité inaccessible »[135] autour de laquelle tourne le texte, et Jacques Hold, tel un autre Orphée, essaie de faire remonter Lol-Eurydice de l'ombre et de l'oubli en inventant son histoire, mêlant le faux et le vrai, ouvrant des tombeaux « où Lol fait la morte [...]. » (LVS : 37). Tel l'écrivain qui inscrit en son personnage ses propres préoccupations, Jacques, en tant que narrateur, se trouve ainsi engagé dans l'activité de raconter l'histoire innommable de Lol V. Stein, par amour d'elle. Cet amour suggère d'ailleurs un rapprochement entre œuvre et passion qui peut s'envisager, à travers la figure féminine et le ravissement amoureux à l'origine de la parole qu'elle inspire, comme la métaphore de l'acte d'écrire qui se ferait à l'endroit même où survient l'absence, à cause d'elle. Inversement, il est vrai aussi que ce qui en Lol fascine et touche Jacques Hold, et par sa médiation Duras elle-même, c'est que cet être fuyant est précisément ce qui fait surgir d'eux l'élan du désir qui prête voix au texte par l'intermédiaire du narrateur, voix sans visage qui représente une mise en abîme de la figure de l'écrivain. Si le narrateur prête sa voix au texte, en tant que personnage, il prête aussi son regard à l'auteur qui se donne

---

134 Sylvie Loignon, *Le Regard dans l'œuvre de Marguerite Duras*, p. 141.
135 Marguerite Duras, *Les Yeux verts*, Cahiers du cinéma, 312–13, 1980 et nouvelle édition 1987, p. 167.

les yeux amoureux de Jacques Hold pour être fascinée par Lol, par cet être énigmatique qui échappe à toute prise. D'autant que le monde écrit de Duras est typiquement arrangé selon une mise en scène voyeuriste : la narration se faisant l'écho d'une vision fascinée et l'action consistant, en grande partie, à regarder. A travers son personnage, Duras porte ainsi son regard sur l'inscription d'une trace vacante qui se propose en la matérialité fragile du corps de Lol, en même temps qu'elle est fascinée par la propre fiction de celle-ci, et se fait voyeur de cette image récurrente qui s'inscrit au cœur du texte et donne à voir la présence d'une chose absente. Lorsque dans *Le Ravissement*, en effet, Marguerite Duras fait surgir de l'ombre une image qui se refuse, elle métaphorise la manifestation d'un objet irreprésentable qui devient l'horizon d'un désir absolu, la promesse de quelque chose au-delà de l'extrême de la représentation que l'art puisse atteindre. Convoquer en un texte ces inscriptions qui ne donnent à voir que la trace à jamais illisible de quelque chose qui s'évanouit, entraîne par conséquent l'écriture à contempler ses propres limites, tout en s'affirmant à partir de sa propre énigme. Retour à cette inscription de la trace qui parcourt le récit comme une remontée du signe vers son enfance : retour à la mère et à la nuit.

D'autre part, nous avons précédemment évoqué l'insistance de Blanchot à faire de « l'inspiration » par le regard d'Orphée, l'exigence profonde de l'œuvre liée au désir qui est lui-même « lié à l'insouciance par l'impatience. »[136] Pourtant, il nous semble ici que si « écrire commence [il est vrai] avec le regard d'Orphée » ainsi que l'écrit Blanchot, c'est-à-dire la volonté de posséder Lol-Eurydice, à travers le regard de Jacques Hold, ce dernier accepte finalement, par opposition avec Fabrice, de cheminer dans l'obscurité,[137] tout en assurant, à l'intérieur de l'œuvre qui résiste ainsi

136 Maurice Blanchot, « Le Regard d'Orphée », p. 231.
137 N'oublions pas que, malgré ses tentatives répétées pour devenir son auteur, l'apprenti écrivain Jacques, se trouve graduellement dépossédé de toute certitude et finit par ne plus prétendre pouvoir comprendre Lol : « En ce moment, moi seul de tous ces faussaires, je sais : je ne sais rien. Ce fut là ma première découverte à son propos : ne rien savoir de Lol était la connaître déjà. On pouvait, me parut-il, en savoir moins encore, de moins en moins sur Lol V. Stein. » (LVS : 81). L'instance

à son désir de transgression, cette présence de l'ombre, de quelque chose de différé métaphorisé par le corps de l'Autre (Lol). En ce sens nous nous opposons en partie à l'opinion de Christiane Blot-Labarrère qui écrit : « Lol-Eurydice est tirée vers le jour par un Jacques-Orphée qui, voulant la délivrer, la tue. »[138] Ni il ne la tue, ni il la sauve, la fin du roman se termine comme elle a commencé, avec la folie de Lol comme gage de sa différence. Pour elle, rien ne se termine en effet, pas plus que pour Jacques dans la mesure où le texte ne s'arrête sur aucune conclusion définitive. Son rôle se borne à méditer sur l'irréductibilité du sens de Lol qui ne se soumet à aucune représentation mais qui n'en demeure pas moins à l'origine du texte et relance à l'infini « sa fin sans fin », celle « que personne encore n'a inventée. » (LVS : 184)

Conclusion

Vertu indispensable à l'amour, la pudeur instaure la résistance féminine au cœur même de la représentation de la passion amoureuse dans les ouvrages de Madame de Lafayette, Rousseau et Stendhal. D'ailleurs, elle est aussi le complément non moins indispensable de la loi, du moins chez Rousseau et Stendhal, nous y reviendrons. Loin d'affecter, toutefois, les traits d'un refus outré, la pudeur est un mouvement beaucoup plus subtil de retenue qui consiste à soustraire son intimité au regard d'autrui. A vrai dire, elle n'est pas toujours infaillible, l'être aimé se trahit parfois en dévoilant involontairement ce qui aurait dû rester caché. De plus, la pudeur ne se laisse pas manier si facilement et se traduit par des actes si spontanés – rougeur, regard qui se dérobe – qu'ils passent pour des réflexes, et autant de signes d'intérêt pour un œil exercé. Aussi, l'inscription du regard dans

---

narrative renforce, au contraire, Lol, qui est représentée par son caractère inconnaissable donc irreprésentable, en tant que centre absent du texte, et suggère en même temps, l'effondrement du langage comme support du sens.

138   Christiane Blot-Labarrère, *Marguerite Duras*, p. 143.

ces textes reflète le code culturel de la pudeur féminine : regarder est considéré comme une forme de comportement masculin et baisser les yeux sous le regard un comportement féminin. Ce code est partiellement inversé dans *Le Ravissement* : soit reflet de l'évolution sociale ou plutôt rejet d'une représentation de la femme apparemment codée pour le seul regard masculin. C'est ce que semble indiquer les scènes où les mêmes comportements stéréotypés sont représentés, mais au sein d'une structure subversive qui a pour effet, de brouiller les positions de sujet et d'objet du regard, confusion qui joue à plein dans ce roman, nous y reviendrons. Forme de répression culturelle avant tout, la dissimulation pudique des sentiments, construit la femme en tant qu'objet du désir masculin et non sujet, à proprement parler sujet d'un désir d'être désiré. C'est en quoi, bien plus qu'un obstacle réel, la résistance féminine semble participer du jeu même de la séduction avec la complicité innocente des personnages féminins dont le vrai motif est en amour, la peur de déplaire ou le désir de plaire. *Le Ravissement* joue sur ce rapport de séduction entre les sexes tout en l'inscrivant dans un cadre déplacé qui entraîne l'instabilité des rôles traditionnels de sujet et d'objet du désir et du regard.

En dehors du *Ravissement*, la pudeur féminine représente en somme le premier obstacle, s'inscrivant dans une longue série, sur lequel viennent trébucher les personnages masculins. Si ce barrage n'est pas infranchissable, chaque ouvrage dont *Le Ravissement*, met en scène l'histoire d'un amour impossible, d'un objet inaccessible. C'est Lacan qui problématise l'écriture moderne de la passion suivant les mêmes termes que l'amour courtois tout en dénonçant « cette représentation mythique du mystère de l'amour »[139] où l'être aimé par son inaccessibilité en tant qu'objet du désir, vaudrait pour un objet de fantasme absolu élevé à la place de l'Autre et incarnant sa vérité. Pour Lacan, en effet, il ne s'agit pas de lire la femme comme une nouvelle version de « l'éternel féminin » suivant la formule

---

139   Jacques Lacan, *Les Quatre Concepts fondamentaux de la psychanalyse*, p. 187. « A cette représentation mythique du mystère de l'amour, l'expérience analytique substitue la recherche par le sujet, non du complément sexuel, mais de la part à jamais perdu de lui-même, qui est constitué du fait qu'il n'est qu'un vivant sexué, et qu'il n'est plus immortel. »

de Freud, mais de désigner le point où l'altérité – en sa substance éthi-que – se lie au féminin. On comprend dans cette perspective quel rôle joue la référence au féminin dans une éthique de l'altérité. C'est le point où la femme converge avec le mystère de l'objet après lequel court l'écri-ture de la passion, ce dont témoigne le désir de s'approprier le sens par la vue qui anime les personnages masculins. Désir constituant la femme en objet de savoir privilégiée et où se laisse discerner l'intention scopi-que latente dans toutes curiosités, certifiant le retour du refoulé. Cette intention n'est rien moins que le secret de notre origine. En un mot, elle incarne essentiellement l'impossible à voir. Tel serait le sens, finalement, de la quête débridée d'un voir dont les objets eux-mêmes dissimulent l'objet véritable. Quand ce démon s'empare des personnages masculins, la pulsion scopique devient un acte dangereux dans la mesure où le but que vise l'inconscient du voir « ne consiste pas d'abord à visualiser les choses, ou à la limite à les faire disparaître comme on pourrait s'y attendre, il vise en priorité à faire disparaître l'autre pour s'approprier sa présence, son âme ou sa vertu propre, ou bien à se faire disparaître en retour avec un objectif analogue »,[140] ainsi que le souligne Jacques Bril. A considérer les choses de plus près, on s'aperçoit que l'intention mortifère du regard n'est désignée qu'à titre métaphorique ; c'est en fait l'aveuglement qui est entendu comme substitut de la disparition ou inversement. Il y aurait, par conséquent, dans nos ouvrages une sorte de fatalité du regard passionnel, voué à sa propre exaspération, à sa propre mort.

Dans *La Princesse de Clèves* et *La Chartreuse de Parme*, nous avons pu observer un mouvement de retrait hors de portée du regard qu'effec-tue l'être aimé en se dissimulant dans l'intimité du secret : manque à voir où la pulsion prend sa source. Par ce mouvement graduel de retrait hors de portée du regard qui est associé à un mouvement de retrait hors de la lumière, la relation des amants finit par déboucher sur l'aveuglement total des personnages masculins scellé par le vœu de Clélia dans *La Chartreuse de Parme* et l'isolement définitif de la princesse en dehors de la cour. De

---

140   Jacques Bril, *Regard et connaissance, avatars de la pulsion scopique*, Paris : L'Harmattan, 1997, pp. 24–25.

fait, l'interdit du regard entre en fonction de voile symbolique chez ces auteurs par delà lequel il faut atteindre la partenaire obscure de ce jeu, de cette façon dont son ombre derrière le voile ne fait que suggérer l'objet perdu du désir. C'est que l'ombre représente à la fois ce qui constitue le sujet mais qui lui échappe.

Bien que la fonction symbolique du voile soit évolutive chez Rousseau, ce dernier suit également cette métaphore du texte-voile qui participe aussi, bien entendu, du fantasme. Le voile symbolisant en soi cette relation d'interposition entre le sujet et l'objet, qui fait que « ce qui est visé est un au-delà de ce qui se présente. »[141] Le voile symbolique signe de ce fait un rapport clivé à l'objet même du regard dans la mesure où derrière cet obstacle, le désir vise un objet toujours évanescent, en même temps que ce jeu de voile désigne la place de l'objet réel du désir qu'est le phallus en tant que signifiant dernier du désir. Autrement dit, il fait écran au regard tout en faisant miroiter le phallus fascinant. Ainsi Saint-Preux, à l'instar de ses homologues masculins, s'épuise à voir ce qui toujours s'inscrira comme manque : « ce qui du désir de l'Autre le regarde par le ricochet de son propre désir, opaque, et dont la cause se dérobe à la mesure de l'acharnement à se l'approprier. »[142] En d'autres termes, le désir, médiatisé par l'écran de l'interdit, aboutit au fantasme dont le but est de viser une réalité impossible à atteindre.

De plus, le schéma narratif reflète la relation ambiguë que Saint-Preux et Fabrice entretiennent avec cet inconnu dans la mesure où l'intense désir de [sa]voir ce que le voile dissimule est contrebalancé par une force aussi grande qui s'y oppose. Fantasmatique attachée à la cécité et fantasmatique attachée à la vue seraient ainsi étroitement liées entre elles et situées entre prohibition et transgression. Cette transgression ne dût-elle qu'après coup devenir susceptible de censure « morale ». D'un côté, Rousseau finit par faire renoncer son personnage à lever le voile qui représente, dès lors, la séparation définitive de Saint-Preux d'avec l'objet de son désir, mais aussi la possibilité d'assouvir celui-ci dans un espace où la culpabilité n'a pas

---

141 Jacques Lacan, *La Relation d'objet*, p. 155.
142 Hervé Castanet, *Le Regard à la lettre*, p. 132.

prise : l'imaginaire. D'un autre côté, Stendhal finit par pousser son personnage à la transgression visuelle qui se retourne contre l'objet visé par le désir. En somme, c'est la représentation et la passion de l'image qu'elle implique qui laisse la possibilité à l'étrange de surgir au sein du familier. Cette présence de l'inquiétante étrangeté étant caractéristique de l'autre dans la passion amoureuse en tant que double de soi. C'est donc aussi la relation de l'écrivain à son propre désir qui est interrogée à travers l'interdit du regard inscrit dans la représentation, cet autre écran sur lequel se projette une image trouée de réel.

En outre, l'image du voile métaphorise chez Rousseau la pudeur (sexuelle) féminine, sa fonction étant autant de porter à son comble le désir coupable que de déréaliser la faute liée à l'interdit du désir. Notons à ce propos que Stendhal aussi semble promouvoir ce double front de la pudeur et de la volupté chez son héroïne. La contradiction que cela suppose s'annule pourtant si l'on considère que ces auteurs visent un idéal imaginaire (maternel) où se conjoignent vertu et bonheur, à travers Julie et Clélia, parfaitement voluptueuses et parfaitement pudiques. Il est vrai que Stendhal tout en déclarant qu'il n'existe rien de plus admirable que « la fermeté d'une femme qui résiste à son amour »,[143] voit dans les choix de la princesse une forme de courage regrettable : « Le princesse de Clèves devait ne rien dire à son mari, et se donner à M. de Nemours. [...] Je crois que si Mme de Clèves fût arrivée à la vieillesse, à cette époque où l'on juge la vie, et où les jouissances d'orgueil paraissent dans toute leur misère, elle se fût repentie. »[144] Et l'on comprend pourquoi si l'on considère que la femme chez Stendhal est avant tout un objet de désir dont la résistance à l'amour ainsi que sa défaite sont également indispensables au désir masculin. On peut imaginer Rousseau déplorer de la même manière la rigidité de la princesse d'après la représentation idéalisée de sa Julie. Cette représentation idéale de la femme paraît toutefois gravement menacée d'irréalisme et paradoxalement de déréalisation du corps féminin comme désirant. D'ailleurs, la composante sexuelle reste

143 Stendhal, *De l'Amour*, p. 83.
144 Stendhal, *De l'Amour*, p. 83.

d'importance restreinte par suite du tabou incestueux qu'elle implique. Fondamentalement, la passion serait ici le terme inducteur d'une construction littéraire stratégique qui relèverait d'un désir impossible à assouvir et pas uniquement amoureux.

Dans *Le Ravissement*, Lol s'impose en tant que sujet de son propre désir et non pas seulement instrument inconscient[145] sur lequel s'appuie la représentation traditionnelle de la passion amoureuse : peut-être est-ce parce que Marguerite Duras peut s'identifier à son personnage qu'il en est ainsi. Nous avons, en effet, montré que le sujet du fantasme n'est pas simplement Jacques, il y a, en fait, deux fantasmes bien qu'ils soient imbriqués l'un dans l'autre. Parenthèse : cette imbrication est ce qui rend problématique la distinction entre narrateur et protagoniste, entre voix et regard, puisque le narrateur adopte le point de vue de Lol. En conséquence de quoi, la cohésion apparente du texte cède le pas à une certaine confusion entre sujet et objet du regard. En effet, Jacques qui se voit par le détour du regard de Lol est obligé d'assumer une position d'objet et se désigne lui-même en utilisant la troisième personne. D'autres glissements de la première à la troisième personne se produisent même après que le narrateur ait été identifié au personnage de Jacques Hold, ce qui a pour effet non de réduire mais d'augmenter la confusion entre sujet et objet. Le potentiel subversif du roman de Marguerite Duras se joue là aussi : au niveau d'une impossible dissociation entre dire et voir qui provoque à son tour un processus de fusion identificatoire inséparable des divisions qu'il efface de telle sorte qu'il devient difficile de subordonner le texte à la polarité hiérarchique du spectateur et du spectacle. Fermons la parenthèse.

Le récit insiste particulièrement sur cette fascination exercée par le regard de Lol, qui incarne la figure de la Méduse, et qui devient regard de mort quand il s'agit de le fixer, indissociable de la pétrification hypnotique du regard en tant que mort dans les yeux et de l'effondrement du sujet qu'elle implique. Bien sûr, cet effondrement du sujet symbolise, en même temps, la mise en péril de l'image narcissique qu'il se fait de

---

145   Sinon dans la mesure où tout personnage peut être inconsciemment manipulé par son auteur.

lui-même, d'autant qu'il n'a aucune prise sur elle. Au niveau de la fiction, Lol se réduit en fait pour Jacques Hold, à cet objet du fantasme qu'est le regard, ce que nous avons aussi mis en évidence dans la représentation des scènes à l'hôtel des Bois. Au niveau de la narration, on peut dire aussi que Jacques devient celui-là même qui subit à son tour le regard de l'autre. A trop vouloir regarder l'objet de son désir, Jacques finit par perdre de vue ce qui s'efface, mais fait cependant toujours déjà trace dans le vide, d'un regard qui l'observe. Le dispositif voyeuriste de la narration participe aussi du fantasme. Ainsi nous avons mis en évidence le lien du fantasme voyeuriste à ce désir de voir le manque qui différencie la mère et que le voile symbolique de la narration permet, en outre, de matérialiser. En fin de compte, *Le Ravissement* met en scène ce rapport particulier au désir qui s'empare des personnages, celui de voir ce qui ne peut se voir, signalant de ce fait leur aveuglement. Par là même, Duras rend le désir dissociable de son support visible et immédiat, illustrant ainsi que ce « dont il s'agit dans le désir, comme dit Lacan, c'est d'un objet, non d'un sujet, [...] un objet devant quoi nous défaillons, nous vacillons, nous disparaissons comme sujet. »[146]

Mais ce n'est pas seulement le manque à être des personnages qui creuse le récit, c'est d'abord le manque à voir qui fonde la relation de la narration à l'histoire. Dans un premier temps, il s'agit pour le personnage-narrateur, qui tente de restituer l'histoire de Lol, de pallier le manque à voir par le recours à l'invention qui se résume à un « je vois », tout en fondant le récit sur un « faire voir » si bien que le narrateur devient lui-même voyeur de l'histoire. Bien plus, c'est la position voyeuriste de l'écrivain qui se trouve déplacée à l'intérieur du récit par la présence du narrateur qui réunit celui qui voit et celui qui parle, mettant ainsi le dispositif voyeuriste au cœur du rapport de l'écrivain à la fiction et à la narration. Or, celle-ci se caractérise par son incertitude qui fait porter le soupçon sur la représentation et sur l'appel au visible qu'elle implique, de telle sorte que cette défaillance de la narration marque une impossibilité de voir ou de tout voir s'inscrivant dans un rapport de leurre caractéristique du regard. Le

---

146 Jacques Lacan, *Le Transfert*, p. 203.

récit, utilisant le leurre, instaure le rapport à la représentation et donc à la réalité en tant que construction imaginaire fondée sur le manque, comme écran à la visée du réel, de la Chose. Paradoxalement, ce réel ne cesse pas de s'écrire en tant que cet impossible à décrire autrement que comme rapport essentiel à un manque à voir dont le trou qu'il creuse dans le texte serait peut-être l'inscription de la Chose dans l'écriture en tant que la Chose est ce vide au centre du réel. Il y a, en fait, visée d'un réel inaccessible, or au centre de ce réel, on trouve Lol dont l'obscurité à laquelle elle est associée évoque celle de l'objet perdu. Tel un serpent qui se mord la queue, l'écriture cherche par conséquent à résoudre l'énigme de son propre voyeurisme, qui renvoie toujours à l'énigme centrale à partir de laquelle l'écriture elle-même s'affirme : Lol. Ainsi, la création se fait pour ainsi dire autour d'un trou que creuse le manque au fondement de l'écrit.

Il s'agit, en effet, d'écrire depuis un trou pour faire face à la trouée du visible qu'il implique et qui rend compte du leurre propre au regard et à ce qu'on veut voir, leurre qui ébranle les personnages tout autant que le récit. Ainsi, l'aveuglement qui envahit le regard, ayant toujours à voir avec la pétrification de la fascination est une mort dans les yeux. Or, ce qu'il est impossible de voir c'est justement ce qu'il a fallu faire disparaître. A travers cette impossibilité de voir s'instaure, par conséquent, une sorte de mise à mort de ce que l'on voudrait voir. La mort est donc dans les yeux et sous les yeux : il s'agit, en effet, de regarder l'autre mourir en tant que cet autre est, d'une part l'image de soi, et d'autre part celle de la mère, afin d'y lire sa propre disparition. Regarder mourir l'autre constituerait donc l'exil du regard en en faisant l'objet même de l'écrit. Or, le lien de la fascination à la fuite de l'image est peut-être ce qui permet l'émergence du regard dans la mesure où l'on définit le regard comme appartenant au domaine de l'invisible, au domaine de l'Autre, c'est par rapport à son champ que le regard est toujours imaginé. Ainsi, *Le Ravissement* met en scène un espace particulier où le sujet ne voit pas, il ne peut qu'être regardé par cette présence du dehors émanant de l'Autre. C'est ce regard imaginé au champ de l'Autre qui fonde non seulement le rapport du narrateur aux personnages ou encore celui des personnages entre eux mais aussi celui de l'auteur à l'écrit, sa relation à la réalité qui n'est plus extérieure au texte mais assimilée à un dehors réel intenable.

Ainsi, l'écriture chez Marguerite Duras se construit, au même titre que chez Rousseau ou Stendhal, autour de l'irreprésentable et de sa relation à la Chose, ce que ne cesse de signaler cette fascination[147] du visible et de l'invisible, cette tension de l'écriture entre un refus de la perte et une inscription dans celle-ci. Il y aurait une véritable tragédie du regard dans ces œuvres dans la mesure où le regard ne signale plus le sujet mais son manque à être, dans la mesure où il ne désigne plus la présence mais la trace d'une absence, d'un impossible, mais aussi parce qu'il fait de soi et de l'autre un criminel. C'est dans ce sens que je définirais ces écrivains, d'écrivains orphiques. Je veux dire plus précisément que leur texte crée une sorte de dialectique entre ombre et lumière, présence et absence, avoir et perdre ne résolvant jamais la contradiction.

---

147   « Fascination d'où le premier visible, la mère, n'est jamais absent » ainsi que précise Sylvie Loignon poursuivant ainsi : « La représentation et les images qu'elle implique aboutissent donc à cette omniprésence de la mère, et de son obscurité. Ne pas perdre la mère de vue, écrire depuis son corps mort. » (*Le Regard dans l'œuvre de Marguerite Duras*, p. 328).

CHAPITRE IV

Interactions du regard, de la parole
et de l'écriture

Dans tous les ouvrages, on assiste graduellement à un renversement de situation : du voir sans parler à la prise de parole féminine. Nous distinguerons deux formes de paroles : orale et écrite notamment dans *La Nouvelle Héloïse*. Nous pourrions aussi parler des différentes voix de la fiction. La question qui se pose dans un premier temps est la suivante : qui contrôle le processus de représentation du désir féminin ? C'est ce qui nous amènera à étudier le rapport entre le regard et la voix de la narration, en d'autres termes le point de vue adopté par le discours narratif dans la représentation du désir féminin. Bien sûr, la spécificité du roman par lettres est précisément de ne pas passer par l'intermédiaire du narrateur. Pourrait-on ainsi imaginer un espace libéré de la médiation de tout regard extérieur dans la représentation du désir féminin ? Nous pourrons aussi étudier ce qu'implique la prise de possession du langage du désir par la parole féminine, orale ou écrite, en termes de représentation du désir. En outre, la question du langage, d'une façon générale, est évidemment crucial dans un roman tant au niveau de la thématique, et notamment du passage du regard au langage oral ou écrit, qu'au niveau des modalités de la représentation verbale surtout chez Duras.

A – *La Princesse de Clèves* : La Représentation
du désir féminin par la médiation du regard masculin

Dans *La Princesse de Clèves*, le désir féminin s'exprime toujours involontairement et surtout par le regard. En revanche, le regard masculin est presque exclusivement un regard désirant qui cherche à voir ce que la princesse s'efforce de cacher ; un signe de sa passion, et auquel cette dernière ne peut que se soumettre comme objet désiré. En dehors du regard omniscient du narrateur qui révèle l'espace intime des personnages, le désir féminin, dans ce roman, ne peut être représenté qu'à travers la médiation du regard masculin. La dernière scène de voyeurisme à Coulommiers en offre le meilleur exemple. Dans cette scène, l'auteur laisse opaque la conscience de son héroïne mais l'expérience du désir de celle-ci, qui n'existe que dans l'imaginaire du champ visuel, est livré au lecteur à travers le regard de Nemours. C'est le fait d'objectifier le désir de la princesse en le rendant visible à travers son propre regard qui confirme Nemours en tant que sujet. Le pouvoir du regard sur l'autre produit l'illusion d'une possession complète mais Nemours ne peut quitter sa position de spectateur caché sans provoquer la fuite de la princesse. Il est dans la même position qu'il occupait lorsque la princesse fait la confession de son amour pour lui mais sans que cette confession ne lui soit adressée directement. En dépit même de l'information reçue, les rôles de sujet et d'objet sont inversés car Nemours se trouve bloqué en tant que sujet désirant. Ainsi, la parole féminine s'approprie le langage du désir qu'avait assumé le regard masculin en objectifiant la princesse. Ce regard est en quelque sorte neutralisé par la parole féminine qui en assumant son propre désir prive Nemours de la possibilité d'intervenir : dans cette scène qu'il observe sans pouvoir y rentrer mais aussi à l'avenir.[1] Ainsi, le pouvoir de son regard devient simultanément une marque de son impuissance.

---

1   « quand il fit réflexion que la même chose qui lui venait d'apprendre qu'il avait
     touché le cœur de Mme de Clèves le devait persuader aussi qu'il n'en recevrait jamais

Il est vrai cependant que la princesse se trouve aussi dans la position du voyeur quand elle rencontre accidentellement Nemours pendant une promenade au jardin : « elle vit un homme couché sur des bancs, qui paraissait enseveli dans une rêverie profonde, et elle reconnut que c'était M. de Nemours. Cette vue l'arrêta tout court. » (PDC : 221). Cette fois, c'est Madame de Clèves qui observe Nemours, tandis que c'est lui qui se trouve tout occupée d'elle dans sa rêverie. Pourtant, le regard de la princesse ne lui offre pas la possibilité de pénétrer les pensées de son amant dont elle finit par prendre la place. Littéralement en allant s'asseoir au même endroit que Nemours mais aussi en s'abandonnant à son tours à la rêverie amoureuse. Ce que révèle cet épisode en fin de compte, c'est que la position du voyeur ne peut être soutenue par le regard féminin, car c'est un regard qui n'a pas l'autorisation d'exprimer le désir.

La princesse elle-même ne peut dire son désir qu'en termes de néga-tion, à travers le cadre de l'aveu. Celui fait à son mari ou l'aveu final fait à Nemours. Dans son entrevue avec Nemours néanmoins, la princesse se rend maîtresse du langage du regard : « Je vous avoue donc, non seulement que je l'ai vu [votre attachement], mais que je l'ai vu tel que vous souhaitez qu'il m'ait paru. » (PDC : 226). Ces paroles marquent la reconnaissance absolue du désir de Nemours qui passe cette fois par la médiation du regard féminin. Mais c'est aussi la première et la dernière fois que le paraî-tre n'entre pas en contradiction avec le désir profond de l'être. Comme le souligne Christine Roulston : « L'aveu marque l'espace du désir féminin, espace qui laisse voir mais qui dérobe au regard de l'autre la possibilité d'un désir réalisé. »[2] La princesse parle, en effet, pour se protéger du désir, non pour y participer.

En même temps, elle se dérobe à la logique implacable du voyeur dont le pouvoir ne peut être contesté qu'en mettant fin au regard lui-même. Avec le regard du voyeur s'achève ainsi notre accès à l'espace intime de l'imagination, étroitement lié au désir féminin. Non seulement la prin-

---

nulle marque et qu'il était impossible d'engager une personne qui avait recours à un remède si extraordinaire. » (PDC : 158).
2   Christine Roulston, « La Déception du regard dans *La Princesse de Clèves* », p. 31.

cesse choisit de se dérober au regard de Nemours mais elle choisit aussi de dérober Nemours à son propre regard. Cette rupture de la relation spéculaire s'inscrit en fait dans la logique des efforts continus de la princesse à lutter contre le pouvoir d'attraction irrésistible qu'exerce le visuel. C'est la raison pour laquelle la princesse décide de se retirer dans des terres qu'elle possède vers les Pyrénées :

> elle voyait aussi qu'elle entreprenait une chose impossible que de résister en pré-
> sence au plus aimable homme du monde qu'elle aimait et dont elle était aimée,
> et de lui résister sur une chose qui ne choquait ni la vertu ni la bienséance. Elle
> jugea que l'absence seule et l'éloignement pouvaient lui donner quelque force [...].
> (PDC : 239).

Sitôt arrivée dans son domaine des Pyrénées, la princesse tombe très malade puis à l'issue de cette maladie semble avoir totalement surmontée sa passion mais, nous dit le narrateur :

> Sa santé, qui demeura considérablement affaiblie, lui aida à conserver ses senti-
> ments ; mais comme elle connaissait ce que peuvent les occasions sur les résolutions
> les plus sages, elle ne voulut pas s'exposer à détruire les siennes, ni revenir dans les
> lieux où était ce qu'elle avait aimé. Elle se retira sur le prétexte de changer d'air,
> dans une maison religieuse, sans faire paraître un dessein arrêté de renoncer à la
> cour. (PDC : 241).

Ce choix de se retirer dans un couvent devient donc une nécessité en raison de la vulnérabilité à laquelle serait exposée la princesse en présence de Nemours.

En ce sens nous pensons que le retrait final de la princesse est compa-rable à son retrait à Coulommiers. Il n'y aurait donc aucune raison d'ima-giner qu'en se retirant du monde, la princesse ne continue pas à se livrer en imagination au même type de plaisir solitaire. Le lecteur, bien sûr, n'a aucun moyen de le [sa]voir, mais pour reprendre les termes de DeJean : « when dealing with the princess, readers must read between the lines : they must interpret (verbalize) the unsaid and even say the unsayable, for the language of Lafayette's heroine is a language of lack, of silence, of repression, of gaps. »[3] Loin d'être vaincu, le désir est si puissant que la princesse choisit de fuir. Ce faisant elle affirme sa propre subjectivité dans la mesure où elle fuit non seulement afin de soutenir son identité de femme exceptionnellement vertueuse, par devoir donc, mais surtout pour préserver le repos de son âme. C'est du moins le message que la princesse fait passer à Nemours quand celui-ci insiste pour la voir et lui parler : « Elle le priait de ne pas trouver étrange si elle ne s'exposait point au péril de le voir et de détruire, par sa présence, des sentiments qu'elle devait conserver ; qu'elle voulait bien qu'il sût, qu'ayant trouvé que son devoir et son repos s'opposaient au penchant qu'elle avait d'être à lui, les autres choses du monde lui avaient paru si indifférentes qu'elle y avait renoncé pour jamais [...]. » (PDC : 241–42). En évoquant ici les raisons de son repos, la princesse entend le malheur d'être trompée, ce que les propos du narrateur confirment : « Les raisons qu'elle avait de ne point épouser M. de Nemours lui paraissaient fortes du côté de son devoir et insurmontables du côté de son repos. La fin de l'amour de ce prince, et les maux de la jalousie qu'elle croyait infaillibles dans un mariage lui montraient un malheur certain où elle s'allait jeter [...]. » (PDC : 239).

La réciproque pourrait également être vraie mais Nemours sait que la princesse lui épargnerait de toute façon cette humiliation. Peut-être justement en raison de l'inégalité sur le plan qualitatif que cette dernière entrevoit dans leur amour. Il est donc évident que la passion de la princesse pour Nemours n'est pas éteinte mais qu'elle désire en même temps conserver sa liberté. On pourrait supposer que si la princesse n'échappe pas à la représentation traditionnelle du rôle de l'héroïne dans la passion amoureuse, Madame de Lafayette prépare le lecteur, par le sens aigu du devoir qu'elle donne à son personnage, au refus prudent de celle-ci de jouer le rôle qui est attendu d'elle dans la tradition narrative : « Vous seule vous imposez une loi que la vertu et la raison ne sauraient imposer », lui fait valoir le duc de Nemours. Ainsi, l'écriture de l'amour impossible chez Madame de Lafayette mettrait en évidence un refus libérateur d'identifier

---

3   DeJean Joan, « Lafayette's Ellipses : The Privileges of Anonymity », *PMLA*, 99, 1984, p. 889.

son personnage à une représentation de la féminité qui cautionne implicitement les rapports inégaux existant entre l'homme et la femme à cette
époque, et surtout dans le mariage : la raison principale du choix ultime
de la princesse ayant trait au choix de son indépendance parce qu'elle
prévoit le déclin de la passion de Nemours et en conséquence la fatalité
aliénante du mariage.

Ces paroles rapportées sont, en outre, les dernières de la princesse qui
en renonçant au monde social, c'est-à-dire au risque de voir l'être aimé,
sort en même temps de l'ordre du discours en conclusion du roman, dans
ce que Dejean appelle « a movement outside of narration. Lafayette
makes Woman in control of her life into that which cannot be narrated,
deliberately distancing her heroine from all the examples of virtue and
its lack that circulate so promiscuously in her novel. »[4] Son silence
est complet : la princesse ne décrie pas ouvertement la déchéance de sa
propre classe sociale pas plus que l'inégalité des sexes dans la société de son
temps. Ce que la princesse recherche pourtant et trouve dans sa retraite
est la possibilité d'établir une manière de vivre intensément personnelle,
dont la configuration spécifique est déterminée, d'une part, par son sens
du devoir ainsi que le besoin de préserver son repos. Et, d'autre part, par
le besoin de garder son amour intact en se réservant les plaisirs d'un désir
maintenu dans l'imagination, sans risquer d'être exposé à l'indécence de
la publicité. En effet, le regard privé de Nemours est inextricablement lié
au regard public qui transforme le féminin en objet de circulation ; ceci
devient clair après la circulation de l'aveu.

Le désir féminin n'est plus un spectacle autorisé parce que protégé
de l'intrusion du regard masculin, il devient cet indicible que dissimule
peut-être, du moins est-on en droit de se poser la question, le masque de
la vertu. La retraite qui sépare du monde peut donc ménager un espace
de liberté qui échappe au pouvoir. Elle permet à la femme de quitter
l'aliénation du monde où le langage du désir reste toujours médiatisé
par le regard masculin, et lui offre donc la possibilité d'un espace libre de

---

4   Dejean Joan, *Tender Geographies : Women and the Origins of the Novel in France*,
     New York : Columbia UP, 1991, p. 123.

pensée sinon d'action. Comme le suggère Michael Danhy, c'est parce que : « the society that Mme de Lafayette imagines outright denies this place [of freedom] to women, [that] the ending of her novel makes silence, anonymity, and privacy into powerful forms of self-assertion. Her narrative strategy, then, is defensive, not what we might call triumphant or celebrative. »[5] Il s'agit donc d'un silence par lequel l'auteur affirme la puissance de son héroïne en dénonçant indirectement l'ordre social auquel elle veut échapper.

B – *La Nouvelle Héloïse* : L'Envers caché de la représentation féminine du désir à travers la parole orale et écrite

La Nouvelle Héloïse est bien sûr le texte qui autorise l'expression directe du désir féminin comme une forme d'émancipation inconnue jusqu'alors. Ainsi que l'écrit Claire Grogan, en effet : « The intimate portrayal of Julie's living arrangements and affairs of the heart was widely thought inappropriate for the susceptible female reader. »[6] Pourtant, Rousseau prête plutôt à son héros masculin qu'à Julie les emportements pathétiques de la souffrance amoureuse. Au comble du désespoir Julie laisse souvent la plume lui tomber des mains alors que Saint-Preux, malgré sa difficulté d'écrire dont il rend compte, écrit pourtant. « Votre affliction », reconnaît-il en parlant de Julie, « est plus patiente, la mienne est plus emportée [...]. » (NH : 56). Les lettres que Saint-Preux écrit à Julie sont des lettres d'amour, bien sûr, mais avant de tourner son regard vers l'être aimé, seule

5   Michael Danhy, *The Feminization of the Novel*, Gainesville : University of Florida Press, 1991, p. 124.
6   Claire Grogan, « The Politics of Seduction in British Fiction of the 1790s : The Female Reader and *Julie, ou La Nouvelle Héloïse* », *Eighteenth Century Fiction*, 11, 1999, p. 460.

l'exploration du moi tombe sous le coup de la plume qui écrit en lettres de feu un amour se déployant d'emblée dans la souffrance et la conscience de la solitude. Si la lettre pour Saint-Preux apparaît durant la séparation comme le seul recours possible, tout aussi limité et frustrant soit-il, pour pallier l'absence de Julie, nous observons dès sa première mise à l'épreuve que Saint-Preux se laisse d'abord aller, par une complaisance première, à l'expression de la conscience douloureuse de son être, avant même de diriger son regard, au sens figuré et littéral, vers celle qu'il aime. Ainsi commence-t-il par écrire : « Que mon état est changé dans peu de jours ! Que d'amertumes se mêlent à la douceur de me rapprocher de vous ! Que de tristes réflexions m'assiègent ! Que de traverses mes craintes me font prévoir ! » (NH : 53). La suite de ce premier paragraphe se poursuit dans la même veine, de même que les trois paragraphes suivants, ponctués de mots tels que : victime, misère, éternelles privations, situation cruelle, contraste insupportable de grandeur et de bassesse, séjour triste et horrible, mélancolie. Saint-Preux écrit enfin : « toute la nature est morte à mes yeux comme l'espérance au fond de mon cœur. » (NH : 54).

A nouveau séparé de Julie, Saint-Preux se livre de même dans la première lettre de la seconde partie, à ce désir invincible pour lui d'extérioriser sa souffrance grâce aux mots, tout en affirmant la difficulté de l'acte d'écriture :

> J'ai pris et quitté cent fois la plume ; j'hésite dès le premier mot ; je ne sais quel ton je dois prendre ; je ne sais par où commencer ; et c'est à Julie que je veux écrire ! Ah ! malheureux ! que suis-je devenu ? Il n'est donc plus ce temps où mille sentiments délicieux coulaient de ma plume comme un intarissable torrent ! Ces doux moments de confiance et d'épanchement sont passés, nous ne sommes plus l'un à l'autre, nous ne sommes plus les mêmes, et je ne sais plus à qui j'écris. (NH : 131).

La parfaite harmonie qui unissait les deux amants est rompue et leur correspondance rendue nulle ; cette lettre exprimant le désarroi émotionnel de Saint-Preux débute par un discours troublé par la notion incertaine de son destinataire. En somme, la lettre d'amour n'est écrite pour personne, si ce n'est soi-même. Saint-Preux porte d'abord le regard sur lui-même dans et par l'acte d'écriture qui reflète le tourment de son âme, en même temps exposé à nue au regard de l'autre qui n'existe donc qu'en tant que regard permettant de donner un sens aux sentiments douloureux de Saint-Preux, une existence en dehors de son propre espace intérieur. D'ailleurs, Julie ne donne pas un accueil favorable à cette lettre, sa réaction est même plutôt violente : elle refuse d'entendre le discours plaintif de son amant et par là même, de jouer le rôle que Saint-Preux lui destine, en lui reprochant justement de ne sentir que ses propres peines et d'ignorer les siennes qu'elle juge plus cruelles encore : « Comment ne peux-tu donc ne sentir que tes peines ? Comment ne sens-tu point celles de ton amie ? Comment n'entends-tu point dans ton sein ses tendres gémissements ? Combien ils sont plus douloureux que tes cris emportés ! Combien, si tu partageais mes maux, ils te seraient plus cruels que les tiens mêmes ! » (NH : 148). En quelque sorte, elle lui reproche de voir nier sa propre subjectivité douloureuse, de se voir destituer en tant que sujet amoureux en proie à une grande souffrance. Qui portera un regard consolateur sur son sort à elle, demande-t-elle à Saint-Preux : « Tu m'as perdue, et c'est moi qui te console !... Mais moi que vais-je devenir ?... Que les consolations de l'amitié sont faibles où manquent celles de l'amour ! Qui me consolera donc de mes peines ? » (NH : 149).

Jean-Louis Cornille suggère que cette complaisance avec laquelle Saint-Preux utilise le véhicule de l'écriture pour exprimer son affectivité en souffrance, se veut « the expression of a totally original position, namely, the letter-writer as the male figure in the love relationship as depicted in the novel », rivalisant [en conséquence] « with female fiction for the monopoly of it. »[7] Il est vrai que Julie, en réponse à la lettre précédente de son amant, ne peut tolérer la confusion des genres dans le mode d'expression. Elle réclame pour elle-même la rhétorique du soupir et reproche à Saint-Preux la tournure efféminée de son écriture à laquelle elle oppose

---

7   Jean-Louis Cornille, « Rousseau and the Invention of the Male Love-Letter », *Modern Language Review*, 97, April 2002, p. 291. L'auteur précise tout de même que « it is not that the role of letter-writer historically had never been assumed by the male figure of a lover, but that this authorship had never before been supported by any discursive order, had not worked its way into the then prevailing representation of epistolary writing : the letter had hitherto remained a strictly feminine affair. »

le code de la virilité : « C'est à moi, c'est à moi d'être faible et malheureuse. Laisse-moi pleurer et souffrir [...] comment t'oses-tu dégrader au point de soupirer et gémir comme une femme, et de t'emporter comme un furieux ? [...] Rappelle donc ta fermeté, sache supporter l'infortune et sois homme. [...] ce n'est point toi que je reconnais dans cette lettre efféminée que je veux à jamais oublier, et que je tiens désavouée par toi-même. » (NH : 149). Selon Jean-Louis Cornille, Julie

> sees only a similarity of expression, a transfer, where it is imperative to see the astonishing invention of a new form of expression [...]. The love-letter is from an unrecognizable writer : freely expressing the disarray into which his passion has thrown him, he appears to be in disguise at a time when he is least playing a part, and only manages to give an unrecognizable version of his letter, in which the person he addresses refuses to acknowledge him.[8]

Nous pensons que si l'attitude de Julie peut, à cet égard, paraître conservatrice, comme le suggère Jean-Louis Cornille, la raison en est que cette dernière ressent en fait comme une injustice le fait de ne pouvoir laisser voir au regard d'autrui son tourment intérieur, en dehors de l'espace privé – celui de la lettre, bienséances obligent : « Considère dans nos communes infortunes l'état de mon sexe et du tien, et juge qui de nous est le plus à plaindre. Dans la force des passions, affecter d'être insensible, en proie à mille peines, paraître joyeuse et contente ; avoir l'air serein et l'âme agitée ; dire toujours autrement qu'on ne pense ; déguiser tout ce qu'on sent ; être fausse par devoir, et mentir par modestie : voilà l'état habituel de toute fille de mon âge. » (NH : 148). C'est ainsi la raison pour laquelle Julie revendique le langage de la souffrance comme son propre moyen d'expression, à travers l'écriture. Elle réagit exactement comme si la lettre de Saint-Preux représentait une menace par rapport à cette prérogative, en usurpant la place qui lui est réservée, la seule qui l'autorise à s'exprimer librement.

8   Jean-Louis Cornille, « Rousseau and the Invention of the Male Love-Letter »,
     pp. 293–94.

Mais la lettre d'amour ne constitue pas seulement le signe « déplacé » d'un sujet souffrant, elle s'écrit et s'érige comme métaphore du corps de l'autre. En effet, Saint-Preux écrit à Julie « qu'un amour forcené se nourrit aisément de chimères et qu'il est aisé de donner le change à des désirs extrêmes par les plus frivoles objets ! » (NH : 170). Il affirme recevoir les lettres de Julie « avec les mêmes transports que [lui] aurait causés [sa] présence ; et dans l'emportement de ma joie, un vain papier me tenait lieu de toi. » (NH : 170). Mais Julie semble accuser Saint-Preux de ne pouvoir l'aimer que dans l'abstraction, en tant qu'objet de son propre désir. Selon elle, en effet, l'amour est d'abord partage et non une expérience qui peut se vivre en solitaire :

> Quand ses [la nature] tristes plaisirs n'auraient que de n'être pas partagés, c'en serait assez, disions-nous, pour les rendre insipides et méprisables. Appliquons la même idée aux erreurs de l'imagination trop active, elle ne leur conviendra pas moins. Malheureux ! de quoi jouis-tu quand tu es seul à jouir ? Ces voluptés solitaires sont des voluptés mortes. O amour ! les tiennes sont vives ; c'est l'union des âmes qui les anime, et le plaisir qu'on donne à ce qu'on aime fait valoir celui qu'il nous rend. (NH : 168).

Paradoxalement, Julie peut être typiquement lue comme le porte parole du désir masculin et en particulier de cette préférence donnée à l'imaginaire sur le réel, constitutive du culte du désir inassouvi. « Malheur à qui n'a plus rien à désirer ! », s'exclame Julie : « il perd pour ainsi dire tout ce qu'il possède. On jouit moins de ce qu'on obtient que de ce qu'on espère et l'on n'est heureux qu'avant d'être heureux. [...] Le pays des chimères est en ce monde le seul digne d'être habité, et tel est le néant des choses humaines, qu'hors l'Etre existant par lui-même il n'y a rien de beau que ce qui n'est pas. » (NH : 528). Si le romancier renonce, bien sûr, à utiliser l'intermédiaire du narrateur et laisse presque exclusivement la parole à ses personnages, on peut entendre à travers elles, comme en un murmure de fond, la parole de l'auteur et l'instance moins visible de la composante fantasmatique du texte, retenue dans la trame de la représentation du désir. Ainsi Rousseau manipule la sexualité potentiellement dangereuse de Saint-Preux en incorporant dans sa vision de l'objet d'amour un idéal de vertu. En ce sens, il a précédemment été établi que si la représentation du désir féminin est inséparable de la vertu féminine faisant obstacle au désir de l'être aimé, la raison en est que cette représentation serait avant toute chose ce que Lori J. Marso appelle « a mirror opposite of the male image. »[9] Autrement dit, le reflet dans le miroir du désir masculin qui ne serait non pas tant un désir pour la présence de l'être aimé que pour son absence.

Cette « manière » d'aimer prépare parfaitement Saint-Preux pour son éventuelle admission dans la société de Clarens. Contrairement à ce dernier qui apprend très vite la leçon du mari, et voit dans Madame de Wolmar non pas l'être aimé mais une épouse et une mère, Julie n'est jamais totalement guérie de sa passion bien qu'elle n'en soit pas pleinement consciente d'abord. Convoquée par Wolmar cette fois, l'image du voile illustre l'opacité des sentiments refoulés de Julie qui sont aussi bien impénétrables à la vue d'autrui qu'à la sienne : « un voile de sagesse et d'honnêteté fait tant de replis autour de son cœur, qu'il n'est plus possible à l'œil humain d'y pénétrer, pas même au sien propre. » (NH : 382). La morale de Clarens reposant sur la présomption d'une visibilité complète des cœurs et des esprits s'avère donc n'être qu'une illusion, de même que le bonheur. Il semble clair que Julie est tout à fait consciente, en revanche, que son désir en tant que femme ne peut s'épanouir dans les confins de Clarens. En effet, elle affirme à Saint-Preux, éprouver depuis son mariage et le retour de ce dernier, le malheur de n'avoir plus rien à désirer : « Je ne vois partout que sujets de contentement, et je ne suis pas contente ; une langueur secrète s'insinue au fond de mon cœur ; je le sens vide et gonflé, comme vous disiez autrefois du vôtre ; l'attachement que j'ai pour tout ce qui m'est cher ne suffit pas pour l'occuper ; il lui reste une force inutile dont il ne sait que faire. » (NH : 528). Luce Irigaray suggère que cette réaction serait typique pour une femme dans l'économie du désir masculin : « If woman is asked to sustain, to revive, man's desire, the request neglects to spell out what it implies as to the value of her own desire. »[10] En fait, le

---

9   Lori J. Marso, « Rousseau's Subversive Women » in *Feminist Interpretations of Jean-Jacques Rousseau*, University Park, PA : Pennsylvania State UP, 2002, p. 246.

10 Luce Irigaray, *This Sex which is Not One*, Ithaca : Cornell University Press, 1985, p. 27.

désir féminin dans ce roman ne peut avoir de place dans la réalité, la lettre figure sa seule réalité, au moins, celle que Julie destine à Saint-Preux après sa mort, en tant que forme d'expression transparente de soi-même. Que ses actions et ses lettres ne furent que des approximations d'une expression vraie est confirmé par l'apothéose de sa mort comme révélateur de sa vérité. Du centre de la nuit, c'est Julie qui tourne son regard vers Saint-Preux une dernière fois, à travers la reconnaissance de son propre désir qu'elle doit payer de sa disparition mais en tant que pure présence à soi. La disparition de Julie marquerait donc l'impossibilité du désir féminin à exister comme tel dans la réalité, en même temps qu'elle donnerait à voir l'envers caché d'une forme féminine de subjectivité. Il semblerait que la représentation du désir féminin, dans ce roman, ne soit pas exclusivement manipulé dans le sens du désir masculin, mais que Rousseau parvienne à se distancier de son héroïne en donnant à Julie une voix, disons plus « personnelle » ou « subjective » quand celle-ci revendique ses propres intérêts ou ceux de l'amour et surtout la réalité de son propre désir, fût-ce au prix de sa disparition.

C – A la croisée des chemins : du regard à l'ébauche de la parole

De même que dans *La Princesse de Clèves*, le désir féminin, de l'entrée de Fabrice en prison au premier rendez-vous dans la chapelle de la tour Farnèse, ne peut être représenté qu'à travers la médiation du regard masculin ou à travers le regard omniscient du narrateur. Mais de la représentation du désir féminin par la prise de parole dans la chapelle, le narrateur donne une version lacunaire tout en faisant croire un long moment que Clélia s'exprime librement : « Ce discours historique dont nous ne donnons que les principaux traits, fut, comme on le pense bien, vingt fois interrompu par Fabrice. » (CP : 375). Le lecteur est ici tenu dans l'ignorance de la teneur précise du discours de Clélia. On observe par conséquent une sorte de censure littéraire, un silence du narrateur qui adopte, vis-à-vis de son personnage, une attitude légèrement ironique, en insistant sur le fait qu'il dispense le lecteur de plus de détails pour n'ennuyer personne. Cette attitude a inspiré à Elisabeth Ravoux-Rallo une réflexion très intéressante : « on se plaît à imaginer », écrit-elle, « une Clélia en révolte contre l'auteur qui la crée, comme l'héroïne de *Blanche ou l'oubli*, qui sort inopinément du roman de Gaiffier pour protester au nom de la liberté d'expression auprès d'un narrateur trahissant ses sentiments [...]. »[11] Remarquons pour le moment qu'il est intéressant que la narration à la troisième personne supposée omnisciente cache tout autant qu'une narration à la première personne.

Dès l'évasion définitive de Fabrice, le point de vue de la narration perd quasiment son statut d'omniscience pour adopter celui de Fabrice. C'est par son regard surtout que nous percevons Clélia. Jean Prévost a, le premier, relevé la conséquence de cette technique, utilisée par Stendhal, par rapport à la représentation du désir féminin. « Clélia », écrit le critique, « devient presque irréelle, nous ne devinons plus rien de ses sentiments. Nous la voyons pour ainsi dire à travers l'incompréhension de Fabrice. Ce mystère, loin de s'éclaircir de chapitre en chapitre, va s'obscurcissant jusqu'à la phrase qui délivre Fabrice et le lecteur de toutes les angoisses : 'Entre ici, ami de mon cœur'. Au début du livre, Clélia était décrite ; à la fin elle parle mais nous l'entrevoyons à peine. »[12] Et c'est parce que l'auteur et le lecteur sont changés en Fabrice, qu'est rendue possible cet effet unique, qui, bien sûr, prend toute son importance dans le cadre de notre chapitre précédent. *La Chartreuse de Parme* opère donc un retournement radical : du voir sans parler au parler sans voir, qui relève aussi d'une problématique du langage repérable dans chacun de nos textes.

Le personnage de Clélia est très proche de la princesse de Clèves en ce sens que chacune se dérobe dans un premier temps à toute forme de communication avec l'être aimé dont il découle inévitablement un décalage

11 Elisabeth Ravoux-Rallo, « Clélia Conti ou l'art de la litote », *Stendhal-Club*, 59, 1973, p. 201.
12 Jean Prévost, *La Création chez Stendhal : essai sur le métier d'écrire et la psychologie de l'écrivain*, Paris : Mercure de France, 1951, p. 353.

entre l'être affiché au dehors et son intimité, que trahit toutefois les signes non-verbaux d'un corps qui résiste à toute domestication sociale et qui donne à voir la vérité des émotions cachées des personnages. Si la princesse de Clèves n'établit jamais de relation particulière avec Nemours, Clélia s'engage finalement dans des conversations intimes avec Fabrice en faisant usage du langage des signes, mais à l'image du personnage de Mme de Lafayette, Clélia refuse de jamais faire le moindre aveu d'amour, bien que cela arrive toujours involontairement comme nous l'avons déjà souligné auparavant. Ainsi, le langage non-verbal, en particulier celui du regard, incarne l'espace où s'exprime le désir féminin par delà les conventions culturelles qui représentent un véritable obstacle à l'expression spontanée du cœur humain. En fait, la communication par signes peut également paraître afficher un discrédit total porté à une communication transparente par la parole. « Quelle confiance pouvait-elle avoir en [les] paroles [de Fabrice] ? » (CP : 349), se demande Clélia. Dans les deux romans, le langage est, en effet, représenté comme une source de confusion qui brise l'unité transparente des rapports humains dans la mesure où la disponibilité du signe linguistique permet de l'utiliser, non seulement à des fins expressives, mais encore dissimulatrices ou mensongères, comme l'indique le discours voilé de Nemours utilisant le langage dans un sens à double entente afin de contourner l'interdit de parole.

A la dévaluation des signes langagiers dont la pratique trahit la signification, s'oppose un langage plus transparent qui permet aux personnages, tantôt émetteurs tantôt récepteurs, de communiquer leurs pensées en empruntant le canal visuel. En effet, le regard dans *La Chartreuse de Parme* remplace tout autre moyen artificiel pour devenir ce nouveau langage dont se servent les amants pour communiquer. Une double reconnaissance se tisse ainsi entre Fabrice et Clélia, lors du séjour de celui-ci à la tour Farnèse, dans un silence non gênant et offrant la dernière preuve de la communication la plus transparente qui s'est instaurée entre les amants. Le fait de parler est si trompeur et si insuffisant que l'intimité s'établit donc en raison inverse de la proximité, ce qui peut également traduire la nostalgie d'une parole sensible qui se voudrait incarnation visuelle de la pensée ou signes du sensible. L'idée n'est pas neuve ainsi que le souligne Madeleine Anjubault : « L'espoir d'établir des rapports permanents et identifiables entre le visible et l'invisible, l'extérieur et l'intérieur, le paraître et l'être sont une des constantes de la recherche humaine. »[13] Cet espoir en un langage idéal a pour visée illusoire l'unification du moi avec lui-même en s'efforçant d'établir une équivalence entre soi et les signes et l'indivision des consciences entre elles dans la compréhension absolue et immédiate d'un Tout directement transmissible à l'autre.

Dans *La Princesse de Clèves*, il s'établit en la présence de la parole mensongère cette fois – terme se référant ici au contenu de la parole plutôt qu'à sa nature même – un dialogue plus honnête et plus intime par l'intermédiaire du regard : d'une part parce qu'il permet de refléter l'intériorité des personnages et d'autre part parce qu'il peut représenter un moyen à la fois subtil et limpide de transcender les barrières du langage verbal car il s'agit de toute façon d'un code moins socialisé ou conventionnel.[14] Si Mme de Lafayette semble dénoncer l'hypocrisie d'une société et d'un langage – en tant que produit social – corrompus par un paraître glorieux ne s'accordant pas avec la vérité de l'être, elle semble pourtant loin de remettre en cause les fondements de la morale sur lesquels repose cette loi du paraître. En effet, les diversions anecdotiques prenant la forme d'histoires du passé ou du présent racontées à la princesse par Mme de Chartres ou le prince de Clèves en particulier, servent à transmettre un message moral qui prouve son efficacité car l'héroïne entend parfaitement la valeur éthique de ces histoires à laquelle elle essaie de conformer ses actes. Il est d'ailleurs révélateur de constater que le discours du prince de Clèves qui symbolise l'incarnation d'un code moral et social assez stricte, soit d'une grande influence sur la princesse qui à plusieurs reprises revient sur le souvenir de ses paroles. En somme, la présence physique de Clèves souvent éloigné de sa femme est remplacée par celle des mots, soulignant ainsi le rôle didactique du langage qui devient la voix de la conscience ou de la raison de l'héroïne. En effet, la princesse appuie sa résistance à la passion, sur le pouvoir d'un discours raisonné et lucide comme en témoignent

---

13   Madeleine Anjubault, *Sémiotisme de Stendhal*, Genève : Librairie Droz S.A, 1980, p. 64.

14   « Il la regarda d'une sorte qui put lui faire juger combien il en était touché. » (PDC : 112).

ses nombreux monologues intérieurs ou la parole représente l'expression même de sa conscience morale. L'aveu fait à son mari s'inscrit aussi dans le cadre d'une résolution verbale à lutter contre la passion. Le triomphe ultime du verbal sur le visuel[15] est donc précédé par ces échecs répétés du langage à supprimer définitivement l'emprise de la passion, qui mettent en évidence le long cheminement qui aura été nécessaire à l'héroïne afin de consentir à immoler sa passion terrestre sur l'autel de la recherche absolue de la perfection. Autrement dit l'impossible défi d'une morale cartésienne trop optimiste qui relève du devoir de réconcilier les impératifs de la société avec le réalisme de l'individu. Si bien que le matériau même du roman reposant sur des mots possède une fonction didactique ambiguë, celle de montrer les conséquences négatives de la passion qui exigent de s'en tenir à la rigueur d'une morale où le bonheur terrestre est exclu car jugé incompatible avec la recherche de la perfection.

De même que la princesse de Clèves et Clélia, le personnage féminin dans *La Nouvelle Héloïse* éprouve une forte réticence à avouer ses sentiments à son amant. Dans certains retours explicatifs du passé, Julie montre d'ailleurs ce qui fût sa volonté de maintenir la passion à ce premier moment de communication par le regard bien que contraint, renvoyant au stade préliminaire d'un silence lourd de signification. L'irrésistible passage aux mots d'une passion qui cherche avant tout à se satisfaire est associé dans l'esprit de Julie à une fatale perte d'innocence qui voue irrémédiablement la pureté de l'amour à l'altération de son état :

> Insensée que j'étais ! j'accélérai ma perte au lieu de la prévenir, j'employai du poison pour palliatif ; et ce qui devait vous faire taire fut précisément ce qui vous fit parler. J'eus beau, par une froideur affectée, vous tenir éloigné dans le tête-à-tête ; cette contrainte même me trahit : vous écrivîtes. Au lieu de jeter au feu votre première lettre ou de la porter à ma mère, j'osai l'ouvrir : ce fût là mon crime, et tout le reste fût forcé. (NH : 251).

15　　Nous entendons par là le triomphe de la communication linguistique qui semble logiquement incarner l'être moral du personnage par opposition à un co-texte corporel en tant que véhicule privilégié de la voix passionnelle.

En revenant ainsi sur ses paroles qui lui faisaient admettre sa confusion du crime avec l'aveu de la passion (lettre IX, première partie), Julie marque par conséquent la nostalgie d'un état « pré-textuel »,[16] pour reprendre la formule de Laurence Mall, celui de la passion non écrite, donc dégradée par son inscription dans le flot inexorable du temps, pouvant en même temps désigner, comme le suggère Mall, la nostalgie de l'origine rêvée d'une parole naturelle où tout est dit en même temps et hors des mots et qui se veut médiation pour la communication immédiate des âmes. Soulignons, à cet égard, qu'avec l'entrée de la passion dans la parole écrite, la communion quasi-mystique des âmes se brouille peu à peu pour se confondre avec le seul sentiment douloureux de son existence : « Ainsi nous recommençons de vivre pour recommencer de souffrir et le sentiment de notre existence n'est pour nous qu'un sentiment de douleur [...]. Il ne reste de nous que notre amour ; l'amour seul reste et ses charmes se sont éclipsés. » (lettre XIV et XV).

Ainsi, l'émergence de la parole écrite entraîne le sacrifice d'une parole première sensuelle qui précipite la déchéance de l'amour dont l'innocence finit par glisser en conséquence d'un état pré-textuel à un état pré-sexuel. Que ce passé d'une correspondance « facile et charmante » (NH : 63) ait d'ailleurs été lui-même nostalgique, tourné vers un passé fait d'un silence pur, souligne le véritable mécanisme qui dans *La Nouvelle Héloïse* assure la volonté de réintégrer l'unité indivise du commencement figurée par Clarens. La réinsertion dans le monde social de Clarens substituant à la passion, la pureté et l'innocence du lien amical, est marquée par le passage à l'oralité qui par son immédiateté, par opposition à l'écriture, et sa franchise contribue à restaurer la transparence déchue des consciences :

> Mr de Wolmar rentra au milieu de son discours ; et ce qui me confondit, c'est qu'elle le continua en sa présence exactement comme s'il n'y eût pas été. Il ne put s'empêcher de sourire en démêlant mon étonnement. Après qu'elle eut fini, il me dit : « vous voyez un exemple de la franchise qui règne ici. Si vous voulez sincèrement être vertueux, apprenez à l'imiter ; c'est la seule prière et la seule leçon que j'ai à

---

16   Laurence Mall, *Origines et retraites dans* La Nouvelle Héloïse, New York : Peter Lang Publishing, 1997, p. 44.

vous faire. » [...] elle me voit sans inquiétude, elle me reçoit sans crainte, rien ne trouble le plaisir que nous avons d'être ensemble. Douce et précieuse innocence, je n'avais point goûté tes charmes, et ce n'est qu'aujourd'hui que je commence d'exister sans souffrir ! (NH : 317–18).

Ici, la division entre le manifeste et le caché s'estompe dans les mots qui ont presque le même langage que le regard, sans pour autant atteindre jamais le même degré d'authenticité, sans pour autant que ne soit résolue la crise permanente du langage due à sa nature même dans la mesure où le « sentir » déjoue au fond toute entreprise nominale :

> Sentiment vif et céleste, quels discours sont dignes de toi ? Quelle langue ose être ton interprète ? Jamais ce qu'on dit à son ami peut-il valoir ce qu'on sent à ces côtés ? Mon Dieu ! qu'une main serrée, qu'un regard animé, qu'une étreinte contre la poitrine, que le soupir qui la suit, disent de choses, et que le premier mot qu'on prononce est froid après tout cela. O veillées de Besançon ! moments consacrés au silence et recueillis par l'amitié ! (NH : 422).

Si la société de Clarens privilégie ainsi les rapports de transparence, qui est lisibilité immédiate, elle s'oppose à l'opacité de la relation amoureuse qui coupe les personnages passionnés du reste du monde pour se retrancher dans une forme de repli narcissique à deux. Dans *La Nouvelle Héloïse*, en effet, l'amour semble tisser un voile sur les beautés et les valeurs du monde dévalorisé par un regard obsédé qui se fixe sur l'être aimé : « la nature est morte à mes yeux » (NH : 54) écrit Saint-Preux quand à Meillerie il souffre d'être séparé de Julie. Aussi, la représentation du déchirement ou soulèvement du voile sert à symboliser la fin de l'aveuglement du regard de Julie qui est ramenée à la conscience aigue de ses devoirs (moraux et sociaux) provoquée par l'expérience coupable de la passion : « La main secourable qui m'a conduite à travers les ténèbres est celle qui lève à mes yeux le voile de l'erreur, et me rend à moi malgré moi-même. » (NH : 262). Ce retour à la luminosité d'un ordre collectif et universel, car comme son nom l'indique assez significativement, Clarens baigne dans un halo de clarté radieuse, qui représente la transparence des consciences reconquises par l'effort de la vertu, symbolise l'ouverture nouvelle du regard sur le monde, non plus obscurci par l'ombre du voile qui figurait l'aveuglement des personnages soumis à l'ordre individuel de la passion : « Enfin le voile est déchiré [...]. » (NH : 232). Pourtant réapparaît la figure du voile pour désigner la persistance du désir individuel, indice de la faillite d'une complète adhésion communautaire à Clarens, où l'homme se perd au profit d'un être social commun à tous les membres de la société. Cette retraite amoureuse se localisant de partout où surgit l'image de l'être aimé, opacifie l'idéal de transparence de la communauté car derrière le symbole du voile se cache les vestiges secrets de la passion sous la forme de traces figées par le souvenir. A cet égard nous rejoignons l'opinion de Laurence Mall qui affirme que « revoir le tracé de la lettre de Julie, c'est pour Saint-Preux rétablir un niveau de transparence unique, c'est-à-dire opaque au reste de la communauté, et renvoyer la transparence collective de Clarens, au domaine de l'autre, de la séparation. »[17] Voici par conséquent que l'écriture qui d'abord se croyait dans la faute, semble désormais sans crime, semble redevenue la ou une nature. Dans sa lettre posthume, Julie investit, en effet, pour la dernière fois le lieu de l'écriture qui est le refuge de son être passionnel, renvoyant implacablement le témoignage oral à l'utopie de la transparence du lien social qui constitue la loi du paraître par excellence. L'aveu de la permanence du désir que cette lettre contient assure la maîtrise ultime de la parole face à la certitude de la mort qui neutralise en même temps la puissance transgressive du désir. Julie accepte donc de dire la vérité au moment même où elle s'échappe et qu'elle est recouverte par un voile symbolisant l'ultime séparation de la mort.

Si l'on peut envisager *La Nouvelle Héloïse* comme la dénaturation irrépressible de l'amour tombé dans l'éloquence verbal, dans *La Chartreuse de Parme* tout comme dans *La Princesse de Clèves*, le langage est nécessaire pour mettre fin au doute, il a un rôle non seulement révélateur mais créateur. Parce que, dans ce dernier ouvrage, la parole du désir, en effet, n'est jamais prononcée, il subsiste toujours un doute : les conversations sont nombreuses mais la conversation essentielle, celle qui établira la transparence entre la princesse et Nemours est sans cesse différée jusqu'à la fin du roman. A partir du moment où, dans *La Chartreuse de Parme*,

---

17   Laurence Mall, *Origines et retraites dans* La Nouvelle Héloïse, p. 91.

Clélia a parlé à Fabrice, l'amour peut être reconnu comme tel, donc s'ancrer réellement dans la réalité temporelle et invariablement en subir les effets. Du reste, l'on peut voir comme William Berg pour ne citer que lui,[18] l'on peut donc voir dans la présentation des moyens alternatifs de communication qui mènent à la prise de parole féminine, l'aboutissement d'une quête correspondant à la création d'un nouveau langage qui transcende le langage commun donc social, après avoir été confronté aux limites d'autres formes de communication telle que la communication visuelle ou écrite. Malgré les grands succès de la communication visuelle – la vérité, la liberté et l'amour en résultent – se manifeste le désir de revenir au langage verbal pour des raisons de précision, car si le regard laisse transparaître le moindre signe d'amour – intérêt, pitié, tendresse – il empêche la formulation de la preuve,[19] pour des raisons de précision donc et de profondeur. Le langage visuel est effectivement un langage affectif qui permet de restituer l'intégralité de l'expérience sensible mais il est aussi réducteur puisque non significatif. Il se résume à exprimer le sensuel, il ne dit pas au-delà du sens, les idées. C'est ainsi que Fabrice ne pense qu'à faire progresser la communication visuelle qui l'unit à Clélia par d'autres procédés. Il va profiter de l'avertissement chanté de Clélia contre la menace d'empoisonnement pesant sur sa vie, qui ressemble fort à un retour aux premiers cris qui présidaient à l'origine de la langue, pour amorcer la création d'un nouveau langage articulé, dont l'écriture servira de support. Le premier message de Fabrice formulé à l'aide de lettres tracées successivement sur la main avec un morceau de charbon, se termine d'ailleurs par la demande du papier et d'un crayon qui serviront à la constitution de cette nouvelle écriture, qui exige la destruction de l'écriture des autres comme le suggère les pages arrachées des livres servant à la fabrication de plusieurs alphabets par Clélia et Fabrice. Toutefois, l'écriture demeure un moyen trop ambigu car il relève à la fois de la présence, la communication étant en effet rendue possible, et de l'absence engendrant la mésentente qui va nécessiter l'invention de la parole vive, couronnée par le discours

---

18   Confère encore : François Landry, *L'Imaginaire chez Stendhal*.

19   « quel bonheur pour Clélia de pouvoir éclaircir les soupçons affreux qui empoisonnaient sa vie ! » (CP : 349).

de Clélia dans la chapelle de la tour Farnèse. Ce discours ayant pour but de prouver la bonne foi de ses sentiments compromise par l'écriture, lorsque Fabrice lui compose un compliment sur son prochain mariage avec le marquis de Crescenzi. Seule la présence réelle permet de reconnaître l'accent de la vérité, c'est-à-dire de dissiper la part d'obscurité inhérente à l'écriture dont la fonction médiatrice semble attirer l'attention sur la dichotomie fondamentale entre le « je » et les signes.

C'est seulement lorsqu'ils auront accompli la transition à la parole que les personnages auront la possibilité de se servir de ce qui est sans doute le langage idéal pour Stendhal : quelque langage public qui ne peut être compris en dehors des destinataires du message, dans la mesure où ce langage repose sur des conventions qui s'éloignent du code existant, pour établir une forme d'intimité répondant à des conventions plus personnelles. Le dernier tiers du livre est, en effet, dominé par un retour au discours verbal qui repose sur des signes usuels et communs tout en échappant aux conventions puisqu'il dépend d'un code secret compris seulement par l'émetteur et le destinataire, garant de son statut protégé et de son authenticité. Les signes de ce code secret sont les mots du langage quotidien mais utilisés dans un sens caché ou détourné qui représente le « vrai » langage de la passion parce que personnel et privé. C'est ainsi que les amants apprendront par la suite à tirer parti de vieux poèmes, de commentaires religieux et de sermons, réalisant cet idéal dont Stendhal a rêvé : « Il est sans doute parmi nous, quelques âmes nobles et tendres [...]. Que ne puis-je écrire dans un langage sacré compris d'elles seules ! Alors un écrivain serait aussi heureux qu'un peintre, on oserait exprimer les sentiments les plus délicats [...]. »[20] En dépit de ses ruses et de ses astuces, ce langage reste « naturel » car il n'est en rien comparable au système compliqué des voix mondaines de la cour de Parme symbolisées par les différents codes élaborés par la Duchesse pour préparer l'évasion de Fabrice (signaux lumineux, code alla Monaca, message crypte d'évasion). En raison de leur complexité même, c'est-à-dire les barrières multiples de

---

20   Stendhal tel que cité par CW Thompson, *Le Jeu de l'ordre et de la liberté dans* La Chartreuse de Parme, Aran : Éditions du Grand Chêne, 1982, p. 64.

signes qui s'interposent avec le signifié aggravant d'autant plus la dichotomie fondamentale de l'existence autonome du signe par rapport à son signifié, ces codes donnent un tour de vis supplémentaire à la duplicité du langage.

Enfin le paroxysme de la passion est sanctionné par une résolution verbale qui plonge les amants dans l'obscurité. Le vœu de Clélia qui impose donc à l'être aimé l'interdit de voir est pourtant ambigu car en se tenant à son sens littéral, le signifiant respecte l'interdit et à la fois transgresse la raison morale sur laquelle il repose pour aménager au sein même du langage coupé de son signifié conventionnel, une place à l'amour-passion : « C'est déjà beaucoup que, par une interprétation forcée et sans doute criminelle, je consente à vous entendre. » (CP : 491). Ainsi, le langage incarne ce qui fait obstacle au désir en même temps qu'il permet la rencontre. En dépit de ses insuffisances le langage s'impose donc comme la seule possibilité de rejoindre l'autre, de maintenir l'existence de la relation amoureuse, or la réaffirmation de la parole n'a rien de surprenant chez un écrivain pour qui communiquer représente le désir principal. Celui qui constitue le thème central de ses romans, non seulement au niveau de l'intrigue, mais au niveau même du récit où c'est le souci constant du narrateur, serait-ce aussi pour dire ce qui dans le langage et à cause de lui a été perdu. Il arrive au narrateur de « renoncer à peindre [l'] émotion » (CP : 356) de Fabrice de telle sorte que son silence semble paradoxalement souligner la beauté des sentiments. Si le narrateur, en outre, abrège le discours de Clélia dans la chapelle de la tour Farnèse, il en va de même du discours de Fabrice que le narrateur résume en une seule expression au caractère éminemment vague : « Le lecteur se figure sans doute les belles choses qu'il disait [...]. » (CP : 375).

Les propos même de l'héroïne sont affectés par la pudeur des sentiments qui se traduit sur le plan stylistique par l'emploi du procédé de la litote. Clélia emploie, en effet, des formules très discrètes telles que : « je trouvai au contraire des qualités singulières à un prisonnier » (CP : 374), « la vie du prisonnier dont le sort m'intéressait » ou encore « je me suis attachée [...]. » (CP : 375). Il est vrai que l'art de la litote permet paradoxalement de mettre en valeur la force et la profondeur des sentiments ainsi que le souligne Fontanier qui donne de cette figure de style la définition suivante :

> Une espèce particulière de métalepse qui au lieu d'affirmer une chose positivement nie absolument la chose contraire ou la diminue plus ou moins dans la vue même de donner plus d'énergie et de poids à l'affirmation positive qu'elle déguise. L'art de paraître affaiblir par l'expression une pensée qu'on veut laisser dans toute sa force ; on dira moins qu'on ne pense mais on sait bien qu'on ne sera pas pris à la lettre et qu'on fera entendre plus qu'on ne dit.[21]

Nous pouvons ainsi apprécier combien l'auteur répugne à décrire trop précisément la beauté des sentiments autrement que par la discrétion du récit qui semble souligner l'utilisation du langage comme un voile posé sur le réel, qui permet d'évoquer, de suggérer, plus qu'il ne nomme. Les poèmes de Ludovic dont « les sentiments étaient justes » écrit le narrateur, « mais comme émoussés par l'expression, et [qui] ne valaient pas la peine d'être écrits » (CP : 222) témoignent du fait que pour Stendhal, à l'instar de Rousseau, la prise de conscience verbale trahit et annihile le sentiment. Là encore, le silence peut ainsi représenter un état supérieur à la parole, ce qui explique qu'au moment du paroxysme de l'amour, le bonheur reste muet car il est impossible de le décrire : « Ici, nous demandons la permission de passer, sans en dire un seul mot, sur un espace de trois années [...] de bonheur divin [...]. » (CP : 529). « Le propre du bonheur », écrit Jean-Pierre Richard, « n'est-il pas de défier le regard, de se refuser à toute analyse ? »[22] Puis il cite Stendhal pour justifier son choix des termes : « On ne peut apercevoir distinctement la partie du ciel trop voisine du soleil. »[23] Tout se passe comme si la nuit qui est le lieu de l'union des amants mais aussi celui du passage à l'aveu d'amour, avait gagné à sa cause et contaminé de son obscurité les paroles qui devaient se charger de représenter ces moments sublimes.

---

21   Fontanier tel que cité par Elisabeth Ravoux-Rallo, *Les Figures du discours*, Paris : Flammarion, 1968, p. 133.

22   J.-P. Richard, *Littérature et sensation*, Paris : Seuil, 1954, p. 19.

23   Stendhal, *Vie de Henri Brulard*, p. 319.

D – *Le Ravissement de Lol V. Stein* : La Trouée du texte par la représentation de l'invisible

Dans *Le Ravissement*, la représentation du désir féminin passe par la médiation du narrateur qui, en tant que seul possesseur du discours, usurpe simplement l'histoire de Lol V. Stein pendant que celle-ci reste en majeure partie silencieuse. Ce qui semble ainsi émerger à travers la structure narrative du roman est une vision unique de la réalité projetée par le narrateur, exposant pour Susan D. Cohen « the violence done to women when they are deprived of discourse. »[24] Dans la même lignée de critiques féministes, Laurie Edson soutient que Lol en elle-même, c'est-à-dire en tant que représentation non médiatisée, n'est pas accessible aux lecteurs. Elle ne représenterait pas, dans le roman de Duras, un sujet en tant que tel, en tant que sujet parlant, mais une figure féminine produite par le désir masculin : « *The Ravishing of Lol V. Stein* is not the story of the human subject that is Lol, but the story of the way any story of a human subject is mediated by cultural codes – language, desire, discourses of power, and epistemology itself. »[25] En d'autres termes, Laurie Edson prône une lecture d'où émerge paradoxalement une représentation du personnage féminin pouvant être perçue uniquement par la médiation du regard masculin, en même temps qu'une représentation de la féminité, qui, par conséquent, ne peut exister en soi : le message étant qu'à travers les hommes on ne peut rien savoir des femmes. Bien qu'il nous apparaît incontestable, comme nous avons essayé de le montrer dans le chapitre précédent, que Duras exploite la tradition narrative masculine afin de déconstruire de l'intérieur ce même modèle que Laurie Edson définit en les termes de « patriarchal thinking – in particular, assumptions of

---

24 Susan D. Cohen, *Phantasm and Narration in Marguerite Duras's* The Ravishing of Lol. V. Stein, New Jersey : Joseph Reppen and Maurice Charney Eds, 1985, p. 276.
25 Laurie Edson, « Knowing Lol : Duras, Epistemology and Gendered Mediation », *Substance*, 68, 1992, p. 30.

objectifiability and knowability »,[26] et qu'en conséquence nous sommes
conscients qu'il faille parfois adopter une distance critique vis-à-vis du
discours du narrateur, il nous semble douteux de limiter la complexité
de la narration à un exemple non problématique de logique masculine.
Et ce faisant rejeter complètement toute autorité narrative, comme le
fait Laurie Edson.

En effet, notre lecture du texte de Duras se rapproche davantage de
la lecture de Zahi Zalloua que de celle de Laurie Edson dans la mesure
où cette dernière soutient bien que le projet de Jacques est guidé par une
tendance narcissique et phallocentrique,[27] mais ne reconnaît pas que le
discours narratif révèle en même temps une prise de conscience de l'altérité
radicale de Lol comme le suggère Zahi Zalloua : « By affirming his lack
of knowledge (to know Lol is to know nothing about Lol), Jacques sug-
gests a view of identity defined by absence (the lack of knowledge) rather
than plenitude (the presence of knowledge). [...] Hold's discourse makes
it clear that Lol's identity is incomprehensible from within an egological
universe. »[28] Bien que Zaloua conclue que cette « connaissance » de Lol
« does not entail the traditional subject/object epistemological relation :

26   Laurie Edson, « Knowing Lol », p. 19.
27   On trouve un exemple du discrédit que Laurie Edson jette sur les intentions narra-
     tives de Jacques en rejetant, à priori, la valeur de son jugement, dans l'analyse d'un
     passage clé où Lol qui est en train de discuter avec Tatiana, aperçoit Jacques au
     dehors, et ouvre la fenêtre afin, pense-t-il, qu'il puisse entendre leur conversation :
     « Elle ouvre. J'ai compris. » (LVS : 92). Edson conteste les raisons que donnent
     Jacques l'autorisant à assister en voyeur à la scène : « We have no way of knowing
     if this is what Lol wanted, nor does the narrator. Again, he attributes actions and
     motives to her for his own narcissistic ends. » (« Knowing Lol », p. 27). Ce com-
     mentaire est emblématique de la manière dont Edson évalue dans son ensemble
     la narration de Jacques, et bien que dans cette scène, en particulier, rien ne prouve
     que Jacques pense bien, parfois il arrive que les propos de Lol corroborent le point
     de vue de ce dernier, nous en avons montré des exemples dans le premier chapitre
     et nous allons en voir d'autres ici.
28   Zahi Zalloua, « Reading Duras's *Le Ravissement de Lol V. Stein* like a Feminist »,
     Women in French Studies, 10, 2002, p. 236.

a self-detached, autonomous knower in relation to his known object »,[29] il est vrai que cette vision de l'identité féminine définie par l'absence est précisément ce qui pose problème pour une certaine critique féministe puisque la féminité est toujours marquée par le concept d'altérité au sein d'une culture phallocentrique. Nous pensons pourtant que l'échec de Jacques à représenter Lol à un moindre rapport avec la différence des sexes ou plutôt serait à entendre moins comme une explication causale qu'un effet déterminé par les institutions car le texte démontre que personne au fond ne peut révéler le vérité absolue sur Lol. Ni Jacques, ni Tatiana. Tatiana dont l'incertitude à propos de cette « part d'elle-même » (LVS : 13) qui manque à Lol ou de ce qui l'empêche d'être entièrement « là » (LVS : 13) où elle se trouve, démontre la manière dont Duras représente l'absence de Lol mais refuse de l'expliquer, de définir ce que c'est. Lol préserve de même une partie de son mystère au regard de son propre créateur et aussi vis-à-vis d'elle-même.

Le discours narratif de Jacques met en évidence, en particulier, un désaccord entre langage et identité,[30] de même le discours de Lol problématise le pouvoir du langage à représenter et décrire sa propre identité : « Elle ne parla que pour dire qu'il était impossible d'exprimer combien c'était ennuyeux et long, *d'être Lol V. Stein.* » (LVS : 24 ; je souligne). Ainsi que le suggère ici la transcription des faits par Tatiana, pour Jacques le silence de Lol s'origine dans l'opportunité manquée du bal qui la laisse avec le sentiment d'une fracture identitaire. Faute de la capacité du langage à exprimer le sens confus de cette expérience qui aurait révélé Lol toute entière à elle-même, Jacques imagine ensuite Lol rêvant à un mot absolu qui pourrait capturer ou symboliser l'essence de tout son être :

> Mais ce qu'elle croit, c'est qu'elle devait y pénétrer, que c'était ce qu'il lui fallait faire, que c'aurait été pour toujours, pour sa tête et pour son corps, leur plus grande douleur et leur plus grande joie confondues jusque dans leur *définition devenue*

---

29 Zahi Zalloua, « Reading Duras's *Le Ravissement de Lol V. Stein* like a Feminist », p. 235.

30 « Qui avait remarqué l'inconsistance de la croyance en cette personne ainsi nommée sinon elle, Lol V. Stein, la soi-disant Lol V. Stein ? » (LVS : 112).

unique mais innommable faute d'un mot. J'aime à croire, comme je l'aime, que si Lol est silencieuse dans la vie c'est qu'elle a cru, l'espace d'un éclair, que ce mot pouvait exister. Faute de son existence, elle se tait. Ç'aurait été un mot-absence, un mot-trou, creusé en son centre d'un trou, de ce trou où tous les autres mots auraient été enterrés. (LVS : 48 ; je souligne).

Jacques thématise ici les limites du langage et par l'image du « mot-trou » symbolise le trou du langage qui révèle l'intuition d'une faille au fondement du langage et du sujet, plus spécifiquement l'existence de l'absence du signifiant « primordial », celui qui dirait le sujet comme complet, voire définitif. Cette réalité extérieure au langage n'est pas seulement donnée dans le sens de la relation de l'être à l'inconscient qui constitue le dernier signifiant ou refoulé primordial de la chaîne signifiante qui est une autre manière de nommer la vie psychique de quelqu'un, mais sert en même temps à exprimer la condition de tout être dans sa relation au langage. L'individu entre « dans un ordre dont la masse le supporte et l'accueille sous la forme du langage, et surimpose dans la diachronie comme dans la synchronie, la détermination du signifiant à celle du signifié »,[31] nous annonce en effet Lacan. Par signifiant, Lacan entend les « structures élémentaires de la culture » révélant « une ordination des échanges [humains] qui, fût-elle inconsciente, est inconcevable hors des permutations du langage. »[32] Bien sûr ces questions sont particulièrement pertinentes à l'égard du caractère irreprésentable de l'identité féminine à travers le langage, car le concept d'inconscient, d'une part, est, il est vrai, fondé sur la logique phallique[33] qui vaut à Lacan sa célèbre formule définissant les femmes comme « exclues par la nature des choses qui est la nature des mots. »[34] Ainsi que le dénonce, d'autre part, Diane Griffen-Crowder,

---

31   Jacques Lacan, *Ecrits I*, p. 59.
32   Jacques Lacan, *Ecrits I*, p. 252.
33   Pour Lacan, explique Trista Selous, « the acquisition of language is the crucial structuring process of the human psyche, separating conscious from unconscious in the production of meaning, and he sees the process of signification as phallic, a process from which his version of femininity is by definition excluded. » (*The Other Woman, Feminism and Femininity in the works of Marguerite Duras*, p. 33).
34   Jacques Lacan, *Le Séminaire, Livre XX, Encore*, p. 94.

comme tant d'autres féministes, parce que le concept de la féminité est « a cultural construct, a set of signs and codes which does not correspond to the fact of being biologically female. There is a discrepancy between the category 'women' and real 'women' ».[35]

Néanmoins, Jacques parvient à produire la puissante image du « mot-trou » qui représente les limites de ce que le langage est en mesure d'exprimer, tout en permettant de communiquer l'existence de quelque chose au-delà du langage. Autrement dit, le procédé narratif a pour fonction de donner à voir le versant invisible d'une réalité singulière qui échappe à l'homme, à la manière des symbolistes dont l'écriture sensualise l'abstrait, désigné ici par ce mot qui n'existe pas mais qu'il est possible de faire résonner grâce à une autre image : celle du « gong vide » (LVS : 48). En effet, ce paradoxe permet de donner corps à la parole, de faire entendre le silence de l'indicible. Autre image, même fonction de substitution à la parole manquante comparée à un chien mort sur la plage, « ce trou de chair » (LVS : 48) qui en son immatérialité même est offert comme objet du regard, en retour confronté à l'absence dont l'écrivain troue le texte, et qui nous regarde en face : « ce mot, qui n'existe pas, pourtant est là : il vous attend au tournant du langage, il vous défie [...]. » (LVS : 48). Ce que la littérature peut faire, semble suggérer Duras, est de produire l'essence manifestée d'une absence, cette absence de mot signifiant la présence continuelle d'une réalité autre qu'il n'est d'autre moyen d'approcher qu'en la désignant de manière indirecte. A cet égard, Susan Marson développe

---

35   Diane Griffin-Crowder, « The Semiotic Function of Ideology in Literary Discourse », *Bucknell Review*, 27, 1982, p. 161. Bien sûr, la construction sexuelle est fondée sur la différence anatomique des sexes, et puisque chaque sujet est obligé de s'identifier à une position sexuelle, il est probable mais non inévitable, que le sujet tendra à adopter l'identité sexuelle conforme à son sexe défini anatomiquement. Mais ainsi que le souligne Trista Selous « because gender is an ideological construction, the implications of gender positions may vary greatly depending on the cultural context of the subject. » (*The Other Woman; Feminism and Femininity in the Works of Marguerite Duras*, p. 7). Globalement, nous pensons comme Trista Selous que la position masculine est construite comme la position standard de l'humain, l'homme comme l'unité standard de l'humanité alors que la position féminine est marquée comme différente ou autre.

une comparaison originale de la foule réunie autour de ce chien mort sur la plage à T. Beach[36] avec la fonction poétique du texte : « The crowd of people stops the observer seeing what lies in the centre of the group, yet also brings our attention to the unseen event ; in a similar way, the words of the text also appear as 'un rassemblement autour de quelque chose' which itself cannot be named. »[37]

La quête de Lol prend ainsi appui, selon Jacques, sur cette perte initiale : parce qu'il manque à Lol le mot absolu pour verbaliser l'expérience de son ravissement inachevé, pour exprimer ce qu'elle voulait voir, tout ce qu'elle parvient à faire est de reproduire la scène de vision. Désir féminin, par conséquent sans objet représentable sur le plan linguistique ou plutôt mouvement du désir à la recherche du réel qui lui manque. Aussi, la mémoire défaillante de Lol le démontre, les mots peuvent manquer mais la volonté de revoir cette première image invisible, qui est celle de son ravissement, persiste et cherche un lieu pour se fixer. Il est vrai que la vision de la scène à l'hôtel des bois demeure toujours inaccessible ainsi que Lol le dit à Jacques : « Ce qui s'est passé dans cette chambre entre Tatiana et vous je n'ai pas les moyens de le connaître. Jamais je ne saurai. Lorsque vous me racontez il s'agit d'autre chose. » (LVS : 136). Bien que Lol ne puisse pas voir l'invisible, connaître l'inconnaissable, néanmoins ce qu'elle peut faire est voir son invisibilité, reconnaître son caractère inconnaissable. Elle peut ne pas être en mesure de représenter cette absence qui la possède, mais elle peut représenter l'impossibilité de la représenter, représenter son irreprésentabilité. A cet égard, nous voulons souligner que le plaisir de Lol ne repose pas dans le fait de ne rien voir, mais de voir rien, de visualiser son invisibilité : « Les yeux rivés à la fenêtre éclairée, une femme entend le vide – se nourrir, dévorer ce spectacle inexistant, invisible, la lumière d'une chambre où d'autres sont. » (LVS : 63). Ici, la parole gomme l'image en même temps qu'elle rend visible l'incarnation d'une réalité qui se dérobe. Voici un autre exemple de ce paradoxe par-

---

36   « Lol le visage dans mon cou ne le voit pas, il y a un mouvement de gens, un rassemblement autour de quelque chose, peut-être un chien mort. » (LVS : 183–84).

37   Susan Marson, « Women on Women and the Middle Man : Narrative Structures in Duras and Ernaux », *French Forum*, 26, Winter 2001, p. 78.

ticulier qui dans *Le Ravissement* implique la co-existence en apparence contradictoire de l'absence et de la présence. En effet, « il ne faut pas croire que l'absence soit dépourvue d'images, sans elles, nous ne pourrions pas concevoir l'absence »,[38] écrit Jabès. Par conséquent, l'invisible ne fait pas obstacle au regard mais inclut la partie immergée du visible et devient par là même un instrument verbal d'initiation à l'au-delà de la vision. A cet égard, Madeleine Alleins compare le texte de Duras à « un voile derrière lequel se profile quelque chose à découvrir. »[39] Ainsi l'exténuation de la représentation épouse deux modalités : manifester le non représentable et annuler la dimension visuelle du représentable comme si la voix de la narration était nécessaire pour préserver l'absence dans l'image, comme si elle restait la seule trace du visible qui s'efface. Bien qu'essayer d'articuler quelque chose d'abstrait qui est désiré soit proche de l'impossible, nous voyons néanmoins que cet au-delà du désir féminin est tout de même présent dans le discours mais représenté en termes d'absence.

A mesure que le roman progresse Lol change sensiblement. Ayant perdu toute confiance en la communication, Lol n'était que regard et parlait peu. Nous avons déjà évoqué la spécificité que possèdent pour Duras le regard des femmes, « cette fonction, submergeante, d'enfouissement du discours en un lieu où il s'annule, se tait, se supprime [...] »,[40] et qui semble révéler un au-delà ou un en deçà de la parole. De même, ses phrases que souvent elle ne parvient pas à terminer, ont toujours l'air de chercher un mot mais qui fait trou, et contribuent à établir la narration en tant qu'image syntaxique du vide. Ou bien, quand elle profère de rares paroles, elles ne renvoient plus à aucune réalité, tout sens explose, il ne reste de leur signification qu'un bruit assourdissant. L'exemple le plus développé est l'effet que produit sur le narrateur la description que donne Lol de Tatiana « nue sous ses cheveux noirs » : « L'intensité de la phrase augmente tout à coup, l'air

---

38 Cité par Youssef Ishaghpour, « La Voix et le miroir » in *Ecrire, dit-elle. Imaginaires de Marguerite Duras*, Bruxelles : Editions de l'Université de Bruxelles, 1985, p. 99.

39 Madeleine Alleins, *Marguerite Duras : Médium du réel*, Lausanne : L'Age d'Homme, 1984, p. 153.

40 Marguerite Duras, *Nathalie Granger*, p. 77.

a claqué autour d'elle, la phrase éclate, elle crève le sens. Je l'entends avec une force assourdissante et je ne la comprends pas, je ne comprends même plus qu'elle ne veut rien dire. » (LVS : 116). Ouvrons ici la parenthèse pour mettre en évidence ce que certaines lectures féministes du texte ont tendance à éluder : la manière dont l'identité masculine est incontestablement contaminée par l'altérité féminine. En fait, nous avons déjà eu l'occasion de développer cette idée précédemment mais remarquons ici au niveau linguistique, plus particulièrement, que le langage de Lol déstabilise radicalement l'exposé précédent que Jacques avait présenté de la même scène : « Tatiana Karl, à son tour, nue dans sa chevelure noire, traverse la scène de lumière, lentement. C'est peut-être dans le rectangle de vision de Lol qu'elle s'arrête. Elle se tourne vers le fond où l'homme doit être. » (LVS : 64). Alors que les paroles de Jacques n'offrent qu'une valeur descriptive, le simple excès de sens généré par les paroles de Lol, affecte profondément la relation que Jacques entretient avec la réalité matérielle. Il compare son état présent à celui d'une personne dont la perception des choses est bouleversée par une sorte de cécité psychique davantage que physique : « Comme un aveugle, je touche, je ne reconnais rien que j'ai déjà touché. » (LVS : 116). En conséquence, sa propre logique narrative échoue et le corps de Tatiana en tant que référent non problématique lui échappe maintenant à l'écrire : « Le vide est Tatiana sous ses cheveux noirs, le fait. Il se transforme, se prodigue, le fait ne contient plus le fait, Tatiana sort d'elle-même, se répand par les fenêtres ouvertes, sur la ville, les routes, boue liquide, marée de nudité. » (LVS : 116). Mais fermons la parenthèse.

Ce n'est seulement qu'à la fin du roman quand Lol retourne à T. Beach accompagnée de Jacques qu'elle commence à parler, à se souvenir des événements qui se sont passés dix ans auparavant quand Michael Richardson l'a quittée :

> Elle parle, se parle. J'écoute attentivement un monologue un peu incohérent, sans importance quant à moi. J'écoute sa mémoire se mettre en marche, s'appréhender de formes creuses qu'elle juxtapose les unes aux autres comme dans un jeu aux règles perdues. [...] L'approche diminue, la presse, à la fin elle parle presque tout le temps. [...] Voici venue l'heure de mon accès à la mémoire de Lol V. Stein. Le bal sera au bout du voyage, il tombera comme château de cartes comme en ce moment le voyage lui-même. (LVS : 175).

Pour Jacques, le retour à l'endroit où le bal a eu lieu représente la solution finale au manque qu'il voit dans Lol. Il se trompe pourtant. Rien ne se passe qui révèle ce que Lol cherche à voir : « Elle peut revoir indéfiniment ainsi, revoir bêtement ce qui ne peut pas se revoir. » (LVS : 181). Aucune révélation ne se produit par la stimulation espérée de sa mémoire qui ne peut se souvenir que de ce qu'elle a oublié : « Je n'essaie pas de lutter contre la mortelle fadeur de la mémoire de Lol V. Stein. » (LVS : 182). Ainsi, les personnages, et à travers eux le lecteur, ne sont pas plus proches, à ce stade, de la « vérité » sur Lol qu'ils ne l'étaient au début du roman. Sa présence dans le champ de seigle en face de l'hôtel des Bois, en conclusion, ne fait que confirmer le fait que le roman semble exclure toute possibilité de saisir une explication définitive. Si l'auteur utilise ainsi la narration pour désigner ses limites en affirmant la présence continue d'une réalité autre que le langage ne peut exprimer, cette exposition en termes de négation à l'intérieur du langage, devient pourtant une affirmation de l'inconnu et une acceptation de la différence.

Conclusion

Le désir féminin est bien sûr représenté à travers le regard omniscient du narrateur dans *La Princesse de Clèves*. En même temps, la narration est elle-même envahie par le regard du voyeur. Mais la position de Nemours n'est pas pour autant entièrement satisfaisante ; le pouvoir offert par le regard est un pouvoir illusoire car il offre une vision où l'on ne peut jamais pénétrer sans la détruire. La princesse aura d'ailleurs le dernier mot dans la mesure où elle choisit de se dérober au regard de Nemours et de mettre fin à la relation spéculaire. Dans le cadre de cette narration, la révélation du moi à travers l'aveu suit en conséquence un mouvement vers la fin de la représentation comme objet de désir désirant, ne marquant pas cependant la négation du désir mais bien sa continuation. La princesse maintiendra sa passion adultère avec Nemours dans son propre espace privé par le média de l'imagination tout en rejetant la présence physique de Nemours suivant sa pratique à Coulommiers.

Jusqu'à ce que, dans *La Chartreuse de Parme*, Clélia finisse par prendre possession du langage du désir à travers l'aveu d'amour, le désir féminin est d'abord représenté par la médiation du regard masculin qui est le point de vue qu'adopte le plus souvent la narration. Cependant, cette représentation verbale du désir féminin est médiatisée par l'intervention du narrateur qui substitut sa propre parole à celle de ses personnages, Clélia mais aussi Fabrice. Ce qui semble ainsi émerger dans le cadre de cette narration est l'intuition d'une réalité débordant la représentation que le langage ne peut exprimer que par le silence ou en affirmant qu'il est impossible de le faire. Réalité indicible qui a donc trait au caractère insuffisant du langage à peindre la beauté des sentiments ou à décrire l'émotion. Cette thématique de la dichotomie du langage entre signifiant et signifié est aussi présente chez Rousseau qui tout comme Stendhal idéalise, en conséquence, le langage du regard parce qu'il ne passe pas par l'intermédiaire de la parole pour exprimer le sensible. Le regard dans *La Princesse de Clèves* est aussi la forme de communication la plus transparente et authentique dans la mesure où le roman est en grande part centré sur un dire d'amour interdit. Chez Stendhal pourtant, le passage du regard à la parole devient une nécessité fondée sur le détournement des conventions linguistiques traditionnelles permettant d'établir une nouvelle forme de communication tout en autorisant finalement la réunion des amants.

Nous situons un peu à part le roman de Rousseau pour la raison que c'est un roman épistolaire par définition dépourvu de narrateur. Pourtant l'analyse que Laurie Edson opère du personnage de Lol correspondrait davantage au personnage de Julie dans la mesure où cette dernière ne représente pas dans ce roman un sujet en tant que tel, bien que sujet parlant, mais une figure féminine produite par le désir masculin. Il faut toutefois rendre suffisamment justice à la confession d'amour posthume de Julie dans la mesure où cette confession révèle la face cachée du désir féminin qui ne trouve pas sa place ou de quoi se satisfaire dans l'économie du désir masculin, de telle sorte que la mort devient la seule issue possible. On entend aussi s'élever parfois une voix féminine étonnement libérale par opposition à certaines idées de Julie, pour dénoncer l'inégalité des sexes dans la société de son temps et notamment l'interdit qui pèse sur le langage du désir féminin et qui oblige la femme à parler un langage n'exprimant pas ses pensées, ses sentiments ou ses désirs véritables, ainsi qu'à observer un paraître qui ne coïncide pas nécessairement avec la vérité de l'être. Le langage du désir féminin se trouve ainsi totalement exclu de l'espace public, il est limité à l'espace privé uniquement, celui de la lettre dans *La Nouvelle Héloïse* ou de l'imagination dans *La Princesse de Clèves*. Nous avons déjà signalé que le désir féminin, dans ce dernier roman, ne pouvait être représenté que par la médiation du regard masculin ou du regard omniscient, la princesse elle-même ne pouvant exprimer son désir qu'en termes de négation. Parfois encore, le discours féminin, dans *La Nouvelle Héloïse*, reflète une vision de l'amour fondée sur le partage, qui semble s'inscrire à contre-courant de la dynamique générale du désir dans ce roman mais qui renvoie sans doute au propre écartèlement de Rousseau et de son héros entre amour narcissique et amour d'autrui dont il a été question dans notre second chapitre.

L'on pourrait affirmer de Clélia, la même chose que ce que nous disions à propos de Julie au début du paragraphe précédent. Non pas parce que Stendhal est un auteur masculin, plutôt parce que Stendhal est un auteur masculin dont le roman partage la même thématique que *La Nouvelle Héloïse*, thématique informée principalement par le concept de passion à entendre au sens d'un écartèlement entre une présence que l'on fuit et une absence que l'on trouve. Structuralement parlant, on peut aussi lire *La Princesse de Clèves* comme la conquête par tous les moyens possibles d'une femme inaccessible. Face au désir audacieux du duc d'établir un contact physique correspondant à un désir de voir et de parler à la princesse, Madame de Lafayette oppose l'invisibilité et le silence de son héroïne jusqu'à la mort de celle-ci. En achevant ainsi la narration dans le silence qui représente en fin de compte une forme d'expression de soi trahissant le moins la vérité ou approchant le plus de la vérité, Madame de Lafayette problématise la subjectivité de son héroïne dont le choix final s'avère en complète contradiction avec ce qui serait attendu d'elle, sans révéler ouvertement les raisons profondes qui se cachent derrière la réaffirmation de son devoir et la volonté de préserver son repos. Dans sa retraite, la princesse de Clèves peut ainsi obtenir un certain plaisir dans ses activités solitaires de contemplation purement imaginaire tout en préservant son honneur.

Dans *Le Ravissement* pour finir, Lol est quasiment silencieuse tandis que le désir féminin est aussi représenté à travers le point de vue du regard masculin qu'adopte le discours narratif. Ce modèle narratif permet en partie de mettre en évidence le problème du langage et du regard, à travers le dispositif voyeuriste de la narration, en tant qu'espaces où se jouent les effets de la relation de pouvoir entre les sexes dans la mesure où la femme est perçue comme l'Autre par rapport au sujet masculin. Toutefois le discours narratif participe par là même de la problématique du caractère inaccessible du désir féminin, marqué par le concept d'étrangeté qui se présente comme la conséquence de la logique d'une culture phallocentrique. Ainsi, Marguerite Duras de même que Madame de Lafayette semblent confrontées à la même difficulté de fournir une représentation verbale du désir féminin, ou plutôt, réussissent à témoigner chacune à leur manière de la présence en creux dans le texte de l'indicible de ce désir. L'indicible du désir féminin qui est associé dans les deux romans au manque à voir problématise le désir féminin en tant que réalité indicible à travers le langage. La représentation dans ces romans est simplement une approximation de l'expression absolue du désir féminin qui se définit dans les limites de l'expression : le silence et la disparition dans *La Princesse de Clèves*, et ne pouvant être désigné qu'en termes d'absence à l'intérieur du langage dans *Le Ravissement*. Texte troué par cette présence en creux de ce qui ne peut se dire toujours associé à ce qui ne peut se voir et à la question du désir féminin puisque précisément celle-ci débouche toujours sur un manque à voir, sur l'association d'un « voir rien » à « dire rien ». L'omniprésence du regard dans le texte, entraînerait, semble-t-il, non seulement un repli du symbolique mais une trouée de celui-ci. Le visible et la part d'invisible qu'il implique ne serait pas dicible, épuiserait le dire. Tout le texte est centré autour de ce trou que la parole ne saurait combler mais dont l'art est de le rendre présent à travers les modalités même de la représentation puisque le désir féminin est le lieu de la jouissance « Autre », celle qui ne peut se dire et qui par là même se distingue de la jouissance phallique.

Conclusion générale

Autour de la question du regard qui occupe une place essentielle dans l'écriture de la passion amoureuse, nous nous sommes d'abord intéressé au processus d'idéalisation en tant que constante au fondement de la réalisation de l'investissement amoureux et correspondant dans la théorie psychanalytique à la projection d'une image de soi idéalisée sur l'objet d'amour qui entre en fonction d'idéal du moi du sujet. Ce processus entraîne la confusion de l'amour de l'autre avec l'amour de soi idéalisé et peut-être est-il aussi mis en œuvre dans *La Princesse de Clèves* dans la mesure où le regard, au sens figuré, que Nemours porte sur l'être aimé est primordial, ce dernier est juge de sa conduite de telle sorte que la princesse doit se montrer digne d'estime aux yeux mêmes de son amant. Autrement dit, l'image que la princesse renvoie d'elle-même doit être conforme à l'image idéalisée qu'elle se fait de Nemours. Mais Madame de Lafayette nous montre bien que cela n'est qu'illusion à travers le désenchantement progressif de la princesse. Nemours est loin d'incarner un être d'exception selon le modèle de Saint-Preux ou Fabrice, emprunté à l'amour courtois. Dans l'être aimé comme dans un miroir, c'est lui-même qu'il aime avant tout. Ce qu'il voit de lui-même, c'est ce qu'en retour l'objet d'amour aime en lui : une image grandie de soi que réfléchit l'amour.

« Tel est l'objet propre de l'amour », selon Jean-Pierre Vernant, « ce que toujours il vise, comme l'œil, dans l'échange du regard, cherche la lumière et le soleil auxquels il est apparenté. »[1] Il est vrai que le regard amoureux ne transcende jamais totalement cette capture narcissique surtout chez Rousseau. En fait, Stendhal rêve d'un échange parfait entre les âmes qui déjoue les pièges de la visibilité et va même jusqu'à suspendre son attrait. Chez chacun de ces auteurs cependant, l'être aimé représente un idéal qui implique la soumission du sujet par amour et sert de modèle

---

1   Jean-Pierre Vernant, *La Mort dans les yeux*, p. 105.

qui doit être imité. Pour Rousseau, en particulier, l'investissement de
la libido sur l'objet a pour effet d'abaisser le sentiment d'estime de soi.
Saint-Preux fait preuve, en effet, d'une grande humilité, il est conscient
de sa petitesse, de sa faiblesse face à la perfection de Julie. Mais l'image
réfléchie de l'amour de celle-ci permet de restaurer le sentiment d'estime
de soi qui sous ce rapport semble rester en étroite relation avec la fonction
d'idéal du moi du sujet.

Dans *Le Ravissement*, il ne peut être question d'amour narcissique
puisque Lol ne veut pas aimer, tout son être est sous la domination d'un
désir qui la pousse à vouloir recréer la scène du bal de T. Beach où elle
occupait la position de voyeuse, dans le but de voir ce qui alors avait été
interrompu, ce qui serait porteur d'une révélation et d'une jouissance
sans limite. Il a alors fallu se demander quelle était la différence entre
l'amour, au sens narcissique, et le désir. Nous avons pu déterminer que
dans le premier cas, le sujet s'identifie à l'image de l'autre qui représente
son idéal du moi alors que dans le cas de Lol, le sujet s'identifie à l'objet
et cet objet dont il s'agit est l'objet a. On comprend donc la différence
essentielle entre l'objet d'amour narcissique et l'objet du désir. « L'objet
du désir, c'est la cause du désir, et cet objet cause du désir, c'est l'objet de
la pulsion – c'est-à-dire l'objet autour de quoi tourne la pulsion. [...] Le
désir en fait le tour en tant qu'il est agi par la pulsion. [...] Mais chaque
fois que vous avez affaire à un objet de bien, nous le désignons [...] comme
objet d'amour. »[2] Cet objet d'amour est ainsi mis au service de la complaisance du sujet à soi-même mais l'objet a apparaît aussi « dans le champ
du mirage de la fonction narcissique du désir »[3] car il est lié à « l'intérêt
que le sujet prend à sa propre schize »,[4] c'est-à-dire à « la béance que
constitue la division inaugurale du sujet ». Or, nous savons que dans
le rapport scopique qui sous-tend le désir de Lol, l'objet d'où dépend le
fantasme auquel celle-ci est appendue dans une vacillation essentielle de
son être, est le regard. Ainsi, nous avons mis en évidence l'impossibilité de
voir qui caractérise le personnage : à travers cette impossibilité s'instaure

---

2   Jacques Lacan, *Les Quatre Concepts fondamentaux de la psychanalyse*, p. 220.
3   Jacques Lacan, *Les Quatre Concepts fondamentaux de la psychanalyse*, p. 243.
4   Jacques Lacan, *Les Quatre Concepts fondamentaux de la psychanalyse*, p. 78.

une mise à mort de ce que voudrait voir Lol qui devient elle-même ce qu'elle cherchait à voir puisque la fenêtre de l'hôtel comparée à un miroir réfléchit son propre effacement. Précisons bien que le sujet s'identifie à l'objet, que dans le fantasme, il est l'objet. Le triangle serait ainsi la figure par laquelle se manifeste le voyeurisme féminin et dans laquelle il y a exclusion du sujet.

Concernant le regard, Lacan écrit, à propos des yeux qui obsèdent l' « homme aux loups » : « C'est que leur regard fasciné, c'est le sujet lui-même. »[5] Tel est Jacques devant le regard fascinant de Lol : il défaille effectivement dans une jouissance mortelle. Jouissance car en regardant Lol dans les yeux, c'est lui-même qu'il voit, ou plutôt ce qui en lui est déjà l'Autre : l'autre face de l'objet qui occupe fantasmatiquement la place d'un trou réel dans lequel il se découvre si bien qu'il défaille et s'y abîme. La représentation du regard amoureux a donc évolué depuis *La Princesse de Clèves* en passant par *La Nouvelle Héloïse* et *La Chartreuse de Parme*. Dans ces ouvrages, le regard amoureux est un échange, l'amour circule de l'un à l'autres des amants par le chemin croisé des regards, sa signification est synonyme de vision. A ces personnages qui voient – voir serait alors l'équivalent du regard amoureux – s'oppose le personnage de Jacques Hold qui est aveuglé. La représentation du regard amoureux dans *Le Ravissement* nous ramène ainsi à la pulsion scopique et à la déception du regard qu'elle signifie. C'est aussi l'altérité radicale à laquelle Hold va s'identifier qui est mise en évidence dans le regard et la fascination qu'il entraîne. Cette fascination ne fait que pousser jusqu'à ses limites le regard amoureux en montrant bien que surgit de l'objet réel, cet objet fantasmatique par excellence qu'est le regard de l'Autre. Lol incarne pour le personnage-narrateur, tant au niveau de la fiction, comme ici ou dans les scènes de l'hôtel des Bois, qu'au niveau de la narration, le regard en tant qu'objet du fantasme, défini par ce qu'on ne voit pas mais qui nous regarde. Par là, *Le Ravissement* rend bien compte de ce qui est le plus désirable dans l'autre, non pas son être ni sa personne mais l'objet a qu'il contient.

5   Jacques Lacan, *Les Quatre Concepts fondamentaux de la psychanalyse*, p. 226.

Inversement, le regard désincarné de Lol, comme mort parce qu'il n'exprime aucune émotion, pas même l'amour ou le désir, et qui semble transcender la barrière de l'objet réel comme s'il visait un objet indéfini et infini, dénonce, semble-t-il, l'illusion de l'amour dont l'objet véritable se situe au-delà de tout objet limité, ici incarné dans le personnage de Jacques Hold. A ce sujet, la structure triangulaire du voyeurisme de Lol dans la mise en scène du bal de T. Beach, témoigne de l'aliénation du sujet à l'objet de son propre désir dont Lol est symboliquement détachée. Lol serait ainsi la spectatrice de la forme même de son aliénation, qui rend compte aussi du caractère illusoire de l'amour en tant qu'il distingue un objet par rapport à un autre, redoublé par une vision plus large de la circulation du désir dont témoigne le caractère interchangeable, au niveau de la structure purement, des rôles qu'occupent les personnages. A l'exception de Lol, s'il est vrai, par ailleurs, que les personnages se reconnaissent dans le regard de l'autre, que c'est le reflet dédoublé d'eux-mêmes que chacun des partenaires servant à l'autre de miroir aperçoit : dans un cas, le regard de l'autre comme composante du même est aussi condition de l'identité à soi, l'individu se cherche et se trouve dans le miroir d'autrui, alors que Jacques Hold s'y perd. Le jeu de la fascination instaure l'arrachement à soi, la projection dans une altérité radicale, la distance la plus grande et le dépaysement le plus complet. Il faut aussi bien distinguer le regard amoureux du regard en général qui n'implique pas nécessairement le regard de l'être aimé ou la relation spéculaire. En effet, le regard amoureux se distingue du regard tout court dans la mesure où ce dernier est lié au destin pervers de la pulsion de voir que nos auteurs situent comme antinomique à la vision. Cette distinction s'efface dans *Le Ravissement* qui montre bien à travers l'inscription du regard dans le texte que si le désir paraît se référer à un objet, ce n'est qu'une illusion. *Le Ravissement* met donc à nu cette illusion de l'amour qui a disparu chez Duras.

Pour revenir à l'identification, ce n'est donc pas seulement le sujet qui s'identifie à l'objet a, c'est l'aimé qui entre en jeu dans le désir comme objet a. D'où cette représentation de la passion amoureuse héritée de la tradition courtoise qui se traduit par l'inaccessibilité de l'objet du désir. En fait, nous n'avons pas directement abordé notre second chapitre sous cet angle qui permettrait plutôt d'introduire le troisième chapitre de cette

étude. Nous sommes partis de la conception freudienne du narcissisme
secondaire qui implique non seulement, comme nous l'avons analysé
dans un premier temps, le concept d'idéal du moi, mais aussi le repli sur
le sujet de la libido jusqu'alors investie dans les objets extérieurs dont elle
s'est détachée et qui se combine chez Madame de Lafayette, Rousseau
et Stendhal à la logique du désir dont la satisfaction pure et simple est
impossible puisqu'elle laisse prévoir la menace qui pèse sur la pérennité
du désir. Deux tendances s'opposent ainsi dans ces ouvrages : celle qui
attache le sujet à la possession de l'objet et celle qui vise à la sublimation
du désir. Chaque ouvrage met en scène un certain érotisme du regard qui
supplée fantasmatiquement à la réalisation du désir. Ainsi, la princesse à
Coulommiers contemple amoureusement la représentation picturale de
Nemours qui sert de support à la réalisation du désir dans l'imaginaire.
La vertu de la princesse explique en partie sa fuite constante qui contraint
Nemours à traquer comme une proie l'être aimé, dans l'espoir de vaincre
ses résistances. Cela s'avérera toujours impossible, Nemours sera toujours
réduit au rôle de spectateur qui viole l'intimité de la princesse et dont le
regard représente ainsi une prise de possession symbolique. La logique
du désir n'est toutefois pas étrangère à la logique propre de la princesse
qui veut préserver le désir de sa fin inéluctable. De sorte que le voir et la
volupté d'un tel plaisir renvoie à un moment de fusion alors même qu'il
suppose la distance, la décision séparatrice.

Roman par lettres, *La Nouvelle Héloïse* est le symbole par excellence
de l'amour fondé sur l'absence qui s'accompagne de la représentation
imaginaire de la réalisation du désir visant à la sublimation qui oriente
la tendance générale du roman. L'imagination permet de ne pas tenir
compte de la réalité puisqu'elle fait voir l'être aimé, présent à titre d'image
suffisamment « réelle » pour apporter satisfaction aux exigences du désir
déplacé sur une présence fictive qui peut surgir simplement par la pensée
ou être suscité par tout ce qui vient de l'autre, ses vêtements, son portrait,
ses lettres. Chez Rousseau qui semble prêter sa voix aux personnages,
l'illusion est préférable à la réalité car celle-ci est décevante, elle s'accompagne de la possession de l'être aimé qui entraîne le dégoût et la ruine du
désir. D'où cet acharnement à tenir l'être aimé à distance, voire à le nier
en tant que tel pour purifier les élans du désir. Il est vrai que Saint-Preux

se console plus facilement que Julie des renoncements faits au nom de l'amour et de la vertu, l'image de cette dernière suffit à enflammer son imagination qui n'a jamais cessé de tenir lieu de seule « réalité » possible, alors que Julie dépérit. Sans doute ne possède-t-elle pas aussi bien la faculté d'abuser son désir par l'imagination d'autant que cela ne serait certainement pas compatible dans son esprit avec le mariage.

Le voir chez Stendhal occupe la même fonction que dans les autres ouvrages, bien qu'il s'agisse plutôt chez Rousseau d'un regard imaginaire ; il comble et préserve la distance qui sépare les amants. Cette distance n'est jamais complètement effacée bien que l'amour soit victorieux, dans la mesure où l'interdiction qui porte sur le voir permet de symboliser l'écart empêchant le rapprochement complet des amants puisque Fabrice ne peut rencontrer Clélia que la nuit. L'amour chez Stendhal, comme chez Madame de Lafayette ou Rousseau, repose aussi sur la loi du manque qui permet d'entretenir la dynamique du désir : que ce soit la jouissance profonde qu'offre la relation spéculaire supposant l'éloignement physique, soit l'intimité sur le même plan mais limitée à une satisfaction partielle par l'interdit du regard.

Tout le but du désir est ainsi de ne jamais atteindre son objet car ce serait la fin du désir, mais aussi parce que cet objet est inexistant. Dès qu'il approche, surgissent la terreur et la béance dont il occupe la place. Ainsi, on peut aussi voir dans le narcissisme secondaire une défense contre l'objet lorsque celui-ci est redouté en tant qu'objet du désir sexuel, suscitant une grande peur inconsciente ressentie comme une menace de castration. Cette définition peut rendre compte aussi bien de cette mise à distance de l'objet d'amour que de l'intervention de la femme en tant qu'elle désigne la place de ce signifiant voilé du désir qu'est le phallus. Pur réceptacle de l'objet fantasmatique ou bien pure brillance de l'apparition phallique, la femme n'est qu'un voile qui doit plus finalement protéger de la présence « inquiétante » qu'il recèle que la produire. Mais le regard marqué par le manque à voir recouvrant une absence de visible, fonde non seulement le rapport des personnages entre eux ou celui du narrateur au personnage (*Le Ravissement*) mais aussi celui de l'auteur à l'écriture, de l'auteur à la réalité. Le manque à voir l'objet de la fiction et de la narration entraîne bien une trouée de la représentation et c'est cet irreprésentable qu'interrogent les textes de Rousseau, Stendhal ou Duras, en retour interrogés par lui, troués par cette présence en creux de l'invisible, de ce qui ne peut se voir mais fait surgir l'instance du Regard. La présence du regard et du trou qu'il fait dans le texte serait peut-être l'inscription de la Chose dans l'écriture, cette présence en fait donc le fondement d'une création autour d'un trou en tant que la Chose est ce vide au centre du réel. L'écrivain tel que Rousseau, Stendhal ou Duras, écrit ce manque, ce trou réel, cet informulable qui le regarde. Il écrit des livres c'est-à-dire qu'il transmet ce qui ne peut se dire ni se voir. Et le lecteur, à son tour, se retrouve saisi par ce manque invisible et dont tout l'art de l'écrivain est de le rendre présent, actuel, incontournable.

Il faut toutefois bien considérer comme le dit Lacan que « tout amour se supporte d'un certain rapport entre deux savoirs inconscients. »[6] Dans le couple passionné, chacun met donc l'Autre à la place de l'objet aimé. Ce dernier devient le signe du manque et son remède : ainsi la passion présente un couple indissolublement lié par un certain objet de jouissance, à ce titre inaccessible. L'amour selon Lacan tourne en effet autour du fait qu'il n'y a pas de rapport sexuel : « Il n'y a pas de rapport sexuel parce que la jouissance de l'Autre prise comme corps est toujours inadéquate [...] N'est-ce pas de l'affrontement à cette impasse, à cette impossibilité d'où se définit un réel, qu'est mis à l'épreuve l'amour ? »[7] Ce n'est donc pas seulement l'homme qui s'englue dans le fantasme – dans sa perception de la femme – mais aussi bien une femme ; c'est ainsi « qu'il faut lire l'aveu final de Freud du sens constituant, pour le devenir d'une femme, du Lien-à-la-Mère »[8] affirme Paul-Laurent Assoun. En suivant son analyse, nous butons alors sur le secret du couple passionné dans la mesure où l'objet serait consumé à deux, au point de matérialiser en son évanescence même la relation passionnelle. Mais c'est justement par là que cet objet lie, qu'il devient la condition obscure d'un certain « contrat passionnel » fondé sur une secrète dissymétrie du couple, la femme y occupant un rôle déterminant. De la princesse de Clèves à Julie, de Clélia à Lol, c'est une

---

6   Jacques Lacan, *Encore*, p. 182.
7   Jacques Lacan, *Encore*, pp. 182–83.
8   Paul-Laurent Assoun, *Le Couple inconscient*, pp. 177–78.

certaine puissance qui s'affirme en laquelle nous verrions l'incarnation de la mère[9] et de l'interdit qu'elle représente. Celle qui prête son corps à la loi, entendons la loi qui bloque l'accès à la Chose. Ce qui se joue dans la passion, souligne Paul-Laurent Assoun, « c'est quelque chose comme une perversion réalisée à deux – vrai sens de cette conjugalité – sous le secret sacrement de la Déesse Mère. »[10]

Toutefois, nous ne pensons pas que la représentation de la passion amoureuse dans *La Princesse de Clèves* relève du fantasme, autrement que par sa structure, dans la mesure où Nemours est fondamentalement différent des autres personnages masculins. C'est un séducteur, si bien que l'échec de l'amour s'explique par des raisons qui paraissent beaucoup plus légitimes que symptomatiques. En revanche, en se dérobant à Nemours, on a pu constater que le désir féminin jusqu'alors médiatisé à travers le regard masculin, n'est plus accessible au lecteur. On ne sait à quelles activités se livre la princesse dans son domaine des Pyrénées ou au couvent, mais il est vraisemblable que cette omission puisse s'interpréter d'après la fameuse scène du pavillon à Coulommiers car sa fuite repose toujours sur la même nécessité de ne pas s'exposer au danger de voir Nemours. Son désir est donc toujours vivace, bien que protégé de l'intrusion du

9   Si le couple passionné se nourrit d'un objet commun, « la femme n'entre en fonction dans le rapport sexuel qu'en tant que la mère » écrit Lacan, dans la mesure où « ce qui se supporte sous la fonction de signifiant, de homme et de femme, ne sont que des signifiants tout à fait liés à l'usage courcourant du langage. » (*Le Séminaire, Livre XX, Encore*, p. 47).

10 Paul-Laurent Assoun, *Le Couple inconscient*, p. 14. Cet auteur conclut son ouvrage ainsi : « nous trouverions donc, contenu dans le rêve d'une mère, une sorte de serment de fidélité à un objet sacré. Complicité divine – dont l'Autre est témoin et garant – que scelle une conscience aiguë du Mal et de la transgression. Rêverie que le couple ferait passer à la réalité, accomplissement d'un 'contrat' et preuve d'amour... Il y aurait, en effet, une scène originaire de la passion, mais qui, contrairement à l'autre – celle du sujet inconscient – exigerait d'être vécue à deux. Transvasement invraisemblable d'une scène dans l'autre qui constitue un véritable événement de l'imaginaire dont la littérature prend acte inlassablement. Ainsi fait-elle entendre la folie du couple, celle de réinventer à deux l'inconscient. » (p. 182).

regard masculin, de son caractère aliénant,[11] et bien que la volonté de la princesse s'oppose à la satisfaction concrète de ce désir. D'ailleurs, cette interprétation corrobore parfaitement la logique du retrait narcissique étudié dans notre second chapitre, puisque la satisfaction narcissique qu'apporte l'indépendance du sujet vis-à-vis d'autrui est inséparable du recours à l'imaginaire qui compense des insuffisances de la vie réelle. Cependant nous avons aussi indiqué que la régression narcissique de la princesse mène jusqu'à un désinvestissement progressif du monde environnant jusqu'à la destruction du moi, ce qui bien sûr ne permet pas de penser que durant les « années entières » qui ont précédé sa mort, le rêve continue de se substituer à la réalité. Au contraire, la princesse vivra ses années « dans une retraite et dans des occupations plus saintes que celles des couvents les plus austères » (PDC : 242). En fin de compte, Madame de Lafayette donne le choix de la liberté et de l'indépendance à son héroïne dont la vie laisse des « exemples de vertus inimitables » (PDC : 242). Ainsi, la décision finale de la princesse sous-tend l'indicible recouvrant le domaine du social : ses exemples de vertus qui peuvent s'accompagner de vices cachés ou bien le manque d'équité au fondement du rapport entre les sexes.

La question ne se pose pas uniquement en ces termes avec *Le Ravissement*, c'est-à-dire en termes de couple passionné puisque la passion est asymétrique dans ce roman, reléguée au second plan en ce qui concerne Lol. Au premier plan on trouve la question du désir féminin représenté à travers la médiation du discours du personnage-narrateur. Il en résulte donc une représentation du désir féminin produite par le discours masculin. En reproduisant ainsi le modèle de la tradition narrative masculine, *Le Ravissement* met en évidence la représentation du désir féminin en tant que produit de la projection du désir de l'homme comme chez Rousseau, Stendhal ou encore Jacques Hold dans la mesure où la narration du fantasme de Lol et de sa mise en scène s'entremêlent au fantasme voyeuriste du personnage-narrateur rendant au corps de l'autre

---

11   Par le regard masculin la princesse est dépossédée d'elle-même, de sa liberté, asservie
      en tant qu'objet du désir.

son étrangeté faite d'exil et d'inconnu. C'est donc aussi bien la question de la féminité qui intervient ici par le regard posé sur le corps de l'autre et l'impossibilité de voir qui s'empare du personnage. La féminité, décrite dans le contexte social où elle l'est, devient ainsi une image de l'absence jusqu'au corps et au sexe même de la femme qui pourrait rendre compte du fait qu'elle dépasse la construction culturelle de la différence des sexes.

D'autre part, ce modèle narratif adopté par Marguerite Duras nous renvoie à la logique d'une parole définie par rapport à la fonction de l'homme en tant que sujet qui parle[12] : ce n'est que de là où la voit l'homme que la femme peut se voir elle-même. *Le Ravissement* met en scène les implications de l'exigence d'une telle parole d'où émerge le caractère problématique de la féminité qui échappe au discours précisément en tant qu'effet du langage. A ce propos, Leslie Hill souligne que « if we have no discursive access to the 'unrepresentable real', to what exceeds and threatens culture, we cannot know, in the sense of being able to accurately conceptualize, what essential femininity might be – or, for that matter, anything else either. »[13] C'est, en effet, le concept de l'identité de la femme en tant qu'être sexué que le texte interroge : qui est la femme et que veut-elle ? Son désir tendant vers un objet qui lui apporterait la jouissance mais cet objet demeure invisible, indicible. Cette dernière question est d'ailleurs celle que reprend Lacan pour en faire la question même du désir que nous adresse l'Autre (que désires-tu ?), mais aussi celle de la jouissance féminine, énigmatique « par rapport à ce que désigne de jouissance la fonction phallique. »[14] Au demeurant, ces questions qui restent sans réponse rendent compte de la difficulté de fournir une représentation verbale de l'identité féminine – ne pouvant se définir qu'en termes d'absence dans le texte – et du désir féminin. Le silence de Lol, nous dit le texte, résulte d'ailleurs

---

12   Comme le souligne Marcelle Marini, Marguerite Duras « manifeste combien tout homme, fût-il le plus opprimé, reçoit, quasiment de naissance, le droit de parler seul, sur et au nom des femmes, à condition de respecter les règles de l'entre-hommes. » (« L'Autre Corps » in *Ecrire, dit-elle*, p. 27).

13   Leslie Hill, « Writing Sexual Relations » in *Critical Essays on Marguerite Duras*, New York : G. K. Hall & Co, 1998, p. 99.

14   Jacques Lacan, *Le Séminaire, Livre XX, Encore*, p. 94.

de l'absence d'un mot à même de révéler la vérité de l'être ici féminin et de sa jouissance : non seulement par rapport à l'inconscient et peut-être l'inconscient proprement féminin au-delà de la logique masculine de la libido qui le détermine. Autrement dit, le silence de Lol serait la conséquence d'un sentiment de rupture identitaire qui se trouve au fondement de tout être. Mais aussi par rapport à la définition « innommable » de son identité individuelle et sexuelle ou pour employer les termes exacts de l'auteur, un mot qui pour Lol, « pour sa tête et pour son corps » serait sa définition unique. Néanmoins, le texte parvient à produire des images qui donnent à voir la présence en creux de l'invisible, de l'indicible de cette réalité extérieure au langage.

Il est vrai que *Le Ravissement* dénonce tout aussi bien chez Jacques Hold la nature illusoire du concept d'identité individuelle dans la mesure où comme le dit Lacan, « l'ordre du symbolique ne peut plus être conçu comme constitué par l'homme mais le constituant. »[15] Comme nous l'avons souligné dans le second chapitre, Jacques acquiert en effet la conscience grandissante de l'inconsistance de sa propre identité de telle sorte que la recherche du « qui suis-je » aboutit tout comme pour Lol à la perte d'identité, à la dissolution du sujet dans l'appartenance à un tout. Duras n'est pas, bien sûr, le seul écrivain moderne qui mette en cause la conception traditionnelle de l'identité individuelle : *Le Ravissement* s'inscrit dans le cadre de tout un courant littéraire propre au vingtième siècle qui a systématiquement détruit cette conception. Dans le cas précis de Lol cependant, Marguerite Duras est parvenue à une création originale dans la mesure où le tour de force du *Ravissement* est de construire Lol sur une absence de personnage.

Le problème de la représentation verbale du désir féminin que *La Princesse de Clèves* et *Le Ravissement* interrogent est par là même particulièrement pertinent chez nos auteurs féminins alors que chez nos auteurs masculins, cette question est rendue non problématique puisque chacun ne voit dans Julie ou Clélia que ce dont ils se supportent narcissiquement. Autrement dit, ce n'est que de l'habillement de l'image de soi

---

15   Jacques Lacan, *Ecrits I*, p. 58.

que se soutient la représentation du rapport objectal et du désir féminin. Chez Rousseau, bien sûr, la représentation du désir féminin ne passe pas par l'intermédiaire du narrateur, pourtant Julie n'en est pas moins le porte-parole de l'auteur. En même temps, la disparition de cette dernière à la fin du roman recouvrirait l'injustice faite à son personnage dont le désir est finalement nié au profit de la perversion masculine qui sous-tend la représentation de la passion amoureuse dans *La Nouvelle Héloïse*. Dans *La Chartreuse de Parme*, la narration adopte le plus souvent le point de vue de Fabrice à travers lequel est représenté le désir féminin. Peu à peu ce point de vue se substitue complètement au regard omniscient du narrateur ce qui nous amène à l'énigme de la Femme, ici mise à contribution comme objet du désir. Mais reprise du vocabulaire mystique et renouveau de l'amour courtois, ne signifie pas que la configuration amoureuse romanesque soit effectivement mystique ni strictement courtoise. En effet, rappelons que l'être aimé est avant tout une image de la mère. Si la représentation verbale du désir féminin est problématisée dans *La Chartreuse de Parme* à travers la prise de parole féminine succédant au voir sans parler, c'est surtout pour rendre compte de l'insuffisance du langage à rendre les sentiments intacts. En fait, Stendhal rêve d'un nouveau langage, c'est aussi ce qui porte *La Chartreuse de Parme* de la communication visuelle à la recherche de moyens alternatifs de communication aboutissant à la création d'un langage unique jusqu'au triomphe complet du verbal sur le visuel qui scelle la communion parfaite des amants. Le triomphe du verbal sur le visuel que l'on observe aussi dans *La Princesse de Clèves*, loin de représenter celui de l'amour, marque la prise de possession du langage du désir par la parole féminine dans le cadre de l'aveu, qui ne peut s'exprimer qu'en rejetant la possibilité de se voir réaliser dans la réalité. Ainsi, le langage en tant qu'il se soutient de l'être moral du personnage l'emporte d'une certaine manière sur le visuel et ses dangers. Dans *La Nouvelle Héloïse*, le passage du voir sans parler à la parole témoigne plutôt, par rapport à Stendhal, de la nostalgie d'une communion pure. En effet, Rousseau tout comme Stendhal d'ailleurs, pense qu'aucun mot ne dit aussi bien les sentiments que le langage non-verbal, en particulier le regard. D'autre part, c'est en passant à la parole à travers l'échange épistolaire que la passion peut s'ancrer pleinement dans la réalité, ce qui pour Rousseau pourrait constituer une menace si précisément la lettre ne représentait pas sa seule réalité.

Concluons sur les rapports, soit ressemblance, soit contraste, qu'il serait possible d'établir entre ces quatre textes. Ma référence aux essais psychanalytiques de Freud et Lacan contribue à promouvoir la théorie que les romans d'amour étudiés représentent tous quelque forme de regard narcissique : le châtiment ultime pour cela réside dans l'aveuglement des personnages. *La Princesse de Clèves* est le seul ouvrage des quatre dans lequel l'inscription du regard et sa portée fantasmatique ne soient pas directement déterminées par les relations de l'écrivain à sa propre réalité sinon sociale. En effet, si le regard marque l'absence, cette absence se rapporte uniquement à l'indicible du désir féminin associé au manque à voir qui succède dans la dernière partie au voyeurisme masculin et au point de vue omniscient du narrateur. Tout en problématisant cette représentation impossible du désir féminin à travers le regard, source d'invisibilité, *Le Ravissement*, à son tour, se distingue surtout des autres ouvrages dans la mesure où Marguerite Duras joue de la voix, au sens narratologique du terme, afin de brouiller l'origine de la voix dans l'inscription du regard et de ses dérives perverses. Ce rapport passionnel à l'image serait emblématique du lien à la mère, en tant qu'il fonde l'écriture durassienne sur un manque à voir, que l'on retrouve dans ce jeu de la voix narratologique qui scelle le rapport de l'écrivain à la narration. C'est donc l'ombre de la mère qui se dessine ici puisqu'elle participe du manque à voir qui fonde aussi bien le récit que les pulsions voyeuristes qu'il met en scène. Il s'agit toujours de voir ce qui ne peut se voir, ce manque irrémédiable qui constitue le rapport à la mère. Ce sont donc aussi bien les personnages que le narrateur ou l'auteur qui revendiquent cette position d'exclusion, support de leur désir comme de leur malheur. Il est vrai aussi que les différentes manifestations du regard dans les textes de Rousseau et Stendhal se trouvent au cœur de la relation de l'écrivain et de l'écrit à la mère. Toujours, le regard signale, chez ces trois auteurs, le manque sur lequel repose et la vocation de l'écrivain et son écriture, tout comme il élabore les relations (passionnelles) de l'écrivain à la narration.

Bibliographie

Textes de Madame de Lafayette

La Princesse de Clèves, Paris : Le Livre de poche, collection « Classique »,
1958.
Romans et nouvelles, Paris : Editions Magne, 1939.

Ouvrages et articles sur Madame de Lafayette

Anseaume-Kreiter Janine, *Le Problème du paraître dans l'œuvre de Madame
de Lafayette*, Paris : Nizet, 1977.
Assaf Francis, « Ecriture ou ré-écriture ? Les apparances trompeuses : com-
ment ne pas s'y tromper ? », *PFSCL XXX*, 59, 2003, pp. 397–407.
Boixareu Mercedes, *Fonction de la narration et du dialogue dans* La
Princesse de Clèves, *du « savoir d'amour » au « dire d'amour »*,
Paris : Archives des lettres modernes, Etude de critique et d'histoire
littéraire, n° 239, 1989.
Bree Susan, « From Obligation to Seduction in *La Princesse de Clèves* »,
Romance Review, 6, 1996, pp. 29–47.
Butor Michel, « Sur *La Princesse de Clèves* » in *Répertoire*, Paris : Minuit,
1960.
Callahan Anne, « Mediation of Desire in *La Princesse de Clèves* » in
Approaches to Teaching Lafayette's The Princess of Clèves, New York
: Modern Language Association of America, 1998, pp. 165–74.
Carré Marie-Rose, « La Rencontre inachevée : étude sur la structure de
La Princesse de Clèves », *PMLA*, 87, 1972, pp. 475–82.

Cartmill Constance et Colborne Rebecca, « Qui a peur de *La Princesse de Clèves* ? ou Qu'est-ce que la critique féministe peut nous dire sur le classicisme ? », *Dalhousie French Studies*, 48, 1999, pp. 19–33.

Colombat André, « *La Princesse de Clèves* et l'Epouvantable Vérité du désir », *Papers on French Seventeenth-Century Literature*, 17, 1990, pp. 517–29.

Danahy Michael, *The Feminization of the Novel*, Gainesville : University of Florida Press, 1991.

Dejean Joan, « Lafayette's Ellipses : The Privileges of Anonymity », *PMLA*, 99, 1984, pp. 884–902.

—— *Tender Geographies : Women and the Origins of the Novel in France*, New York : Columbia UP, 1991.

Delhez-Sarlet Claudette, « Style indirect et 'point de vue' dans *La Princesse de Clèves* », *Cahiers d'analyse textuelle*, 6, pp. 70–80.

Doubrovsky Serge, « *La Princesse de Clèves* : Une Interprétation existentielle », *Table ronde*, 138, 1959, pp. 36–51.

Douthwaite Julia V, « Seeing and Being Seen : Visual Codes and Metaphors in *La Princesse de Clèves* » in *Approaches to Teaching Lafayette's* The Princess of Clèves, New York : Modern Language Association of America, 1998, pp. 109–19.

Fabre Jean, *Idées sur le roman, De Madame de Lafayette au marquis de Sade*, Paris : éditions Klincksieck, 1979.

Francillon Roger, *L'Œuvre romanesque de Madame de Lafayette*, Paris : Librairie José Corti, collection « Rien de commun », 1973.

Gevrey Françoise, *L'Esthétique de Madame de Lafayette*, Paris : Editions Sedes, collection « Esthétique », 1997.

Grande Nathalie, *Stratégies de romancières : de* Clélie *à* La Princesse de Clèves, Paris : Champion, 1999.

Green Anne, *Privileged Anonymity, The Writings of Madame de Lafayette*, Oxford : Legenda, European Humanities Research Centre, Research Monographs in French studies, n°1, 1996.

Grégoire Vincent, « *La Princesse de Clèves* ou le roman de la méprise », *PFSCL XXIII*, 44, 1996, pp. 249–62.

Gregorio Laurence A, *Order in the Court, History and Society in* La Princesse de Clèves, Stanford : Anma Libri, Stanford French and Italian Studies, 1986.

—— « Ideals and Ideas : Platonism in *La Princesse de Clèves* », *Neophilologus*, 88, 2004, pp. 43–60.

Grossman Kupper Nelly, « A Woman's Voice : Duty and Desire in *La Princesse de Clèves* », *Symposium,* 55, 2001, pp. 95–105.

Hirsch Marianne, « A Mother's Discourse : Incorporation and Repetition in *La Princesse de Clèves* », *Yale French Studies,* 62, 1982, pp. 67–87.

Horowitz Louise K, *Love and Language, A Study of the Classical French Moralist Writers,* Colombus : Ohio State University Press, 1977.

Koppish Michael S, « The Dynamics Of Jealousy In The Work Of Madame de Lafayette », *Modern Language Notes,* 94, 1979, pp. 757–73.

Labio Catherine, « Epistolarité et épistémologie : LaFayette, Descartes, Graffigny et Rousseau » in *Correspondance and Epistolary Fiction,* Oxford : Voltaire Foundation, 2002, pp. 79–89.

Laugara Maurice, *Lectures de Madame de Lafayette,* Paris : Armand Colin, 1971.

Liu Catherine, « From Faux Pas, or on the Way to *The Princess of Clèves* », *Tulsa Studies in Women's Literature,* 17, 1998, pp. 123–44.

Lyons John D (edited by), The Princess of Clèves, *Marie-Madeleine de Lafayette,* New York : W.W Norton & Company Inc., 1994.

MacArthur Elizabeth J, « Teaching *La Princesse de Clèves* in a Women's Studies Course » in *Approaches to Teaching Lafayette's* The Princess of Clèves, New York : Modern Language Association of America, 1998, pp. 175–82.

Mallinson Jonathan, « Reading the Signs : With the Princess de Clèves at Coulommiers » in *The Art of Reading,* Cambridge : Cambridge French Colloquia, 1998, pp. 95–103.

Miller Nancy, « Emphasis Added : Plots and Plausibility in Women's Fictions » in *An Inimitable Example : The Case for* The Princess of Clèves, Washington DC : The Catholic Union of American People, 1992.

Moriarty Michael, « Decision, Desire, and Asymmetry in *La Princesse de Clèves* » in *Writers and Heroines : Essays on Women in French Literature*, Bern : Peter Lang, 1999, pp. 49–70.

Muratore Mary Jo, « The Triumph of Illusion : *La Princesse de Clèves* », in *Expirer au féminin : Narratives of Female Dissolution in French Classical Texts*, New Orleans : University Press of the South, 2003, pp. 155–75.

Pokorny Martin, « The Narrator in *La Princesse de Clèves* », *French Studies Bulletin : A Quarterly Supplement*, 93, 2004, pp. 2–7.

Posfay Eva, « L'Architecture du pouvoir féminin dans *La Princesse de Clèves* », *PFSCL XXIII*, 45, 1996, pp. 527–38.

Racevskis Roland, « Solitary Pleasures : Creative Avoidance of Court and Convent in *La Princesse de Clèves* », *The French Review*, 1, 1996, pp. 24–34.

Ray Allentuch Harriet, « The Will to Refuse in *The Princess of Clèves* », *University of Toronto Quarterly*, 44, 1975, pp. 185–98.

Roulston Christine, « La Déception du regard dans *La Princesse de Clèves* », *Dalhousie French Studies*, 32, 1995, pp. 19–32.

Rousset Jean, *Forme et signification, essai sur les structures littéraires de Corneille à Claudel*, Paris : José Corti, collection « Rien de commun », 1962.

—— « Echanges obliques et 'paroles obscures' dans *La Princesse de Clèves* » in *Littérature, Histoire, linguistique*, Lausanne : L'Age d'homme, 1973, pp. 97–106.

Seifert Lewis C, « Masculinity in *La Princesse de Clèves* » in *Approaches to Teaching Lafayette's The Princess of Clèves*, New York : Modern Language Association of America, 1998, pp. 60–67.

Sweetser Marie-Odile, « *La Princesse de Clèves* et son Unité », *PMLA*, 87, 1972, pp. 483–91.

Trzebiatowski Peggy, « The Hunt is On : The Duc de Nemours, Aggression, and Rejection », *PFSCL XXV*, 49, 1998, pp. 581–93.

Valentini Papadopoulou Brady, « *La Princesse de Clèves* and the Refusal of Love : Heroic Denial or Pathetic Submission ? », *Neophilologus*, 84, 2000, pp. 517–30.

Van Der Schueren Eric, « Le Portrait dans *La Princesse de Clèves*. Lectures pascaliennes », *Littératures*, 40, 1999, pp. 95–134.

Werlen Denise, *Connaissance d'une œuvre, Madame de Lafayette,* La Princesse de Clèves, Rosny : Editions Bréal, 1998.

Textes de Jean-Jacques Rousseau

Julie ou La Nouvelle Héloïse, Paris : Garnier-Flammarion, 1967.

Œuvres complètes, Vol. I, Paris : Gallimard, collection « NRF », 1959.

Œuvres complètes, Vol. II, Paris : Gallimard, collection « NRF », 1964.

Œuvres complètes, Vol. III, Paris : Gallimard, collection « NRF », 1964.

Œuvres complètes, Vol. IV, Paris : Gallimard, collection « NRF », 1969.

Œuvres complètes, Vol. V, Paris : Gallimard, collection « NRF », 1995.

Ouvrages et articles sur Jean-Jacques Rousseau

Arenberg Nancy, « Subversive Politics in Rousseau's *La Nouvelle Héloïse* : Gender, Sex and the Marginalized 'Feminist' Voice in Claire's Missives », *Women in French Studies*, 8, 2000, pp. 116–28.

Arico Santo L, *Rousseau's Art of Persuasion in* La Nouvelle Héloïse, Boston : University Press of America, 1994.

Bellenot J. L, « Les Formes de l'amour dans *La Nouvelle Héloïse* », *Annales Jean-Jacques Rousseau*, 55, 1953, pp. 149–207.

Birkett Mary Ellen, « Gardening and Poetry : The Languages of Love in *La Nouvelle Héloïse* », *Romantic notes*, 26, 1985, pp. 115–19.

Bocquillon Michèle, « La 'Corpo-réalité' de la lettre d'amour », *Dalhousie French Studies*, 67, 2004, pp. 37–47.

Brown Jane K, « Goethe, Rousseau, the Novel, and the Origins of Psychoanalysis », *Goethe Year Book : Publications of the Goethe Society of North America*, 12, 2004, pp. 111–28.

Cornille Jean-Louis, « Rousseau and the Invention of the Male Love-Letter », *Modern Language Review*, 97, 2002, pp. 290–99.

Coulet Henri, « *La Nouvelle Héloïse* et la tradition romanesque française », *Annales de la société Jean-Jacques Rousseau*, 68, 1966, pp. 35–55.

Crocker L, « Julie ou la nouvelle duplicité », *Annales Jean-Jacques Rousseau*, 65, 1963, pp. 105–52.

Davidson Hugh M, « Dialectical Order and Movement in *La Nouvelle Héloïse* » in *Enlightenment Studies in Honour of Lester G. Crocker*, Oxford : Voltaire Foundation, 1979, pp. 71–86.

Dhifaoui Arbi, « L'Epistolaire et/ou la violence dans *La Nouvelle Héloïse* de Rousseau », *Etudes littéraires françaises*, 66, 1998, pp. 357–66.

Eigeldinger, *Jean-Jacques Rousseau, Univers mythique et cohérence*, Paris : Payot, collection « Langages », 1978.

Gossman Lionel, « The Worlds of *La Nouvelle Héloïse* », *Studies on Voltaire and the Eighteenth Century*, 47, 1966, pp. 235–76.

Grimsley Ronald, *Philosophy of Rousseau*, Oxford : Oxford University Press, 1973.

Grogan Claire, « The Politics of Seduction in British Fiction of the 1790s : The Female Reader and *Julie, ou La Nouvelle Héloïse* », *Eighteenth Century Fiction*, 11, 1999, pp. 459–76.

Guyon B, « La Mémoire et l'oubli dans *La Nouvelle Héloïse* », *Annales Jean-Jacques Rousseau*, 62, 1959, pp. 49–71.

Hoffman Paul, « Lectures de Jean-Jacques Rousseau » in *Corps et coeur dans la pensée des lumières*, Strasbourg : Presses universitaires de Strasbourg, 2000.

Howells R. J, *La Nouvelle Héloïse*, London : Grant & Cutler, Critical Guides to French Texts, 1986.

—— « Désir et distance dans *La Nouvelle Héloïse* », *Studies on Voltaire and the Eighteenth Century*, 230, 1985, pp. 223–32.

Jackson Susan, « Redressing Passion : Sophie d'Houdetot and the Origins of *Julie ou La Nouvelle Héloïse* », *Studies in Eighteenth-Century Culture*, 17, 1987, pp. 271–87.

Jacob François, « Le Miroir qui revient » in *Modernité et pérennité de Jean-Jacques Rousseau*, Paris : Champion, 2002, pp. 269–79.

Jones James F, La Nouvelle Héloïse, *Rousseau and Utopia*, Paris : Droz, 1978.

Knowlton De Pree Julia, « Looking Back : Rousseau's Orphic Turns », *Romance Notes*, 41, 2001, pp. 235–42.

Labrosse Claude, « Nouveauté de *La Nouvelle Héloise* », *Eighteenth-Century Fiction*, 13, 2001, pp. 235–46.

L'Aminot Tanguy, « L'Amour courtois dans *La Nouvelle Héloïse* » in *Modernité et pérennité de Jean-Jacques Rousseau*, Paris : Champion, 2002, pp. 241–57.

Lechte John, « Woman and the Veil. Or Rousseau's Fictive Body », *French Studies : Quarterly Review*, 39, 1985, pp. 423–41.

Lefebvre Philippe, *L'Esthétique de Rousseau*, Liège : Editions Sedes, collection « Esthétique », 1997.

Makus Ingrid, « The Politics of 'Feminine Concealment' and 'Masculine Openness' in Rousseau » in *Feminist Interpretations of Jean-Jacques Rousseau*, University Park, PA : Pennsylvania State UP, 2002, pp. 187–211.

Mall Laurence, *Origines et retraites dans* La Nouvelle Héloïse, New York : Peter Lang Publishing, 1997.

Marso Lori J, « Rousseau's Subversive Women » in *Feminist Interpretations of Jean-Jacques Rousseau*, University Park, PA : Pennsylvania State UP, 2002, pp. 245–76.

Mauzi R, « La Conversion de Julie dans *La Nouvelle Héloïse* », *Annales de la société Jean-Jacques Rousseau*, 35, 1962, pp. 29–47.

Osmont Robert, « Jean-Jacques Rousseau et la jalousie », *Annales de la société Jean-Jacques Rousseau*, 35, 1962, pp. 73–92.

Pulcini Elena, *Amour-passion et amour conjugal, Rousseau et l'origine d'un conflit moderne*, Paris : Honoré Champion, 1998.

Roussel Jean, « La Douleur de Saint-Preux » in *La Quête du bonheur et l'expression de la douleur dans la littérature et la pensée française*, Genève : Droz, 1995, pp. 371–79.

Sabrian De Fabry Anne, *Etudes autour de* La Nouvelle Héloïse, Québec : Editions Naaman, 1977.

Sermain Jean-Paul, « *La Nouvelle Héloïse* ou l'invention du roman-poème » in *Modernité et pérennité de Jean-Jacques Rousseau*, Paris : Champion, 2002, pp. 227–40.

Shattuck Roger, « The Pleasure of Abstinence », *The New York Review of Books*, 43, 1996, pp. 28–30.

Spangler May, « Un Portrait dans un coin de robe », *Littératures*, 42, 2000, pp. 75–84.

Starobinski Jean, « Jean-Jacques Rousseau » in *L'Œil vivant*, Paris : Gallimard, collection « Nrf », 1961.

——*Jean-Jacques Rousseau, La Transparence et l'obstacle*, Paris : Gallimard, 1971.

Thomas Fuchs Jeanne, *The Pursuit of Virtue, A Study of Order in* La Nouvelle Héloïse, New York : Peter Lang Publishing, 1993.

Tieghem Philippe Van, La Nouvelle Héloïse *de Jean-Jacques Rousseau*, Paris : Edgar Malfère, 1929.

Vargas Yves, *Rousseau, L'Enigme du sexe*, Paris : PUF, collection « Philosophies », 1997.

Wehrs Donald R, « Desire and Duty in *La Nouvelle Héloïse* », *Modern Language Studies*, 18, 1988, pp. 79–88.

Wolpe Hans, « Psychological Ambiguity in *La Nouvelle Héloïse* », *University of Toronto Quarterly*, 28, 1959, pp. 279–90.

Textes de Stendhal

La Chartreuse de Parme, Paris : Pocket, collection « Classiques », 1989.

Romans et nouvelles, Vol. I et II, Paris : Gallimard, 1952.

Ouvrages et articles sur Stendhal

Albérès Francine, *Le Naturel chez Stendhal*, Paris : Nizet, 1956.

Alciatore Jules, « Stendhal et *La Princesse de Clèves* », *Stendhal-Club*, 4, 1959, pp. 281–94.

Amer Henry, « Amour, prison et temps chez Stendhal », *Nouvelle revue française*, 10, 1962, pp. 483–90.

Anjubault Madeleine, *Sémiotisme de Stendhal*, Genève : Droz, 1980.

Attuel Josiane, *Le Style de Stendhal, efficacité et romanesque*, Paris : Nizet, 1980.

Berg William, « Cryptographie et communication dans *La Chartreuse de Parme* », *Stendhal-Club*, 20, 1978, pp. 170–82.

Bersani Léo, « Le Réalisme et la peur du désir », *Poétique*, 22, 1975.

Blin Georges, *Stendhal et les Problèmes du roman*, Paris : Corti, 1954.

——*Stendhal et les Problèmes de la personnalité*, Paris : Corti, 1958.

Blum Léon, *Stendhal et le Beylisme*, Paris : Albin Michel, 1914.

Boll-Johansen Hans, *Stendhal et le Roman, essai sur la structure du roman stendhalien*, Aran : Edition du Grand Chêne, 1979.

—— « Les Paradigmes psychologiques dans l'amour-passion stendhalien », *Stendhal-Club*, 51, 1971, pp. 183–200.

Bolster Richard, *Stendhal, Balzac, et le Féminisme romantique*, Paris : Minard, 1970.

Brombert Victor (edited by), *A Collection of Critical Essays*, New-Jersey : Prentice Hall, 1962.

——*Stendhal, Fiction and the Themes of Freedom*, New York : Random House, 1968.

Brooks Peter, « L'Invention de l'écriture et du langage dans *La Chartreuse de Parme* », *Stendhal-Club*, 78, 1978, pp. 183–90.

Brotherson Lee, « Fabrice Del Dongo... impuissant sentimental ? », *Stendhal-Club*, 69, 1975, pp. 46–55.

Creignou Pierre, « Illusion et réalité du bonheur dans *La Chartreuse de Parme* », *Stendhal-Club*, 64, 1974, pp. 29–52.

Crouzet Michel, *Nature et société chez Stendhal*, Lille : Presses universitaires de Lille, 1985.

——*Le Roman stendhalien :* La Chartreuse de Parme, Orléans : Paradigme, 1996.

——*Stendhal et le Langage,* Paris : Gallimard, collection « Bibliothèque des Idées », 1981.

—— « Stendhal et les Signes », *Romantisme,* 3, 1972, pp. 56–77.

David James, « The Harmonic structure of *La Chartreuse de Parme* », *French Review,* 24, 1950, pp. 120–56.

Durand Gilbert, *Le Décor mythique de* La Chartreuse de Parme, Paris : Corti, 1983.

Engelhardt Klaus, « Le Langage des yeux dans *La Chartreuse de Parme* », *Stendhal-Club,* 54, pp. 153–59.

Felman Shoshana, *La Folie dans l'œuvre romanesque de Stendhal,* Paris : Corti, 1971.

Finch Alison, *La Chartreuse de Parme,* London : Edward Arnold, 1984.

Genette Gérard, « Stendhal » in *Figures II,* Paris : Seuil, 1969.

Gerlach-Nielsen Merete, *Stendhal, Théoricien et romancier de l'amour,* Copenhagen : Munksgaard, 1965.

Grahame C, *L'Ironie dans les romans de Stendhal,* Lausanne : Editions du Grand Chêne, collection « Stendhalienne », 1966.

Guinard-Corredor Marie-Rose, « *La Chartreuse de Parme* et L'Etonnement du retour », *Revue de littérature française et comparée,* 7, 1996, pp. 175–78.

Hemmings Frederick, *Stendhal : A Study of his Novels,* Oxford : Clarendon Press, 1964.

Hubert J, « Note sur la dévaluation du réel dans *La Chartreuse de Parme* », *Stendhal-Club,* 5, 1959, pp. 47–53.

Jacoubet Henri, *Les Romans de Stendhal,* Grenoble : Librairie de l'Académie, 1933.

Jullien Dominique, « L'Erotisme spirituel dans *La Chartreuse de Parme* : Fabrice et Saint Jérôme », *Littérature,* 97, 1995, pp. 73–86.

Kogan Vivian, « Signs and Signals in *La Chartreuse de Parme* », *Nineteenth- Century French Studies,* 2, 1973, pp. 29–38.

Landry François, *L'Imaginaire chez Stendhal, formation et expression,* Lausanne : L'Age d'homme, 1982.

Levowitz-Treu M, *L'Amour et la mort chez Stendhal, Métamorphoses d'un apprentissage affectif*, Aran : Editions du Grand Chêne, 1978.

Litto Victor, *Stendhal et le Romantisme*, Paris : Editions du Grand Chêne, 1984.

Mariette Catherine, « L'Auteur ambigu de *La Chartreuse de Parme* », *Publications de l'université de Pau*, 7, 1996, pp. 179–85.

Martineau Henri, *L'Œuvre de Stendhal, histoire de ses livres et de sa pensée*, Paris : Michel, 1951.

Mouton Jean, *Les Intermittences du regard chez l'écrivain*, Paris : Desclée de Brouwer, 1973.

Niderst Alain, « *La Chartreuse de Parme* et *La Princesse de Clèves* », *PFSCL XXIV*, 46, 1997, pp. 465–73.

Ortega y Gasset Jose, « Love in Stendhal » in *On love : Aspects on a Single Theme*, London : Victor Gollancz, 1959.

Pearson Roger, *Stendhal :* The Red and the Black *and* The Charterhouse of Parma, London : Longman, 1994.

Pellegrini Carlo, « L'Idylle de Fabrice Del Dongo », *Stendhal-Club*, 1, 1958, pp. 250–60.

Perry Catherine, « Paysages du souvenir et du rêve dans la chasse au bonheur chez Stendhal », *Nineteenth-Century French Studies*, 26, 1998, pp. 266–85.

Ravoux Elizabeth, « Clélia Conti ou l'art de la litote », *Stendhal-Club*, 59, 1973, pp. 193–202.

Rey Pierre-Louis, La Chartreuse de Parme *: Analyse critique*, Paris : Hatier, 1973.

Richard Jean-Pierre, *Littérature et sensation*, Paris : Seuil, 1954.

Ringer Kurt, « Contribution à une typologie du bonheur chez Stendhal », *Stendhal-Club*, 62, 1974, pp. 145–76.

Rossard J, *Une Clef du romantisme*, Paris : Nizet, 1975.

Sabatier Pierre, *Esquisse de la morale de Stendhal*, Paris : Hachette, 1920.

Scheiber Claude, *Stendhal et l'Ecriture de* La Chartreuse de Parme, Paris : *Lettres Modernes*, 1988.

Servoise René, « Le Merveilleux dans *La Chartreuse de Parme* », *Revue d'histoire littéraire de la France*, 99, 1999, pp. 191–208.

Stirling Haig, « The Identities of Fabrice Del Dongo », *French Studies*, 27, 1973, pp. 170–76.

Thompson CW, *Le Jeu de l'ordre et de la liberté dans* La Chartreuse de Parme, Aran : Editions du Grand Chêne, collection « Stendhalienne », 1982.

Weber Jean-Paul, *Stendhal : Les Structures thématiques de l'œuvre et du destin*, Paris : Société d'édition d'enseignement supérieur, 1969.

Textes de Marguerite Duras

Le Ravissement de Lol V. Stein, Paris : Gallimard, collection « Folio », 1964.

Le Vice-Concul, Paris : Gallimard, collection « L'Imaginaire », 1966.

L'Amour, Paris : Gallimard, collection « Folio », 1971.

La Femme du Gange, Paris : Gallimard, 1973.

India song, Paris : Gallimard, 1973.

Son Nom de Venise dans Calcutta désert, 1976 (Film, distr. D.D. productions).

Ouvrages et articles sur Marguerite Duras

Alleins Madeleine, *Marguerite Duras : Méduim du réel*, Lausanne : L'Age d'homme, 1984.

Andermatt Verena, « Rodomontages of *Le Ravissement de Lol V. Stein* », *Modern French Fiction*, 57, 1979, pp. 23–35.

Anderson Stéphanie, *Le Discours féminin de Marguerite Duras, un désir pervers et ses métamorphoses*, Genève : Droz, 1995.

Bajomée Danielle, *Ecrire, dit-elle, imaginaires de Marguerite Duras*, Bruxelles : Editions de l'université de Bruxelles, 1985.

—— *Duras ou la Douleur*, Bruxelles : Duculot, 1999.

Bardet Jean, *Etude sur Marguerite Duras :* Un barrage contre le Pacifique, Paris : Ellipses, collection « Résonances », 1998.

Best Victoria, « Duras and Colette : Love, Performance and Identity », *Women in French Studies*, 5, 1997, pp. 225–32.

Blot-Labarrère Christiane, *Marguerite Duras*, Paris : Seuil, collection « Les Contemporains », 1992.

Borgomano Madeleine, *Madeleine Borgomano commente* Le Ravissement de Lol V. Stein, Paris : Gallimard, 1997.

—— Duras, *Une Lecture des fantasmes*, Belgique : Cistre, collection « Essais », 1985.

Carruggi Noëlle, *Marguerite Duras, Une Expérience intérieure : « le gommage de l'être en faveur du tout »*, New York : Peter Lang Publishing, 1995.

Cohen Susan, « Phantasm and Narration in Marguerite Duras's The Ravishing of Lol V. Stein » in *The Psychoanalytical Study of Literature*, New Jersey : Joseph Reppen and Maurice Charney Editions, The Analytical Press, 1985, pp. 255–77.

—— *Women and Discourse in the Fictions of Marguerite Duras, Love, Legends, Language*, Amherst : University of Massachusetts Press, 1993.

Cranston Mechthild, *In Language and in Love, Marguerite Duras : The Unspeakable*, Maryland : Scripta Humanistica, 1992.

David Michel, *Marguerite Duras : Une Ecriture de la jouissance*, Paris : Desclée de Brouwer, 1996.

Druon Michèle, « Mise en scène et catharsis de l'amour dans *Le Ravissement de Lol V. Stein* de Marguerite Duras », *The French Review*, 58, 1985, pp. 382–90.

Evans Martha Noel, « Marguerite Duras : The Whore » in *Masks of Tradition. Women and the Politics of Writing in Twentieth Century France*, London : Cornell University Press, 1987, pp. 123–56.

Ferrières-Pestureau Suzanne, *Une Etude psychanalytique de la figure du ravissement dans l'œuvre de Marguerite Duras, Naissance d'une œuvre, origine d'un style*, Paris : L'Harmattan, 1997.

Gaensbauer Deborah, « Trespassing and Voyeurism in the Novels of Virginia Woolf and Marguerite Duras », *Comparative Literature Studies*, 24, 1987, pp. 192–200.

Glassman Deborah N, *Marguerite Duras, Fascinating Vision and Narrative Cure*, London : Associated University Presses inc., 1991.

Gorton Kristyn, « Critical Scenes of Desire : Marguerite Duras's *Le Ravissement de Lol V. Stein* and *Moderato cantabile* », *Dalhousie French Studies*, 63, 2003, pp. 100–19.

Gronhovd Anne-Marie, « Duras, Narratives of Desire : A Response to Scullion's Essays » in *Marguerite Duras Lives On*, Lanham, MD : UP of America, 1998, pp. 165–72.

Gunther Renate, Le Ravissement de Lol V. Stein *and* L'Amant, London : Cutter, Critical Guides to French Texts, 1993.

—— « Liquid Passions : Marguerite Duras », *Romance Studies*, 29, 1997, pp. 21–33.

Hanrahan Mairéad, « Je est une autre : Of Rimbaud and Duras », *MLN*, 113, 1998, pp. 915–36.

Harveg Stella & INCE Kate, *Duras, Femme du siècle*, Amsterdam : Faux titre, 2001.

Hill Leslie, « Writing Sexual Relations » in *Critical Essays on Marguerite Duras*, New York : G.K. Hall & Co, 1998.

—— *Apocalyptic Desires, Marguerite Duras*, New York : Routledge, 1993.

—— « Lacan with Duras » in *Writing with Psychoanalysis*, London : John Lechte, 1996, pp. 143–66.

Jardine Alice and Menke Anne M, « Marguerite Duras » in *Shifting Scenes. Interviews on Women, Writing, and Politics in Post-68 France*, New York : Columbia University Press, 1991, pp. 71–78.

—— « Towards the Hysterical Body : Jacques Lacan and His Others » in *Gynesis, Configurations of Woman and Modernity*, Ithaca and London : Cornell Press University, 1985, pp. 159–77.

Kaivola Karen, « Marguerite Duras and the Subversion of Power » in *Critical Essays on Marguerite Duras*, New York : G. K. Hall, 1998.

Knapp Bettina L, « Interviews avec Marguerite Duras et Gabriel Cousin », *The French Review*, 44, 1971, pp. 653–64.

Kristeva Julia, *Soleil noir, dépression et mélancolie*, Paris : Gallimard, collection « Essais », 1987.

Larsson Flora, « Ecriture, mémoire, identité dans *Le Ravissement de Lol V. Stein* », *Ariane : Revue d'études littéraires françaises*, 3, 1984, pp. 183–89.

Lebelley Frédérique, *Duras ou le Poids d'une plume*, Paris : Grasset, 1994.

Le Touzé Philippe, « *Le Ravissement de Lol V. Stein* de Marguerite Duras : Désir, transition et vide » in *Signes du roman, signes de la transition*, Paris : PU de France, 1986, pp. 205–22.

Liman-Tnani Najet, *Roman et cinéma chez Marguerite Duras*, Tunis : Les Editions de la méditerranée, Faculté des sciences humaines et sociales de Tunis, 1996.

Loignon Sylvie, *Le Regard dans l'œuvre de Marguerite Duras, Circulez, y'a rien à voir*, Paris : L'Harmattan, 2001.

Lyon Elisabeth, « The Cinema of Lol V. Stein » in *Feminism and Film Theory*, London : BFI and Routledge, 1988, pp. 244–71.

Marini Marcelle, *Territoires du féminin avec Marguerite Duras*, Paris : Les Editions de Minuit, 1977.

Marson Susan, « Women on Women and the Middle Man : Narrative Structures in Duras and Ernaux », *French Forum*, 26, 2001, pp. 67–82.

Montrelay Michèle, « Sur *Le Ravissement de Lol V. Stein* » in *L'Ombre et le nom*, Paris : Minuit, 1977, pp. 9–23.

Murphy Carol J, *Alienation and Absence in the Novels of Marguerite Duras*, Kentucky : French Forum Publishers, 1982.

—— « New Narrative Regions : the Role of Desire in the Films and Novels of Marguerite Duras », *Literature Film Quarterly*, 12, 1984, pp. 122–28.

—— « Marguerite Duras : That Obscure Object of Desire... », *West Virginia Philological Papers*, 26, 1980, pp. 89–96.

Queiroz Costa de Vera Maria, « Le Regard des femmes » in *The Force of Vision, II : Visions in History ; Visions of the Other*, Tokyo : International Comparative Literature Association, 1995, pp. 547–53.

O'Brien John, « Metaphor between Lacan and Duras : Narrative Knots and the Plot of Seeing », *Forum of Language Studies*, 27, 1993, pp. 232–45.

Philpot Van Noort Kimberly, « The Dance of the Signifier : Jacques Lacan and Marguerite Duras's *Le Ravissement de Lol V. Stein* », *Symposium*, 51, 1997, pp. 186–201.

Pierrot Jean, *Marguerite Duras*, Paris : José Corti, collection « Rien de commun », 1989.

Ricouart Janine, *Ecriture féminine et violence, une étude de Marguerite Duras*, Birmingham (Alabama) : Summa Publications Inc., 1991.

Rubin-Suleiman Susan, « Nadja, Nora, Lol V. Stein : Woman, Madness and Narrative » in *Discourse in Psychoanalysis and Literature*, London : Methuen, 1987, pp. 124–51.

Saint-Amand Pierre, « The Sorrows of Lol V. Stein », *Paragraph : A Journal of Modern Critical Theory*, 19, 1996, pp. 21–35.

Saporta Marc (sous la direction de), *Marguerite Duras*, Paris : Duponchelle, collection « L'Arc », 1990.

Schneider Ursula W, *Ars Amandi, The Erotics of Extremes in Thomas Mann and Marguerite Duras*, New York : Peter Lang Publishing, Studies in European Thought, 1995.

Scribner Sanford (compiled by), *Remains to be Seen : Essays on Marguerite Duras*, New York : Peter Lang, 1988.

Selous Trista, *The Other Woman, Feminism and Femininity in the Work of Marguerite Duras*, New Haven : Yale University Press, 1988.

Smythe Karen, « The Scene of Seeing : Perception and Perversion in *The Ravishing of Lol V. Stein* », *Genders*, 6, 1989, pp. 49–59.

Udris Raynalle, *Welcome Unreason, A study of Madness in the Novels of Marguerite Duras*, Amsterdam : Rodopi, 1993.

—— « Entre-vue avec Marguerite Duras ou du piège du regard à l'ébauche de la parole », *La Chouette*, 15, 1998, pp. 2–6.

Vircondelet Alain, *Duras, Dieu et l'écrit*, Paris : Rocher, 1998.

—— (edited by) *Marguerite Duras, Rencontres de Cerisy*, Paris : Ecriture, 1994.

Waelti-Walters Jennifer, *Fairy Tales and the Female Imagination*, Montréal : Eden Press, 1982.

Williams James S, *Revisioning Duras, Film, Race, Sex*, Liverpool : Liverpool University Press, 2000.

—— *The Erotics of Passage, Pleasure, Politics and Form in the Later Works of Marguerite Duras*, Liverpool : Liverpool University Press, 1997.

Wilson Emma, « Mon histoire de Lol V. Stein : Duras, Reading, and Amnesia » in *Sexuality and the Reading Encounter : Identity and Desire in Proust, Duras, Tournier and Cixous*, Oxford : Clarendon Press, 1996, pp. 163–91.

Wright Catherine, *The Repetition Compulsion in the Work of Marguerite Duras : A Freudian Interpretation*, Master thesis, University of Nottingham, 1993.

Zalloua Zahi, « Reading Duras's *Le Ravissement de Lol V. Stein* like a Feminist », *Women in French Studies*, 10, 2002, pp. 228–42.

Ouvrages et articles généraux

Abele Andrea, « Functions of Gaze in Sexual Interaction : Communication and Monitoring », *Journal of Non-Verbal Behaviour*, 10, 1986, pp. 83–101.

Alberoni Francesco, *Le Choc amoureux, recherches sur l'état naissant de l'amour*, Paris : Editions Ramsay, collection « Pocket » 1981.

Argyle Michael & Cook Mark, *Gaze and Mutual Gaze*, Cambridge : Cambridge University Press, 1976.

Argyle M & Ingham R & Alkema F & Callin M Mc, « The different functions of gaze », *Semiotica*, 7, 1973, pp. 19–32.

Assoun Paul-Laurent, *Freud et la femme*, Paris : Payot & Rivages, collection « Petite bibliothèque Payot », 2003.

——*Le Pervers et la femme*, Paris : Economica, collection « Anthropos », 1996.

——*Le Couple inconscient*, Paris : Economica, collection « Anthropos », 1992.

—— *Le Regard et la voix, Leçons de psychanalyse*, Paris : Economica, collection « Anthropos », 2001.

Bal Mieke, « Introduction : Delimiting Psychopoetics », *Poetics*, 13, 1984, pp. 279–98.

Barthes Roland, *Fragments d'un discours amoureux*, Paris : Seuil, collection « Tel Quel », 1977.

Bataille Georges, *L'Erotisme*, Paris : Les Editions de Minuit, 1957.

Baudrillard Jean, *Seduction*, London : Mac Millan, 1990.

Beauvoir Simone de, *Le Deuxième Sexe, les faits et les mythes*, Paris : Gallimard, 1949.

—— *Le Deuxième Sexe, l'expérience vécue*, Paris : Gallimard, collection « NRF », 1949.

Bellemin-Noël Jean, *Psychanalyse et littérature*, Paris : PUF, collection « Quadrige », 2002.

—— *Vers l'inconscient du texte*, Paris : PUF, collection « Quadrige », 1996.

Berger John, *Ways of Seeing*, London : BBC and Penguin Books, 1972.

Bersani Léo, *A Future for Astyanax : Character and Desire in Literature*, Boston : Little, Brown and Company, 1976.

Bertrand Denis, « Le Corps émouvant. L'absence, Propositions pour une sémiotique de l'émotion », *La Chouette*, 20, 1998, pp. 46–54.

Blanchot Maurice, « Le Regard d'Orphée » in *L'Espace littéraire*, Paris : Gallimard, collection « Essais », 1955.

Bologne Jean-Claude, *Histoire de la pudeur*, Paris : Olivier Orban, collection « Pluriel », 1986.

Bonnet Gérard, *La Violence du voir*, Paris : PUF, collection « Bibliothèque de psychanalyse », 1996.

—— « Regarder, Contempler, S'abîmer, Trois conceptions du voir en psychanalyse », Psychanalyse à l'université, 13, 1988, pp. 181–232.

Bril Jacques, *Regard et connaissance, Avatars de la pulsion scopique*, Paris : L'Harmattan, collection « Psychologiques », 1997.

Brombert Victor, *The Romantic Prison*, New Jersey : Princeton University, 1978.

Brooks Peter, *Reading for the Plot*, Oxford : Clarendon Press, 1984.

Brossard & Cosnier, *La Communication non-verbale*, Paris : Delachaux et Niestlé, 1984.

Brossard Alain, *La Psychologie du regard, de la perception visuelle aux regards,* Paris : Delachaux et Niestlé, 1992.

Bullen J. B, *The Expressive Eye, Fiction and Perception in the Work of Thomas Hardy*, Oxford : Clarendon Press, 1986.

Castanet Hervé, *Le Regard à la lettre*, Paris : Anthropos-Economica, collection « Anthropos », 1996.

Cléro Jean-Pierre, *Le Vocabulaire de Lacan*, Paris : Ellipses, 2002.

Cooley Denis, « The Eye and Ear in Contemporary Literature » in *The Vernacular Muse*, Canada : Turnstone Press, 1987.

Cook M & Lalljee MG, « Verbal Substitutes for Visual Signals », *Semiotica*, 6, 1972, pp. 212–21.

Cordie Anny, « Le Miroir aveugle » in *Un Enfant psychotique*, Paris : Seuil, 1993.

Corman Louis, *Narcissisme et frustration d'amour*, Bruxelles : Dessart et Mardaga, 1975.

Coutts LM & Schneider FW, « Visual Behaviour in an Unfocused Interaction as a Function of Sex and Distance », *Journal of Experimental Social Psychology*, 11, 1975, pp. 64–77.

Couvreur Catherine, *La Polarité de l'amour et de la mort*, Paris : PUF, collection « Epîtres », 2000.

Coste Didier et Zéraffa Michel (sous la direction de), *Le Récit amoureux*, Seyssel : Champ vallon, 1984.

David Christian, *L'Etat amoureux*, Paris : Payot & Rivages, collection « Petite Bibliothèque Payot », 2002.

Dessuant Pierre, *Le Narcissisme*, Paris : PUF, collection « Que sais-je ? », 1983.

Didier Béatrice, *L'Ecriture féminine*, Paris : PUF, 1981.

Donaldson-Evans Lance K, « Love's Fatal Glance : Eye Imagery and Maurice Sceve's *Délie* », *Neophilologus*, 62, pp. 202–11.

Dumoulié Camille, *Cet Obscur Objet du désir, Essai sur les amours fantastiques*, Paris : L'Harmattan, 1995.

Druckman Daniel & Rozelle Richard & Baxter James, *Non-Verbal Communication*, London : Sage Publications, 139, 1982.

Ellsworth PC & Langer EJ, « Staring and Approach : an Interpratation of the Stare as a Non-Specific Activator », *Journal of Personality and Social Psychology*, 33, 1976, pp. 117–22.

Ellswoth PC & Ross LD, « Intimacy in Response to Direct Gaze », *Journal of Experimental Social Psychology*, 11, 1975, pp. 592–613.

Ellsworth PC, « The Meaningful Look », *Semiotica*, 24, 1978, pp. 341–51.

Felman Shoshana, *Literature and Psychoanalysis, The Question of Reading Otherwise*, Baltimore and London : The John Hopkins University Press, 1982.

Feyerreisen P & Lanney J.D de, *Psychologie du geste*, Bruxelles : Pierre Mardaga, Psychologie et Sciences Humaines, 1985.

Foucault Michel, « Un Si Cruel Savoir », *Critique*, 182, 1962, pp. 597–64.

Fowler J. E, *Voicing Desire, Family and Sexuality in Diderot's Narrative*, Oxford : Voltaire Foundation, 2000.

Frances SJ, « Sex Differences in Non-Verbal Behaviour », *Sex Roles*, 5, 1978, pp. 519–35.

Freud Sigmund, *La Vie sexuelle*, Paris : PUF, collection « Bibliothèque de psychanalyse », 2002.

—— « Pulsions et destins des pulsions » in *Œuvres complètes*, Vol. XIII, Paris : PUF, 1988.

—— « Mourning and Melancholia » in *The Completed Psychological Works of Sigmund Freud*, Vol. XIV, London : The Hogarth Press, 1957.

—— *Abrégé de Psychanalyse*, Paris : PUF, collection « Bibliothèque de psychanalyse », 2004.

—— *Essais de psychanalyse*, Paris : Editions Payot & Rivages, collection « Petite Bibliothèque Payot », 2001.

—— *L'Inquiétante étrangeté et autres essais*, Paris : Gallimard, collection « Essais », 1985.

Gally Michèle & Jourde Michel, *L'Inscription du regard. Moyen-Age/Renaissance*, Fontenay/St-Cloud : ENS éditions, collection « Signes », 1995.

Genette Gérard, *Figures I*, Paris : Seuil, collection « Tel quel », 1966.

Girard René, *Deceit, Desire and the Novel, Self and Other in Literary Structure*, Baltimore and London : The Johns Hopkins University Press, 1976.

Granoff Wladimir, *La Pensée et le féminin*, Paris : Les éditions de Minuit, collection « Arguments », 1976.

Green André, *Narcissisme de vie, narcissisme de mort*, Paris : Les Editions de Minuit, 1983.

——*Le Complexe de castration*, Paris : PUF, collection « Que sais-je ? », 1995.

Griffin-Crowder Diane, « The Semiotic Function of Ideology in Literary Discourse », *Bucknell Review*, 27, 1982, pp. 157–68.

Habib Claude, *La Pudeur, la réserve et le trouble*, Paris : Autrement, Série Morales, n°9, 1992.

Havelange Carl, *De l'Œil du monde. Une Histoire du regard au seuil de la modernité*, Paris : Fayard, 1998.

Huxley Francis, *The Eye, the Seer and the Seen*, Singapore : Thames and Hudson, 1990.

Irigaray Luce, *This Sex which is Not One*, Ithaca : Cornell University Press, 1985.

Jay Martin, *Downcast Eyes, the Denigration of Vision in Twentieth Century French Thought*, London : University of California Press, 1994.

Kofman Sarah, *The Enigma of Woman, Woman in Freud's Writing*, London : Cornell University, 1985.

Kristeva Julia, *Révolte intime*, Paris : Fayard, 1997.

Lacan Jacques, *Les Ecrits techniques de Freud, Le Séminaire, Livre I*, Paris : Seuil, 1975.

——*La Relation d'objet, Le Séminaire, Livre IV*, Paris : Seuil, 1994.

——*Les Formations de l'inconscient, Le Séminaire, Livre V*, Paris : Seuil, 1998.

——The *Ethics of Psychoanalysis, The Seminar, Book VII*, London : Routledge, 1992.

——*Le Transfert, Le Séminaire, Livre VIII*, Paris : Seuil, collection « Le Champ freudien », 2001.

——*Les Quatre Concepts fondamentaux de la psychanalyse, Le Séminaire, Livre XI*, Paris : Seuil, 1973.

—— *Encore, Le Séminaire, Livre XX*, Paris : Seuil, collection « Points »,
1975.

—— *Ecrits I* (sélection de textes), Paris : Seuil, collection « Points »,
1966.

—— Ecrits (texte intégral), Paris : Seuil, 1966.

—— « Desire and the Interpretation of Desire in Hamlet », *Yale French
Studies*, 55/56, 1977, pp. 11–52.

—— « Hommage fait à Marguerite Duras », *Cahiers Renaud-Barrault*,
52, 1965, pp. 7–15.

Laplanche J & Pontalis J. B, *Vocabulaire de la psychanalyse*, Paris : PUF,
1967.

Lavelle L, *The Dilemma of Narcissus*, London : George Allen & Unwin,
1973.

Lanouzière Jacqueline, *Histoire secrète de la séduction sous le règne de Freud*,
Paris : PUF, collection « Voix nouvelles en psychanalyse », 1991.

Leak Andrew N, *The Perverted Consciousness, Sexuality and Sartre*, New
York : Saint Martin's Press, 1989.

Le Brun Jacques, *Le Pur Amour de Platon à Lacan*, Paris : Seuil, collection
« La Librairie du XXIème siècle », 2002.

Lilar Suzanne, *A Propos de Sartre et de l'amour*, Paris : Grasset, 1967.

Lindon Jérôme (sous la direction de), « Voir, Dire », *L'Ecrit du temps*,
Paris : Les Editions de Minuit, 17, 1988.

Marin Louis, *Pascal et Port Royal*, Paris : PUF, 1997.

Marini Marcelle, Jacques Lacan, *The French Context*, New Jersey : Rutgers
University Press, 1992.

Maurois André, *Cinq Visages de l'amour*, New York : Les Editions Didier,
1942.

Melchior-Bonnet S, *Histoire du miroir*, Paris : Imago, collection
« Pluriel », 1994.

Merleau-Ponty, *Phénoménologie de la perception*, Paris : Gallimard, collection « NRF », 1945.

Meyer Michel, *Le Philosophe et les passions ; Esquisse d'une histoire de
la nature humaine*, Paris : Librairie générale française, collection
« Biblio essais », 1991.

Miller Nancy K, « Performances of the Gaze : Stael's Corinne, or Italy » in *The Novel's Seduction*, London : Bucknell University Press, 1999.

Milner Max, *On est prié de fermer les yeux*, Paris : Gallimard, collection « NRF », 1991.

Pacaly Josette, *Sartre au Miroir*, Paris : Librairie Klincksieck, 1980.

Patterson ML, « An Arousal Model of Interpersonal Intimacy », *Psychological Review*, 83, 1976, pp. 235–45.

Pennington DC & Rutter DR, « Information or Affliation ? Effects of Intimacy on Visual Interaction », *Semiotica*, 35, 1981, pp. 29–39.

Peyre Henri, *Qu'est-ce que le classicisme ?*, Paris : Nizet, 1965.

Ponnier Jacques, *Narcissisme et séduction*, Paris : Economica, collection « Anthropos », 2003.

Pontalis J. B (sous la direction de), « Le Champ visuel », *Nouvelle Revue de Psychanalyse*, Paris : Gallimard, 35, 1987.

Quinet Antonio, « The Gaze as an Object » in *Reading Seminar XI : Lacan's Four Fundamental Concepts of Psychoanalysis*, Albany : State University of New York Press, 1995, pp. 139–47.

Ragland Ellie, « The Relation Between the Voice and the Gaze » in *Reading Seminar XI : Lacan's Four Fundamental Concepts of Psychoanalysis*, Albany : State University of New York Press, 1995, pp. 187–203.

Rapaport Herman, *Between the Sign and the Gaze*, London : Cornell University Press, 1994.

Reynold Gonzague de, *Le Dix-septième siècle, Le classique et le baroque*, Montréal : Editions de l'arbre, 1944.

Rose Jacqueline, *Sexuality in the Field of Vision*, London : Verso, 1986.

Rosenfeld Lawrence B & Civikly Jean M, *With Words Unspoken*, New York : Rinehart and Winston edition, 1976.

Rougement Denis de, *L'Amour et l'occident*, Paris : Plon, collection « 10/18 », 1972.

Rousset Jean, *Leurs Yeux se rencontrèrent, la scène de première vue dans le roman*, Paris : José Corti, collection « Rien de commun », 1984.

Salecl Renata & Zizek Slavoj, *Gaze and Voice as Love Objects*, Durham and London : Duke University Press, 1996.

Sartre Jean-Paul, *L'Etre et le néant*, Paris : Gallimard, collection « Bibliothèque des idées », 1943.

Sauvageot Anne, *Voirs et savoirs, esquisse d'une sociologie du regard*, Paris : PUF, 1994.

Scheler Max, *La Pudeur*, Paris : Aubier, 1952.

Segal Naomi, « Freud : Lacan » in *The Unintended Reader. Feminism and Manon Lescault*, Cambridge : Cambridge University Press, 1986.

Smith Joseph H, « The Literary Freud : Mechanisms of Defense as the Poetic Will » in *Psychiatry and the Humanities*, Vol. 4, New Haven : Yale University Press, 1980.

Soltis Jonas F, *Seeing, Knowing and Believing. A Study of the Language of Visual Perception*, London : George Allen and Unwin, 1966.

Strongman Kenneth, « Communicating With the Eyes », *Science Journal*, 6, 1970, pp. 47–52.

Thayer S & Schiff W, « Gazing Patterns and Attributions of Sexual Involvement », *Journal of Social Psychology*, 101, 1977, pp. 235–46.

Vernant Jean-Pierre, *La Mort dans les yeux, figure de l'Autre en Grèce ancienne*, Paris : Hachette Littératures, collection « Pluriel », 1998.

Vinge Louise, *The Five Senses*, Sweden : Lund, Studies in a Literary Tradition, 1975.

Waldemar Deonna, *Le Symbolisme de l'œil*, Paris : Editions de Boccard, 1965.

Warnock Mary, *The Philosophy of Sartre*, London : Hutchinson University Library, 1965.

Webbink Patricia, *The Power of the Eyes*, New York : Springer Publishing Company, 1986.

Index

French Studies of the Eighteenth and Nineteenth Centuries

Edited by: Professor Robin Howells, Department of French, Birkbeck College, University of London; and Dr James Kearns, Department of French, University of Exeter

This series publishes the latest research by teachers and researchers working in all the disciplines which constitute French studies in this period, in the form of monographs, revised dissertations, collected papers and conference proceedings. Adhering to the highest academic standards, it provides a vehicle for established scholars with specialised research projects but also encourages younger academics who may be publishing for the first time.

The Editors take a broad view of French studies and intend to examine literary and cultural phenomena of the eighteenth and nineteenth centuries, excluding the Romantic movement, against their historical, political and social background in all the French-speaking countries.

Volume 1   Malcolm Cook and Annie Jourdan (éds.):
            Journalisme et fiction au 18ᵉ siècle.
            241 pages. 1999.
            ISBN 3-906761-50-9 / US-ISBN 0-8204-4221-6

Volume 2   Paul Rowe: A Mirror on the Rhine?
            The *Nouvelle revue germanique*, Strasbourg 1829–1837.
            340 pages. 2000.
            ISBN 3-906762-39-4 / US-ISBN 0-8204-4233-X

Volume 3   Rachael Langford: Jules Vallès and the Narration
            of History. Contesting the French Third Republic in the
            Jacques Vingtras Trilogy.
            271 pages. 1999.
            ISBN 3-906762-99-8 / US-ISBN 0-8204-4249-6

Volume 4   Malcolm Cook et Marie-Emmanuelle Plagnol-Diéval (éds):
           Réécritures 1700–1820.
           298 pages. 2002.
           ISBN 3-906768-28-7

Volume 5   Malcolm Cook et Marie-Emmanuelle Plagnol-Diéval (éds):
           Anecdotes, Faits-Divers, Contes, Nouvelles 1700–1820.
           302 pages. 2000.
           ISBN 3-906765-08-3

Volume 6   Timothy Unwin: Textes réfléchissants. Réalisme et
           réflexivité au dix-neuvième siècle.
           217 pages. 2000.
           ISBN 3-906758-30-3

Volume 7   Derek Connon and George Evans (eds.):
           Essays on French Comic Drama from the
           1640s to the 1780s.
           236 pages. 2000.
           ISBN 3-906758-49-7 / US-ISBN 0-8204-5071-5

Volume 8   Philip Robinson (éd.):
           Beaumarchais: homme de lettres, homme de société.
           298 pages. 2000, 2002.
           ISBN 3-906768-90-2 / US-ISBN 0-8204-5883-X

Volume 9   William Gallois:
           Zola: The History of Capitalism.
           296 pages. 2000.
           ISBN 3-906758-60-5 / US-ISBN 0-8204-5077-4

Volume 10 David Kinloch and Gordon Millan (eds.):
           Situating Mallarmé.
           191 pages. 2000.
           ISBN 3-906766-18-7 / US-ISBN 0-8204-5320-X

Volume 11 Derek Connon:
           Diderot's Endgames.
           333 pages. 2002.
           ISBN 3-906768-35-X / US-ISBN 0-8204-5623-3

Volume 19   Ezequiel Adamovsky:
Euro-Orientalism. Liberal Ideology and the image
of Russia in France (c. 1740–1880).
358 pages. 2006.
ISBN 3-03910-516-7 / US-ISBN 0-8204-7552-X

Volume 20   Sarah Capitanio, Lisa Downing, Paul Rowe and
Nicholas White (eds):
Currencies. Fiscal Fortunes and Cultural Capital in
Nineteenth-Century France.
211 pages. 2005.
ISBN 3-03910-513-2 / US-ISBN 0-8204-7519-X

Volume 21   Anne Betty Weinshenker:
A God or a Bench. Sculpture as a Problematic Art during
the Ancien Régime.
379 pages. 2008.
ISBN 978-3-03910-543-4

Volume 22   Malcolm Cook et Marie-Emmanuelle Plagnol-Diéval (éds):
Critiques, Critiques au 18e siècle.
308 pages. 2006.
ISBN 3-03910-537-X

Volume 23   Owen Heathcote:
Balzac and Violence. Representing History, Space,
Sexuality and Death in La Comédie humaine.
288 pages. 2009.
ISBN 978-3-03910-551-9

Volume 24   Kirsty Carpenter:
The Novels of Madame de Souza in Social and
Political Perspective.
280 pages. 2007.
ISBN 3-03910-898-0 / US-ISBN 0-8204-8018-5

Volume 25–26   Forthcoming.